Uni-Taschenbücher 452

UTB

Eine Arbeitsgemeinschaft der Verlage

Birkhäuser Verlag Basel und Stuttgart
Wilhelm Fink Verlag München
Gustav Fischer Verlag Stuttgart
Francke Verlag München
Paul Haupt Verlag Bern und Stuttgart
Dr. Alfred Hüthig Verlag Heidelberg
J. C. B. Mohr (Paul Siebeck) Tübingen
Quelle & Meyer Heidelberg
Ernst Reinhardt Verlag München und Basel
F. K. Schattauer Verlag Stuttgart-New York
Ferdinand Schöningh Verlag Paderborn
Dr. Dietrich Steinkopff Verlag Darmstadt
Eugen Ulmer Verlag Stuttgart
Vandenhoeck & Ruprecht in Göttingen und Zürich
Verlag Dokumentation Pullach bei München

Herbert J. Klausmeier
Richard E. Ripple

Moderne Unterrichtspsychologie

Band III
Lernen und Lernerfolg

Redigiert von Christine und Wulf Weinmann

Ernst Reinhardt Verlag München Basel

KLAUSMEIER, Herbert J., lehrt an der Universität Wisconsin, USA, als o. Professor
RIPPLE, Richard, E., lehrt an der Cornell Universität, USA

Titel der Originalausgabe:
Learning and Human Abilities
Educational Psychology, third edition

Übersetzt von Johannes Müller

ISBN 3-497-00744-7

Printed in Germany
Einbandgestaltung: Alfred Krugmann, Stuttgart
Satz und Druck: Ilmgaudruckerei Pfaffenhofen/Ilm
Aufbindung: Sigloch, Stuttgart

Vorbemerkung

Die in erster Linie als Lehrbuch für Studierende an Pädagogischen Hochschulen gedachte *»Moderne Unterrichtspsychologie«* erscheint in vier Bänden, die inhaltlich aufeinander abgestimmt sind.

Band I Lernen und menschliche Fähigkeiten
Band II Lernen und Unterricht
Band III Lernen und Lernerfolg
Band IV Forschungsmethoden und Meßverfahren

Jeder Band enthält ein Namens- und Schlagwortverzeichnis, sowie den jeweiligen Kapiteln zugeordnete weiterführende Literaturangaben. Soweit Übersetzungen greifbar sind, wird auf diese verwiesen; ebenso ist die wichtigste deutschsprachige Literatur vermerkt. Zusätzlich enthalten die Bände I, II und III am Ende eine entsprechende Einzelbibliographie. Die Kapitel der 4 Textbände sind durchgehend unterteilt, um Verweise zu vereinfachen und dem Leser eine schnelle Orientierung zu ermöglichen. Die zwischen den einzelnen Kapitel bzw. Unterkapitel eingeschobenen Fragen (Kursivdruck!) sollen dem Studierenden die Zusammenfassung und Vertiefung der wichtigsten Informationen erleichtern.

Aus Gründen des Umfanges muß Kapitel 16 (Gedächtnis und Transfer) in den anschließenden Band IV mit übernommen werden.

C. & W. Weinmann
Institut für Kinderforschung und Unterrichtspsychologie
der Universität München
8 München 60, Wehnerstraße 23,
Telefon 88 44 42

Inhalt

9. Motivation

9.1 Menschliche Motivation

Literatur, Kunst, Schauspiel, Musik und Religion spiegeln allesamt menschliche Motive wieder. In der Literatur, Kunst und Philosophie wird oft versucht, die Frage nach dem wahren Grund des Lebens zu klären und zu interpretieren. Auf einer weniger anspruchsvollen Ebene zeichnen Schriftsteller, Künstler Leidenschaft und Haß der Geschlechter, das Streben der Menschen nach Besitztümern und Wissen, ihre Suche nach Liebe, Sicherheit und Frieden – nach allem, wovon man glaubt, es mache glücklich. Diese Verhaltensweisen sind, wie wir alle wissen, stark motiviert, genügend erforscht sind sie jedoch noch nicht.

Einige Bereiche der Motivation sind jedoch schon eingehend erforscht und sollen in diesem Abschnitt behandelt werden. Wir werden uns also mit dem engeren Bereich der Motivation in der Schule, mit menschlichen Bedürfnissen, Interessen, Zielsetzungen, und dem Zusammenhang von Motivation und Disziplin befassen, da dies alles in den Bereich des schulischen Lernens gehört.

9.1.1 Menschliche Bedürfnisse und Interessen

Ein Motiv ist jeder Zustand des Organismus, der seine Bereitschaft, eine Tätigkeit oder Folge von Taten zu initiieren oder beizubehalten, beeinflußt. Das Empfinden eines Bedürfnisses kann somit als Motiv dienen. Motivation ist ein allgemeinerer Begriff, der entweder Stärke oder Dauer eines Motivationszustands (z. B. starke Motivation zum Geschichtsstudium) oder Steuerung anderer Motive bezeichnet (z. B. der Lehrer motivierte die Studenten, der Situation Aufmerksamkeit zu schenken). Es besteht die Tendenz, Motive als physiologisch und sozial oder als ungelernt und erlernt zu klassifizieren und zwischen inneren und äußeren Motiven zu unterscheiden. Diese und damit verwandte Themen sollen in diesem Abschnitt erörtert werden.

9.1.2 Eine Rangordnung von Bedürfnismotiven

Physiologische Bedürfnisse leiten sich aus physiologischen Zuständen her, die anzeigen, daß irgendetwas fehlt. Eine Person spürt das Bedürfnis nach Nahrung, wenn sie eine gewisse Zeit lang nicht gegessen hat, nach Flüssigkeit, wenn sie eine Zeit lang nicht getrunken hat, nach Wärme, wenn die Temperatur unter ein bestimmtes Niveau absinkt, nach Betätigung wenn sie einige Zeit nichts getan hat, usw. Gleichermaßen ist es Wunsch und Verlangen des einzelnen, Vorstellungen und Sachverhalte zu meistern,

Erfolg zu haben und Mißerfolg zu vermeiden. Auch setzt sich der Schüler in Rücksprache mit dem Lehrer ein Ziel und bemüht sich, dieses zu erreichen. Begierden, Wünsche und Anliegen werden demnach als Bedürfnismotive klassifiziert. Charakteristisch für Bedürfnisse ist, daß man sie eine Weile spürt, befriedigt und dann wieder spürt. Dauer oder Zyklus von Bedürfnis-Befriedigung-Bedürfnis sind sehr unterschiedlich. Bei Sauerstoff ist der Kreislauf sehr kurz, bei Nahrung und Wasser länger, und bei geschäftlichem oder beruflichem Erfolg kann er beträchtlich länger dauern.

Maslow (1943) bietet eine umfassende Motivationstheorie an. Er versteht sie als Hilfe zum Verständnis des »Warum« allen menschlichen Verhaltens und der motivationsbedingten Zustände von Individuen. Er trug eine Fülle von Ideen zusammen, die jeder sorgfältig studieren sollte, der sich der Auffassung anschließt, daß menschliche Bedürfnisse wesentlich an Antrieb und Steuerung von Verhalten beteiligt sind. Maslow führt 6 Bedürfnisgruppen auf: (1) Körperlich, (2) Sicherheit, (3) Liebe und Zugehörigkeit, (4) Wertschätzung, (5) Selbstverwirklichung und (6) Bedürfnisse nach Wissen und Verstehen.

1. Körperliche Bedürfnisse. Als körperliche Bedürfnisse führte Maslow nur die wesentlichsten an, so z. B. das nach Sauerstoff, Flüssigkeit, Nahrung, Ruhe, und wies darauf hin, daß man je nach Spezifizierungsgrad der gewünschten Beschreibung eine äußerst lange Liste anfertigen könnte. Allein die spezifischen Mineralien und Vitamine könnten zu einer sehr langen Liste zusammengefaßt werden. In Hinblick auf die Befriedigung körperlicher Bedürfnisse führt er zwei weitere wichtige Punkte an. Zum ersten sei es eine fast sichere Methode, einen verfälschten Einblick in das menschliche Wesen und Verhalten zu bekommen, wenn man eine Person ständig extremen Hunger und Durst erleiden läßt. Äußerst starkes Hunger- oder Durstgefühl beherrscht das gesamte Verhalten des einzelnen und gibt ein sehr unwirkliches Bild ab von den meisten seiner höheren Motivationen, aber auch von den sozialen. Zum zweiten ist des einzelnen Streben, seine sozialen Bedürfnisse zu befriedigen, bei weitem entscheidender für die menschliche Motivation als es der Entzug der Befriedigungsmöglichkeit seiner körperlichen Bedürfnisse ist. Die körperlichen Bedürfnisse sollten befriedigt, nicht unterdrückt werden, damit die höheren sozialen Bedürfnisse und die durch sie bedingten zielgerichteten Verhaltensweisen hervortreten können.

2. Sicherheitsbedürfnisse. Bedürfnisse nach Sicherheit bei Kleinkindern und Kindern zeigen sich an ihrer Vorliebe für irgendeine Art von Routine und Rhythmus und nicht für Unordnung, an ihrem Ausweichen vor verschiedenen Formen von erlebten Gefahrensituationen und ihrem Zurückziehen vor fremden und unvertrauten Situationen, welche Gefahren- und Schreckensreaktionen nach sich ziehen. Im allgemeinen stellt das Sicherheitsbedürfnis bei Kindern und Erwachsenen einen wirksamen und dominanten Mobilisator der Kräfte des Organismus in Notsituationen, wie Krieg, Krankheit, Verletzung, Naturkatastrophen u. ä. dar.

3. *Liebe und Zugehörigkeit.* Das Liebesbedürfnis wird als mehr oder weniger starkes Verlangen nach herzlichen Beziehungen zu Mitmenschen im allgemeinen und nach einem Platz in der Gruppe definiert. Die Stärke dieses Bedürfnisses zeigt sich an der Person, die das Fehlen eines Freundes, Ehepartners, von Kindern oder Mitmenschen im weiteren Sinne spürt. Dieses Bedürfnis findet und äußert sich bei allen geistig gesunden Menschen.

4. *Wertschätzung.* Das Bedürfnis nach Wertschätzung läßt sich am deutlichsten im Streben nach Anerkennung als vollwertige Person erkennen. Die Befriedigung der Selbstwertschätzung wird von Gefühlen des Vertrauens, der Würde, der Stärke und Nützlichkeit begleitet. Die Unterdrückung dieser Bedürfnisse bringt Gefühle der Minderwertigkeit, Schwäche oder Hilfslosigkeit hervor. *Coopersmith* (1967) berichtete, daß der Erfolg eines Schülers in der Schule deutlich von seinem Selbstwertgefühl beeinflußt wird.

5. *Selbstverwirklichung.* Das Bedürfnis nach Selbstverwirklichung ist das Bedürfnis, die Person zu sein oder zu werden, die man sein kann, d. h. das Streben des einzelnen, in Wirklichkeit zu werden, was er potentiell ist. Die Befriedigung dieses Bedürfnisses kommt auf verschiedene Weise zum Ausdruck. Der eine wird Heimwerker, der andere Sportler, Musiker oder Lehrer usw. Diejenigen Personen, die diese Bedürfnisse relativ gut befriedigen können, zählen zu den gesündesten in unserer Gesellschaft.

6. *Bedürfnisse nach Wissen und Verstehen. Maslow* war nicht davon überzeugt, daß das Streben nach Wissen und Verstehen — also kognitive Bedürfnisse — bei allen Menschen ebenso klar nachzuweisen ist, wie es die anderen sind. Obwohl Neugierde, Forscherdrang und Wißbegierde ohne weiteres beobachtet werden können, treten sie nicht bei allen Personen gleich offen zu Tage. Wo es stark hervortritt, wird es begleitet von dem Bedürfnis zu systematisieren, zu organisieren, zu analysieren und der Suche nach Zusammenhängen.

Die Rangordnung der Bedürfnisgruppen ist deshalb von Bedeutung, da sie normalerweise in der angegebenen Reihenfolge befriedigt werden müssen, d. h. bevor eine Befriedigung des Sicherheitsbedürfnisses möglich ist, müssen die körperlichen Bedürfnisse befriedigt sein; ebenso muß den Sicherheitsbedürfnissen Genüge getan sein, ehe die Bedürfnisse nach Liebe und Zugehörigkeit eine Rolle spielen können. Sobald aber die in der Reihenfolge niederen Bedürfnisse befriedigt sind, kann das nächst höhere das Verhalten anregen und steuern. *Maslow* zeigte auf, wie ein Bedürfnis zu gegebener Zeit stärker als das andere ist:

Diese Hauptziele stehen in Bezug zueinander und bilden eine Hierarchie in bezug auf die Vorherrschaft von Bedürfnissen. Dies bedeutet, daß das vordringliche Ziel das Bewußtsein mit Beschlag belegen wird und von sich aus verstärkt die verschiedenen Fähigkeiten des Organismus zu organisieren versucht. Die weniger dringenden Bedürfnisse werden zurückgedrängt, auch vergessen oder ganz verdrängt. Wenn jedoch ein Bedürfnis weitgehend befriedigt ist, kommt das nächst präpotente (höhere) Bedürfnis hoch, um wiederum seinerseits das bewußte Leben zu beherrschen und als Mittelpunkt der Verhaltensorganisation zu dienen, da gestillte Bedürfnisse keine aktiten Motivatoren sind.

Der Mensch ist somit ein ständig begehrendes Tier. Im allgemeinen ist die Befriedigung dieser Begierden keiner völligen wechselseitigen Ausschließlichkeit unterworfen, sondern neigt nur dazu. Das Durchschnittsmitglied unserer Gesellschaft ist in seinen Begierden oft teils befriedigt und teils unbefriedigt. Das Hierarchieprinzip zeichnet sich im allgemeinen empirisch in der Form ab, daß mit der Höhe der Rangordnung der Prozentsatz der Nichtbefriedigung zunimmt. Manchmal werden Umkehrungen der durchschnittlichen Rangordnungsfolge beobachtet. Auch wurde festgestellt, daß ein einzelner unter besonderen Bedingungen die in der Hierarchie höheren Bedürfnisse für immer verlieren kann. Beim alltäglichen Verhalten spielen nicht nur die gewöhnlichen multiplen Motivationen eine Rolle, sondern zusätzlich zu den Motiven eine Vielzahl weiterer Determinanten. (*Maslow*, **1943**, S. 394—395).

Abbildung 9.1 veranschaulicht die Hierarchie der Präpotenz. Der Aspekt der Rangordnung zeigt sich daran, daß jedes nachfolgende Bedürfnis dem darunterliegenden übergeordnet ist. Die Präpotenzvorstellung bedeutet, daß z. B. die Bedürfnisse der Wertschätzung zu jeder Zeit eine vorrangige Rolle gegenüber den Liebe- und Zugehörigkeitsbedürfnissen oder den Sicherheitsbedürfnissen einnehmen können. Auf ähnliche Weise würde im Falle der zeitweiligen Befriedigung der in der Hierarchie niederen Bedürfnisse das Bedürfnis der Selbstverwirklichung die Ziele des Individuum bestimmen.

Diese Vorstellungen haben wichtige Konsequenzen für die Erziehung. Beispielsweise möchte der Lehrer, daß sich die Schüler ein bestimmtes Wissen aneignen, aber das Bedürfnis nach Liebe und Anerkennung eines einzelnen Kindes ist nicht gestillt. Die Ziele des Kindes, diese Bedürfnisse zu befriedigen, übernehmen die Hauptrolle bei der Anregung und Steuerung seines Verhaltens. Ein spezifischeres Beispiel: Ein benachteiligtes Kind dürfte

Abb. 9.1 Hierarchie und Präpotenz der Bedürfnisse (nach *Maslow*, 1943, S. 370—396)

ein stärkeres Bedürfnis nach Liebe und Zugehörigkeit haben als nach Wissen und Verstehen; aus diesem Grunde richtet es seine Energien auf die Befriedigung dieser Bedürfnisse und nicht auf die Lernaufgabe.

9.1.3 Erfolgsorientierte Tätigkeit

Alle der sechs von *Maslow* aufgestellten Bedürfnisgruppen können möglicherweise mit dem Bedürfnis, einen Teilbereich der physikalischen und sozialen Umwelt, aber auch personelle und interpersonelle Interaktionen zu meistern, in Beziehung gebracht werden. *Atkinson* (1965) jedoch hat Umrisse einer Theorie erfolgsorientierter Tätigkeit ausgearbeitet, welche direkter und dem Bedürfnis, Erfolg zu haben und Mißerfolg beim Erlernen der Aufgaben in der Schule zu vermeiden, in Beziehung steht.

Atkinson behauptete, daß die Neigung, Erfolg zu haben, eine erlernte motivationsbedingte Disposition ist, ähnlich Maslows Bedürfnis nach Selbstverwirklichung und Wunsch nach Erkenntnis und Verstehen. Die Stärke dieser Disposition richtet sich nach dem Interesse des einzelnen bei spezifischeren Aufgaben und nach seinen diesbezüglichen Leistungen. Diese Tendenz, erfolgreich zu sein, ist unter den einzelnen recht unterschiedlich ausgeprägt und variiert auch je nach Situation bei ein und derselben Person. Die Erfolgstendenz, T_e, stellt in Verbindung mit einer beliebigen Aufgabe oder Tätigkeit eine Funktion, bestehend aus drei Variablen, dar: dem Motiv, Erfolg zu haben, M_e; der Wahrscheinlichkeit, daß die Ausführung der Aufgabe zum Erfolg führt, W_e; und der relativen Attraktivität des Erfolges, bezeichnet als der anspornende Erfolgswert, A_e. Anders ausgedrückt, T_e ist eine Funktion von $M_e \times W_e \times A_e$. Die drei letztgenannten Begriffe bedürfen einer weiteren Erklärung.

1. Das Motiv, erfolgreich zu sein. Jeder einzelne unterscheidet sich hinsichtlich seines Motivs, nach Erfolg zu streben, wie auch in dem Folgemotiv, Mißerfolg zu vermeiden. Zwei Einzelpersonen können also den Schwierigkeitsgrad einer bestimmten Aufgabe gleich einschätzen; der eine jedoch macht sich mit Eifer und Fleiß an die Arbeit, um möglichen Erfolg zu sehen, wogegen der andere sich entzieht, um möglichen Mißerfolg zu vermeiden. Bei der zweiten Person ist das Bedürfnis, Mißerfolg zu vermeiden, stärker als jenes, bei einer bestimmten Arbeit erfolgreich zu sein. Durch wiederholtes Erfahren von Mißerfolgen und durch Kriterien und Erwartungen, die dem, was man wirklich zu erreichen glaubt, vorangestellt werden, scheint sich ein starkes Bedürfnis, Mißerfolg zu vermeiden, herauszubilden. Durch frühere Erfolgserlebnisse und dadurch, daß man die Kriterien für eine Erfolgsmöglichkeit nicht zu hoch ansetzt, erwirbt man das Motiv, sich an Aufgaben heranzuwagen, die die Möglichkeit eines Erfolges als auch die eines Mißerfolges beinhalten.

Stark oder schwach motiviert zu sein, Erfolg zu erzielen oder etwas zustande zu bringen, steht in Bezug zu der bei einer Problemlösungsaufgabe erbrachten Leistung (*French & Thomas*, 1958). Abbildung 9.2 zeigt, daß von 47 Testpersonen mit hohem, erfolgsorientiertem Motivationsniveau 25 ein bestimmtes Problem lösten und 22 nicht. Andererseits gab es unter 45 Testpersonen der Gruppe schwacher Motivation nur 14 erfolgreiche und 31 er-

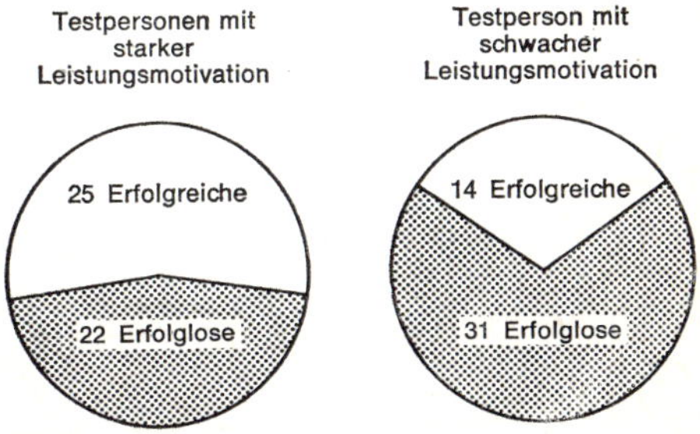

Abb. 9.2 Anzahl von Problemlösern in Gruppen mit hoher und niedriger Leistungsmotivation. (Nach *French & Thomas*, 1958, S. 46)

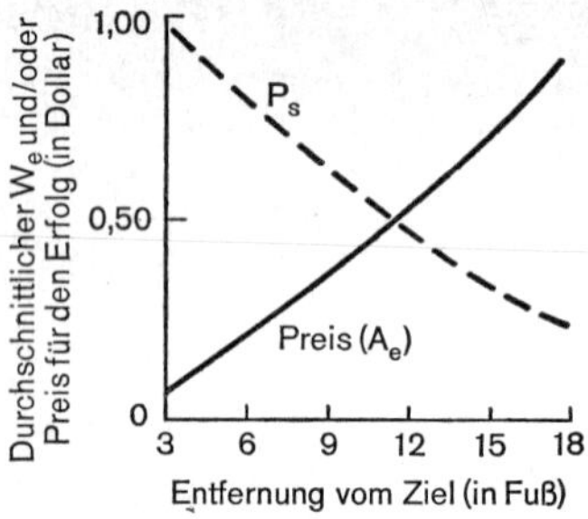

Abb. 9.3 Innerer Zusammenhang zwischen Erfolgsmöglichkeit und anspornendem Wert des Erfolges. (*Litwin*, 1958)

folglose. Dieses Ergebnis ähnelt dem anderer Berichte über Leistungsunterschiede bei Studenten, die bei Erfolgsmotivationstesten hohe Punktezahlen erreicht hatten.

2. *Erfolgswahrscheinlichkeit.* Die Tendenz, Erfolg zu erzielen, ist bei starker Leistungsmotivation am größten, wenn die Erfolgswahrscheinlichkeit einer Aufgabe weder zu hoch noch zu niedrig ist, d. h., wenn die Aufgabe weder zu leicht noch zu schwierig ist. Wie vorher bemerkt, ist die Neigung, Erfolg zu erzielen, unter den einzelnen unterschiedlich ausgeprägt. Sie schwankt am meisten, wenn sich der Schwierigkeitsgrad der Aufgabe auf einem Zwischenniveau bewegt. Wenn die Aufgabe zu leicht ist, erleidet weder die Person mit starker, noch die mit schwacher Leistungsmotivation einen Mißerfolg. Ähnlich verhält es sich, wenn die Aufgabe als unerfüllbar eingeschätzt wird; weder der stark Motivierte, noch der schwach Motivierte sieht sich in der Lage, sie zu erfüllen. Er nimmt weder die Möglichkeit des Erfolgs noch die des Mißerfolgs wahr.

3. *Anspornender Erfolgswert. Atkinson* bezeichnete die relative Attraktivität des Erfolges bei einer bestimmten Aufgabe als den anspornenden Erfolgswert. Anspornender Wert oder Attraktivität eines Erfolges nehmen mit dem Ansteigen des Schwierigkeitsgrades zu. In einem einfachen, aber graphisch wertvollen Experiment forderte *Litwin* (1958) eine Gruppe von Studenten auf, zu zeigen, wie oft sie bei 10 Würfen und Abständen von 1—6 m ein Ziel treffen würden. Eine andere Gruppe forderte er auf, Geldpreise für Zieltreffer bei verschiedenen Entfernungen auszusetzen. Abbildung 9.3 zeigt die Ergebnisse: Mit größer werdender Entfernung vom Ziel verringerte sich die Erfolgswahrscheinlichkeit und erhöhte sich der ausgesetzte Preis oder anspornende Wert. Man stelle sich eine ähnliche Situation bei Schulaufgaben vor. Wenn ein Schüler zum Beispiel 5 Wörter ohne Schwierigkeit

richtig buchstabieren kann, so wird für ihn die Aussicht, 10 Wörter richtig buchstabieren zu lernen, mehr Anreizwert haben als 6 Wörter richtig buchstabieren zu lernen. Ähnlich bei einem aus 50 Aufgaben bestehenden Test: Wenn der Schüler mit nur mäßiger Anstrengung 35 Richtige erzielt, kann man annehmen, daß der Versuch, 45 anstatt 40 Richtige zu erzielen einen größeren Anreizwert für ihn darstellen wird.

Atkinson beschrieb seinen Ansatz zur Motivationsuntersuchung folgendermaßen:

> Wir untersuchen erfolgsorientiertes Verhalten heute unter der Annahme, daß sich jeder einzelne ein bestimmtes Motiv, Erfolg zu erzielen, M_s, und ein Motiv, Mißerfolg zu vermeiden, M_{af}, angeeignet hat. Das bedeutet, daß alle Menschen eine gewisse Fähigkeit besitzen, Interesse am Erfolg zu entwickeln, und eine gewisse Fähigkeit, Angst vor Mißerfolg aufkommen zu lassen. Beide treten in Situationen auf, in denen es für den einzelnen offensichtlich ist, daß seine Leistung in Relation zu einer bestimmten Norm gesetzt wird. Das eine dieser Motive führt zu der Neigung, die Arbeit zu beginnen; das andere führt zu der Neigung, der Arbeit auszuweichen. Dieser Vorgang wird traditionsgemäß als Appetenz-Aversionskonflikt (approach-avoidance conflict) bezeichnet. Das Konzeptionsschema legt jedoch den Schluß nahe, eher von einem Konflikt zwischen einer anspornenden (excitative) und einer hemmenden (inhibitory) Tendenz zu sprechen.
>
> Man nimmt an, daß sich die beiden entgegengesetzten Komponenten zusammenfügen und eine resultierende erfolgsorientierte Tendenz ergeben, die in ihrem Charakter weder exzitativ noch inhibitorisch ist. Ihre Stärke ist individuell abhängig von der relativen Stärke des Motivs, Erfolg zu erzielen, und des Motivs, Mißerfolg zu vermeiden.

Als wichtiger Hinweis sollte gelten, daß all das oben erwähnte nicht zu dem Schluß führen sollte, die Stärke der Tendenz, Erfolg zu erzielen, könne bei Schulkindern nicht modifiziert werden. Im Gegenteil, mit allen Versuchen, das Erfolgsmotiv eines Schülers oder seine Erfolgswahrscheinlichkeit zu modifizieren, oder den Anreizwert zu steigern oder zu erhöhen, bzw. jeder Kombination dieser, erhöht bzw. verringert sich auch die Tendenz des einzelnen, bei Lernaufgaben Erfolg zu erzielen.

9.1.4 Exploration, Manipulation und Neugierde

Der Mensch hat noch andere Bedürfnisse, die in mancher Hinsicht mit Maslows Bedürfnissen nach Wissen und Verstehen und Atkinsons Bedürfnis nach Erfolg in Beziehung stehen. Mit Begriffen *Exploration, Manipulation* und *Neugierde* bezeichnetes Verhalten zählt zu der allgemeinen Klasse des Aufmerksamkeits-Verhaltens (*Dember & Earl,* 1957). Aufmerksamkeit entsteht durch Darbieten von Reizen, die von den Erwartungen des Organismus abweichen. Sie wird durch wiederholtes Anbieten dieser diskrepanten und neuartigen Reize befriedigt.

Sogar primitive Tiere beginnen nach Befriedigung ihrer körperlichen Bedürfnisse ihre Umwelt zu erforschen und Gegenstände zu manipulieren. Bei Darbietung visueller Reize und ohne die geringste Hilfestellung begannen Affen aktiv ihre Umwelt zu erforschen (*Butler & Harlow*, 1954). Anstatt nach Futter zu suchen, begannen die Affen ein ähnliches Verhalten anzunehmen, wie es beim Menschen durch Neugierde erzeugt wird. Sie bemühten sich nicht um Futter, Wasser oder andere Entschädigungen für ihre körperliche Bedürfnisdeprivation, sondern wollten dafür belohnt werden, daß sie in ihrem sonst dunklen Käfig kurz aus dem Fenster blicken durften (*Butler*, 1953, 1954, 1957). Diese Ergebnisse stehen in Widerspruch zu der Vorstellung, daß Motivation in erster Linie das Ergebnis einer Deprivation an Nahrung, Wasser und anderen, an biologische Bedürfnisse geknüpften Dingen sei. Extreme Triebedingungen sind für Affen keine günstigen Lernvoraussetzungen (*Harlow*, 1953).

Zwischen Neugierde und Forscherdrang (exploration) besteht ein enger Zusammenhang. *Maw* und *Maw* (1965) berichteten über ihre jahrelangen Forschungen in bezug auf das Neugierverhalten bei Schulkindern. Sie bezeichnen es als charakteristisches Merkmal eines Kindes, Neugierde in dem Maße zu entfalten, als es (1) durch Annäherung, Exploration und Manipulation auf Elemente in seiner Umgebung positiv reagiere; (2) den Wunsch oder das Bedürfnis habe, mehr über sich und seine Umgebung in Erfahrung zu bringen; (3) seine Umgebung kritisch prüft und nach neuen Erlebnissen sucht und (4) ständig untersucht und forscht. Man beobachtet, daß Jungen und Mädchen deutlich in ihrer Neugierde voneinander abweichen.

Maw und *Maw* (1964) betrachten Neugierde als wesentliche Komponente für Lernen, Kreativität und geistige Regsamkeit. Aus den obigen Betrachtungen über die Neugierde ergibt sich als wichtigste Schlußfolgerung, daß noch viel zu tun ist, um völlige Klarheit über diejenigen Ereignisse und Dinge zu gewinnen, die am stärksten Neugierde in den Schülern erwecken. Diese Aufgabe ist nicht so einfach, wie es auf den ersten Blick erscheinen mag. Man denke an die Eltern, die viele Stunden und eine ganze Menge Geld aufbringen, nur um ein bezauberndes Spielzeug für ihr Kind zu kaufen; am Ende stellen sie fest, daß das Kind das Spielzeug bald aufgibt und hartnäckig mit dem Karton, in dem es verpackt war, spielt.

Eine weitere Implikation aus den vorausgegangenen Ausführungen über Neugierde ist offensichtlich die, daß noch mehr Erfahrungen über die richtige Klassenzimmerausstattung, gemeinsame Unternehmungen und praktisches Handeln der Lehrer, also alles die Neugierde und damit verwandte kreative Arbeiten Fördernde, gesammelt werden müssen. Die Arbeit von *Torrance* (1965) und anderen, beschrieben in Kapitel 12, geht auf dieses Problem ein.

9.1.5 Zielsetzung

Zielsetzung in der Klasse bedeutet, daß jedem einzelnen Gelegenheit gegeben wird, bei gleichen Aufgaben unterschiedliche Leistungsniveaus anzusetzen, Aufgaben in unterschiedlicher Zeit zu erfüllen oder sich mit nicht-identischen Aufgaben zu befassen. In Form von Arbeiten und gemeinsamen Aktionen im Klassenzimmer setzen sich die Schüler zwanglos schon eine Vielzahl von Zielen. So führen manche Schüler gewissenhaft die von ihrem Lehrer übertragenen Arbeiten aus oder beteiligen sich an Schüler-Lehrerdiskussionen und entscheiden anschließend, was sie wann tun wollen und in welcher Form es durchgeführt werden soll. Zielsetzen kann aber auch auf mehr explizite und formale Weise erfolgen. In diesem Fall diskutieren Lehrer und Schüler darüber, was jeder einzelne erreichen will und wie gut und in welcher Zeit er es schaffen will. Das Motiv des Schülers, Erfolg zu erzielen, hat erheblichen Anteil beim Setzen von Zielen. Der Lehrer kann die Wahrscheinlichkeit, daß ein Schüler erfolgreich ist, durch entsprechende Zensuren und andere, von ihm angebotene Wertanreize entscheidend modifizieren, so daß sich mehr Schüler Ziele setzen und diese auch in Verbindung mit schulischem Lernstoff und der Gemeinschaft nützlichen (prosozialen) Verhaltensweisen erreichen. Auf den folgenden Seiten soll auf das Wesen von Zielen und der Zielsetzung eingegangen werden.

Entfernte, mittelbare und unmittelbare Ziele

Entfernte, mittelbare und unmittelbare Ziele sind abhängig von der individuellen Entwicklungsstufe. Für ein Kind der ersten

Tabelle 9.1 *Terminologie der Zielsetzung*

	Letztgezeigte Leistung	Anspruchs- oder Zielniveau	Zieldiskrepanz	Tatsächliche Leistung	Erreichungsdiskrepanz	Gefühle des Erfolgs oder Mißerfolgs
Bill	20	40	+ 20	18	— 22	Mißerfolg
Mary	30	33	+ 3	30	— 3	Mißerfolg
George	35	33	— 2	38	+ 5	Erfolg
Susan	40	43	+ 3	45	+ 2	Erfolg

Klasse könnte ein entferntes Ziel etwas sein, das es innerhalb von 4 Wochen erreichen will, ein mittelbares würde innerhalb einer Woche erreicht werden, und ein unmittelbares Ziel in ein paar Minuten oder 1 Stunde. Der Student im ersten Studienjahr setzt sich ein entferntes Ziel mit dem Wunsch, in 4 oder 5 Jahren erfolgreicher Lehrer zu sein, ein mittelbares Ziel sieht er im erfolgreichen Abschluß der im ersten Studienjahr belegten Kurse, und ein unmittelbares Ziel im Lesen und Verstehen eines Buchkapitels, mit dem er sich 2 Stunden beschäftigt.

9.1.6 Setzen unmittelbarer Ziele

Für ein unmittelbares Ziel verwendet man im allgemeinen den Begriff *Anspruchsniveau*. Er bezeichnet das Leistungsniveau, welches ein einzelner bei einer gewöhnlichen Aufgabe anstrebt oder bei der nächsten Arbeit zu erreichen glaubt. Tabelle 9.1 zeigt den Vorgang des Zielsetzens und einen Teil der in bezug auf das Aspirationsniveau verwandten Terminologie. Man stelle sich vor, Bill, Mary, George und Susan nähmen am Schreibmaschinenunterricht teil. Ihre letzten Leistungen innerhalb eines 5-Minuten-Tests waren 20, 30, 35 und 40 Worte pro Minute. Der Lehrer bittet sie, anzugeben, wieviele Worte pro Minute sie bei einem 5-Minuten-Test in 2 Tagen zu erreichen glaubten. Sie stellten ihre Anspruchsniveaus oder unmittelbaren Ziele wie folgt auf: Bill, 40, Mary, 33, George, 33, und Susanne, 45. Die Differenz zwischen der letztgezeigten Leistung und dem jetzt gesetzten Anspruchsniveau, die *Zieldiskrepanz*, kann entweder positiv oder negativ sein. Bill weist eine positive Zieldiskrepanz von 20, George eine negative von 2 auf. Diese Schüler setzen ihre Unterrichtsarbeit fort und unterziehen sich 2 Tage später einem weiteren Test. Bill erreicht jetzt eine Geschwindigkeit von 18; Mary 30; George 38, und Susanne 45. Die Erreichungsdiskrepanz ist diesmal wieder entweder positiv oder negativ. Bill weist eine negative Erreichungsdiskrepanz von 22 und Mary von 3 auf; George und Susan zeigen positive Erreichungsdiskrepanzen von 5 bzw. 2. Wenn diese Studenten alle ich-beteiligt gewesen wären, d. h. wenn sie sich die Ziele tatsächlich gesetzt und zu erreichen versucht hätten, so hätten Bill und Mary Mißerfolgsgefühle erfahren.

In einem konkreten Experiment wurden Kinder der 4., 5. und 6. Klasse entsprechend ihrer früheren Erfolgs- und Mißerfolgserfahrungen in der Schule in 3 Versuchsgruppen, benannt als Erfolgs-, Mißerfolgs- und differente Gruppe, eingeteilt *(Sears*, 1940). Die Kinder in der Erfolgsgruppe wiesen sowohl subjektiv als auch objektiv in allen akademischen Fächern, einschließlich im Lesen und der Mathematik, Erfolge nach; bei der Mißerfolgsgruppe war das Gegenteil der Fall, und die differente Gruppe war im

Lesen erfolgreich, in Mathematik jedoch erfolglos. Jedem Kind wurde zuerst eine geläufige Aufgabe im Lesen und in Mathematik gestellt. Sodann wurde das Anspruchsniveau festgestellt, indem man das Kind bat anzugeben, wieviele Sekunden es zur Erfüllung einer *weiteren* Rechen- oder Leseaufgabe benötige.

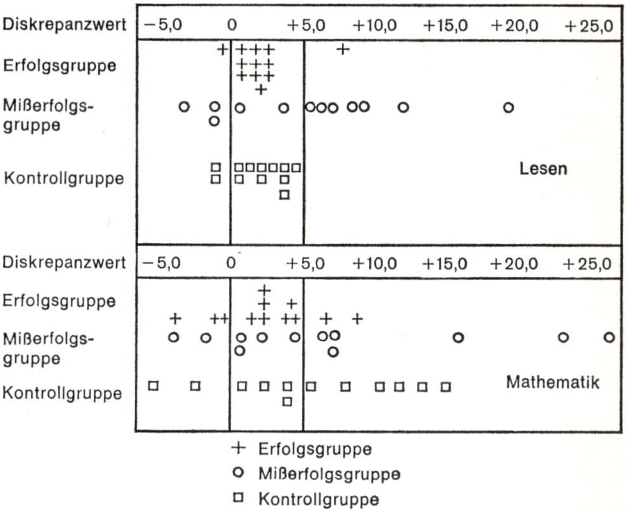

Abb. 9.4 Diskrepanzwerte von Gruppen, die sich hinsichtlich ihrer früheren Erfolgs- oder Mißerfolgserfahrungen unterschieden (nach *Sears*, 1940, S. 511).

In Abbildung 9.4 werden die akademisch erfolgreichen, erfolglosen und differenten bzw. Kontrollgruppen anhand von Ziel-Diskrepanzwerten, d. h. der Differenz zwischen wirklicher Leistung beim ersten Versuch und dem für den nächsten Versuch angesetzten Anspruchsniveau, verglichen. Die meisten Kinder der Erfolgsgruppe setzten bei der Leseaufgabe ihr Anspruchsniveau etwas über dem der letztgezeigten Leistungen an; die Mißerfolgsgruppe setzte die Niveaus jedoch unterschiedlich an: 3 Kinder setzten die Ziele unter ihre früheren Leistungen an, 7 darüber. Die differente Gruppe teilte sich bei der Leseaufgabe eher wie die Erfolgsgruppe auf. In Mathematik ergab das Bild bei der Erfolgsgruppe eine geringere Streuung als bei der Mißerfolgsgruppe und eine Zwischenposition der differenten Gruppe. Bei beiden Aufgaben setzte sich die Erfolgsgruppe die realistischsten Ziele. Nach dieser Ausgangsuntersuchung wurden in den 3 Gruppen Gefühle des Erfolgs und des Mißerfolgs experimentell induziert. Bei allen

3 Gruppen führte die Induktion von Erfolgsgefühlen zu realistischeren Zielsetzungen, d. h. das angesetzte Anspruchsniveau lag mehr auf der Linie der vorangegangenen Leistung. Induzierte Gefühle des Mißerfolgs riefen bei anschließender Zielsetzung größere Schwankungen hervor.

An einer konkreten Unterrichtsstunde in amerikanischer Geschichte wiederholte Byers (1958) den oben erläuterten Versuch mit der Ausnahme, daß dabei nicht versucht wurde, Gefühle des Erfolgs oder Mißerfolgs experimentell zu induzieren. Die Studenten wurden in 2 Gruppen aufgeteilt. Die eine hatte früher Erfolge erfahren, der anderen waren diese versagt geblieben, was sich an den Notendurchschnitten zeigte. Diese Studenten setzten sich dann für den Verlauf des theoretischen Jahres 6 konsekutive Ziele. Die Studenten mit früheren theoretischen Erfolgen setzten ihre Ziele realistischer (im allgemeinen über der früheren Leistung) und erreichten diese auch besser, während diejenigen mit früheren Mißerfolgen ihre Ziele weniger realistisch ansetzten – manchmal über der früheren Lestung, manchmal darunter.

Das tatsächliche Erfolgs- bzw. Mißerfolgserlebnis beim Erreichen der Ziele hatte ähnliche Auswirkungen auf das spätere Zielsetzen wie die induzierten Erfolgs- bzw. Mißerfolgsgefühle, über die oben berichtet wurde. Es neigten jedoch mehr Studenten der 11. Klasse als jüngere Kinder mit Erfolgserlebnissen dazu, das nächste Ziel niedriger anzusetzen.

9.1.7 Die Zielsetzung beeinflussende Faktoren

Momentaner Erfolg und die Erwartung weiteren Erfolgs haben eine wünschenswerte Wirkung auf die Motivation, Leistung und spätere Zielsetzung; Mißerfolg hat mit Sicherheit eine unerwünschte Wirkung. *Atkinson* (1965) beschrieb die Auswirkungen von Erfolg und Mißerfolg auf spätere Zielsetzung bei Personen mit überwiegender Leistungsmotivation. Die beständige Kurve in Abbildung 9.5 läßt die Tendenz einer Person beim Angehen einer Aufgabe erkennen, wenn nur die frühere Erfahrung das Maß der Erfolgserwartung an eine Aufgabe wechselnder Schwierigkeitsgrade beeinflußt. Nach der Theorie wird die erfolgsorientierte Person die Aufgabe eher angehen, wenn eine Erfolgswahrscheinlichkeit von 50 % gegeben ist. Führt sie diese dann erfolgreich aus, so wird die Veränderung der an eine neue Aufgabe gestellten Erfolgserwartung zu einer Veränderung hinsichtlich der Motivation oder des gesetzten Ziels führen, wie es an der gebrochenen Kurve dargestellt ist. Was vorher als mittelschwierig mit 50 % Erfolgsaussicht eingeschätzt wurde, erscheint jetzt relativ leicht mit 70 %. Das bedeutet, daß nach Erfolg ein höheres Ziel mit 50 %iger Erfolgsaussicht gesetzt werden wird.

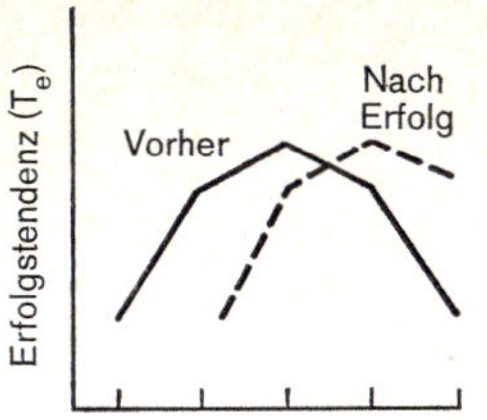

Abb. 9.5 Veränderung des Anspruchsniveaus nach Erfolg

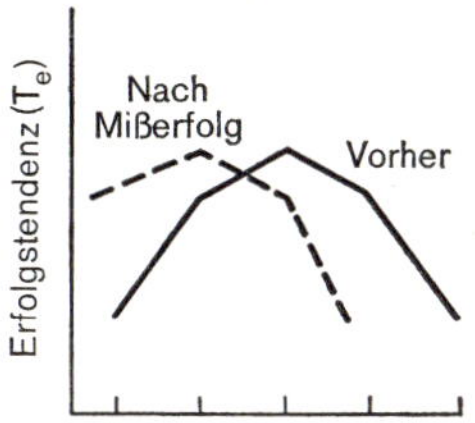

Abb. 9.6 Veränderung des Anspruchsniveaus nach Mißerfolg

Abbildung 9.6 zeigt die Motivationsänderung als herabgesetztes Ziel, als Folge einer Mißerfolgserfahrung. Nach dem Fehlschlag setzt die Person ihr Ziel niedriger an, um gleiche Erfolgsaussichten von 50 : 50 zu haben. Was vorher als relativ leicht mit 70 %-iger Aussicht auf Erfolg eingeschätzt wurde, erscheint jetzt mittelschwer mit 50 %. Des weiteren kam Atkinson zu dem Schluß, daß die Auswirkungen von Erfolg und auch Mißerfolg sich allgemein auf andere Tätigkeiten mit Zielsetzung übertragen lassen.

Als zusätzliche, die Zielsetzung beeinflussende Faktoren gelten die Art der Aufgabe und verschiedene Persönlichkeitsvariablen, die nicht unmittelbar mit der Aufgabe in Zusammenhang stehen. *Holmes* (1959) analysierte 59 Studien über das Anspruchsniveau und zog daraus 5 für die Pädagogik wichtige Schlußfolgerungen: (1) Eine Aufgabe kann so schwierig sein, daß kein Schüler ein realistisches Ziel zu setzen vermag oder auf einen Erfolg hoffen kann; eine Aufgabe kann aber auch so einfach sein und mit solch geringer Mühe erfüllt werden, daß es zu keinem Erfolgserlebnis kommt. (2) Realistische Kinder mit Selbstvertrauen und einem guten Verhältnis zur Schule und sich selbst setzen ihre Ziele realistischer an und bemühen sich ausdauernder als Schüler mit entgegengesetzten Merkmalen, diese zu erreichen. (3) Die Eigenschaft, Ziele niedrig anzusetzen, ist oft begleitet von einem starken Bedürfnis, Mißerfolg zu vermeiden. Manche Personen schützen ihr Selbstwertgefühl, indem sie ihre Ziele so niedrig ansetzen, daß sie sie leicht erreichen können. (4) Unsichere Personen verspüren ein Erfolgsgefühl, indem sie öffentlich hohe Ziele ansetzen, jedoch wissen, daß sie diese zu erreichen nicht in der Lage sind; im allgemeinen findet man Anerkennung, wenn man scheinbar Unerreichbares anstrebt, auch wenn dieses Ziel nur annähernd erreicht wird. (5) Die Gruppe hat Einfluß auf die Zielsetzungen ihrer Mitglieder; nach Bekanntwerden der Ziele der gesamten Gruppe neigen diejenigen mit den höheren Zielen dazu, diese ein wenig herabzusetzen, und die die mit den niedrigen Zielen, diese ein wenig heraufzusetzen.

9.1.8 Überwindung der Auswirkungen von Mißerfolg

Kinder im Vorschulalter wurden für die Dauer von 15 und 8 Minuten 2 experimentellen Situationen ausgesetzt und dabei aufgefordert, eine ansprechende Puzzleaufgabe zu lösen. Die Aufgabe war jedoch so schwierig, daß es ihnen trotz beharrlicher Mühe nicht gelang, sie annähernd vollständig zu lösen (Kleister & Updegraff, 1937). Mit dem Experiment wurde beabsichtigt, Gefühle des Mißerfolgs zu produzieren. Die Reaktionen der Kinder im Laufe der beiden Situationen waren sehr unterschiedlich, und 15 von ihnen legten äußerst unentwickeltes Verhalten an den Tag. Im zweiten Teil des Experiments ließ man 12 der Kinder mit unentwickeltem Verhalten an einem Trainingsprogramm teilnehmen, um Mittel und Umfang festzustellen, durch welche die unerwünschten Auswirkungen von Mißerfolg überwunden werden könnten. Im Rahmen dieses Versuchsprogramms wurden 4 ähnliche, doch nicht identische, ansprechende Aufgaben nach verschiedenen Schwierigkeitsniveaus, von sehr leicht bis schwierig, ausgearbeitet, wovon letztere mit Mühe und Ausdauer durchaus noch zu lösen waren. Während der Umschulungszeit begann der Versuchsleiter mit der einfachsten Aufgabe, stand jedem Kind zuweilen hilfreich zur Seite und ermutigte es zum Fortfahren. Der Versuchsrahmen war so aufgebaut, daß jedes Kind seinen eigenen Fortschritt mitverfolgen konnte und wußte, ob es die vorangegangene Aufgabe erfolgreich abgelegt hatte. Abbildung 9.7 zeigt die Reaktionen der Gruppe auf eine Aufgabe, die der schwierigen Anfangsaufgabe ähnlich war, vor und nach dem experimentellen Training. Bei 3 Verhaltensweisen trat eine merkliche Verbesserung ein, und zwar bezüglich des Versuchs, das Problem selbständig zu lösen, der Anzahl der Versuche, bevor ein anderes Kind um die Lösung gefragt wurde und des Interesses an der Aufgabe. Das Training hatte kaum Einfluß auf das Bitten der Kinder um Hilfestellung. Die Differenzen zeigen jedoch, daß das Training in allen Verhaltensweisen wünschenswertere Reaktionen herbeiführte.

Diese Analyse der Zielsetzung läßt erkennen, daß ein Lehrer den erfolglosen oder schwachen Schüler auf verschiedene Arten zu größerer Ausdauer in seinen Bemühungen anspornen kann. Stärkt man z. B. das Selbstvertrauen des Schülers, so wird dieser sicherer in seinem Streben nach einem bestimmten Ziel. Wem ein Fehlschlag nichts ausmacht, dem wird es leichter fallen, seine Bemühungen von neuem aufzunehmen. Ein Lehrer sollte bemüht sein, angenehme Lernsituationen zu schaffen, in denen sich der Schüler erfolgreich fühlt. Dieses Verfahren fördert nicht nur das Selbstvertrauen des Schülers, sondern hilft ihm auch, realistische Ziele zu stecken. Auch sollte dem Schüler von seinem möglichen Erfolg Kenntnis gegeben werden, auch dann, wenn der Verbesserungsgrad dem Lehrer gering und unbedeutend erscheinen mag. Diese Verfahren werden im letzten Abschnitt dieses Kapitels ausführlich besprochen.

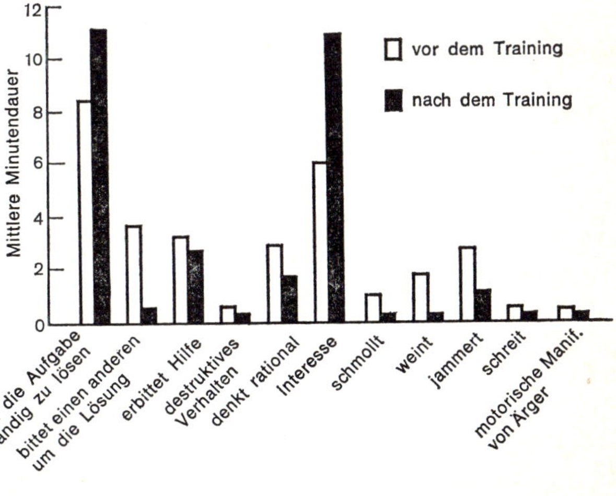

Abb. 9 7 Reaktionen der geschulten Gruppe beim Puzzlespiel-Test vor und nach dem Training. (*Keister & Updegraff*, 1937, S. 246. Mit freundlicher Genehmigung der Society for Research in Child Development, Inc. Copyright 1937 by the Society for Research in Child Development, Inc.)

9.1.9 Motivation und Disziplin

Sheviakov und Redl (1944) verfaßten eine der weitverbreitetsten Abhandlungen über Disziplin, die hierzulande jemals veröffentlicht wurde. Sie wurde später von Sybil Richardson (1956) neu bearbeitet. Die Art Disziplin, die sie und hoffentlich auch die meisten Pädagogen für wünschenswert halten, beschreiben sie folgendermaßen:

1. Wir wollen eine Disziplin, die die *Würde und die Rechte, die jedem einzelnen Menschen zustehen,* achtet, und nicht eine, die nur durch Erniedrigung der Undisziplinierten möglich ist.
2. Wir wollen Disziplin auf der Grundlage der Achtung *humanitärer Prinzipien und Ideale.* In einer demokratischen Gesellschaft ist Loyalität gegenüber den Prinzipien der Freiheit, Gerechtigkeit und Gleichheit wichtiger als Disziplin auf der Grundlage einer engen, egoistischen Zugehörigkeit zu »*meiner* Gruppe«.
3. Wir ziehen *Selbst-Lenkung und Selbstbeherrschung* einer Disziplin vor, die sich auf den blindem Gehorsam an einen Führer gründet.
4. Wir wollen eine Disziplin, die auf dem *Verständnis* des beabsichtigten Zieles beruht und nicht das Wort eines anderen für besonders passendes Verhalten hält.

Diese Erklärung impliziert, daß Schüler Werte erlernen müssen, die als Freiheit, Gerechtigkeit und Gleichheit bezeichnet werden, und Verhaltensweisen, die zu Selbstführung und Selbstbeherrschung führen oder daraus entstehen.

Wir sind der Meinung, daß diese Werte und Verhaltensweisen erlernt werden müssen, glauben aber auch, daß nicht alle Schüler sie erlernen wollen. Es ist deshalb erforderlich, Motivationsverfahren in Verbindung mit diesen Lerngebieten zu entwickeln. Weiter müssen Selbstführung und Selbstbeherrschung auf Verständnis gründen. Dies bedeutet Diskussion und Studium, und nicht blindes Konformgehen mit Lehrererlassen oder Vorschriften der Erwachsenen.

Wir akzeptieren diese Standpunkte und betrachten sie als Grundlage der im nächsten Abschnitt erörterten Prinzipien der Motivation und der im letzten Abschnitt des Kapitels behandelten Entwicklung sozial positiver Werthaltungen. Die Prinzipien der Motivation sind für die Disziplin im Klassenzimmer ebenso bedeutend wie für den gewöhnlichen Lehrstoff. Disziplin im Klassenzimmer kann man nicht von den angewandten Motivationsprinzipien oder dem übrigen Stundenplan der Schule trennen.

9.1 Nach Maslow befriedigt man seine Sicherheitsbedürfnisse vor denen nach Liebe, Zugehörigkeit oder Wissen. Es kommt jedoch vor, daß man sein Leben riskiert, um einen Freund zu retten oder einen Berg zu besteigen. Ist Maslows Hierarchie in diesen Fällen unrichtig?

9.2 Wieviel Zeit verwenden Sie für die tägliche Befriedigung der von Maslow angeführten Bedürfnismotive? Lassen sich die Motive all Ihrer Tätigkeiten ohne Schwierigkeit nach der Hierarchie Maslows klassifizieren?

9.3 Versuchen Sie, sich an eine Aufgabe oder Tätigkeit zu erinnern, die Sie mit Eifer angingen, und an eine andere, die Sie zwar für möglicherweise attraktiv hielten, letztlich jedoch vermieden. Läßt sich aus dem Bedürfnis, Erfolg zu erzielen, und dem Folgebedürfnis, Mißerfolg zu vermeiden, Ihr Verhalten auf irgendeine Weise erklären? Könnte das Fehlen einer Bindung an gewisse Arbeiten bei manchen Schülern das Bedürfnis, Mißerfolg zu vermeiden, wiederspiegeln?

9.4 Auf welche Weise können Manipulation und Neugierde eine Rolle bei der Befriedigung jedes einzelnen Bedürfnismotiv der Maslowschen Hierarchie spielen?

9.5 Inwiefern können Sie bei Ihnen, als Sie diese Laufbahn einschlagen, darin ein entferntes, mittelbares oder unmittelbares Ziel erkennen?

9.6 Es ist eine weitverbreitete Meinung, daß das Lernen von Unterrichtsstoff einen inneren Motivationswert hat und daß ein Nicht-Lernen zu Desinteresse und Meidung führt. Können Sie dies nach Maslows Hierarchie oder Atkinsons Neigung, Erfolg zu erzielen, erklären?

9.7 Denken Sie kurz über das Verhalten im Klassenzimmer vieler Jungen der Unterstufe der Oberschule nach: sie sind oft rüpelhaft und wenig diszipliniert (werfen Papierflieger, kneifen Mädchen und ziehen sie an den Haaren, etc.). Sieht man dieselben Jungen in der Oberstufe oder als Studenten wieder, so hören sie in der Klasse aufmerksam zu, sind kooperativ und wirken attraktiv auf Mädchen. Worauf führen Sie diese Veränderung in Hinsicht auf Motivation und Selbstbeherrschung zurück?

9.2 Prinzipien der Motivation

In diesem Abschnitt erfolgt eine Aufstellung und Diskussion von Prinzipien der Motivation und des Lernens auf der Grundlage theoretischer und praktischer Forschungsarbeit sowie eine parallele Aufstellung von Richtlinien im Unterricht, die eine Anwendung in verschiedenen Lehrrahmen ermöglichen. Die Prinzipien dieses und ähnlicher Abschnitte späterer Kapitel werden in einer Form dargeboten, die es dem einzelnen Leser ermöglicht, sie direkt auf sein eigenes Studium und Lernen zu übertragen. Man gehe von der Vorstellung aus, daß sie die inneren Konditionen der motivierten Person darstellen. Die Unterrichts-Richtlinien dienen der Verdeutlichung der Lehrerrolle. Diese Richtlinien stelle man sich als externe, fördernde Konditionen vor. Die Prinzipien und Leitfäden werden als beste gegenwärtig verfügbare Hypothesen zur Prüfung in schulischem Rahmen angeboten und stellen keine Vorschriften dar. Dem Lehrer ist es freigestellt, andere Prinzipien und Leitfäden aufzustellen. Ebenso können die Prinzipien mit dem Voranschreiten der Motivationsforschung in schulischen Bereichen und der Entwicklung genauerer Motivationstheorien für den schulischen Rahmen modifiziert werden.

Die angeführten Prinzipien und Richtlinien sind aufeinander bezogen. Die ersten 4 Prinzipien behandeln in erster Linie die Motivationsinteressen, die mit dem Lernen des schulischen Lehrstoffs zu tun haben, so die Sammlung der Aufmerksamkeit, die Nutzung des Erfolgsbedürfnisses, das Setzen und Erreichen von Zielen und die Bereitstellung informativen Feedbacks.

PRINZIP	RICHTLINIEN FÜR DEN UNTERRICHT
1. Die Beachtung einer Lernaufaufgabe ist wesentliche Voraussetzung für die Aufnahme einer Folge von Lernaufgaben.	1. Richten Sie die Aufmerksamkeit des Schülers auf die erwünschten Lernziele.
2. Der Wunsch, Kontrolle über Elemente der Umwelt zu erlangen und Erfolg zu erzielen ist wesentlicher Faktor für realistisches Zielsetzen.	2. Nutzen Sie das individuelle Bedürfnis nach Leistung und andere positive Motive.
3. Das Setzen und Erreichen von Zielen erfordert Lernaufgaben mit angemessenem Schwierigkeitsgrad; Erfolgserlebnisse bei Lernaufgaben erhöht die Motivation gegenüber nachfolgenden Arbeiten; Gefühle des Mißerfolgs schwächen die Motivation für nachfolgende Arbeiten.	3. Unterstützen Sie jeden einzelnen Schüler beim Aufstellen und Erreichen von Zielen, die mit dem Unterrichtsprogramm der Schule in Zusammenhang stehen.
4. Die Information über korrekte und angemessene Verhaltensweisen und die Berichtigung von Fehlern sind eng verbunden mit besserer Leistung sowie einer bejahenderen Einstellung gegenüber Lernaufgaben.	4. Sorgen Sie für informatives Feedback.

5. Die Beobachtung und Nachahmung eines Modells erleichtert die anfängliche Annahme prosozialer Verhaltensweisen wie Selbstbeherrschung, Selbstvertrauen und Ausdauer.	5. Sorgen Sie dafür, daß sozial positive Werte verbalisiert und diskutiert werden.
6. Die Verbalisierung sozial positiver Werte und Verhaltensweisen sowie deren Erörterung bilden eine begriffliche Grundlage für die Entwicklung von Verhaltensweisen.	6. Sorgen Sie dafür, daß sozial positive Werte verbalisiert und diskutiert werden.
7. Die Aussicht, daß besonderes Verhalten oder besondere Leistung belohnt werden, fördert die Aufmerksamkeit und den Eifer, das Verhalten oder die Leistung zu zeigen. Nicht-Verstärkung nach einer Reaktion hat oft deren Unterdrückung zur Folge. Die Aussicht, für unerwünschtes Verhalten bestraft zu werden, kann entweder zur Unterdrückung des Verhaltens, zu Vermeidung oder Abneigung gegenüber der Situation, oder zu Meidung bzw. Abneigung des Bestrafenden führen.	7. Entwickeln und benützen Sie ein Belohnungssystem, um, soweit erforderlich, wachgerufenes Bemühen und erwünschtes Verhalten zu festigen. Wenden Sie Bestrafungen an, um, soweit notwendig, Fehlverhalten abzustellen.
8. Ein starkes Stress- oder Angsterlebnis ist verknüpft mit schwacher Leistung, Fehlverhalten und Persönlichkeitsstörungen.	sen, die zeitweiligen starken 8. Vermeiden Sie Verfahrenswei- Stress oder chronische Angst hervorrufen.

Die nächsten beiden Prinzipien sind direkter auf das Verhalten und die Disziplin des Schülers anwendbar. Sie behandeln die anfängliche Aneignung und spätere Konzeptualisierung von Selbstführung, Selbstvertrauen, Ausdauer und anderer sozial positiver Verhaltensweisen. Die letzten beiden Prinzipien sind ebenso relevant für die Motivation, Fachwissen zu erwerben oder sich sozial positiv zu verhalten. Es folgt nun eine ausführliche Erörterung der Richtlinien.

9.2.1 Sammeln Sie die Aufmerksamkeit des Schülers

Wenn Schüler in die Schule kommen und sich mit den Situationen des Unterrichts auseinandersetzen müssen, haben sie oft Interessen und Bedürfnisse, die ihre Aufmerksamkeit von den Unterrichtszielen ablenken. Deshalb richtet der Lehrer zu Beginn einer neuen Lektion oder eines Lerngebietes die Aufmerksamkeit der Schüler auf die Lernziele. Bevor er jedoch die Aufmerksamkeit seiner Schüler so sammeln kann, muß er für sich selbst die Ziele formulieren, festlegen, bzw. identifizieren. Die Verfahren zur Formulierung von Lernzielen wurden in Kapitel 4 beschrieben. Es soll an dieser Stelle nur betont werden, daß der Lehrer sich selbst über die Ziele im klaren sein muß, bevor er sie den Schülern vermitteln kann. Obwohl es selbstverständlich zu sein scheint, soll doch darauf hingewiesen werden, daß ein Großteil des heutigen Unterrichts uneffektiv ist, weil weder Lehrer noch Schüler genau wissen, *was* zu lernen ist. *Mager* und *Clark* (1963), sowie *Miles, Kilber* und *Pettigrew* (1967) zeigten auf, daß bei einem klaren Verständnis der Lernziele seitens der Lehrer und Schüler die Leistungen beträchtlich höher lagen.

Zum Zwecke der Sammlung und Festigung der Aufmerksamkeit wendet sich der Lehrer nicht nur einem Sinnesorgan zu, sondern im allgemeinen dem Sehen wie dem Hören und manchmal sogar dem Geruchs-, Tast- und Wärmeempfinden. Eigenschaften der Umwelt, die bei der Sammlung von Aufmerksamkeit eine Rolle spielen und gelenkt werden können, sind Veränderung, Bewegung, Größe, Intensität, Wiederholung und Lebendigkeit. Bei Betrachtung zweier möglicher, auf die Sammlung von Aufmerksamkeit gerichteter Milieus, erscheint dasjenige am günstigsten, welches eine größere Abweichung hinsichtlich früherer Erfahrungen, eine größere Bewegung der Konzentrationsobjekte und eine größere Lebendigkeit in Farbe, Kontur oder Kontrast enthält. Erinnern Sie sich an einige der Spielfilme und Werbespots im Fernsehen, die auf Sie den größten Eindruck gemacht haben. Sie alle weisen diese stilistischen Merkmale als Mittel zur Lenkung und Aufrechterhaltung der Aufmerksamkeit auf.

Mit denselben Methoden läßt sich auch Neugierde wecken. Neugierde offenbart sich im Schauen, Zuhören, Riechen und anderen begleitenden Verhaltensweisen, die der einzelne auf neue oder selten angesprochene Dinge und Erlebnisse richtet.

In manchen Fällen nähern sich Kinder auch physisch nicht furchterregenden Dingen und Situationen, mit denen sie nicht vertraut sind. Wird der einzelne mit einer Situation konfrontiert, die erheblich von seinen früheren Erfahrungen abweicht, so stehen ihm keine unmittelbar verfügbaren Reaktionen zur Verfügung, mit denen er ihnen begegnen könnte. Er orientiert sich genau an der Situation, möglicherweise um relevante Reaktionen erkennen zu können, mit denen er ihr begegnen könnte, oder weil das »Dabeisein« einfach befriedigend ist.

Im folgenden wollen wir die Mittel erörtern, durch die die Lehrer die Aufmerksamkeit der Schüler lenken und ihre Neugierde wecken können:

Schüler der Mittelschule wurden auf folgende Weise in das Studium der Länder nördlich des Polarkreises eingeführt: Sie kamen an einem kalten Morgen, dem ersten Tag nach den Weihnachtsferien in die Schule. Sie beeilten sich, um möglichst schnell von der Kälte ins Klassenzimmer zu kommen. Dort war es aber zu ihrer Überraschung noch kalt. Der Lehrer hatte nämlich veranlaßt, daß die Raumtemperatur auf dem niedrigen Ferienniveau belassen wurde, was dazu führte, daß im nördlichen Teil des Zimmers das Thermometer etwa 12° C anzeigte. So trugen die Kinder noch ihre Wintermäntel, als sie sich mit den ausgestellten Walfischzähnen und dem Totempfahl beschäftigten und Bilder von Lappländern mit Rentierherden, lachenden Eskimos auf der Baffin Insel, von Aleuten, die im Eiswasser fischten und viele andere relevante Szenen betrachteten, die an den Wandtafeln angeheftet waren. Nachdem sie sich diese Dinge einige Minuten lang angesehen hatten, begannen sich plötzlich einige Kinder für die Fachbücher zu interessieren, die auf den Tischen ausgelegt waren. Ein oder zwei andere suchten die Polarländer auf den Globen und Karten. Das neue Bild des Raumes und seine ungewohnte Temperatur trugen wesentlich dazu bei, daß Neugier geweckt wurde und die Aufmerksamkeit der Kinder auf das Studium der »Kalten Länder« gerichtet werden konnte.

Ein junger Lehrer sammelte bei der Behandlung Japans die Aufmerksamkeit durch folgende soziologische Studien:

Am ersten Tag betraten die Schüler eine gänzlich japanisch ausgestattete Umgebung. An der Stirnseite des Raumes waren eine Karte von Japan sowie ein Reise-Poster aufgehängt. Die Wandtafeln waren voll von Bildern über Japan. Die interessantesten Dinge jedoch, nämlich einige in Japan hergestellte Artikel, waren auf einem Tisch ausgebreitet. (Der Lehrer hatte vorsorglich ein paar ungewohnte Dinge hinzugefügt.) Als die Glocke ertönte, befanden sich nur wenige Schüler an ihren Plätzen. Die meisten untersuchten noch die Artikel und stellten eifrig dem Lehrer diesbezügliche Fragen. Statt jedoch darauf zu antworten, stellte er weitere Fragen.

Der Lehrer kann nicht nur die äußeren Eindrücke des Lernmilieus verändern, sondern auch durch sorgfältige Wort- und Begriffswahl die Interessen und Bedürfnisse der Schüler modifizieren:

In einer Englischklasse erwies sich beim Studium der Mythologie eine Frage als besonders wertvoll für die Weckung von Neugier: »Woher kommen die Mythen, und wo wurden sie zuerst erzählt?« Bei der Diskussion dieser Frage erkannten die Schüler, daß Mythen von Menschen geschaffen wurden, die sich nicht so sehr von ihnen selbst unterschieden.

Um bei seinen Schülern Interesse für Indien zu wecken, hielt der Lehrer zuerst eine Klassendiskussion ab, wobei er jeden einzelnen fragte, was er mit dem Gedanken an Indien verbinde. Sodann schrieb jeder Schüler einen fiktiven Brief an einen indischen Oberschüler mit einer Reihe von Fragen, die ihn am meisten interessierten. Die Briefe halfen dem Lehrer, Aufschluß über vorgefaßte Meinungen (und einige falsche Vorstellungen) der Schüler zu bekommen und ihre konkreten Interessen auszuwerten.

Ein junger Geschichtslehrer fand beim täglichen Unterricht der Geschichte des zweiten Weltkrieges Methoden zur Weckung von Neugier heraus. Er ließ rasch 2 Photographien herumgehen und fragte die Schüler, was sie für sie aussagten. Das eine zeigte zum Beispiel das Mahnmal zum Gedenken der in Buchenwald ausgerotteten Menschen, das andere die Kremationskammern, in denen die Körper verbrannt wurden. Ein weiteres Demonstrationsmittel bildete eine Extraausgabe der *Washington Daily News* mit großer Schlagzeile »Invasion der Alliierten in Frankreich«. Solche Darstellungen in Form von Photographien, Zeitungsmeldungen, Zeitschriftenartikeln und Leitartikeln, stets in Verbindung mit einer stimulierenden Frage, weckten bei den Schülern erhebliche Neugier. Diese und eine Vielzahl anderer Lehrverfahren können in Kleingruppen, Klassengruppen und großen Gruppen Anwendung finden.

9.2.2 Nutzen Sie das individuelle Leistungsbedürfnis

Maslows Hierarchie der Bedürfnis-Motive wurde bereits an früherer Stelle erörtert. Angenommen, einige Schüler erfahren während der Schulstunden eine Deprivation ihrer körperlichen sowie ihrer Bedürfnisse nach Sicherheit. Wir können uns dann mit ihren Bedürfnissen nach Liebe und Zugehörigkeit, Selbstwert und Selbstverwirklichung und dem Wunsch nach Wissen und Verständnis befassen. Die Schüler bei der Befriedigung dieser Bedürfnisse zu unterstützen, ist ein primäres Mittel zur Entwicklung starker Motivation.

Das Bedürfnis nach Leistung ist, wie schon an früherer Stelle besprochen, eng verbunden mit den sozialen Bedürfnissen und findet sich bei allen Schülern. Aufgrund früherer unbelohnter Erfahrungen manifestiert sich dieses Bedürfnis bei manchen Schülern nicht im Rahmen der Schule. Schüler, die etwas leisten wollen, sollten darin bestärkt werden, ebenso wie diejenigen, die dieses Bedürfnis bei der schulischen Arbeit nicht zeigen, besonders ins Auge gefaßt werden sollten. Das Bedürfnis nach Leistung ist ein wichtiger Faktor für das Setzen und Erreichen von konkreten Zielen, die in Zusammenhang mit der Arbeit und dem Betragen in der Schule stehen. Im letzten Teil des Kapitels sind ausführliche Beispiele darüber angeführt.

9.2.3 Helfen Sie jedem Schüler beim Setzen und Erreichen von Lernzielen

An früherer Stelle wurde bereits eingegangen auf die Definition des Zielsetzens als Spezifizierung eines gewissen Zustands von Verhältnissen, der zu einem gewissen Zeitpunkt durch die Person oder für sie selbst erreicht werden soll; beispielsweise das richtige Buchstabieren einer Gruppe von 20 Wörtern bis zum nächsten Tag, die Fertigstellung eines Berichtes über Indien bis nächste Woche, oder das Erreichen des 1. Platzes im Orchester an der Trombone innerhalb eines Jahres. Aus diesen Beispielen geht hervor, daß sich die Ziele hinsichtlich der Zeitdauer, die zu ihrem Erreichen notwendig ist, und der Spezifität, die sich in der endgültigen Leistung ausdrückt, unterscheiden. Auch entwickelt der einzelne beim Setzen seiner eigenen Ziele unterschiedlich starke Initiativen. Typisch ist, daß sich das junge Kind erwartungsgemäß konkrete Ziele von kurzer Zeitdauer mit Unterstützung des Lehrers setzt, Erwachsene aber Ziele von längerer Zeitdauer und mit größerer Unabhängigkeit vom Lehrer und anderen Erwachsenen anstreben. Der Lehrer kann zwar mögliche Leistungen vorschlagen, die innerhalb einer bestimmten Zeit zu erreichen sind, der einzelne setzt sich jedoch sein eigenes konkretes Ziel. Die Vorschläge des Lehrers bilden nur Worte und nicht das Ziel des Kindes. Das Zielsetzen schreitet je nach der Art der Aufgabe und den Wesensmerkmalen des Schülers voran.

Wie kann nun individuelles Zielsetzen in einem Schreibmaschinenkurs für Anfänger stattfinden? Alle Schüler beginnen am selben Punkt, d. h. keiner von ihnen kann tippen, und nehmen an den üblichen Unterrichts- und Demonstrationsverfahren teil, sowie an den praktischen Übungen zur Erhöhung von Schnelligkeit und Treffsicherheit. Mindestens 6 Wochen sind bis zum Erreichen dieses Punktes nötig. Ist er einmal erreicht und jeder Schüler kennt sein Tempo und seine Treffsicherheit, setzt sich jeder einzelne das Ziel, das er binnen einer Woche hinsichtlich der Anzahl der Anschläge pro Minute und der Zahl der Fehler bei einem zeitgestoppten Test zu erreichen glaubt. Am Ende der Woche werden die gestoppten Tests ausgewertet, um festzustellen, inwieweit der erreichte Fortschritt dem gesteckten Ziel näherkommt. Nach dieser ersten Erfahrung sollte das für die darauffolgende Woche gesetzte

Ziel realistischer sein. Mit der Zeit erwerben Lehrer und Schüler ein besseres Einschätzungsvermögen der Fähigkeiten der Schüler, und die Ziele können je nach Situation erhöht bzw. herabgesetzt werden. Am Ende des Jahres setzen und erreichen manche Schüler hinsichtlich ihres Schreibtempos Ziele, die um das 2- bis 3fache höher als bei anderen liegen.

In der zweiten Woche eines Seminars für besonders begabte Oberschulabgänger setzte sich jeder Schüler ein Ziel für das Semester, die jeweils voneinander abwichen.

Ein Mädchen stellte sich das Ziel, Kinderliteratur zu schreiben. Unter der fachlichen Führung ihres Lehrers gelang es ihr, während der ersten Wochen eine größere Anzahl von Kinderbüchern hinzuzuziehen und begann nun, diese zu lesen und zu studieren sowie einige ausgewählte Stücke bei den Nachbarskindern auszuprobieren. Als sie mit der Literatur vertrauter wurde, mußte sie in der ersten Hälfte des Semesters ihr Ziel korrigieren und neu ansetzen, um noch mehr Zeit auf das Lesen verwenden zu können. Als sie darauf viel Zeit verwendet hatte, begann sie erstmals zu schreiben. Dabei half ihr der Lehrer sowohl beim Neuaufstellen des Ziels als auch beim Fortgang der Arbeiten, um das Ziel zu erreichen. Eine andere Schülerin desselben Semesters setzte sich das Ziel, ein besseres Verständnis der »Protestliteratur« herauszuarbeiten. Nachdem sie mehrere Stücke gelesen hatte, bereitete es ihr Schwierigkeiten, sie zu verstehen und auszuwerten. Darauf half ihr der Lehrer, Kriterien zu entwickeln und kritische Betrachtungen über die gesamte »Protestbewegung« sowie kennzeichnende Werke anzustellen.

Diese Beispiele aus dem Schreibmaschinenkurs und dem Seminar zeigen auf, daß Diskussionen und Aktivitäten der Klasse unter Leitung des Lehrers, Diskussionen in kleinen Gruppen unter der Führung des Lehrers oder eines dafür bestimmten Schülersprechers, sowie Absprachen zwischen Lehrer und Schüler ein wichtiger Teil zielgerichteten und effiziösen Lernens auf der Grundlage von Zielsetzungsverfahren sind.

9.2.4 Sorgen Sie für informatives Feedback

Schüler sind nicht immer in der Lage, ihre eigenen Antworten ohne Hilfe auszuwerten und benötigen ein Feedback, das sie richtiger oder falscher Antworten versichert. In einem Beispiel erhielten eine Reihe von Schülern ihre Prüfungsarbeiten zurück und durften sie 5 Minuten lang einsehen (Plowman & Strout, 1942). Eine andere Gruppe erhielt ihre Arbeiten nicht zurück. Eine Woche später mußten sich alle Schüler von neuem der Prüfung unterziehen. Die Ergebnisse waren klar abgegrenzt und aufschlußreich. Diejenigen Schüler, denen Auskunft über ihre Leistung gegeben worden war, schnitten in der darauffolgenden Woche beträchtlich besser ab als ihre Kameraden, die ihre ersten Arbeiten nicht zurückbekommen hatten.

Bei einer Untersuchung größeren Ausmaßes hielten 74 Lehrer die Prüfungen ab, die dem normalen Unterrichtsverlauf nach ihren eigenen Schülern gerade gestellt werden mußten (Page, 1958). Die Schüler, die von dem Experiment nichts wußten, wurden willkürlich einer von 3 Behandlungsgruppen zugeteilt: Die Arbeiten eines Drittels wurden ohne Bemerkungen des Lehrers zurückgegeben; die Arbeiten des anderen Drittels wurden mit freien Lehrerkommentaren zurückgegeben, und die Arbeiten der letzten Gruppe wurden unter spezifizierten, doch allgemein anspornenden Lehrerbemerkungen zurückgegeben. Alle erhielten die der Arbeit angemessenen Benotungen. Bei der nächsten Lernzielprüfung schnitt die Gruppe mit freiem Kommentar deutlich besser als die anderen Gruppen ab, und die Gruppe ohne Kommentar beträchtlich schlechter. Angemessene und natürlich informative Bemerkungen durch den Lehrer wirkten sich somit fördernd auf die Motivation und anschließende Leistung der Schüler aus.

Eine andere Untersuchung wurde im natürlichen Rahmen der Klasse abgehalten und diente der Ermittlung der Auswirkungen von informativem Feedback sowie von Lehrerkommentaren auf Leistung und Einstellung bei einem Stilübungs-Kurs in der Englischen Sprache (*Sweet*, 1966). Hier führten die freien Kommentare, die der Lehrer in Form einer allgemeinen Leistungsbeurteilung, aber auch mit einer Ermunterung zur Verbesserung erteilte, zu besseren Leistungen und positiveren Einstellungen gegenüber dem Englischen. Auskünfte über korrekte und unkorrekte Antworten, sowie ein kurzer Kommentar mit dem subjektiven Urteil des Lehrers förderten also die Motivation. Feedback kann auch erfolgen im Anschluß an mündliche Beiträge, physische Aktionen und andere Schülerleistungen entweder in Form eines Dialoges oder in kleinen und großen Gruppen. Kleingruppen-Diskussionen, Frage-Antwort-Sitzungen und andere Arten von Informationsaustausch im Gruppenrahmen sind in dem Maße wertvoll, als an die verschiedenen Teilnehmer Informations-Feedback geleitet wird.

9.2.5 Schaffen Sie wirklichkeitsnahe und symbolische Modelle

Eine kurze Besprechung des Informationsmaterials über Observationslernen wird dem besseren Verständnis dieses Unterrichtsleitfadens und seiner Anwendung dienen. Die Modelle, die von den Kindern beobachtet und imitiert werden, können in wirklichkeitsnah, symbolisch und repräsentativ klassifiziert werden. Lehrer und ältere Mitschüler gelten als lebensnahe Modelle für Schulkinder. Es gibt aber auch andere lebensnahe Modelle. Symbolische Modelle werden den Kindern anhand von mündlichem oder schriftlichem Material und Bildern oder durch eine Kombination verbaler und bildhafter Möglichkeiten dargeboten. Wichtig sind auch die in Büchern und anderem Druckmaterial gezeigten Modelle. Repräsentative Modelle, dargeboten in den audiovisuellen Medien, insbesondere durch das Fernsehen, sind ebenfalls stark beeinflussend. In den Schulen spielen exemplarische Modelle eine große Rolle, welche Verhaltensweisen demonstrieren, die von den erziehungsberechtigten Eltern als wünschenswert erachtet werden. Sozial positive Verhaltensformen von der Art, wie sie später an den Lernzielen in Abbildung 9.9 dargestellt wird, werden anfangs durch Imitation gelernt und durch positive Bestärkung gefördert.

Eine Reaktion kann also erstmals nach der Beobachtung eines Modells erfolgen. Durch Bestärkung wird sie gefördert. Zum Beispiel ein Schüler begibt sich ruhig auf seinen Platz nachdem er dieses Verhalten an einem Modell beobachtet hat. Wenn das Modell den Schüler dafür lobt, erhöht sich die Wirkung der Reaktion. Selbst wenn die Bestärkung durch eine Autoritätsperson, wie einen Elternteil oder den Lehrer, nur sporadisch erfolgt, hat sie eine aufrichtende Wirkung. Andererseits kann der Entzug positiver Bestärkungsmittel, wie der Verlust eines Privilegs, oder der Gebrauch aversiver Stimuli, wie körperliche Bestrafung, zu einer zeitweiligen Zurückhaltung unerwünschter Reaktionen führen.

Lebensnahe Modelle können den Schülern im schulischen Rahmen in Form von Dialog-Bezügen, kleinen Gruppen, Gruppen mit Klassenstärke und großen Gruppen zugänglich gemacht werden. Lehrer und andere unterrichtende Personen bilden für viele Schüler potentielle Modelle. Ihre erste Verantwortung besteht darin, geknüpft an Motivation, sozial positive Verhaltensformen, wie sie in diesem Kapitel beschrieben werden, sowie andere, mit denen sie sich identifizieren, darzustellen. Überdies wählen sie andere Modelle aus und bringen diese in die Schule, um sicherzugehen, daß Kinder aller Rassen, Kulturgruppen und sozialer Klassen Erwachsene und Gleichaltrige als Imitationsmodelle zur Verfügung stehen. Diese Modelle manifestieren also wünschenswerte Verhaltensformen. Der Lehrer zeigt vor dem Schüler und dem Modell sein Gefallen an dem sozial positiven Verhalten des Modells und belohnt anschließend den Schüler, der das Modell imitiert hat.

9.2.6 Sorgen Sie dafür, daß sozial positive Werte verbalisiert und diskutiert werden

Wenn Schüler sozial positive Werte verbalisieren, so hat dies in bezug auf die Motivation ein dreifaches Ziel: Bewußtheit, Verständnis und Übernahme.

1. *Bewußtheit.* Die Fähigkeit, Werte festzumachen, läßt beim Schüler darauf schließen, daß er diese anerkennt. Manche Schüler sind sich der sozial positiven Verhaltensformen, die allgemein als Voraussetzung für das Leben in der Gruppe gelten, einfach nicht bewußt. Ist dies der Fall, dann können sie Verhaltensweisen vertreten, die von den Lehrern eher als asozial oder unsozial als sozial positiv betrachtet werden, nur weil sie nicht unterscheiden zwischen sozial positivem und anderem Verhalten.

2. *Verständnis.* Die Möglichkeit, Werte zu verbalisieren, erlaubt eine Diskussion und sachliche Argumentation darüber. Eines der Verhaltenslernziele ist die »Erhaltung eigenen und fremden Eigentums«. Ein 7jähriges Kind dürfte die Erhaltung seines Eigentums als untergeordnetes Ziel betrachten, etwa in Form von »Ich lege meine Mütze und meinen Mantel weg«, »Ich zerreiße meine Kleider nicht«, oder »Ich beschreibe oder zerreiße meine Bücher nicht«. Das Kind, das noch seine Bücher beschreibt, möchte sicher wissen, warum es das nicht tun darf. Ein anderes, welches Schuhe oder Mantel, woimmer es sich gerade beim Ausziehen zu Hause gerade aufhält, fallen läßt, wird sich fragen, warum es seine Kleider in der Schule immer an einen bestimmten Platz bringen soll. In Diskussionen über Verhalten findet das Kind Antworten auf solche Fragen und lernt, inwiefern sich seine Taten auf es selbst wie auf andere jetzt und in Zukunft angenehm oder unangenehm auswirken.

3. *Übernahme.* Durch Aufstellen sozial positiver Werte sowie durch die diesbezügliche Diskussion und logische Auseinandersetzung übernimmt das Individuum diese meist völlig. Diese Wertbegriffe wiederum bilden das jedem Individuum eigene Motivationssystem, so daß es, unabhängig von Eltern und Autoritätspersonen, versucht, gut zu lernen, sich realistische Ziele setzt, sich auf die Erreichung der Ziele mit gesellschaftlich anerkannten Mitteln festlegt, ständig sein eigenes Wertsystem überprüft und seinen Teil beiträgt zur Veränderung der Lernbedingungen, um damit anderen größere Gelegenheit zum Lernen und zur Selbstverwirklichung zu geben. So gewinnt das Individuum mit dem Vorankommen in der Schule zunehmend an Selbstführung im Lernen und Verhalten.

9.2.7 Wenden — soweit erforderlich — Sie Belohnung und Bestrafung an

Bestrafung und deren Androhung sind immer noch ein weitverbreitetes Erziehungsmittel der Lehrer. Sie werden jedoch meist zu oft, unrichtig und mit geringem Erfolg angewandt. Belohnungen werden ebenfalls verwendet, häufig aber nicht bei den Schülern, die einer positiven Bestärkung am meisten bedürfen. Wenn die bereits aufgeführten Prinzipien und Richtlinien stets wirkungsvoll ausgeführt werden würden, wäre nur wenig Belohnung und erheblich weniger Bestrafung erforderlich. Der Hauptgrund für die Abfassung und Diskussion dieses Leitfadens liegt also darin, daß wir Anhaltspunkte dafür geben wollen, wie Bestrafung eingeschränkt und positive Bestärkung wirkungsvoller angewendet werden können.

Belohnung bedeutet in diesem Kontext, daß eine Person etwas von einer anderen Person oder Gruppe erhält, das ihr Freude oder Befriedigung bereitet. Wenn ein Schüler unmittelbar nach einem bestimmten Verhalten belohnt wird und weiß, daß die Belohnung für dieses Verhalten erteilt wurde, so besteht die Tendenz, daß dieses Verhalten gestärkt wird. Das bedeutet, daß bei geeigneter Situation das Verhalten wieder auftritt. Wird eine Belohnung für ein ähnliches Verhalten versprochen, so erhöht sich die Wahrscheinlichkeit, daß der Schüler versuchen wird, das erwünschte Verhalten wieder zu zeigen.

Sofort mit der Arbeit zu beginnen stellt beispielsweise ein bestimmtes prosoziales Verhalten dar. Indem der Lehrer einen Schüler belohnt und ihm verspricht, ihn dafür wieder zu belohnen, erhöht sich die Wahrscheinlichkeit, daß der Schüler die Arbeit sofort aufnimmt. Auf ähnliche Weise verstärkt die Bemerkung »gut«, ein Lob oder Lächeln, wenn der Schüler Ausdauer bei der Arbeit zeigt, das Ausdauerverhalten vieler Schüler. Somit erfüllen Belohnungen auf gewisse Reaktionen hin die Aufgabe, solche Reaktionen positiv zu verstärken. Hinsichtlich der Motivation unterstützt und lenkt der Wunsch, eine Belohnung zu bekommen oder die Erwartung darauf, den Arbeitseifer.

Ein effektives Belohnungssystem sollte weder zu einem Konkurrenzverhalten unter den Kindern führen, noch sollten Kinder mit besseren Leistungen und Verhalten größere und häufigere Belohnungen erhalten. Im Gegenteil, das gewohnheitsmäßig die Arbeit *nicht* sofort beginnende Kind bedarf auch am meisten regelmäßiger Belohnungen, wenn es sofort mit der Arbeit beginnt. Man belohnt es, wenn es zum ersten Mal die Arbeit sofort aufnimmt, verspricht ihm Belohnungen für zukünftiges sofortiges Beginnen. Man spricht auch mit ihm darüber, und Größe und Häufigkeit der Belohnungen verringern sich mit der Besserung des Verhaltens. Durch eine Kombination anfänglicher Belohnung und Ansprache verfestigen sich seine spezifischen sozial positiven Verhaltensweisen. Für das Kind, das ein Buch nicht selbständig gelesen hat, ist es schon nützlich, wenn es für gelesene Absätze und Seiten belohnt wird, und nicht erst wenn es ein ganzes Buch gelesen hat. Wenn es sich beim Lesen eines Buches relativ leicht tut, sollte es erst dann belohnt werden, wenn es ein Buch ausgelesen hat. Wenn es Freude daran hat, für sich selbst zu lesen, erweisen sich frühere Belohnungen aber nicht mehr als effektiv. Dies trifft im gesamten auch auf sozial positives Verhalten zu. Wir kennen beispielsweise gegenwärtig keine besseren Methoden, asoziale Kinder zu freundlichem Verhalten gegenüber Mitschülern anderer Abstammung anzuleiten, als ihnen exemplarische Modelle gegenüberzustellen, sie zu belohnen, wann immer sie freundliche Handlungsweisen zeigen und mit ihnen darüber zu sprechen, warum sie sich so verhalten sollen.

Im allgemeinen werden Belohnungen anfänglich häufiger ausgesprochen und danach allmählich reduziert, bis man völlig auf sie verzichten kann. Zwischen unmittelbaren und versprochenen Belohnungen muß ein sorgfältiges Gleichgewicht aufrechterhalten werden, ebenso wie Belohnungen tatsächlich erteilt werden müssen, wenn die Voraussetzungen erfüllt wurden oder die angesetzte Zeit überschritten ist. In diesem Zusammenhang sei auf den nicht unwichtigen Punkt hingewiesen, daß Belohnungen während des ganzen Lebens erteilt werden, z. B. leisten die meisten Erwachsenen, so auch die Erzieher, mehr und bessere Arbeit, wenn ihnen zusätzliche Bezahlung, bessere Arbeitsbedingungen oder auch nur Anerkennung für gute Arbeit zuerkannt wird.

Nach der Definition verursacht Strafe dem Empfänger Schmerz oder Unzufriedenheit. Bestrafung erfolgt in vielen Formen: Zurückhaltung oder Verweigerung einer Belohnung; verbal oder nonverbal zum Ausdruck gebrachte Mißbilligung; verbale oder nonverbale Drohung; Erteilung niedriger Zensuren oder andere Hinweise auf ungenügendes Verhalten oder Arbeiten; Entfernung von einer erwünschten Situation; und in der Deprivation von Grundbedürfnissen. Strafen können sowohl durch Gruppen als auch durch Individuen verabreicht werden.

Die unmittelbar nach einer Reaktion verabreichte Strafe kann zur Folge haben, daß sich die Reaktion abschwächt, der Empfänger zeitweilig die Reaktion unterdrückt oder sie nur vor dem Bestrafer unterdrückt, der Empfänger dem Bestrafer ausweicht oder offene Aggressionen gegen ihn führt. Die Androhung einer Strafe für die Nichterfüllung einer Aufgabe kann zur Erfüllung der Aufgabe, aber auch zur Vermeidung der Aufgabe, der Strafe oder des Bestrafenden führen. Die Androhung einer Strafe bei einem besonders asozialen Verhalten kann zwar zur Folge haben, daß dieses Verhalten unterbleibt, jedoch auch zur Meidung der Strafe und des Bestrafenden selbst führen, noch während das asoziale Verhalten fortdauert. Außerdem kann Bestrafung in dem Kind unerwünschte Ängste oder negative Gefühle gegenüber dem Bestrafer und negative Gefühle gegenüber der Schule hervorrufen.

Strafe und Strafandrohung werden im großen Maße unrichtig angewendet, insbesondere hinsichtlich der Form der Strafe, des Strafmaßes und ihrer zeitlichen Abfolge. Wir wollen diese drei Aspekte im anschließenden erörtern.

1. Form der Bestrafung. Strafaufgaben stellen keine geeignete Bestrafungsform dar. Dies sind im einzelnen die zusätzlichen Arbeiten oder Extraposten, die Erledigung der Schularbeiten in der Schule oder im Klassenzimmer nach bzw. vor dem Unterricht oder zu Zeiten, wenn die Mitschüler andere Dinge tun. Die Anwendung dieser Bestrafungsformen resultiert in einer Wirkung, die der beabsichtigten entgegengesetzt ist (*Mager*, 1968). Sie verursacht also eher eine negative als eine positive Haltung gegenüber der Schule und schulischen Lernaufgaben. Vielmehr sollten diese Tätigkeiten als Belohnung und nicht als Bestrafung verwendet werden. Auch verbale Beschimpfung, Tadel und Angriff sind ein weitverbreitetes, doch unwirksames Mittel, um aggressives Verhalten in Schranken zu halten. Sie sind aus dem Grund unwirksam, weil sie Aggresivität nur in Gegenwart einer starken Autoritätsperson zurückhalten, sie in dessen Abwesenheit jedoch verstärken. Außerdem stellt der Bestrafende beim Bestrafen selbst Modelle aggressiven Verhaltens dar, welche die Kinder imitieren und an anderen Kindern anwenden könnten.

Die Zurückhaltung oder Verweigerung von Belohnungen, also auch von Privilegien, stellt im schulischen Rahmen ein geeigneteres Mittel der Bestrafung dar als die Verursachung physischen und psychischen Schmerzempfindens. Die Erlaubnis zum Besuch eines Unterrichtszentrums, um dort zu lesen, einer Schallplatte zuzuhören oder der Gebrauch von Tonbandgeräten kann beispielsweise Privileg oder Belohnung sein, die den Zweck hat, eine bestimmte Aufgabe in der Qualität ihrer Ausführung positiv zu beeinflussen. Darf man all dies nicht, so kann dies eine Strafe sein; ein solches Privileg kann auch ohne weiteres vorenthalten werden, bis das Kind das erwünschte Verhalten zeigt. Bei kleinen Kindern kann die Zurückhaltung von Fruchtsaft oder Milch den Zweck einer Bestrafung erfüllen. Der Fruchtsaft wird so lange vorenthalten, bis das Kind das erwünschte Verhalten zeigt, worauf er ihm gegeben wird, um die erwünschte Reaktion unmittelbar zu verstärken. Der Gebrauch von Worten »gut«, »ausgezeichnet« und »fein«, das Anlächeln des Kindes und andere Gesten, die eine Belohnung darstellen, können ebenfalls zum Zwecke der Bestrafung zurückgehalten werden. Zusammenfassend gilt: Wenn die zustimmenden und zärtlichen Verhaltensweisen des Lehrers gegenüber dem Kinde dessen erwünschte Reaktionen verstärken, dann wirkt Zurückhaltung oder Vorenthaltung als Strafe oder Strafandrohung und kann wirkungsvoll zur Steuerung von Verhalten verwendet werden.

2. *Strafmaß*. Das Maß oder die Strenge der Bestrafung läßt sich nur schwer vorausbestimmen. Manche als Strafen beabsichtigten Handlungen führen beim Individuum weder zu Schmerzen noch zu Unbehagen. Andererseits kann eine Strafe so hart sein, daß sie beim Kind ständig Angst oder Abneigung gegenüber dem Bestrafer oder beides verursacht. Falls Bestrafung angewendet wird, sollte diese genügend streng sein, um zeitweise Schmerz oder Unbehagen hervorzurufen, jedoch keine unerwünschten Langzeitwirkungen.

3. *Zeitliche Abstimmung der Strafe*. Damit eine Strafe wirkungsvoll ist, sollte sie nicht unmittelbar oder länger nach der unerwünschten Reaktion, sondern vor dem Einsetzen einer unerwünschten Reaktion, oder in deren frühem Stadium verabreicht werden. Nach dem Einsetzen sollte die Strafe oder deren Androhung so lange fortdauern, bis das Kind die unerwünschte Reaktion unterbindet und vorzugsweise die erwünschte Reaktion zeigt. Eine Belohnung wiederum wird gegeben, wenn das Kind das unerwünschte Verhalten stoppt oder es die erwünschte Reaktion zeigt. Die Belohnung zu diesem Zeitpunkt hat zwei wichtige Wirkungen: Sie stärkt die erwünschte Reaktion und vertreibt mögliche Gefühle des Unbehagens, die das Kind gegenüber dem Bestrafer haben könnte.

Reaktionen lassen sich unterbinden, indem das Kind in seiner Reaktion keine Bestärkung erfährt, oder auf eine Reaktion keine Belohnung oder Strafe erfolgt. Von vielen Lehrern wird berichtet, daß geringes Fehlverhalten am besten vom Lehrer ignoriert werden sollte, insbesondere wenn andere Schüler das Fehlverhalten ebenfalls ignorieren (*Madsen, Thomas & Becker*, 1968). Ignoration oder Zurückhaltung von Beachtung oder Anerkennung, dürfte vom Kind eher als Strafe als ein neutraler Zustand interpretiert werden. Dazu kommt, daß im Falle der Beachtung des Fehlverhaltens durch den Lehrer diese Form der Beachtung wie die Mißbilligung für manches Kind eine Belohnung sein kann, die das falsche Verhalten stärkt anstelle unterdrückt oder ausschaltet.

9.2.8 Vermeiden Sie anstrengende Verfahren

Ausbildung ist für die meisten Kinder mit einem gewissen Grad an Angst verbunden. Leichte Unruhe steigert möglicherweise die Aktivität und erleichtert das Lernen. Starke oder chronische Angst führt jedoch zu einer Desorganisation kognitiver Reaktionen (*Ruebush*, 1963): Die ängstliche Person konzentriert sich nicht besonders auf Lernaufgaben und arbeitet nicht so gut wie sie unter anderen Bedingungen könnte.

Das Bemühen, ein Ziel zu erreichen, ist ebenso wie drohender Liebesverlust von einer gewissen Angst begleitet. Manchmal empfinden gute Schüler starke Angstgefühle, nicht die Note 1 zu bekommen. Andere waren übermäßig besorgt, gut genug zu lernen oder vom Lehrer oder Elternteil nicht gelobt zu werden. Um nicht starke oder chronische Ängste zu produzieren, sollte die Schule die Kinder identifizieren, welche übermäßig ängstlich sind, und dann den Stress der schulischen Situationen vermindern, anstatt ihn zu vergrößern.

9.8 Wir stellten Prinzipien auf, die auf Lerntheorien und Forschung aufbauen. Wir betrachten sie als interne Bedingungen, welche direkt mit dem Motivationsgrad in Zusammenhang stehen. Parallele Richtlinien für den Unterricht gaben wir ebenfalls an; diese betrachten wir als externe Bedingungen, welche modifiziert oder gelenkt werden können, um das Motivationsniveau eines Schülers zu erhöhen. Die Richtlinien gründen auf Forschungsarbeiten und der Kenntnis, auf welche Weise effektive Lehrer verfahren. Sowohl die Prinzipien, als auch die Richtlinien sind schwierig zu formulieren bzw. explizit zu erläutern. Erfüllt ihrer Ansicht nach ein einzelnes Prinzip oder eine Richtlinie nicht die eben erläuterten Bedingungen? Können Sie es besser erläutern? Könnte man deren Anzahl reduzieren, indem man eines oder mehrere zu einer allgemeinen Aussage zusammenfaßt?

9.9 Wodurch zeichnen sich Schüler aus, die bei der Zielsetzung am meisten Hilfe benötigen?

9.10 Wir gehen davon aus, daß das Lernen des Schülers innerlich motiviert ist, d. h. daß er von seinen eigenen Bedürfnissen und Zielen bewegt und gelenkt wird und nicht von äußerem Druck. Worin liegt die Möglichkeit, daß Feedback und Modellverhalten auch innere Aspekte hat?

9.11 Der tatsächliche Akt der Bestrafung muß in manchen Fällen nicht zur Durchführung kommen. Klärt man beispielsweise einen gewissenhaften Schüler, der sich zeitweilig falsch verhält, darüber auf, daß er eigentlich eine Strafe verdiene, so kann dies schon genügen. Welche Voraussetzungen müssen bei einem Schüler gegeben sein, damit dieses Verfahren Erfolg hat?

9.12 Bei der Verwendung konkreter oder materieller Belohnungen im schulischen Rahmen gibt es gewisse Hindernisse. Wenn alle anderen Mittel, einen Schüler zum Lernen zu motivieren, fehlgeschlagen haben, ist es auf jeden Fall besser, anspornende Mittel heranzuziehen, als ihn tagtäglich durch Nachsitzen dazu zu zwingen. Bei kürzlich durchgeführten Lernprogrammen mit benachteiligten Schülern konnte man beobachten, daß ein materielles Belohnungssystem lebhafte Motivation und großen Lerneifer erzeugte, also Voraussetzungen, die vor der Ausübung des Belohnungssystems nicht evident waren. Oftmals wird sich der Schüler auch mit der Aufgabe, für die er arbeiten möchte, identifizieren. Was ist Ihre Meinung über den Gebrauch eines konkreten Belohnungssystems? Welche Wirkung kann ein solches Belohnungssystem auf den einzelnen Schüler haben? Ziehen Sie dabei sowohl Kurzzeit- als auch Langzeit-Wirkungen in Betracht. Welche Vor- und Nachteile können sich hinsichtlch der Gemeinschaft und Gesellschaft im allgemeinen entwickeln? Welche Ähnlichkeiten und Unterschiede sehen Sie zwischen der Belohnung eines armen Schülers zum Zwecke der Motivierung einerseits und der Gewährung eines Stipendiums an einen guten Schüler andererseits?

9.3 Ein System individuell angeleiteter Motivation

In Abbildung 9.8 zeigt ein System individuell angeleiteter Motivation. Ähnlich wie in dem in Kapitel 1 skizzierten Unterrichtssystem werden hier die Anfangscharakteristika, welche für die Motivation entscheidend sind, bestimmt, die motivationsbedingte Lernziele für jeden einzelnen Schüler in Form von erwünschten Verhaltensweisen festgelegt, ein Programm entworfen und beurteilt, mit dem bei jedem Schüler ein erwünschtes Motivationsniveau erzeugt und beibehalten werden soll, und der Erfolg des Schülers beim Erreichen der Lernziele bewertet. Auf der Basis informativen Feedbacks werden Veränderungen im Motivationsprogramm jedes einzelnen Kindes herbeigeführt. Die Komponenten des Motivationsprogramms bauen sich direkt auf den im letzten Abschnitt besprochenen Prinzipien auf. Die vom Lehrer angewandten Motivationsverfahren stehen in direktem Bezug zu den Unterrichtsprogrammen der verschiedenen Bereiche des Lehrplans. So wird der größte Teil des Motivationsprogrammes in den gleichen Großgruppen-, Klassen-, Kleingruppen- und 1:1-Rahmen durchgeführt, derer man sich im Unterrichtsprogramm bediente. Deshalb bedingen Veränderungen im Motivationsprogramm eines Kindes im allgemeinen auch Veränderungen in seinem Unterrichtsprogramm.

Die 17 möglichen Lernziele eines Motivationssystems bedürfen in der oben ausgeführten Form einer kurzen Erläuterung. Die Verhaltensweisen werden auf 2 allgemeine Ebenen gebracht. Wir stellen 4 allgemeine Lernziele auf, die das Erlernen von Lehrstoffwissen und Fähigkeiten, die Entwicklung der Unabhängigkeit von Erwachsenen hinsichtlich der schulischen Arbeitsmotivation, die Entwicklung von selbständigem Verhalten und die verstandesmäßige Ausbidung eines Wertsystems zum Inhalt haben. Die spezifischen Verhaltensweisen bei jedem einzelnen Lernziel können als die Lernziele eines schulischen Systems individuell ausgerichteter Motivation aufgefaßt werden. Jede Schule muß jedoch in der Endanalyse ihre eigenen Lernziele herausarbeiten. Die ausge-

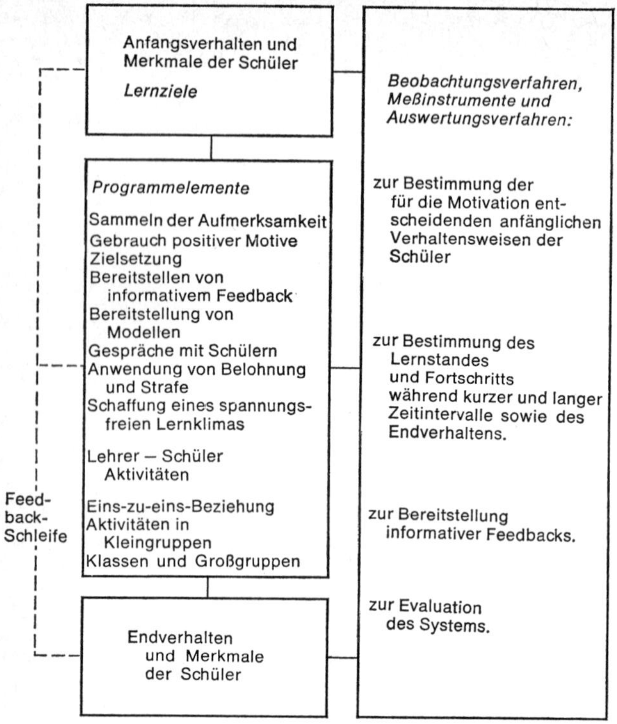

Abb. 9.8 Komponenten eines Systems individuell angeleiteter Motivation

wählten Lernziele müssen in Hinblick auf den Curriculumbereich, innerhalb dessen das Motivationsverfahren angewandt werden soll, neu definiert werden. Deshalb wurden im Falle der Motivationsverfahren, die individuellen Lesesitzungen miteinbezogen, einige der vorangegangenen Lernziele ausgewählt und hinsichtlich des Leseverhaltens von einem Lehrkörper neu definiert (werden im weiteren angegeben).

ALLGEMEINE LERNZIELE EINES SYSTEMS INDIVIDUELL ANGELEITETER MOTIVATION

A) Der Schüler beginnt sofort und führt Aufgaben aus, die ihm von sich selbst, vom Lehrer oder der Gruppe übertragen wurden und zusammen die Mindestanforderungen verschiedener Lehrplanbereiche bilden.

1. Er widmet seine Aufmerksamkeit dem Lehrer und anderen Situationselementen, wenn es erforderlich ist.
2. Beginnt sofort mit der Arbeit.
3. Sucht Feedback bei der Erfüllung von Aufgaben.
4. Kehrt nach einer Unterbrechung oder Rückschritten freiwillig zu den Aufgaben zurück.
5. Führt Aufgaben beharrlich bis zum Ende durch.

B) Der Schüler fühlt sich innerlich verpflichtet, mehr als nur die Mindestanforderungen ohne Führung des Lehrers und innerhalb bzw. außerhalb der Schulstunden zu lernen. Zusätzlich zu den Verhaltensweisen 1—5

6. Setzt er die Arbeit fort, wenn der Lehrer den Raum verläßt,
7. Erledigt er zusätzliche Arbeit während der Schulstunden,
8. Nimmt er an schulischen Veranstaltungen außerhalb der Schulstunden teil,
9. Erkennt er Fähigkeiten, die für die Arbeit in der Klasse relevant sind,
10. Sucht er Anregungen, um die mindesterforderliche Menge oder Qualität der Arbeit zu überschreiten.

C) Der Schüler wird selbständig in seinem Verhältnis zu Eigentum, zu seinen Mitschülern und den Erwachsenen.

11. Er bewegt sich ruhig während des Unterrichts sowie in und außerhalb des Schulgebäudes.
12. Er steht in harmonischer Interaktion mit anderen Schülern.
13. Er steht in harmonischer Wechselbeziehung mit dem Lehrer und anderen Erwachsenen.
14. Er achtet sein eigenes und anderer Eigentum.
15. Er ermuntert andere Schüler, sich nach den Regeln der Schule zu verhalten.

D) Der Schüler verbalisiert ein Wertsystem aus den vorangegangenen Verhaltensweisen.

16. Er ist bereit, anhand eigener Aktionen Beispiele für die Verhaltensweisen 1—15 zu geben.
17. Er kann auf Befragen Gründe angeben, warum er die Verhaltensweisen 1—15 zeigt.

Kein einziges Motivationsverfahren kann all diese Lernziele mit allen Schülern erreichen. Also muß eine Auswahl unter den Verhaltensweisen getroffen werden, um die Lernziele auf den einzelnen Schüler abstimmen zu können. Auch das Motivationsprogramm wird von Schüler zu Schüler verschieden sein. Die Motivationsverfahren werden in den beiden folgenden, detaillierten Diskussionen näher erläutert; das eine beschreibt den umfassenden Versuch, prosoziale Verhaltensweisen in der Schule zu entwickeln, das andere die Durchführung individueller Sitzungen zur Verbesserung selbständigen Lernens.

9.3.1 Ein umfassender Versuch, sozial positive Verhaltensweisen in der Schule zu entwickeln

In Einklang mit dem auf den vorangegangenen Seiten umrissenen Modell führte der gesamte Lehrkörper einer Grundschule kombinierte Entwicklungs- und Forschungsarbeiten durch, die darauf ausgerichtet waren, prosoziale Verhaltensweisen bei Kindern im Grundschulalter zu fördern (*Sorenson, Schwenn & Bavry*, 1970). Die Forschungsarbeit sollte Aufschluß über die Wirkungen geben, die sich ergeben, wenn ein Erwachsener mit Kindern zusammenkommt, und zwar in Form eines Dialogs, in kleinen Gruppen von 3 oder 4 Mitgliedern und in Gruppen mittlerer Größe von 6 oder 8 Personen. Bei jeder Zusammenkunft wurde versucht, 4 Motivationsprinzipien zur Anwendung zu bringen, — i.e. Zielsetzung, Stärkung und Gespräch. Damit die Kinder selbständiger ihre eigenen Ziele hinsichtlich ihres prosozialen Verhaltens setzen und erreichen würden, versuchten die einzelnen Lehrer, die Sitzungen mit möglichst wenig dirigistischen Eingriffen durchzuführen.

Die Schüler der Grundschule rekrutierten sich aus dem sozioökonomisch schwächsten Gebiet der Stadt Jamesville, Wisconsin, einer Stadt mit ca. 60 000 Einwohnern. Annähernd 35 % der Kinder waren nach dem »Elementary and Secondary Education Act of 1965« in ihren Leistungen benachteiligt. Der Unterricht der Schule war nach dem Mehreinheits-Muster, das wir in Kapitel 8 aufgezeigt haben gegliedert. Die Einheitsleiter, die Lehrer und der Direktor arbeiten mit den Fachkräften des »Wisconsin Research and Development Center for Cognitive Learning« beim Aufbau der Experimente und beim Zusammentragen von Informationen zusammen. Der Lehrkörper der Schüler verpflichtete sich, die Sitzungen in eigener Verantwortlichkeit durchzuführen.

Da die Schule nach dem Mehrheits-Plan funktionierte, teilte man die Schüler nicht nach Leistungsstufen, sondern in Gruppen mit je einem Leiter ein; auch wurden sie nicht von einem einzigen Lehrer, sondern von verschiedenen Personen unterrichtet. So bekam man von den 628 Schülern der 5 Einheiten vollständige Daten. 117 befanden sich in Einheit I (Kindergarten), 102 in Einheit II (1. Stufe), 88 in Einheit III (2. Stufe), 166 in Einheit IV (3. u. 4. Stufe, und 155 in Einheit V (5. u. 6. Stufe).

Versuchsaufbau

Bevor sie den einzelnen Behandlungsgruppen zugeteilt wurden, stuften Schüler selbst ihr Verhalten anhand einer Aufstellung von

20 Verhaltensweisen ein (Abb. 9.9.). Wie die Tabelle zeigt, beurteilen sich die Schüler nach einer Verhaltensskala, die von »Du mußt fast immer zur Arbeit aufgefordert werden« bis »Du erledigst Deine Arbeiten fast immer von selbst« reichte. Weder Schüler noch Lehrer hatten während der Zeit der Versuchsplanung Einblick in diese ersten Selbstbeurteilungsbögen.

Außerdem beurteilten die Lehrer jeder Einheit, und zwar zumindest 2 Lehrer der kleinen Einheiten und 3 Lehrer der größeren Einheiten unabhängig voneinander jedes Kind nach denselben 20 Verhaltensweisen, nach denen sich die Schüler selbst eingestuft hatten. Aus den Beurteilungen der Lehrer wurde sodann für jedes Verhalten der Durchschnittswert errechnet, um einen Endwert kennzeichnend jedes für jedes nach dem Beurteilungsbogen der Lehrer eingestufte Kind zu erhalten. Die Beurteilungsbögen der Lehrer wurden im Sekretariat abgelegt und waren während der Zeit der Versuchsplanung nicht einzusehen.

Innerhalb jeder Einheit wurden alle Schüler willkürlich in annähernd gleichstarke Gruppen eingeteilt und jeweils einer von 4 Bestimmungen zugeordnet: (1) Kontrollgruppe, welche nicht an Zusammenkünften teilnahm; (2) Gruppe, die an individuellen oder persönlichen Einzelsitzungen teilnahm; (3) Gruppe, die an Kleingruppensitzungen (3—4 Schüler) teilnahm. Alle Sitzungen wurden mit einem Lehrer der Einheit durchgeführt. Jedem Lehrer wurden 6—8 Schüler für individuelle Einzelsitzungen zugeteilt, 6—8 Schüler, aufgeteilt in 2 kleine Sitzungsgruppen und 6—8 Schüler für eine mittelgroße Sitzungsgruppe. Am Ende der Versuchszeit stufte sich jeder einzelne Schüler erneut ein, wie auch die Lehrer jeden Schüler neu beurteilten.

Sitzungsverfahren

Die Kontrollgruppe nahm an keinen Sitzungen teil, war jedoch innerhalb derselben Instruktionsgruppe mit den Kindern zusammen, die an Sitzungen teilnahmen, und hielt sich manchmal auch in denselben Räumen auf, in denen Sitzungen abgehalten wurden. Es wurde nicht versucht, die Sitzungsschüler daran zu hindern, ihre Selbstbeurteilungsbögen den Mitgliedern der Kontrollgruppe zu zeigen oder mit ihnen über die Sitzungen zu sprechen.

Während der 1. Sitzung erhielt jeder Schüler unabhängig von der Größe der Gruppe ein noch nicht ausgefülltes Doppel des Schülerbeurteilungsbogens (Abb. 9.9) zur Benutzung als Zielsetzungsbogen. Im Laufe der Sitzungen wurden die Schüler vom Lehrer aufgefordert, die Sitzung selbst zu führen und über die angeführten Verhaltensweisen zu sprechen. Die Lehrer bemühten sich, die Kinder zu einer Bedeutungsdefinition jeder einzelnen Verhaltensweise hinzuführen, indem sie alltägliche Verhaltensbeispiele erkennen oder sich an sie erinnern sollten. Sodann wurde

Name .... Geschlecht .... Alter .... Datum ....

Anweisungen:

Kreuze Spalte 1 an, wenn Du fast immer zu dieser Arbeit aufgefordert werden mußt.
Kreuze Spalte 2 an, wenn Du in der Regel dazu aufgefordert werden mußt.
Kreuze Spalte 3 an, wenn Du manchmal die Arbeit selbständig erledigst und manchmal dazu aufgefordert werden mußt.
Kreuze Spalte 4 an, wenn Du in der Regel diese Arbeit selbständig erledigst.
Kreuze Spalte 5 an, wenn Du fast immer diese Arbeit von selbst erledigst.

	1	2	3	4	5
1. Ich höre dem Lehrer zu.					
2. Ich beginne sofort mit den Schularbeiten.					
3. Ich verbessere Fehler.					
4. Ich führe die Arbeit bis zum Ende durch.					
5. Ich arbeite, wenn der Lehrer den Raum verlassen hat.					
6. Wenn ich Fehler mache, arbeite ich weiter.					
7. Ich arbeite bei Lernveranstaltungen außerhalb der Schulzeit mit.					
8. Ich komme rechtzeitig zur Schule.					
9. Ich mache Fleißaufgaben.					
10. Ich beteilige mich an gemeinsamen Klassenveranstaltungen.					
11. Ich lese während meiner Freizeit.					
12. Ich stelle Fragen über die Schularbeiten.					
13. Ich habe Stift, Papier und Bücher bereit, wenn ich sie brauche.					
14. Ich bewege mich leise in und aus der Klasse.					
15. Ich höre den Vorschlägen der anderen zu.					
16. Ich helfe meinen Klassenkameraden.					
17. Ich räume nach Beendigung der Arbeit meine Sachen zusammen.					
18. Ich passe auf meine Kleider, Bücher und anderen Sachen auf.					
19. Ich passe auf die Bücher, Tische und anderen Dinge der Schule auf.					
20. Ich komme Aufforderungen nach.					

Abb. 9.9 Schüler-Selbstbeurteilungsbogen sozial positiver Verhaltensweisen

jedes Kind aufgefordert, ein einzelnes Verhalten oder eine Reihe ähnlicher Verhaltensweisen zu wählen, die es zwischen den Sitzungen entwickeln wolle. Das Kind prüfte, welcher Stufe es sich bei den betreffenden Verhalten zurechnen könne, setzte sich dann ein Ziel und überprüfte dies mit Abb. 9.9, um angeben zu können, welcher Verhaltensstufe es sich bei der nächsten Sitzung zurechnen könne. Im Laufe jeder nachfolgenden Sitzung teilte jedes Kind den Fortschritt mit, den es auf sein Ziel hin gemacht hatte und füllte einen weiteren Beurteilungsbogen aus. Auf diese Weise verlief das Zielsetzen unter der Führung der Kinder, wobei der Lehrer nur bei Verfahrensangelegenheiten hilfreich eingriff. Die Kinder setzten zwar nicht ihre eigenen Ziele, doch sie schätzten ihren eigenen Fortschritt beim Erreichen ihrer Ziele ein.

Während aller Sitzungen versuchten die Lehrer auf lenkendes Eingreifen zu verzichten und die Ziele und Fortschrittseinschätzungen so zu akzeptieren, wie sie von den Kindern ausgedrückt worden waren. Die Hauptaufgabe der Erwachsenen bestand darin, während der Diskussionen darauf zu achten, daß die Kinder jedes einzelne Verhalten richtig interpretierten und verstanden. Auch versuchten sie, den Kindern klarzumachen, daß sie die Verhaltensweisen mit sich in Bezug setzen konnten. Die Sitzungen zu leiten bedeutete, die Reaktionen der Kinder zu akzeptieren, sie umzuarbeiten, um so zu wirklichen Problemen zu kommen. Die Ehrlichkeit der Reaktion eines Kindes wurde niemals öffentlich angezweifelt.

In den größeren Gruppen bemühten sich die Erwachsenen, ein kooperatives anstelle eines Konkurrenzklimas herzustellen. Die Kinder in der Gruppe wurden darin bestärkt, die Vorstellungen der anderen anzuhören und sich gegenseitig aufzubauen, anstatt sich zu kritisieren. Die bei den Zielsetzungssitzungen angewandten Motivationsprinzipien bezogen sich auf Zielsetzung, Stärkung, Feedback und Gespräch. Dabei befolgte man die eben aufgezeigten Zielsetzungsverfahren. Es folgt nun eine kurze Zusammenfassung über die Anwendung der übrigen Prinzipien.

Verstärkung gaben die Erwachsenen jedem einzelnen Kind in Form eines Lobes immer dann, wenn es seinem Ziel näher gekommen war. In den Gruppensitzungen erfuhren die Kinder nicht nur selbst direkte Stärkung, sondern beobachteten auch die anderen, wie sie beim Erreichen von Zielen bestärkt wurden.

Feedback gaben die Erwachsenen jedem einzelnen Kind in gewissen Zeitabständen. Der Erwachsene führte über jedes Kind ein Sitzungsprotokoll, mit dem er Fortschritt und Probleme festhalten konnte. Das Feedback bestand darin, daß dem Kind Auskunft darüber erteilt wurde, wieviele Ziele es erreicht hatte und wie sich seine auf dem Testbogen aufgeführten Verhaltensweisen im allgemeinen positiv entwickelten.

Gespräche fanden dann statt, wenn der Erwachsene von den Kindern darüber Aufschluß bekommen wollte, was sie veranlaßte, bestimmte Verhaltensweisen aktiv anzustreben. Die Kinder diskutierten dabei untereinander und mit den Erwachsenen über die Konsequenzen, die ein bestimmtes Verhalten in verschiedenen Situationen nach sich zog. In den Gruppensitzungen versuchte der Erwachsene, die Kinder auf einen Konsens über die relative Bedeutung der Verhaltensweisen für den Einzelnen und für die Schule insgesamt hinzuführen. Das bedeutet, daß der Erwachsene, ohne direkte Anweisungen zu geben, den Kindern die Möglichkeit gab, die Gründe ihres Verhaltens und die Bedeutung, sich an bestimmte Regeln zu halten und gewisse Verhaltensweisen anzunehmen, zu verbalisieren und zu konzeptualisieren.

Zeitliche Festlegung der Sitzungen

Alle Kinder nahmen an 4 Sitzungen teil. Für die Einheit II, III, IV und V fanden die Sitzungen in 14-tägigen Abständen statt. Jedes Kind der I. Einheit nahm an 4 wöchentlich aufeinanderfolgenden Sitzungen teil, da die Lehrer zu der Ansicht kamen, daß die jüngeren Kinder regelmäßigere Bestärkung und Feedback benötigten.

Alle Sitzungen aller Stufen wurden während der regulären Schulstunden abgehalten, also nicht während der Pausen, Mittagsstunden oder am Nachmittag. Die eigentlichen Tageszeiten, zu denen die Sitzungen stattfanden, richteten sich nach dem Programm der jeweiligen Einheit. Im allgemeinen wurden die Sitzungen zu Beginn einer Woche von dem jeweiligen Einheitskollegium angesetzt. Die Sitzungen der mittleren und kleinen Gruppen dauerten zwischen 15 und 20 Minuten. Die Einzelsitzungen dauerten 8 bis 10 Minuten.

Ergebnisse

Von jedem Schüler lag ein Vor- und Nachbeurteilungsprotokoll sowie ein Lehrerbeurteilungsbogen mit Vor- und Nachbewertungen vor. Dazu wurden noch die Zielsetzungsbögen, von denen jeder einzelne Schüler 4 ausgefüllt hatte, sowie die Sitzungsprotokolle der Lehrer, eines für jeden Schüler, eingesammelt. Einen Monat nach Beendigung der Arbeiten wurde ein gegliedertes Interview mit dem Direktor und den Einheitsleitern abgehalten, bei dem die Auswertung des Versuchsprojektes dargelegt wurde.

In Abbildung 9.10 sind die durchschnittlichen Vor- und Nachbeurteilungswerte der Schüler sowie die Beurteilungswerte der Schüler durch die Lehrer der 4 Gruppenformen angegeben. Dabei fällt sofort auf, daß die Bewertungen der Schüler als auch die der Lehrer erheblich anstiegen und daß sich die Schüler selbst höher einstuften als dies die Lehrer taten. Dies ist für alle Einheiten

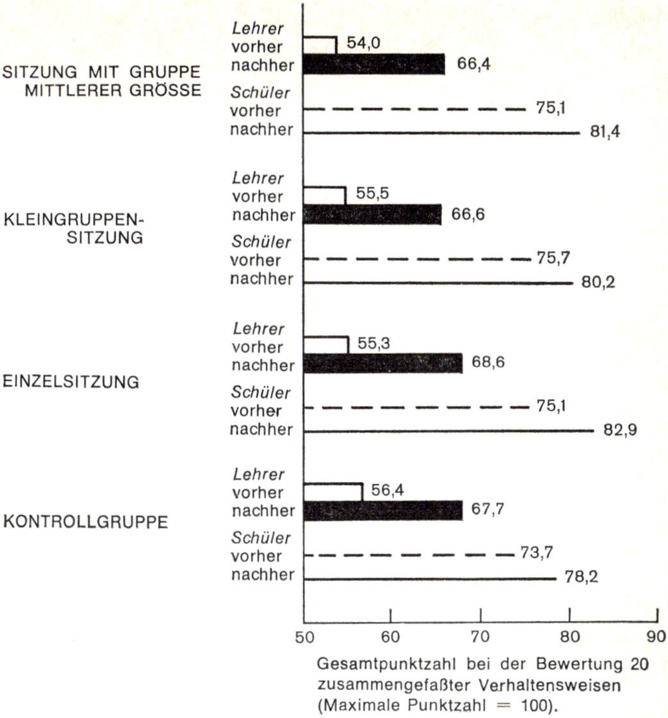

Abb. 9.10 Durchschnittliche Vor- und Nachbeurteilungswerte sozial positiver Verhaltensweisen

typisch. Die anschließenden Folgerungen fußen auf der Analyse der Informationen aller Einheiten.

1. Das Anwachsen der *kombinierten* Schüler- und Lehrerbewertungen zwischen Vor- und Nachbeurteilung erwies sich als typisch für die Statistik und auch bedeutend für die Praxis. Die Kontrollgruppe erreichte bezeichnenderweise weniger als die 3 Sitzungsgruppen. So lagen auch die Gewinne bei den Klein- und Mittelgruppensitzungen bedeutend unter dem Niveau der Einzelsitzungen.

2. Als durchschnittliche Zuwachsraten der 4 Gruppenformen zwischen der Vor- und Nachbeurteilung bei der Schülerselbstbeurteilung, der sich die Schüler bezüglich ihrer sozial positiven Verhaltensweisen selbst unterzogen, ergaben sich für die Kontrollgruppen 4,7; die Keingruppe 4,4; die mittlere Gruppe 5,8. Bei den Einzelsitzungen war die Zunahme bezeichnenderweise höher

als bei den anderen Sitzungstypen, die sich nicht sehr voneinander unterschieden. Die an den Kleingruppensitzungen teilnehmenden Schüler erzielten einen mittleren Zugewinn, der unter dem Niveau aller anderen Gruppenformen, einschließlich dem der Kontrollgruppen lag.

3. Als durchschnittliche Zuwachsraten für die *Lehrerbewertungen* der sozial positiven Verhaltensweisen der Schüler ergaben sich für die Kontrollgruppe 11,7; die einzelnen 13,5; die Kleingruppe 11,7 und für die mittlere Gruppe 12,9. Wiederum schnitten bei den 3 Sitzungstypen die Einzelsitzungen am besten und die Kleingruppe am schlechtesten ab.

4. Die Schüler stuften ihr sozial positives Verhalten übereinstimmend höher als die Lehrer ein, und der Unterschied ist höchst bezeichnend. In allen Gruppen bewerteten die Schüler beim Abschluß der Untersuchungen ihre Verhaltensweisen immer noch höher, als dies die Lehrer taten, obwohl inzwischen die Beurteilungswerte der Lehrer erheblich angestiegen waren, wie oben erwähnt wurde. Die Bewertungszahlen der Lehrer veränderen sich zwischen Vor- und Nachbewertung mehr als die der Schüler — der durchschnittliche Veränderungswert der Lehrer lag bei etwa 12, der der Schüler bei etwa 6.

Am Ende der Untersuchung nahmen die Gruppenleiter und der Direktor während eines gegliederten Interviews Stellung zu 5 Fragen. Im anschließenden folgen ein paar Kommentare der Leiter der V. Einheit:

> Im allgemeinen müssen die Lehrer ständig auf der Hut sein, daß die Klasse in Schwung bleibt. Bei den Sitzungen jedoch reagierten die älteren, im allgemeinen Schüler der 6. Klasse, und nahmen ihre schulischen Arbeiten bis zum letzten Schultag wahr. Auch hinsichtlich der Disziplin gab es keine Schwierigkeiten. Besonders bei den ausgelassenen Mädchen machten sich starke Veränderungen insofern bemerkbar, als sie eifrig bei den Sitzungen mitmachten und sich plötzlich wie junge Damen verhielten. Auch die Jungen schienen eine reifere Haltung einzunehmen. Anstatt etwa zu prahlen und sich den Erfolg der Sportstunde und anderer Wettbewerbe sichtlich anmerken zu lassen, nahmen sie ihren Erfolg besonnen auf und zeigten Führerqualitäten. Insgesamt gesehen setzten und verfolgen die Schüler ihre Ziele wirklich ernsthaft.

Die Lehrer zogen in Hinsicht auf Effektivität und lebhafte Gruppeninteraktion die mittleren Gruppen mit 6—8 Schülern vor. Mit den Fortschritten der Sitzungen bildeten sich Führerstrukturen heraus. Die Schüler zeigten auch eine Vorliebe für Gruppensitzungen. Die Lehrer kamen jedoch zu der Ansicht, daß Einzelsitzungen mit gewissen Typen von Kindern effektiver sein dürften. Zwischen den Kontroll- und Sitzungsgruppen konnten die Lehrer keine Unterschiede feststellen — sie beobachteten, daß die Kinder der Kontrollgruppe vom allgemeinen Elan des Projekts angesteckt wurden.

Der gesamte Lehrkörper äußerte seine Begeisterung über diesen neuen Lehrversuch mit Kindern dieser Altersstufe. So bildete sich die Vorstellung heraus, zusammen »an einer familiäreren Situation zu arbeiten . . . und freimütig über Verhaltensweisen zu sprechen«. Einige Lehrer der V. Einheit hatten bereits frühere Kenntnisse und Erfahrungen auf diesem Versuchsfeld; andere meinten, eine weitergehende Einweisung in dieses Verfahren wäre für sie von Vorteil.

Der Direktor äußerte die Ansicht, daß die Sitzungen und Verhaltensbeurteilungsbögen den Lehrern ein System in die Hand gäben, nach dem sie die Verhaltensweisen der Schüler positiv betrachten könnten. Das heißt, daß die Lehrer damit die Möglichkeit hätten, mehr das positive Verhalten ins Auge zu fassen, anstatt sich zumeist mit Fällen falschen Betragens seitens der Schüler befassen zu müssen. Folglich sah der Direktor den größten Erfolg des Projektes darin, daß die Lehrer ihre Meinung über das Verhalten der Schüler änderten. (Die Tatsache, daß im Laufe der Untersuchungen die Bewertungen der Lehrer größere Schwankungen aufwiesen, bestätigt diese Theorie.)

Die bei diesen Untersuchungen verfolgten Ziele wichen zwar von den üblichen Lernzielen im Unterricht ab, zeigten andererseits jedoch wichtige Verhaltensweisen auf, die nach der Meinung einer Vielzahl von Erwachsenen von Schülern angenommen werden sollten. Den meisten Lehrern ist bekannt, auf welche Weise Verhaltenslernziele im kognitiven Bereich als Motivationsinstrumente dienen. Die Verfahren zur Motivation im Klassenzimmer werden somit mit den im Zusammenhang mit diesen Untersuchungen erläuterten Lernzielen und den Methoden, sie zu erreichen, um eine wichtige Dimension erweitert.

9.3.2 Einzelsitzungen zur Steigerung selbständigen Lesens

Viele Kinder lernen während der Grundschuljahre nicht gründlich und ausreichend zu lesen. Ein Grund dafür mag sein, daß viele Kinder in der Schule versuchen, richtig lesen zu lernen, aber dabei nicht den Eindruck bekommen, daß Lesen auch erfreulich sein kann. Für sie ist Lesen und Studieren eine Fleißaufgabe — wenn auch eine notwendige. Anhand dieser Tatsachen wurden gemeinsame Forschungs- und Entwicklungsarbeiten auf der Grundlage umfassender praktischer Erfahrungen in der Schule durchgeführt mit dem Ziel, ein Verfahren zu Steigerung selbständigen Lesens zu entwickeln. Das Verfahren sah vor, daß sich die Erwachsenen mit jedem einzelnen Kind wöchentlich trafen. Dabei sollten verschiedene, an früherer Stelle ausgeführte, Motivationsprinzipien angewendet werden. Ein weiterer wichtiger Aspekt des Verfahrens lag darin, den Kindern billige, doch attraktive Bücher zugänglich zu machen.

Die Grundschule, an der dieses Projekt durchgeführt wurde, lag in der Innenstadt von Madison, Wisconsin, einer Stadt mit ca. 20 000 Einwohnern. Die Schüler waren von verschiedener rassischer Abstammung und etwa 35 % galten als benachteiligt. Ihrer Altersstufe nach gehörten sie der 2., 4. und 6. Klasse an. (Wir verwenden hier die Klasseneinteilung, da wir annehmen, daß den meisten Lehrern diese Einstufung vertraut ist.) Man erhielt am Abschluß der Untersuchungen vollständige Leistungs- und Lesedaten über 68 Schüler der 2. Klasse, 58 Schüler der 4. Klasse und 49 Schüler der 6. Klasse.

Die anschließende Beschreibung der Verfahren und Ergebnisse konzentriert sich überwiegend auf die Verfahrensweisen, um die Methoden explizit darzulegen, mit denen die Motivationsprinzipien zur Anwendung gebracht wurden. Das gesamte Experiment wurde von *Schwenn, Sorenson* und *Bavry* (1970) ausführlich beschrieben, über die Verfahren sowie die dabei verwendeten Bücher berichtete *Sorenson, Schwenn und Klausmeier* (1969).

Versuchsaufbau

Zunächst stellten wir die Anzahl der Bücher fest, die jeder Schüler der 2., 4. und 6. Klasse während einer 8-wöchigen Ausgangsperiode zu Beginn des Schuljahres gelesen hatte. Jeder Schüler legte eine Aufstellung an, in der er die gelesenen Buchtitel und das jeweilige Auslesedatum festhielt: vom Lehrer wurde er dabei unterstützt und wöchentlich erinnert. Die im Laufe der Anfangsperiode gelesenen Bücher wurden auf der Grundlage der gültigen Bezugslisten eingestuft in »über«, »auf« und »unter« dem Klassenniveau liegend. Den über dem Niveau liegenden Büchern wurden 3, den auf dem Niveau liegenden 2 und den unter dem Niveau liegenden 3 Wertungspunkte zugeschrieben.

Auf der Bemessungsgrundlage der im Laufe der Anfangsperiode gezeigten Leseleistung, welche hinsichtlich der Bücherzahl und des Stoffniveaus zusammengefaßt wurde, wurden Schüler für die Teilnahme an Sitzungen ausgewählt. Die Lesebewertungszahl der einzelnen Schüler ergab sich einfach aus der Summe der Wertungspunkte, die den gelesenen Büchern zugeschrieben worden waren. Die Schüler, deren Bewertungszahlen im oberen Drittel lagen, wurden von dem Experiment ausgeschlossen. Diese Entscheidung fußte auf der praktischen Annahme, daß die Schüler, die ohnehin schon eine Menge lasen, keinen Nutzen aus den Motivationsverfahren zur Erhöhung der Leseleistung ziehen würden, sondern vielmehr das Niveau der Gruppe nur senken würden. Diese Kinder wurden jedoch als Idealgruppe betrachtet, mit der die anderen später verglichen wurden.

Aus den standardisierten Tests lagen uns von allen übrigen Schülern Bewertungszahlen der Leseleistung vor. Auf der jeweiligen Klassenstufe wurde die »bessere Hälfte« der Schüler einer Klassengruppe als leistungsstark bezeichnet. Die schwächere Hälfte wurde in Hinsicht auf die zusammengefaßte Bücherzahl und das Stoffniveau (Lesewert) als schwach und zusätzlich als indifferent (weder schwach noch stark) in der Leseleistung eingestuft. Die Schüler mit niedrigem Lesewert und schwacher Leseleistung unterschieden sich von denen, die einen niedrigen Lesewert, jedoch eine höhere Leseleistung aufwiesen, hinsichtlich der Ziele der Erwachsenen-Kind-Sitzung wie auch im tatsächlichen Sitzungsverfahren.

So wurden in jedem Klassenzimmer 6 Gruppen gebildet: Die Schüler mit niedrigen Lesewerten wie auch schwachen Leseleistungen wurden willkürlich einer der 3 Gruppen zugeteilt; diejenigen mit schwachen Lesewerten, jedoch hohen Leseleistungen wurden ebenfalls willkürlich einer der 3 übrigen Gruppen zugeteilt. Es gab also jeweils 2 Gruppen der 3 verschiedenen Typen: Die Kontrollgruppe, der man keine Sitzungen zukommen ließ; die Lehrersitzungsgruppe mit ihrem Klassenlehrer sowie die Assistentengruppe, die an allen Sitzungen teilnahm.

Sitzungsverfahren

Die Sitzungen wurden von 3 Lehrern der 2. Klassenstufe, von 3 der 4. und 2 der 6. geleitet. Die Sitzungen aller 3 Klassenstufen wurden von der selben Assistentin geleitet (Assistentin war eine ältere Dame mit Collegebildung, die außergewöhnliche Fähigkeiten und Eifer hatte, mit Kindern schwacher Leseleistung zu arbeiten). Alle Kinder, auch die mit hohen Lesewerten, welche von den Sitzungen ausgeschlossen wurden, führten für die Dauer des Versuches eine Liste, auf der sie Buchtitel und Auslesedatum vermerkten. Die Sitzungen, die regelmäßig einmal wöchentlich über einen Zeitraum von 8 Wochen abgehalten wurden, dauerten im Durchschnitt 8–12 Minuten. Sie wurden auch an verschiedenen Orten abgehalten, wie in der Pausehalle, einem kleinen Arbeitsraum, an einem Lesetisch in einer Ecke, in einem Teil des Klassenzimmers oder am Lehrerpult. Was sowohl Schüler als auch Lehrer zu den Sitzungen beitrugen, richtete sich nach den für jedes Kind im Laufe der Sitzungen zu erreichenden Lernzielen und den bei den Sitzungen angewandten Motivationsprinzipien.

Verhaltenslernziele der Sitzungen. Vor Beginn der Sitzungen wurde für die Teilnehmer aus dem gesamten, vorher ausgeführten, Motivationssystem eine Liste von Verhaltenszielen hergeleitet. Die für die Sitzungen spezifischen Lernziele wurden in 3 Bereiche gegliedert:

A. Verhaltensweisen, die auf eine bestimmte Motivation schließen lassen und von allgemeiner Art sowie erforderlich sind für die Erhaltung erfolgversprechender Beziehungen zwischen dem Erwachsenen als Sitzungsleiter und dem Kind. Diese Verhaltensweisen sehen in der Praxis so aus:
   1. Das Kind kommt pünktlich zur Sitzung.
   2. Es richtet während der Sitzung seine Aufmerksamkeit auf den Lehrer und andere relevante Situationselemente.
   3. Es beginnt sofort mit seinem Bericht.
   4. Auf Aufforderung liest es aus seinem Buch.
   5. Es gibt auf die Bücher acht, die es liest.

B. Verhaltensweisen, die insbesondere mit den Lesereaktionen des Kindes in Zusammenhang stehen. Diese Verhaltensweisen sind im einzelnen:
   6. Das Kind zeigt seine Freude am Lesen.
   7. Auf Befragen erzählt es über das Gelesene.
   8. Auf Befragen gibt es die Gründe an, warum es liest.
   9. Das Kind spricht mit anderen Kindern und/oder Erwachsenen über seinen gegenwärtigen Lesestoff.
   10. Es liest selbständig, wenn Erwachsene nicht anwesend sind.
   11. Es übertrifft die erforderliche Mindestlesemenge seiner Gruppe.

C. Verhaltensweisen, die der Verbesserung der selbständigen Lesefähigkeit und der Aufnahmefähigkeit dienlich sind:
   12. Das Kind liest während des Zeitraums nach Einsetzen der Erwachsenen-Kind-Sitzungen selbständig während bzw. außerhalb der Schulstunden mehr und längere Bücher.
   13. Es liest nach dem Einsetzen der Erwachsenen-Kind-Sitzungen schneller.
   14. Die Geschicklichkeit des Kindes im Worterkennen und sein Leseverständnis nehmen nach Einsetzen der Erwachsenen-Kind-Sitzungen rapide zu.
   15. Die Vorliebe für selbständiges Lesen nimmt bei einem Kind zu, das gegenüber Lesen im Vergleich zu anderen Tätigkeiten keine besondere Vorliebe zeigte, und bleibt konstant bei einem Kind, das Lesen als selbständige Tätigkeit vorzog.

Die 8 Lehrer sowie die Assistentin, die die Sitzungen leiten sollten, diskutieren die Lernziele untereinander, um Klarheit darüber zu erreichen. Während der Sitzungsperiode wurden systematisch Daten gesammelt über einige Lernziele (C 12 und C 14), die sich auf Menge und Qualität selbständigen Lesens sowie auf Vokabular und Verständnisfähigkeit bezogen. Bei den übrigen Lernzielen, insbesondere denjenigen, die sich auf die Haltung des Kindes gegenüber dem Lesen sowie das Verhältnis zwischen dem Erwachsenen und dem Kind bezogen (Bereiche A und B), hielten die Erwachsenen den erzielten Fortschritt auf ihren Sitzungsprotokollen fest.

Bei den Sitzungen angewandte Motivationsprinzipien. Während der Sitzungen dienten die Erwachsenen als Modelle für erwünschtes Leseverhalten, welches das Kind beobachten und imitieren sollte. Sie stärkten erwünschtes Leseverhalten und positive Handlungen des Kindes, gaben ihm Auskunft über sein Leseverhalten und halfen ihm dabei, Ziele hinsichtlich der Bücher zu wählen, die einen angemessenen Schwierigkeitsgrad hatten und ihren gegenwärtigen Interessen entsprachen. All dies konnte natürlich nicht während einer einzigen Sitzung erreicht werden, doch versuchten alle Erwachsenen, im Zuge der 8 Sitzungen alle Prinzipien bei jedem Kind anzuwenden. Für die Ziele der Sitzungen lassen sich die Motivationsprinzipien wie folgt beschreiben:

Modellverhalten bedeutet, daß der Erwachsene dem Kind z. B. erzählt, er würde regelmäßig und gerne lesen; oder er ist in ein Buch vertieft, wenn das Kind zur Sitzung erscheint, bzw. nimmt ein Buch auf und beginnt zu lesen, wenn das Kind die Sitzung verläßt. Modellverhalten schließt aber auch Verfahren mit ein, bei welchen dem Kind Auskunft über das Leseverhalten eines möglichen Modells gegeben wird und auf den Nutzen hinweist, den selbständiges Lesen für andere Personen hat, die dem Kind als Modelle dienen.

Verstärkung: Lächeln, zustimmendes Nicken, Bemerkungen wie »Gut«, »schön« usw., wenn der Schüler offensichtlich selbständig ein Buch oder einige Seiten daraus gelesen hat. Der Erwachsene bestärkt auch Äußerungen, die das Kind entweder spontan oder in Form von Antworten auf Fragen von sich gibt und die eine positive Einstellung gegenüber Lesen verraten.

Feedback: Das Kind wird über seinen Fortschritt informiert, d. h. darüber, wieviele Seiten oder Bücher eines Buches es abgeschlossen hat. Feedback gab man auch auf jede Verbesserung in Worterkennen und Textverständnis.

Zielsetzung: Das Kind wurde bei der Wahl des nächsten Buches hinsichtlich des Umfangs und der Angemessenheit des Schwierigkeitsgrades beraten. Das Lesen des bzw. der Bücher stellt sodann das konkrete Ziel des Kindes für die nächste Sitzung dar.

Während der ersten Sitzungen legte der Erwachsene dem Kind die Ziele der Sitzungen offen und erklärte dem Kind, wie es sein Sitzungsprotokoll anlegen solle. Er wies das Kind auch auf die betreffenden Bücher in seinem Klassenzimmer sowie in der Schulbibliothek hin und gab ihm Ratschläge, wie es die gewünschten Bücher finden könne. Der verbleibende Teil der Sitzung wurde darauf verwendet, dem Kind bei der Auswahl seines ersten Buches bzw. Bücher behilflich zu sein. In den darauffolgenden Sitzungen wurde das Kind dazu ermuntert, über die Bücher, die es zwischen den Sitzungen selbständig gelesen hatte, zu berichten. Bei Schülern mit zusätzlicher schwacher Leseleistung wurde mehr Wert auf die Verbesserung der Lesefertigkeit gelegt. Zu diesem Zweck ließ man das Kind während der Sitzung laut vorlesen und schulte es zwanglos in Worterkenntnis und Textverständnis. Feedback und positive Bestärkung in Verbindung mit Zielsetzen spielten bei Sitzungen mit diesem Kindertyp eine wichtige Rolle.

An Material standen für die Arbeiten zur Verfügung: eine jederzeit offene Sammlung von Büchern in jedem Klassenzimmer, Formblätter, auf denen die Schüler die Titel gelesener Bücher vermerken konnten, sowie Sitzungsprotokollkarten für den Gebrauch der Erwachsenen. Jedes Klassenzimmer mit etwa 25 Schülern erhielt ca. 70 Taschenbücher, die ein breites Spektrum von Themenkreisen und Interessengebiete sowie eine breite Schwierigkeitsspanne deckten. Alle Schüler der Klasse, einschließlich der lesefreudigen, die nicht an den Sitzungen teilnahmen, hatten sowohl während selbständiger Studierzeiten als auch vor und nach der Schule Zugang zu den Büchern.

Ergebnisse

Tabelle 9.2 zeigt die durchschnittliche Anzahl von Büchern, die im Laufe des Basiszeitraums und des Projektzeitraums von jeder Stufe gelesen wurden, als eine Funktion der Sitzungsform. Die durchschnittlichen Zugewinne werden ebenfalls angegeben. Für jede Stufe, auch die Kontrollgruppe, ergab sich zwischen Vergleichsperiode und Projektperiode eine bedeutende Zunahme der Anzahl der gelesenen Bücher: 7,0 für die Kontrollform, 9,95 für die Sitzungen unter Lehrerleitung und 11,72 für die Sitzungen unter der Leitung der Assistentin. Die mittleren Zuwachsraten lagen bei den Lehrer- und Assistentensitzungen bezeichnenderweise erheblich höher als bei den Klassen, die nicht an den Sitzungen teilnahmen. So steigerten die Kinder aller Klassen, welche an Sitzungen teilnahmen, ihr selbständiges Lesen in größerem Maße als die Kinder ohne Sitzungen. Dabei spielte es kaum eine Rolle, ob die Sitzung von einem Lehrer oder einem Assistenten geleitet wurde.

Tabelle 9.2 *Durchschnittliche Anzahl von Büchern, die während der 8-wöchigen Vergleichsperiode und der 8-wöchigen Versuchszeit gelesen wurden, dargestellt als Funktion von Klassenstufen und Sitzungsform.*

Klasse		Sitzungsform			Durchschn.
		Keine Sitzung	Lehrer	Assistent	Zuwachs
2	Vergleichsperiode	3,36	3,88	3,06	
	Versuchszeit	13,00	18,63	16,13	
	Zuwachs	*9,64*	*14,75*	*13,07*	*12,49*
4	Vergleichsperiode	3,75	3,85	3,77	
	Versuchszeit	11,17	11,77	16,38	
	Zuwachs	*7,42*	*7,92*	*12,61*	*9,32*
6	Vergleichsperiode	4,00	3,75	3,40	
	Versuchszeit	6,80	9,50	11,80	
	Zuwachs	*2,80*	*5,75*	*8,40*	
Durchschnittliche Zuwachsrate	=	*7,00*	*9,95*	*11,72*	*5,65*

Tabelle 9.3 *Durchschnittliche, der Leseleistung während der Vergleichsperiode sowie während der Projektzeiten bei den 2., 4. und 6. Klassen entsprechenden Äquivalenzwerte, dargestellt als Funktion von Leistungsniveau und Sitzungsform.*

Klasse		Leistungsniveau	Sitzungsform	
			ohne Sitzung	Sitzung
2	Hoch	Vergleichsperiode	2,0	2,2
		Versuchszeit	2,9	3,3
		Zuwachs	*0,9*	*1,1*
	Niedrig	Vergleichsperiode	1,3	1,5
		Versuchszeit	2,3	2,5
		Zuwachs	*1,0*	*1,0*
4	Hoch	Vergleichsperiode	4,3	4,5
		Versuchszeit	6,1	5,6
		Zuwachs	*1,8*	*1,1*
	Niedrig	Vergleichsperiode	2,2	2,2
		Versuchszeit	4,0	4,2
		Zuwachs	*1,8*	*2,0*
6	Hoch	Vergleichsperiode	7,4	7,2
		Versuchszeit	7,6	7,8
		Zuwachs	*0,3*	*0,6*
	Niedrig	Vergleichsperiode	4,0	5,2
		Versuchszeit	4,7	5,8
		Zuwachs	*0,7*	*0,6*

Anmerkung: Die Zahlen für die 2. Klasse entstammen den Gates-MacGinitie Lesetests für die 2. Klasse, Primär B, die Zahlen zur 4. und 6. Klasse dem Iowa-Test of Basic Skills — Abschnitt Lesefähigkeiten.

Tabelle 9.3 gibt die durchschnittlichen Leseleistungsäquivalenzwerte während der Grundperiode und der Projektzeiten für die 2., 4. und 6. Klasse an. Die Zahlen sind in hohe und niedrige Leistungen untergliedert. Die Daten der Lehrer- und der Assistentensitzungsgruppen wurden zusammengefaßt, da sie sich nicht voneinander unterschieden.

In keiner einzigen Klasse trat zwischen Sitzungs- und Nicht-Sitzungsform eine bedeutende Differenz hinsichtlich der Zuwachshöhe auf. Diese Übereinstimmung unter den Sitzungsformen fand sich bei Schülern mit hohen als auch niedrigen Leistungen. Von größerer Bedeutung als diese Unterschiedslosigkeit schienen uns die während einer 8-monatigen Periode von September bis einschließlich April von Schülern mit schwachen Leistungen erzielten Zugewinne. Schüler der 2. Klasse profitierten dabei um mehr als dem einem Jahr entsprechenden Vokabular, Schüler in der 4. Klasse profitierten in ihren Leistungen entsprechend um fast 2 Jahre. Der Zugewinn für die schwachen Schüler der 6. Klasse betrug praktisch 1 Jahr. Dieser starke Zugewinn wurde allgemein besonders bei Schulen der Innenstadt nicht erwartet, wo die Kinder in ihren Leistungen meist unter dem Klassenniveau liegen und mit jeder höheren Schulklasse leicht zurückfallen. Da die Gruppen ohne Sitzungen gleiche Zuwachsraten wie die Experimentiergruppe aufwiesen, kann der Zugewinn verständlicherweise nicht allein auf die Lesesitzungen zurückgeführt werden. Es scheint sehr wahrscheinlich, daß die in allen Klassenräumen vorherrschende gesteigerte Lesefreudigkeit dem hohen Leistungszuwachs sowohl der Kontroll- als auch der Sitzungsgruppen zuzuschreiben ist.

Über das selbständige Lesen der vorbildlichen Schüler jeder Klasse wurden ebenfalls Daten gesammelt. Diese Schüler wurden ja von dem Versuchsprojekt ausgeschlossen, da sie bereits während der Grundperiode ein bedeutendes Maß an selbständigem Lesen hinter sich gebracht hatten. Als sehr interessant erwies sich die Frage, wie Schüler, die an Sitzungen teilnahmen, im Vergleich zu diesen vorbildlichen Schülern am Ende der Versuchsperiode dastünden. Die für die 3 Klassenstufen angestellten Vergleiche sind in Abb. 9.11 schematisiert; die Schüler mit schwachen und starken Leistungen mit Sitzungserfahrungen wurden mit der Idealgruppe der jeweiligen Klasse gesondert verglichen.

Bitte beachten Sie bei der 2. Klasse, daß die Idealgruppe vor der Versuchszeit, also während der 8-wöchigen Vergleichsperiode, durchschnittlich 13 Bücher gelesen hatte, während leistungsstarke, die später an Lehrer- und Assistentensitzungen teilnahmen, 4 Bücher, und leistungsschwache Schüler 3 Bücher gelesen hatten. Im Laufe der 8-wöchigen Versuchszeit lasen die vorbildlichen Schüler im Durchschnitt 19 Bücher; die leistungsstarken und leistungsschwachen Sitzungsteilnehmer lasen 17, bzw. 18 Bücher. Insgesamt gesehen lasen lesestarke wie -schwache, spätere Sitzungsteilnehmer auffallend weniger Bücher als die Idealgruppe während der Vergleichsperiode, doch wich keine dieser Gruppen am Ende des Experimentes erheblich von der Idealgruppe ab. Die Sitzungsgruppen profitierten wesentlich mehr als die Idealgruppe. Tatsache ist, daß sie die Idealgruppe fast einholten.

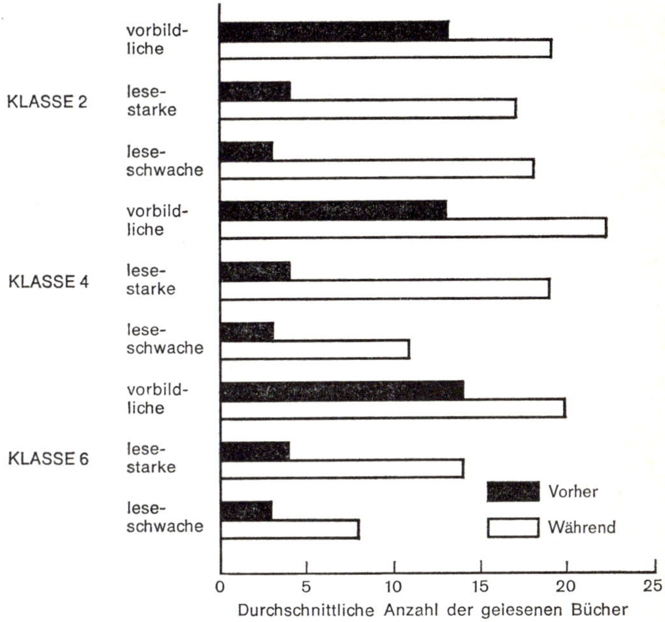

Abb. 9.11 Anzahl der von den »idealen« Lesern und den leseschwachen Sitzungsteilnehmern vor der Versuchszeit (Vergleichsperiode) und während der Versuchszeit gelesenen Bücher.

Ähnliche Ergebnisse erhielt man bei den 4. und 6. Klassen, wo durch die Sitzungen Leseunterschiede zwischen lesestarken Sitzungsteilnehmern und der Idealgruppe fast aufgehoben wurden. Bei diesen Klassenstufen reichten die Sitzungen jedoch nicht aus, um die leseschwachen Schüler in ihrem Niveau auf das der vorbildlichen zu heben. Es sollte jedoch nicht vergessen werden, daß sich bei den leseschwachen Schülern selbstverständlich die selbständige Leseleistung über das Niveau der leseschwachen Schüler, die nicht an Sitzungen teilnahmen, steigerte.

Diese Untersuchung zeigte die hohe Effektivität eines wirtschaftlichen Verfahrens zur Steigerung selbständigen Lesens bei

Kindern. Es ist unmöglich, irgendwelche definitiven Schlußfolgerungen darüber zu ziehen, welcher relative Anteil an den verzeichneten Gewinnen welchen spezifischen Motivationsprinzipien zuzuschreiben ist. Höchstwahrscheinlich wirkten individuelle Aufmerksamkeit, positive Stärkung, informatives Feedback, Modellverhalten, erwünschte Verhaltensweisen, Zielsetzung und Bereitstellung attraktiver Bücher zusammen und verstärkten die Motivation des Schülers, sich selbständig mit Lesen zu beschäftigen.

9.14 Die Lernziele eines Motivationssystems gliedern sich in 4 allgemeine Bereiche. Kennen Sie andere allgemeine Bereiche und könnte einer davon gestrichen oder abgeändert werden?

9.15 Auf welche Weise wurde in den Sitzungen und den damit verbundenen Verfahren jedes einzelne Prinzip zur Entwicklung sozial positiver Verhaltensweisen herangezogen? Welches Gewicht messen Sie dem zusätzlichen persönlichen Kontakt zwischen Lehrer und Schüler bei?

9.16 Welche Verfahren würden Sie für Ihren Arbeitsbereich heranziehen, um systematisch die Motivationsniveaus der Schüler zu beeinflussen?

9.17 Während den 8 Wochen dauernden Einzelsitzungen sowie im Laufe des Schuljahres stellten sich bei den schwachen Lesern, die auch wenig selbständig lasen, bemerkenswerte Erfolge ein. Könnten alle Lehrer diese Prinzipien anwenden und die übrigen Sitzungsformen durchführen? Aus welchem Grunde sähe sich eine Schule mit vielen leseschwachen Schülern außerstande, jede Woche mit jedem einzelnen leseschwachen Schüler eine 10-Minutensitzung durchzuführen. Ist es möglich, daß manche Lehrer diese Sitzungsart bald ermüdend fänden?

9.4 Zusammenfassung

Die von Maslow formulierten Bedürfnismotive umfassen folgende 6 Bereiche: Körperlich, Sicherheit, Liebe und Zugehörigkeit, Wertschätzung, Selbstverwirklichung, Wissen und Verstehen. Diese Theorie erwies sich als hilfreich für die Erklärung der Ursachen menschlichen Verhaltens.

Mit seiner Theorie von der leistungsorientierten Tätigkeit versuchte Atkinson das Versuchs- und Meinungsverhalten hinsichtlich einer Aufgabe auf direkterem Wege zu erklären. Danach werden das Bedürfnis nach Leistung und das, Mißerfolg zu vermeiden, unter Berücksichtigung des anspornenden Wertes eines Erfolges als stark determinierend für das Zielsetzungsverhalten des einzelnen wie für seine Haltung gegenüber einer Aufgabe angesehen. Forschungsdrang, Manipulation und Neugierde sind ebenfalls positive, innere Motive.

Diese Erklärungen darüber, aus welchem Grunde manche Menschen aktiv sind, sich Ziele setzen und diese zu erreichen suchen, deckt sich mit der im 2. Kapitel erläuterten Vorstellung vom zielbewußten Lernen sowie mit bestimmten Vorstellungen von Klassenzimmerdisziplin, insbesondere was das Erlernen sozial positiver Verhaltensweisen anbetrifft. Diese Theorien und die damit verbundene Forschung bilden außerdem die Basis verschiedener Motivationsprinzipien.

Wir beschrieben 8 Motivationsprinzipien. Sie stellen zugleich die inneren Bedingungen des motivierten bzw. zu motivierenden Individuums dar. Parallele Unterrichtsanweisungen sollen verdeutlichen, auf welche Weise äußere Bedingungen des schulischen Rahmens dabei hilfreich sein können, die Motivation der Schüler zu steigern.

Wir beschrieben auch ein System individuell angeleiteter Motivation, das die unterschiedlichen Voraussetzungen der Schüler berücksichtigt. Auf Schüler individuell einzugehen, erwünschte Verhaltensweisen zu verstärken, informatives Feedback zur Verfügung zu halten, die Schüler beim Setzen realistischer Ziele zu unterstützen sowie attraktive, dem einzelnen Schüler, angemessenen Materialien und Aufgaben zu verwenden erwies sich nach unseren Erfahrungen als höchst wirkungsvoll mit wünschenswerten Erfolgen. Ein Lehrer, der in der Lage ist, im Unterricht eine ausreichende Zahl von Situationselementen zu beherrschen und auch die Prinzipien anzuwenden, dürfte kaum Sorgen mit der Motivation der Schüler haben, außer vielleicht mit älteren Schülern, die bereits sehr voreingenommen gegenüber dem Lehrer und der Schule sind und es sich zum gemeinsamen Vorsatz gemacht haben, die Ordnung der Schule zu zerstören.

9.5 Weiterführende Literatur

Atkinson, J. W.: The mainsprings of achievement-oriented activity. In: *Krumboltz, J. D., ed.:* Learning and the educational process. Chicago: RandMcNally, 1965, 25—66.

Theoretische Darstellung des Bedürfnisses nach Erfolg und der Vermeidung von Mißerfolg.

Hamachek, D. E., ed.: Human dynamics in psychology and education: Selected readings. Boston: Allyn and Bacon, 1968.

Kapitel 2 enthält auf den Seiten 48—118 drei Abschnitte über Motivation: R. W. White, »Motivation Reconsidered: The Concept of Competence«; J. M. Hunt, »Experience and the Development of Motivation: Some Reinterpretations«; R. E. Farson, »Praise Reappraised«.

Kuhlen, R. G., ed.: Studies in educational psychology. Waltham, Mass.: Blaisdell, 1968.

Kapitel 4 bietet auf den Seiten 80—119 einen kurzen Überblick sowie

4 Abschnitte über Motivation: R. W. White, »Motivation Reconsidered: The Concept of Competence«; E. R. Keislar, »A Descriptive Approach to Classroom Motivation«; M. C. Shaw and J. T. McCuen, »Age of Onset of Academic Underachievement in Bright Children«; W. J. McKeachie, »Motivation, Teaching Learning and College Learning«.

Maslow, A. H.: Self-actualization and beyond. In: *Hamachek, D., ed.:* Human dynamics in psychology and education. Selected readings. Boston: Allyn and Bacon, 1968, 173—183.

In diesem kurzen Aufsatz zeichnet Maslow ein klares Bild, wie Selbstverwirklichung das Verhalten eines Menschen antreibt und steuert.

McClelland, D. C.: Toward a theory of motive acquisition. In: *Ripple, R. E., ed.:* Readings in learning and human abilities. New York: Harper & Row, 1971².

McClelland beschreibt die mögliche Erlernung und Modifizierung des Bedürfnisses nach Erfolg.

Sears, P. S., & Hilgard, E. R.: The teacher's role in the motivation of the learner. In: *Hilgard, E. R., ed.:* Theories of learning and instruction, National Society for the Study of Education, 63rd yearbook. Chicago: University of Chicago Press, 1964, part 1, 182—209.

Eine in Theorie und praktischen Anwendungsvorschlägen hervorragende Arbeit der beiden Autoren.

Sheviakov, G. V., Redl, F.: Discipline for today's children and youth. Washington, D. C.: Association for Supervision and Curriculum Development, 1956.

Unzähligen Lehrern bot dieses Buch bereits Hilfe bei Problemen der Klassendisziplin.

Weiner, B.: Motivation. In: *Ebel, R. L., ed.:* Enzyclopedia of educational research. New York: Macmillan, 1969, 878—888.

Hier werden die während der 60er Jahre im Rahmen der Klasse durchgeführten Forschungsarbeiten im Bereich der Motivation zusammengefaßt.

Macht, K.: Problem: Unterrichtsmotivierung — intrinsisch contra extrinsisch. Jugend & Volk, Wien/München 1973.

Schiefele, H.: Motivation im Unterricht — Beweggründe menschlichen Lernens und ihre Bedeutung für den Unterricht.

Skowronek, H.: Lernen und Lernfähigkeit. Juventa, München 1969.

Thomae, H. (Hrsg.): Handbuch der Psychologie, 2. Band: Motivation. Hogrefe, Göttingen 1965.

10. Faktenwissen und verbale Information

10.1 Fakteninformation

Information ist alles, was vom Individuum differenziert wird (*Guilford*, 1967). Sie kann direkt auf dem Wege der Wahrnehmung von Objekten und Vorgängen übernommen werden. Ein Kind erhält beispielsweise nichtmündliche —, in diesem Fall präverbale — Informationen durch Sehen, Berühren und Hören. Durch Zuhören, was andere sagen, sowie durch Lesen kann Information auch verbal übernommen werden. Während es heranwächst, erhält das Kind ausführlichere Informationen über ihre Katze und Katzen im allgemeinen, indem es hört, was andere darüber sagen und durch Lesen von Katzen- und Tierbüchern.

Als *Fakteninformation* bezeichnet man Informationen, die von vielen Individuen, die demselben kulturellen Milieu entstammen, differenziert werden, und diese als richtig und zutreffend akzeptieren. In den Unterrichtsfächern der Schule hat sich inzwischen eine fast unübersehbare Menge an Fakteninformation angesammelt, welche von den Lehrern, Schulbuchverfassern und anderen mit dem Lehrgebiet vertrauten als richtig akzeptiert wird.

Der Veranschaulichung wegen soll Fakteninformation in diesem Kapitel untergliedert werden in (1) Assoziationen mit geringer Bedeutung, (2) spezifische Information und (3) verbales Wissen. Das Studium der einzelnen Gruppen faktischer Information und des Verhältnisses von Fakteninformation zu anderen Lernergebnissen, insbesondere von Begriffen, dürfte dem Leser ermöglichen, verschiedene Arten von Fakteninformation zu erkennen und in Bezug zu seinen eigenen Lerninteressen zu setzen. Ein solches Studium dürfte auch dem Lehrer oder Stundenplaner eine Entscheidungshilfe dabei sein, wieviel Wert faktischer Information im Stundenplan beizumessen ist.

10.1.1 Assoziationen von geringem Bedeutungsgehalt

Sie verfügen zwar jetzt über einen reichen Wortschatz und können Dinge richtig benennen, mußten jedoch ursprünglich einmal ihre Namen wie auch ihre diesbezügliche Bedeutungsassoziation kennenlernen. Wenn Sie in Rußland oder Japan geboren wären, hätten sie einen anderen Namen für viele derselben Dinge gelernt. In diesem Sinne sind die 3 deutschen Worte »Buchstabe«, »Seite« und »Buch«, die Sie vor langer Zeit lernten, sowie die Assoziation, die Sie mit den betreffenden Dingen haben, von geringem Bedeutungsgehalt. Sie haben damals nicht nach der Herkunft der Worte gefragt oder warum andere ihnen diese Namen gaben. Niemand erklärte Ihnen, warum die Dinge so benannt sind. Sie übernahmen jeden Namen und seine Assoziation mit dem Ding.

Die korrekte Aussprache jedes einzelnen Wortes ist ebenso eine Fakteninformation von geringer Bedeutung. Nur eine einzige Aussprache gilt als richtiger Gebrauch des Deutschen, nachzulesen in einem allgemeingültigen Wörterbuch.

Beim Studium einer Fremdsprache lernt der Schüler einige Worte oder Phrasen in der Fremdsprache, die für dieselben Dinge oder Vorgänge stehen wie die bereits bekannten Worte oder Phrasen im Deutschen. Aufgrund der kulturellen Unterschiede gibt es oftmals keine exakte Entsprechung zwischen den beiden Wortgruppen. Trotz des häufigen Fehlens einer vollständigen Übereinstimmung muß sich der deutschsprechende Schüler ein zweites Vokabular aneignen, mit dem er die Dinge und Vorgänge, die er erfährt, schildern kann. Mit anderen Worten, er muß das Vokabular der Fremdsprache lernen und es entweder mit den entsprechenden Worten im Deutschen oder deren Entsprechungen assoziieren. In beiden Fällen sind eine Vielzahl der Assoziationen von geringem Bedeutungsgehalt. Beispiele hierzu aus dem Französischen sind: »Buch« — »livre«, »Hund« — »chien«, »Lehrerin« — »maîtresse«, »Haus« — »maison«. Beim Lernen dieser Assoziationen muß dem Schüler erklärt werden, warum das Wort der Fremdsprache gleichbedeutend ist. Wenn der Schüler ein Rezept finden kann, nach dem er die Wort- und Satzreihen (z. B. »Tür« — »Portal« — »porte«) assoziieren kann, so wird ihm das mehr helfen als das sture Auswendiglernen. Zusätzlich sollte man alle möglichen Bezugsquellen hinzuziehen, also Worte mit gemeinsamer Herkunft und Form.

Obige Ausführungen beziehen sich auf Sprachen. Andere Beispiele von Assoziationen mit geringem Bedeutungsgehalt finden sich jedoch in allen Lernbereichen. So bei den Bezeichnungen, die mit den Ziffern und anderen Symbolen, der Mathematik, Naturwissenschaften und Musik assoziiert werden, und denselben Gruppen angehören. So verhält es sich auch mit den Bezeichnungen, die bei Farben und in der Kunst assoziiert werden. Wenn die Schüler diese Information bei der Bildung von Begriffen und Prinzipien sowie zur Problemlösung heranziehen wollen, müssen sie eine Vielzahl von Bezeichnungen und die entsprechenden Assoziationen lernen. Kinder, die vor dem Eintritt in die Schule nicht gelernt haben, Dinge zu nennen und die diesbezüglichen Assoziationen zu machen, sind beim Lesenlernen und der Aneigung grundlegender Begriffe stark benachteiligt.

10.1.2 Spezifische Information

Spezifische Information hat einen höheren Bedeutungsgehalt als die eben beschriebene Assoziationsart. Ein Aspekt, spezifische Information zu betrachten und sie in Bezug zu Unterrichtslernzielen zu setzen, stellt die Berücksichtigung der Vergangenheit und der Gegenwart dar. In jedem Unterrichtsfach, nicht nur in der Geschichte, stehen wir vor einem ständig wachsenden Informationsberg, der Vergangenes bzw. Zurückliegendes ins Licht rückt. Neil

Armstrong, setzte am 20. Juli 1969 seinen Fuß auf den Mond. Diese Teilinformation wird für nachkommende Generationen von Amerikanern von Bedeutung sein, vielleicht so wichtig wie die Tatsache, daß Kolumbus im Jahre 1492 Amerika entdeckte, oder daß am 4. Juli 1776 die Unabhängigkeitserklärung unterzeichnet wurde.

Neuere Informationen über viele menschliche, technische und naturwissenschaftliche Probleme mußten gesammelt und ausgewertet werden, um Armstrong und seine Kameraden auf den Mond zu bringen. Eine Fülle von Informationen über die menschliche Anpassungsfähigkeit an die Schwerelosigkeit, die Anforderungen an Materialien und Ausrüstungen bei extremen Temperatur- und Geschwindigkeitsverhältnissen, sowie über das Klima auf dem Mond mußten dabei in Betracht gezogen werden. Für Sie und mich ist es nicht erforderlich, all diese Informationen zu wissen, doch für eine Gruppe von Leuten war dies notwendig, damit Armstrong den Mond sicher erreichen konnte. Diese Daten waren Teil des gesamten, bis damals bekannten Informationskomplexes über die menschliche Anpassungsfähigkeit, weltraumerprobte Maschinen und Ausrüstungen und den Mond selbst. Durch den Mondflug kamen zu den bereits bekannten noch weitere Informationen.

Eine andere Methode, beschreibende Information zu betrachten und in bezug zu dem schulischen Unterrichtsbereich zu setzen, ergibt sich in der Berücksichtigung des Wesentlichen. In vielen Tatsachendarstellungen liegt das Schwergewicht auf Menschen, Ereignissen und Daten, Orten bzw. Schauplätzen. (Die Daten stehen in Zusammenhang mit Menschen und Ereignissen). Einige Beispiele dieser verschiedenen Typen historischer und neuerer Information mögen dabei aufschlußreich sein:

MENSCHEN

Walt Whitman war ein amerikanischer Dichter.

Renoir malte während der Ära des Impressionismus um 1900.

J. P. Guilford ist der Autor von *»Die drei Gesichter des Intellekt«*.

Edward Kennedy ist der letzte der 4 Kennedy-Brüder.

Louis Armstrong ist ein berühmter Jazz-Trompeter.

EREIGNISSE UND DATEN

Die protestantische Reformation fand im 16. Jahrhundert statt.

Durch die weitverbreitete Einführung des Salk-Impfstoffs im Jahre 1953 konnte die Zahl der an Kinderlähmung Erkrankten erheblich herabgesetzt werden.

ORTE und SCHAUPLÄTZE

Von 1790–1800 war Philadelphia die Hauptstadt der U.S.A.

Madison ist die Hauptstadt von Wisconsin.

Der 49. Breitengrad bildet die nördliche Grenze von Montana.

10.1.3 Verbales Wissen

Beachten Sie, daß sich jedes der eben angeführten Beispiele auf ein spezifisches Ding oder Ereignis bezieht und nicht auf eine Reihe von ähnlichen Dingen oder Ereignissen. So steht jede Einzelinformation für sich selbst, und kann nicht ohne weiteres in bezug zu einer anderen gesetzt werden. Diese Art faktischer Information ist die erste von 3 Arten, die sich in einer endlosen Reihe von spezifischem bis allgemeinem Wissen erstrecken (*Bloom*, 1956). *Bloom* definierte Wissen auf folgende Weise:

WISSEN

Nach der hier gegebenen Definition umfaßt Wissen diejenigen Verhaltensweisen und Testsituationen, bei denen der Schwerpunkt auf der Erinnerung, hervorgerufen durch die Wiedererkennung oder den unmittelbaren Abruf eines Gedächtnisbildes, auf Vorstellungen, Material oder Phänomenen liegt. Das von einem Schüler in einer Abrufsituation zu erwartende Verhalten ähnelt stark dem Verhalten, das man von ihm während der ursprünglichen Lernsituation erwarten konnte. Bei der Lernsituation soll der Schüler eine gewisse Information in seinem Gedächtnis speichern. Das später erwartete Verhalten ist die Erinnerung dieser Information. Obwohl man davon ausgehen kann, daß das Erinnerungsmaterial einigen Veränderungen unterworfen ist, so haben diese doch nur einen relativ kleinen Anteil am Wissensverhalten oder der Prüfung. Dabei spielt auch der Prozeß der Bezugsetzung und Beurteilung in dem Maße eine Rolle, wie der Schüler auf Fragen oder Probleme antworten soll, die in der Prüfungssituation in einer anderen als der ursprünglichen Form gestellt werden.

Die von *Bloom* beschriebenen 3 Hauptgruppen von Wissen sowie die Untergruppen werden anschließend kurz skizziert. Die Testitems sind in bezug zu einigen Untergruppen gesetzt, um ihnen dabei zu helfen, welche Fakteninformation in ihrem Interessenbereich liegt.

A. FACHWISSEN

Fachterminologie der bildenden Künste, Naturwissenschaften, Mathematik sowie anderer Lernbereiche.

Eine Synapse kann man definieren als

a) ein Aussetzen des Gedächtnisses, hervorgerufen durch ungenügende Gehirndurchblutung;
b) die Vereinigung von männlichen und weiblichen Chromosomen während der Reifung der Keimzellen;
c) das lange zylindrische Teilstück einer Achse;
d) die Stelle an der der Nervimpuls von einem Neuron zum anderen weitergeleitet wird.

Spezifische Fakten-Daten, Ereignisse, Personen, Orte und Informationsquellen usw.

Wie groß ist der Anteil der in der BRD auf Bauernhöfen lebenden Bevölkerung im Vergleich zur Gesamtbevölkerung (in %)?
a) 10 % b) 20 % c) 35 % d) 50 % e) 60 %

B. ANGEWANDTES FACHWISSEN

Sitten und Gebräuche, die richtigen Gebrauch und Anwendung der Schrift und Sprache, die allgemeinen Umgangsformen sowie allgemein übliche Hilfsmittel zur Erläuterung von Karten und Tabellen umfassen.

Welche der folgenden Möglichkeiten kann nicht als Bezahlung für Arbeitsdienste betrachtet werden?
a) Die von einem Immobilienmakler erzielten Provisionen
b) Das einem Standesbeamten für die Schließung einer Heirat gezahlte Honorar
c) Die dem Inhaber einer Vorzugsakte ausgezahlte Dividende
d) Das Gehalt eines Abgeordneten

Trends und zeitliche Abfolgen

Die Entwicklungsstufen im Leben der Hausfliege laufen nach folgender Reihenfolge ab:
a) Larve — Ei — Puppe — ausgebildetes Tier
b) Puppe — Ei — Larve — ausgebildetes Tier
c) Puppe — Larve Ei — ausgebildetes Tier
d) Ei — Larve — ausgebildetes Tier — Puppe
e) Ei — Larve — Puppe — ausgebildetes Tier

Gruppen, in welche Fachwissen unterteilt werden kann

Einen Spezialisten, der Häuser entwirft, nennt man
a) Zimmermannn
b) Bauingenieur
c) Architekt
d) Bauzeichner
e) Maschineningenieur

Kriterien, nach denen Fakten ausgewertet werden können

Das Kriterium, dessen sich Darwin zur Unterscheidung variabler Spezies von weniger variablen bediente, war

a) die Zahl der Individuen innerhalb der Spezies,
b) die Häufigkeit individueller Verschiedenheiten innerhalb der Spezies,
c) die Zahl der Arten innerhalb der Spezies,
d) die Zahl der eng verwandten Spezies,
e) die Zahl der verschiedenen von der Spezies vertragenen klimatischen Bedingungen.

Methoden und Verfahren

Das Periodensystem benutzt man, um

a) die Löslichkeit von Gasen festzustellen,
b) den Ionisierungsgrad einer Reihe von Verbindungen herauszufinden,
c) unentdeckte Elemente vorauszubestimmen,
d) Molekulargewichte von Verbindungen genau zu bestimmen.

C. WISSEN ALLGEMEINER BEGRIFFE UND ABSTRAKTIONEN IN EINEM BEREICH

Prinzipien und Verallgemeinerungen

Wird das Volumen einer gegebenen Gasmenge konstant gehalten, dann kann der Druck verändert werden durch

a) Herabsetzen der Temperatur,
b) Erhöhung der Temperatur,
c) Wärmezufuhr,
d) Verminderung der Dichte,
e) Erhöhung der Dichte.

Theorien und Strukturen. (Bloom, 1956, S. 62—88)

Die Gruppen B und C beinhalten natürlich Fakteninformationen, aber auch Begriffe, Prinzipien und Problemlösetechniken, also Lernergebnisse, die sich, wie schon früher bemerkt, von reiner Fakteninformation erheblich unterscheiden. In diesem Kontext legten wir jedoch bei diesen beiden Gruppen das Schwergewicht auf Fakteninformation — verbales Lernwissen. Wie die Testitems zeigen, kann man sich dieses Wissen besser aneignen durch Einprägen der Fakten als durch Suche und Studium, was wiederum eher zum Verständnis des Begriffs, Prinzips oder einer Theorie dienlich ist. In weitaus zu vielen Schulen werden die Schüler dazu angeleitet, Wissen allein durch Einprägen zu lernen.

10.1 Bei jedem der 50 Staatsnamen der U.S.A. bilden der Name der Hauptstadt, das Jahr der Staatengründung, die Anzahl der Volksvertreter und Senatoren bei der Gesetzgebung und das Staatsgebiet mögliche zusätzliche Informationen. Welche der vorstehenden 5 Informationen hat Ihrer Meinung nach die geringste Bedeutung und warum? Welche sollten ihrer Meinung nach Abiturienten wissen?

10.2 Führen Sie 5 Items faktischer Information aus Ihrem Lernbereich an, die Ihrer Meinung nach über das Mindestwissen eines Abiturienten hinausgehen. Prüfen Sie mit Ihren Klassenkameraden oder anderen nach, ob Ihre Wahl richtig ist.

10.3 Die Fülle von Fakteninformationen nimmt sehr rasch zu und nur ein geringer Teil kann vor dem Abitur erlernt werden. Können Sie 2 oder 3 Entscheidungskriterien hinsichtlich der Frage angeben, welche Fakteninformation in einem spezifischen Lehrplan und welche dem Gesamtlehrplan eingeschlossen werden sollte?

10.2 Entwicklungstendenzen

Die Kognitive Entwicklung während der frühen Lebensjahre umfaßt das Verständnis der von den anderen gesprochenen Sprache, die verständliche Aussprache sowie das Lesenlernen. Diese Fähigkeiten ermöglichen es einer Person wiederum, Fakteninformation und verbales Wissen zu lernen.

Den ersten Teil dieses Abschnittes bildet ein Überblick über diese Entwicklung. Es folgt eine detaillierte Beschreibung verbalen Lernens. Sodann sollen die Sprache und direkte Sinneserfahrungen, die der ursprünglichen Begriffsbildung vorangehen, aufgezeigt werden. Schließlich wollen wir Entwicklungsabläufen beim Lesen aus der Sicht des Psycholinguisten nachgehen. Die besondere Beachtung der Sprache sollte jedoch nicht zu einer Vernachlässigung des Gebrauchs der nonverbalen Mittel, Information darzulegen und festzuhalten, führen. Das nächste Kapitel geht ausführlich auf die Notwendigkeit direkter Erfahrung bei der Aneignung der meisten Begriffe ein.

10.2.1 Ein Überblick über Sprachentwicklung

Kurze Zeit nach der Geburt beginnt der Säugling auf Ringe und Vorgänge seiner Umgebung zu reagieren. Er hört, sieht, tastet. Seine Erfahrungen und seine Reifung bilden die Grundlage zur Ausbildung von Sprech-, Seh- und Spürvermögen nach Mustern mit spezieller Bedeutung. Daraus erwächst, geknüpft an Erfahrungen, die Unterscheidung verschiedener Wörter mit spezifischer Bedeutung. Das Beobachten von Dingen und Vorgängen und das Aufnehmen von begleitenden Worten sind notwendig für die Entwicklung von Vokabular und Sprache, die im Vorschulalter schnell voranschreitet.

Ein Schatz wichtiger Begriffe sowie die Fähigkeiten, bei Gegenständen und Klängen zwischen Ähnlichkeiten und Unterschieden zu differenzieren und klar und deutlich zu sprechen, bilden die Voraussetzungen für den einführenden Leseunterricht, der im allgemeinen für das 5. und 6. Lebensjahr eines Kindes angesetzt wird. Reichhaltige, durch Manipulation herbeigeführte Erfahrungen stellen die Grundlage für die Einführung in die Schrift dar. Da das Kind am liebsten Wörter schreibt, die es häufig spricht und evtl. zu lesen gelernt hat, wie beispielsweise seinen Namen, wird es die Wörter bald buchstabieren können. Manche Kinder kritzeln in Imitation der Erwachsenenschrift oder können sogar ihren eigenen Namen vor anderen Wörtern schreiben. Stärkendes Buchstabieren und Schreiben erleichtert ebenso wie Lesen durch erfahrungsbereicherndes Zuhören das Lesen.

Mit 9 oder 10 Jahren haben viele Kinder im Lesen, Schreiben, Zuhören und Sprechen ausreichende Fertigkeiten erworben, um während der Mittelstufe schnelle Fortschritte erzielen zu können und sie auf andere Lernbereiche anzuwenden. Weiteres Wachstum der sprachlichen Fähigkeiten kann erwartet werden, vorausgesetzt, daß in der Schule diesbezüglicher Unterricht eingeplant wird, d. h., daß die Kinder zur Fortführung ihres Fortschritts angeregt werden und eine dem angemessene Führung und Unterstützung erhalten müssen.

In Hinblick auf obige Entwicklungsfolge sollten bei der Arbeit mit Kindern 3 Punkte besonders ins Auge gefaßt werden: (1) Dem Kind sollten zunehmend schwierigere Abstraktionen — Wörter — dargeboten werden, wie auch mit dem Wert oder den Charakteristika, die das Wort darstellen, einige direkte Erfahrungen herangezogen werden sollten. Diese Arbeit verdient besondere Aufmerksamkeit. Das Kind trifft beispielsweise bei seiner Arbeit in den Naturwissenschaften, der Musik oder einem anderen Gebiet auf neue Wörter, die es nicht vollständig verstehen kann, da ihm deren enger Zusammenhang mit seiner direkten Erfahrung nicht klar geworden ist. (2) Nicht alle Kinder entwickeln Sprachfähigkeiten genau noch obigem Schema, es gibt sowohl bei der Sprachentwicklung, als auch auf anderen Bereichen der Entwicklung Ausnahmefälle von Kindern. (3) Nicht alle Kinder erreichen mit gleichem Alter dieselbe Entwicklungsstufe; manches Kind liest mit 9 Jahren nicht so gut wie ein anderes mit 8.

10.2.2 Verbale Entwicklung

Jensen (1968) beschrieb 7 aufeinanderfolgende Gruppen von Verhaltensweisen, die kennzeichnend für Kinder sind. Sie führen von den frühen motorischen Reaktionen auf Worte bis zur Manipulation von Ideen bei der Problemlösung. Er setzte diese in Bezug zu 7 Lerntypen. Konkret handelt es sich dabei um die Entwicklungsfolge beim Erlernen von Kennzeichen und Namen, beim Assoziieren der Namen mit den entsprechenden Dingen und bei der anschließenden Assoziation von Worten mit anderen Worten. Aus diesem Grunde werden hier nur die diesbezüglichen Verhaltensweisen angegeben. Jedem einzelnen Vrhalten ist zur näheren Erklärung ein Beispiel und eine anschließende Besprechung hinzugefügt. *Jensen* stellte fest, daß jedes Verhalten auch während der nachfolgenden Verhaltensweisen beibehalten werden kann und sie sich somit überschneiden.

Wie schon in Kapitel 2 bemerkt, verwendet *Jensen* wie auch *Staats* (1968) die S-R Terminologie und behandelt Begriffe als Vermittler. Er führte jedoch den Begriff des verborgenen verbalen Verhaltens ein, auch bezeichnet als schweigendes Verhalten oder stilles Selbstgespräch. In der folgenden Diskussion wird die strenge S-R Terminologie zugunsten einer stärkeren Beachtung der Entwicklungsabläufe aufgegeben.

1. Nichtverbale Reaktion auf die Sprache anderer.

   Beispiele:
   Wortloser Ton, wenn das Wort »Milch« gehört wird.
   Lächeln, wenn das Wort »Mutter« gehört wird.
   Ausstrecken des Armes, wenn die Mutter deutet und »Papa« sagt.

Bevor das Kleinkind sprechen kann, reagiert es auf die von anderen gesprochenen Worte. Die motorischen Handlungen sind natürlich durch das jeweilige Entwicklungsniveau begrenzt. Wichtig ist, daß das von einer anderen Person gesprochene Wort als Vermittler zwischen der Aufnahme des Wortes durch das Kind und seiner motorischen Reaktion dient. Bereits im Alter von einem Jahr sind Worte für das Kind wichtiger als jede andere Form hörbarer Stimulation.

2. Verbale Reaktionen auf Stimuli, jedoch ohne Bewußtheit der durch das Wort implizierten Reaktionen.

   Beispiele:
   Das Kind ruft nach der Flasche, wenn es »Milch« sieht.
   Das Kind ruft nach der Person, wenn es die »Mama« sieht.

Diese Phase beginnt, sobald das Kind Worte sprechen kann. Was die Mittlerfunktion des Wortes anbelangt, so liegen die frühe Reaktion des Kindes auf Namen auf der selben Ebene wie das Antworten mit motorischen Reaktionen. Das gesprochene Wort besitzt kein regulatives Feedback, d. h., wenn das Kind das Wort spricht, so hat dies keine stärkere Wirkung auf sein nachfolgendes Verhalten als früheres Lächeln oder Deuten. Die Fähigkeit, mit einem Wort zu antworten, stellt jedoch in zweierlei Hinsicht einen gewaltigen Fortschritt dar: Der Ton zieht die Aufmerksamkeit einer anderen Person auf sich, z. B. die der Eltern. Die Eltern wiederum können lächeln, das Kind beachten, oder auf irgendeine andere Art das Sprechen des Kindes verstärken. Dies fördert die Aktivität des Kindes, Dinge und Personen mit Namen zu versehen.

3. Kontrolle des eigenen Verhaltens durch Verbalisation oder Reaktion mit kontrolliertem Verhalten auf Verbalisation anderer.

   Beispiele:
   Das Kind denkt an das Wort »Lauf« und beginnt zu laufen.
   Das Kind denkt »Tu's nicht« und läßt vom Fernsehgerät ab.

Auf dieser Ebene beeinflussen die Verbalisationen des Kindes sein eigenes offenes Verhalten. Es hat jetzt die Phase bloßer Antworten auf die Sprache anderer mit motorischen Aktionen und nichtverbalen Reaktionen überschritten. In diesem Stadium kann es zu sich selbst sprechen, wie z. B. »drücke«, und im Versuchsrahmen durch Drücken eines Gegenstandes reagieren. Es kann »eins, zwei« sagen und wird dabei nach jedem Wort drücken. Es kann umgekehrt auch mit Drücken reagieren, wenn eine andere Person »eins, zwei« sagt. In den beiden früheren Stadien wäre es dazu nicht in der Lage gewesen.

4. Erfahrungen verbaler und nichtverbaler Vorgänge, die versteckte oder offene Reaktionen fördern, welche wiederum das Verhalten lenken.

   Beispiele:
   Das Kind sieht eine dunkle Wolke, sagt richtig »Regen« und eilt nach Hause.
   Das Kind hört den Lehrer sagen: »Gib mir ein Beispiel für ein Viereck«, reagiert verborgen und zeichnet daraufhin ein Quadrat.

Dieses Verhalten tritt bei Kindern bereits im 6. Lebensjahr auf, vorwiegend jedoch mit 9 bis 10 Jahren. Es ergibt sich aus dem Zusammenfallen der beiden früheren Verhaltensweisen, Dinge und Vorgänge richtig zu benennen und auf externe und interne Verbalisationen mit sowohl verborgenem als auch offenem Verhalten zu reagieren. In diesem höheren Stadium, zu dem Tiere niedriger Gattung nicht mehr fähig sind, benutzt das Kind Wörter, um Begriffe in Gedanken zu formen.

5. Assoziation zweier Worte.

   Beispiele:
   Das Kind hört das Wort »Salz« und denkt »Pfeffer«, hört »heiß« und denkt »kalt« oder hört den Vornamen eines Freundes und denkt an den Nachnamen.

Während der Grundschuljahre findet eine ständige Steigerung von Wortassoziationen nach Gruppen statt, also von Subjekten mit Subjekten, Verben mit Verben usw. Die Kinder gleichen sich auch mehr und mehr hinsichtlich der assoziierten Wörter und bilden mit zunehmendem Alter schneller Assoziationen. In diesem Stadium vermittelt das zweite Wort, das durch das erste assoziiert wird, wie auch das erste zwischen Reizerlebnissen und offenen bzw. verborgenem Verhalten.

6. Einordnung und Erinnerung von Ideen in Phrasen und Sätzen sowie in anderen Mitteln, die sich auf 2 Gruppen verbaler Vorgänge beziehen.

   Beispiele:
   Das Kind lernt verbales Material in der gewöhnlichen Satzform effizienter als in unzusammenhängenden Wortreihen.
   Das Kind bedient sich Gedächtnisstützen zum Aufbau und der Erinnerung von Listen.

Dieses Stadium überschneidet sich mit dem vorangegangenen, bei dem nur zwei verbale Einheiten assoziiert wurden.

Wie beim Assoziieren von Dingen durch nachfolgende Buchstaben des Alphabets und bei der geschlossenen Bildung von Sätzen werden hier Symbol- und Wortketten gebildet, um die Tagesereignisse ins Gedächtnis zurückzurufen und einzuordnen.

7. Einordnung und Erinnerung innerhalb einer Hierarchie verbaler Assoziationen und Beziehungen.

   Beispiele:
   Das Kind assoziiert »Tisch« mit »Stuhl«, jedoch nicht mit »Bett«, bevor nicht alle drei mit Einrichtung assoziiert wurden. Aufbau und Manipulation von Wissen über zunehmend größere Komplexe zusammenhängender Information innerhalb der Taxonomie, des arabischen Zahlensystems, *Guilfords* Intellektstruktur, usw.

Die Kenntnis der hierarchische Begriffe darstellenden Worte erlaubt die Einordnung der Worte und Begriffe in hierarchische Muster von der Art, wie sie an früherer Stelle in diesem Kapitel dargestellt worden sind. Ebenso werden Worte als Teil der Gedankenprozesse in Sätze gesteckt und erlauben so die Lösung von Problemen. Dieses Endstadium beginnt während der Grundschuljahre und dauert so lange auf einer zunehmend komplexeren Ebene fort, als eine Person Informationen über verwandte Gruppen menschlicher Erfahrungen sammelt.

Die vorstehende Aufstellung zeigt, daß ein Kind Namen lernt und diese mit den entsprechenden Dingen assoziiert. Namen erwirbt man ebenso für Verhaltensweisen wie Deuten oder Laufen und assoziiert sie mit den entsprechenden relevanten Verhaltensweisen. Anschließend werden Worte mit anderen Worten assoziiert. Dieses Benennen und Assoziieren, erworben durch die Beobachtung und Imitation anderer, verdeutlicht das Erwerben von Faktenwissen geringer Bedeutsamkeit. *Jensen* folgerte, daß erst Namen und Assoziationen das anschließende Erlernen von Begriffen ermögliche. Sobald sich das Kind Namen, Assoziationen und einige Begriffe zu eigen gemacht hat, spricht es mit sich selbst, wobei es freiwillig sein eigenes Verhalten steuert und kontrolliert, auch das Problemlöseverhalten.

10.2.3 Die der ersten Begriffsbildung vorangehende Entwicklung

Abb. 10.1 zeigt die Verbindungen zwischen den präverbalen motorischen und den Gefühlserfahrungen, der Benennung von Gegenständen und der diesbezüglichen Informationssicherung (*Jensens* zweitem Stadium entsprechend), sowie dem ersten Stadium der Begriffsbildung (*Jensens* 3. und 4. Stadium entsprechend). Ein Kind und seine Katze dienten uns bereits als Beispiel. Diese Illustration erweitert das Beispiel.

Ein Kind hat eine Hauskatze. Als Kleinkind sah und berührte es die Katze, konnte jedoch nicht das Wort »Katze« sprechen. Durch die Berührung mit der Katze entwickelte es wahrscheinlich eine innere Vorstellung von der Katze in Form eines motorischen Schemas und durch das Schema ein Bild. Das Kind wuchs heran, hörte die anderen in Anwesenheit des Tieres »Katze« sagen und sah, wie die Katze behandelt wurde. Schließlich lernte das Kind »Katze« aussprechen, wahrscheinlich durch Beobachtung und Imi-

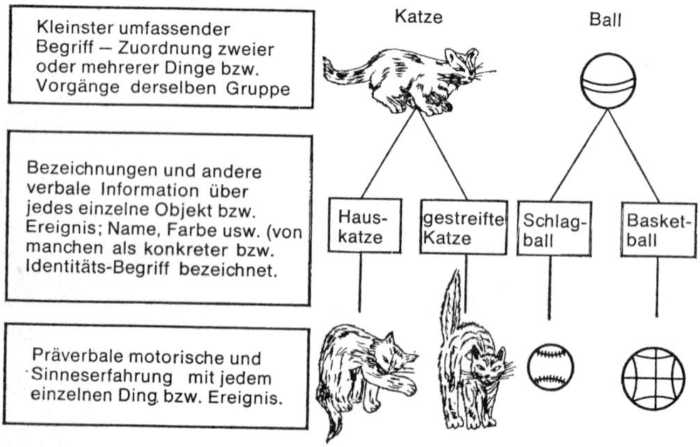

Abb. 10.1 Zusammenhänge zwischen präverbaler Information, verbaler Information und untergeordneten Begriffen.

tation, und das Wort mit dem Objekt zu assoziieren. Gleichgültig, ob die Katze ging, lag oder Milch trank, das Kind lernte, sie als dieselbe Spielkatze zu behandeln. (Dieser Prozeß kann dem eigentlichen, verständlichen Aussprechen des Wortes »Katze« vorangegangen sein). Wenn eine Katze auf diese Weise behandelt wurde, so entwickelte das Kind einen konkreten Begriff (*Woodruff*, 1962), bzw. einen Identitätsbegriff (*Bruner* u. a., 1956).

Stellen Sie sich vor, daß eine weitere Katze ins Haus kommt und das Kind mit ihr vertraut wird. Wenn das Kind den Neuzugang als »Katze« bezeichnet und auch sonst ebenso wie auf die erste Katze reagiert, dann hat es einen Gruppenbegriff der Katze entwickelt. Durch direkte Sinneserfahrung in Form von Beobachtung und Imitation anderer Personen eignete sich das Kind Informationen sowohl über die erste, als auch die zweite Katze an, und zwar hinsichtlich der äußeren Erscheinung, des Geräusches, der Bewegungen, des Namens »Katze« usw., so daß auf beide Katzen so reagiert wird, als ob sie zur selben Gruppe bzw. Gattung gehörten. Nach der in Kapitel 2 verwendeten Terminologie hat das Kind die Eigenschaften der beiden Katzen *diskriminiert*, den Namen »Katze« akzeptiert, den Namen mit dem Ding assoziiert, diskriminiert und gegenüber beiden Katzen die gleiche Reaktion gezeigt (Reizgeneralisierung). Die Lernbedingungen sind Kontiguität der Sinneserfahrungen, Beobachtung und Imitation zur Erlernung des Namens und der Assoziation des Namens mit der Katze. Praxis oder Anwendung und Feedback. (Diese Terminologie kann in Band I, Kapitel 2, nachgelesen werden).

Sobald ein Individuum einige Begriffe und auch die Sprache zur Darstellung der Begriffe entwickelt hat, wird es die Wörter zur Angabe beschreibender Informationen über Dinge und Vorgänge benützen. Wenn es die Wörter und Begriffe »Fahne«, »rot«, »weiß« und »blau« kennt, wird es etwa sagen: »Diese Fahne ist rot, weiß und blau«. Kennt eine andere Person dieselben Wörter und Begriffe, so wird diese wissen, worüber die erste spricht. Die Kenntnis von Information ist also wesentliche Voraussetzung für das Lernen von Begriffen. Manche Informationen werden durch direkte Sinneserfahrungen mit Dingen und Ereignissen erworben, manche durch die Beobachtung anderer Personen, und andere im mündlichen Gespräch mit anderen sowie durch Lesen.

Ältere Kinder und Erwachsene müssen sich ebenfalls für die Begriffsbildung Informationen sichern. Die Reihenfolge, nach der sie Informationen erhalten, sieht oft so aus: Aneignung der Bezeichnung oder des Namens für irgend etwas, Identifizierung oder Heranziehung von Beispielen für den Begriff und direkte Sinneserfahrung mit Begriffsbeispielen. Aus Büchern können die ersten beiden Gruppen von Informationen erworben werden, jedoch nicht die letzte. Dieses Buch wird somit die ersten beiden nicht näher ausführen. Die Schüler müssen die direkten Erfahrungen für sich selbst sammeln.

10.2.4 Lesenlernen – psycholinguistischer Aspekt

Lesenlernen stellt einen komplexen Entwicklungsprozeß dar, der vom Kind verlangt, Fakten- und Begriffsinformationen über den Zusammenhang zwischen Schreibweise und Aussprache des Deutschen, die es bereits spricht, zu sammeln. Es zeigt sich, daß das Kind für die Leseaufgabe eine Reihe von leseverwandten Fähigkeiten und Begriffen mitbringen muß oder diese nach und nach im Laufe des Unterrichts erlernen muß. Nachdem es eine gewisse Fertigkeit im Lesen selbst erlangt hat, muß es lernen zweckdienlich zu lesen. Natürlich ist Lesen lebensnotwendig, denn durch Lesen wird ein Großteil der Lernaufgaben in allen übrigen Lernfächern ausgeführt.

In diesem Abschnitt werden wir Lesen eingehend unter dem psycholinguistischem Aspekt betrachten. Wir werden fragen, was Lesen eigentlich ist, welche Arten faktischer und begrifflicher Information für das Kind beim Lesen nützlich sind und warum manche Kinder nicht lesen lernen können. Man kann natürlich auch ähnliche Analysen hinsichtlich des Inhalts und der Aneignung der übrigen Lernstoffe, z. B. der Mathematik, anstellen; an dieser Stelle soll jedoch nur ausführlich auf das Lesen eingegangen werden, da es sogar noch im Zeialter der Raumfahrt unser meistbenütztes Unterrichtswerkzeug ist.

Was ist Lesen?

Der Erstklaßler stottert laut »Auf die Plätze, fertig, los!«, der Oberschüler studiert schweigend diese Seite – beide lesen. Zwischen beiden Beispielen liegen jedoch lange Jahre der Erfahrung und Übung. Jeder Fall dient auch einem anderen Zweck; das Kind übt sich im Lesen, während der Erwachsene liest, um Informationen zu bekommen. Beide Leser haben folgendes gemeinsam: *Sie übertragen geschriebene Symbole in diejenige Form der Sprache, aus der Sie bereits die Bedeutung herleiten können.* Der Erwachsene führt diese Übertragung mit größerer Geschicklichkeit durch, indem er sich vieler anderer Informationsebenen bedient und diese schnell und geübt einordnen kann. Kern des Lesens bildet jedoch der Prozeß der Übertragung oder Entschlüsselung (*Decoding*). Dieser Entschlüsselungsprozeß muß in den ersten Schuljahren erlernt und später einer Reihe von Lesezwecken zum Lernen anderer Stoffgebiete angepaßt werden. Diese Lesezwecke können das Überfliegen von Zeitungsschlagzeilen sein, das Nachschlagen im Telefonbuch, das unterhaltsame Lesen eines Kriminalromans oder die Durchsicht der neueren Forschungsarbeiten eines bestimmten Gebietes.

Lesenlernen kann also definiert werden als zu lernen, geschriebene Symbole (das System der Schrift, bzw. die Orthographie der Sprache) in diejenige Form der Sprache zu übertragen, aus der das Kind bereits Bedeutung herleiten kann, oftmals die gesprochene Sprache (*Venezky, Calfèe & Chapman*, 1968). Wenn diese Definition kompliziert erscheint, so deshalb, weil sie drei Zielen dient: (1) Lesen als Entschlüsselungsprozeß zu betrachten, (2) die weitgehende Beherrschung des grundlegenden Kommunikationssystems der gesprochenen Sprache durch das Kind festzuhalten und (3) bestimmte Fertigkeiten auszuschließen, welche traditionsgemäß Bestandteil des Leseunterrichts waren. Diese 3 Schwerpunkte werden in den folgenden Paragraphen in der umgekehrten Reihenfolge wieder aufgenommen.

Was schließt die psycholinguistische Definition aus? Nachfolgende Lernziele sind nicht Teil des Unterrichts oder Lesens: Verständnis (gemeint ist das Verstehen von Sprechweisen und das Folgern daraus), neues mündliches Vokabular, Fertigkeiten im Zusammenstellen und kritisches Denken. Dies sind durchwegs legitime, ja sogar entscheidende Unterrichtslernziele. Aus der Sicht der Psycholinguisten handelt es sich dabei jedoch um Lernziele einer eigenen Ordnung, und nicht um Bestandteile des Lesens. Damit sei jedoch nicht die Tatsache in Abrede gestellt, daß ein und derselbe Grundschullehrer die Kinder in all diesen Fertigkeiten unterrichtet. Diese Lernziele können Bestandteil des schulischen Unterrichtsprogramms im Lesen, in der Sprachlehre, der gegenseitigen Verständigung und in anderen Lehrplanbereichen sein. Sicherlich können Verständnis- und Denkfähigkeiten das Niveau und den Aufbau der durch Lesen erworbenen Informationen beeinflussen. Lesen kann also als ein Kontext dienen, in dem diese Fähigkeiten erworben werden können. Der springende Punkt ist jedoch, daß Lesenlernen nicht dasselbe wie Denkenlernen ist. Der ideale Lesefortschritt eines Kindes würde demnach sein Verständnis in bezug auf einen geschriebenen Text mit dem Verständnis derselben, jetzt mündlichen dargebrachten Passage in eine bestimmte Relation setzen. Interpretationen auszuwerten ist ein Schritt in diese Richtung. Zwei Kinder dürften den geschriebenen Satz: »Das Gras auf der anderen Seite des Zauns ist immer grüner«, völlig unterschiedlich interpretieren, und die eine wird in unserer Beurteilung besser abschneiden als die andere. Die für den *Leseprozeß* interessante Frage lautet jedoch, ob das Kind den geschriebenen Satz ebenso interpretieren würde wie den gesprochenen.

Entwicklung mündlicher Sprachfertigkeiten

Die psycholinguistische Definition des Lesens enthält die Behauptung, daß die mündlichen Sprachfertigkeiten des Kindes im Schulalter relativ weit entwickelt sind; die neuere Forschung unterstreicht diese Behauptung (*Ervin-Tripp*, 1966). Das Lernen einer gesprochenen Sprache erfordert die Erlernung von mindestens 3 grundlegenden Sprachsystemen: Das Aussprachesystem (Phonologie), das grammatikalische System (Syntax), d. h. die Worte zu Sätzen zusammenzufügen und das Bedeutungssystem. Jedes dieser Systeme erfordert vom Kind die Fähigkeit zu sprechen und zuzuhören.

Der Psycholinguist mißt dem Erlernen der mündlichen Sprache zum Teil eine andere Bedeutung bei als *Jensens* entwicklungsbedingtem Lernen. Im einzelnen geht *Jensen* nicht auf das Lernen des phonologischen Systems ein, und der Wert, den er der Erlernung der Syntax zuschreibt, wird von den Psycholinguisten angezweifelt. Diese meinen das Kind lerne allgemeine *Regeln* der Satzbildung anstelle von Wort-an-Wort-Assoziationen. Über diesen Punkt sind sich die Theoretiker nicht einig. Die S-R Theorie erscheint in mancher Hinsicht jedoch weniger befriedigender als eine »Regeltheorie«. Beispielsweise sagt ein Kind »Mausen« oder »ich gehte«, Worte, die es von Erwachsenen nie gehört hat, die es aber wahrscheinlich durch die Übergeneralisierung von Regeln hervorgebracht hat.

Lassen wir jedoch die theoretische Auseinandersetzung darüber, wie Sprache gelernt wird, beiseite. Die über die Sprachleistungen der Kinder gesammelten Daten ergeben für die Sprachentwicklung folgendes Bild (*Bellugi & Brown*, 1964; *Ervin-Tripp*, 1966; *McCarthy*, 1954; *Smith & Miller*, 1966). Nachfolgend wird die Erlernung der Phonologie, der Syntax und der Semantik erläutert.

1. Phonologie. Die ersten Laute des Kindes sind Äußerungen des Unbehagens; während der ersten beiden Lebensmonate nimmt das Schnurren an Häufigkeit zu. Lallen oder das Wiederholen von Klangfolgen tritt im allgemeinen im 4. Monat auf und nimmt an Häufigkeit und Vielfalt bis zum 8.–11. Monat zu. Anders als Schreien oder etwa Schnurren erfüllt Lallen keine erkennbare kommunikative Funktion. Linguisten berichten, sie hätten im Lallen des Babys Sprechlaute gehört, die für viele verschiedene Sprachen charakteristisch seien. Es scheint möglich, daß die physiologische Fähigkeit des Kindes, Sprechlaute — auch die der Muttersprache — hervorzubringen, in der Kindheit ausgebildet wird. Zur Erzeugung bestimmter beabsichtigter Tonfolgen benötigt das Kind jedoch eine längere Entwicklungszeitspanne. Die ersten Worte des Kindes, die im Alter zwischen 12 und 18 Monaten auftreten, weisen eine beachtenswerte Vielfalt in den tatsächlichen benutzten Lauten auf. Zum Beispiel können »dada«, »tata«, »papa« alle für »dada« gebildet werden. Die meisten Laute des Deutschen können mit 3 und 4 Jahren in zumindest einigen Worten gebildet werden, obwohl das Kind immer noch gewissen Ersatzlauten anhängt, z. B. »Faufelferd« für »Schaukelpferd«. Dies zeugt jedoch eher von einer falschen Bildung als von einer falschen Wahrnehmung: das betreffende Kind weist in den meisten Fällen die Wiederholung des Wortes »Faufelferd« durch einen Erwachsenen zurück, zornig beteuernd, ja »Faufelferd« gesagt zu haben. Mit 7 oder 8 Jahren bilden Kinder fast aller phonologischen Lebensräume die Laute richtig, also so, wie sie die Erwachsenen aussprechen (*Templin*, 1957).

2. *Syntax.* Mit der Bildung von Zwei-Wort-Sätzen beginnt das Kind, die Syntax zu lernen. Dies tritt im allgemeinen ein, wenn es sich einen Wortschatz von ca. 50 Wörtern, im Alter zwischen 18 und 24 Monaten zu eigen gemacht hat. Das bedeutet aber nicht, daß das Kind auf dieser primitiven Stufe Sätze aus irgendwelchen beliebigen zwei Worten zusammensetzt. Es ist eher so, daß einige wenige Worte regelmäßig an erster (oder zweiter) Stelle auftreten, um dann durch eines der meisten anderen Worte ergänzt zu werden. Diese Art des Satzbaus nennt man *Pivotstruktur,* z. B. »Auto fort«, »Milch fort«, »Auto da« und »Milch da«. Aus den Pivotstrukturen bildet das Kind die sogenannte *Telegrammsprache,* bei der die Sätze dem Telegrammstil der Erwachsenen ähneln (z. B. »Milch auf Tisch«); die Funktionswörter, wie Präpositionen, Artikel und Hilfsverben werden also weggelassen.

Zwischen dem zweiten und vierten Lebensjahr macht das Kind einen gewaltigen Schritt hin zur Meisterung der Schwierigkeiten der deutschen Syntax. Um Tempus und Pluralität auszudrücken lernt es jetzt die regelmäßige Beugung, beispielsweise bei »ich gehte« und »Mausen«. Weiter lernt es, die Übereinstimmung zwischen Subjekt — und Verbzahl auszudrücken, Hilfsverben bei Fragesätzen und negativen Konstruktionen richtig einzuordnen (»Bin ich gegangen?«, »Gehst du nicht?«, »Willst du nicht gehen?«), das Passiv, viele verschiedene Fragestellungen und deren Kombinationen. Das Kind bildet diese Konstruktionen natürlich nicht von Anfang an richtig, um sie dann in sein Repertoire aufzunehmen, vielmehr scheint es mit einfachen Regeln, die auch nur selten die Formen der Erwachsenen bestimmen können, zu beginnen (z. B. bei allen Verneinungen »Nicht« oder »Tue nicht« an den Anfang des Satzes zu setzen), oder bei Zwischenstadien, die zwar logisch sind, doch oft nur abgekürzte oder unrichtige Versionen der allgemein gültigen Konstruktionen darstellen.

3. *Semantik.* Es ist ebenso interessant zu beobachten, wie sich das Kind während der Vorschuljahre einen Wortschatz zu eigen macht. Im Alter von 6 Jahren schon schätzt man die Anzahl der

gesprochenen Wörter auf Tausende, die der verstandenen Wörter auf Zehntausende. Konkrete Hauptwörter dominieren im frühen Worterlernen des Kindes, gefolgt von Verben. Adjektive tauchen relativ spät auf (mit 2 oder 3 Jahren). Beobachtenswert ist auch, daß die Bezugsworte der frühen Substantive eher verallgemeinerte Attribute sind als einzelne Objektive; so werden zum Beispiel oft alle männlichen Erwachsenen »Papa« genannt und alle Vierbeiner »Wauwau«. Mit der Vergrößerung des kindlichen Wortschatzes nimmt auch die Spezifität der Bezugswerte zu, und das Bedeutungssystem gleicht sich immer mehr dem Erwachsenenmodell an.

Beim Eintritt in die Schule beherrscht das Kind dann bereits einen Großteil der Muttersprache. Die Laute, Satzstrukturen und Worte, die es hervorbringt, sind von der gleichen Mundart, wie sie in seiner Umgebung gesprochen wird. Wie es im Deutschen eine Vielzahl von Dialekten gibt, so unterscheidet sich auch die gesprochene Sprache der Sechsjährigen. Es gibt jedoch keine Anzeichen dafür, daß die verschiedenen Mundarten von unterschiedlicher Systematik oder Komplexität sind, ebenso spricht nichts dafür, daß Kinder eines besonderen Kultur- oder Dialektkreises – z. B. im Stadtkern aufwachsende – in der Erlernung ihres eigenen Dialekts gehemmt werden. Einige Konstruktionen des Deutschen müssen natürlich noch gelernt werden; so kommen beispielsweise konjunktivische Nebensätze wie »Wenn ich erwachsen wäre«, und Nominalphrasen mit Relativsatz wie »Der Mann, der zum Abendessen kam« in der Sprache des Sechsjährigen relativ selten vor, und »Wenn-Dann«-Sätze, sofern sie gebildet werden, zielen nicht auf eine logische Feststellung ab, wie Erwachsene dies erwarten würden. Es überrascht auch, daß Kinder bei Schuleintritt bemerkenswert gut in ihrer Muttersprache bewandert sind, trotz der großen Unterschiede in der Denkweise und der linguistischen Umgebung. Man kann also annehmen, daß wir das Kind beim Leseunterricht nicht zusätzlich im Sprechen unterweisen müssen, es sei denn, wir bestehen darauf, daß es Wörter lernt, die in seinem Wortschatz noch fehlen, bzw. Satzstrukturen, die es im Normalfall nicht bildet oder versteht.

Zusammenfassend gilt, daß Lesenlernen weder Sprechenlernen, noch Denkenlernen ist, vielmehr ist es lernen, geschriebene Symbole in die Sprachform zu übertragen, aus der man bereits eine Bedeutung herleiten kann. Die Fähigkeit, die gesprochene Sprache zu verstehen und zu erzeugen, stellt die wichtigste der zum Lesen erforderlichen Fertigkeiten dar, wenn man davon ausgeht, daß Lesen ein Derivat der gesprochenen Sprache ist. Es ist auch die Fähigkeit, die die Kinder mit wenigen Ausnahmen in die Schule mitbringen.

Lesen als Entschlüsselung: Notwendige Teilfertigkeiten

Die psycholinguistische Definition von Lesen weist auf mehrere Arten von Information hin, die das Kind zu seinem Vorteil mit ins erste Schuljahr bringt. Das gedruckte Wort entschlüsseln zu lernen setzt entweder die rein *mechanische Assoziation* einer Vokabel mit ihrer gedruckten Gestalt voraus oder die mechanische Assoziation von Lauten des Deutschen mit den Buchstaben, die diese Laute am häufigsten darstellen. Die letzteren Assoziationen, genannt Buchstabe-Klang-Entsprechungen, ermöglichen es dem Kind, neue Worte auszusondieren und Gegenstücke zur eigenen Sprache zu entdecken. Ein derartiges Lernen mindert natürlich ganz erheblich die durch Ganzwort-Entschlüsselungsmethoden dem Gedächtnis auferlegte Last. Beide Lernformen sind jedoch an bestimmte Fertigkeiten gebunden, die das Kind zur Leseaufgabe mitbringen oder dabei erlernen muß. Selbst wenn das Kindergartenkind oder der angehende Leser Formen vergleichen und unterscheiden kann, ist es möglich, daß ihnen der schwierige Punkt der Seitenorientierung und die Von-links-nach-rechts-Leseweise völlig entfällt. Eine Tasse bleibt dieselbe Tasse, aus welchem Blickwinkel sie das Kind auch sehen mag; es muß lernen, daß ein »B« kein »D« und ein »P« kein »Q« ist. Eine Zusammenstellung von Klötzen bleibt auch nach einer Umstellung das gleiche »Sortiment«, aber »ab« ist nicht dasselbe wie »ba«. Buchstaben und Wörter müssen in der Reihenfolge von links nach rechts und Zeile für Zeile bearbeitet werden, wenn Buchstabe-Laut-Entsprechungen zum Erkennen von Wörtern und Ganzwortentsprechungen zu Sätzen führen sollen. Diese Vorhergehensweise ist einem Kind nicht angeboren; es gibt allerdings Sprachen, die von oben nach unten (Chinesisch) oder von rechts nach links gelesen werden (Hebräisch).

Das Kind verfügt im allgemeinen bereits über das gesprochene Wort, das es mit dem gedruckten assoziieren muß. Es ist jedoch noch nicht eindeutig, daß es auf den *individuellen* Klang der Worte anspricht, die mit den *individuell* gedruckten Buchstaben beim Erlernen der Buchstaben-Laut-Entsprechungen assoziiert werden müssen. Das bedeutet, daß das Kind beim Eintritt in die 1. Klasse nicht auch notwendigerweise weiß, daß z. B. »Mond« und »Mutter« mit dem gleichen Laut beginnen.

Die eben besprochenen Bestandteile des Entschlüsselungsprozesses können also folgendermaßen aufgeführt werden: Vergleichen, Diskriminieren, Identifizieren eines einzelnen Buchstabens sowie von Buchstabenfolgen; Beachten der Seitenorientierung und schließlich Gruppieren und Ordnen; Links-nach-rechts-Verarbeitung von Informationen, Vergleichen und Diskriminieren von einzelnen Lauten und Assoziieren von Symbolen mit Lauten.

Am besten läßt sich die Leseleistung des Kindes in den ersten Klassen im Kindergarten anhand des Benennens und Erkennens von Buchstaben des Alphabets vorherbestimmen. Obwohl dieser Maßstab einfach nur besondere Merkmale des Elternhauses wiederspiegeln mag, kann man sagen, daß durch diese Methode auch dann noch die Leseleistung vorherbestimmt werden kann, wenn die erwartungsgemäß im Elternhaus wirksamen Faktoren (wie oft dem Kind vorgelesen wird, Erziehung der Mutter, usw.) beeinflußt werden (*de Hirsch*, 1966). Betrachten wir die obige Liste der am Lesen beteiligten Fertigkeiten und Begriffe, so bietet sich uns dafür eine Reihe von Gründen an. Ein Kind, das die Buchstaben des Alphabets nennen kann, hat bereits einen Großteil der eben beschriebenen Informationen gelernt, nämlich die Differenzierung gleicher und ungleicher Buchstaben, sowie die Beachtung der richtigen Leserichtung, evtl. Links-nach-rechts-Bearbeitung von Buchstaben und die Assoziation von sinnlosen Lauten mit Buchstaben, d. h. von Lauten, die sich in Gruppen nur in den Einzellauten unterscheiden, welche im allgemeinen mit dem Buchstaben übereinstimmen (»b«, »t«, »f«, »s«). Im anderen Fall kann die Fähigkeit, Buchstaben des Alphabets ohne eingehende Unterweisung lernen zu können, von der allgemeinen Befähigung zeugen, mechanische Assoziationen oder Fakteninformation zu lernen.

Information allgemeinerer Art kann ebenfalls das Kind auf das Lesenlernen vorbereiten. Dabei kann das Erlebnis des Lesenkönnens bzw. die Erkenntnis, daß durch die Schrift auf eine bestimmte Weise gesprochenes festgehalten wird, eine wichtige Rolle spielen. Auch eine Vertrautheit im Umgang mit Büchern, also wie man sie hält, darin blättert und bestimmte Seiten nachschlägt, mag von großem Vorteil sein. Und wenn schließlich die in frühen Lesetexten beschriebenen Situationen und Erfahrungen dem Kind in gewisser Weise bekannt sind, so kann dies Interesse und Motivation beim Lesen fördern. Erwartungsgemäß wechseln derartige allgemeine Vorkenntnisse stärker mit dem kulturellen und sozioökonomischen Milieu als dies bei den spezifischen, vorher besprochenen Informationsgruppen der Fall ist. Bei der mündlichen Spracherlernung treten diese Unterschiede am stärksten auf.

Lesenlernen

Wir besprachen Teilfertigkeiten, deren Besitz sich für das Kind beim Angehen einer Leseaufgabe als günstig erweisen dürfte. Bei deren Fehlen müssen sie im Rahmen des Leseunterrichts erworben werden. Das Schwergewicht beim ersten Lesenlernen bildet der Erwerb von Faktenwissen. Stimulation hat in jedem Fall (Wort oder Buchstabe) einen geringen Bedeutungsgehalt; die zu erlernende Reaktion kann sich in ihrem Bedeutungsgehalt von einem konkreten Substantiv bis zu einem einzelnen sinnlosen Laut erstrecken. Entsprechungen von Buchstabe und Laut zu erlernen ist schwieriger, da dabei die Assoziationen einen sehr geringen Bedeutungsgehalt haben, gleichzeitig reduziert solch Lernen die Gedächtnislast, die das Wachrufen und Erlernen von Wort-Wort-Entsprechungen mit sich bringt. Bei Versuchen mit erwachsenen Analphabeten, die nach der Ganzwortmethode im Lesen unterrichtet wurden, lernten die besseren Leser Buchstabe-Laut-Entsprechungen. Ob Kinder, die bessere Leser sind, auch wirklich mehr Buchstabe-Laut-Entsprechungen kennen, ist eine Frage, die näherer Prüfung bedarf.

Wenn wir untersuchen, was Kinder wirklich während der ersten Lesejahre lernen, sollten wir nicht nur die Buchstabe-Laut-Entsprechungen berücksichtigen, sondern auch die im Klassenzimmer begangenen Lesefehler. Auch stellt sich die Frage, ob die Informationsaneignung einer gewissen Entwicklungsabfolge unterworfen ist. Diese beiden Punkte werden als *»Fehler beim mündlichen Lesen«* und *»Lernen von Buchstabe-Laut-Entsprechungen«* im folgenden untersucht.

Fehler beim mündlichen Lesen. Die Frage, ob sich Kinder beim Erkennen bestimmter Worte auf den Textzusammenhang stützen, kann durch genaueres Untersuchen der mündlichen Lesefehler beantwortet werden. Werden Kinder aufgefordert, Sätze zu lesen, in denen Worte enthalten sind, die sie beim Lesen der Wörterliste ausgelassen hatten, so machen sie im allgemeinen keine Fehler. Dies läßt darauf schließen, daß sie sich auf den Sinn des Satzes stützen (*Goodman*, 1965). Ältere Kinder lesen eine größere Zahl vorher ausgelassener Wörter richtiger als jüngere. Die Fehlerrate verringert sich von 38 % bei Erstkläßlern auf 18 % bei Drittkläßlern. Die Schüler höherer Klassen stützen sich dann zunehmend richtig auf den Sinn des Satzes.

Sogar bei Erstkläßlern zeigt sich ihr mündliches Sprachwissen an den konkreten Lesefehlern. *Weber* (1968) analysierte Fehler unter dem Gesichtspunkt, ob der gelesene Satz bis zum Fehler bzw. einschließlich des Fehlers, grammatikalisch und semantisch noch vertretbar war. Konkret stellte sie sich die Frage, ob mit dem Lesefehler der Satz grammatikalisch falsch und sinnlos wurde. Von den Sätzen mit Lesefehlern waren 91 % grammatikalisch vertretbar. Davon waren wiederum 92 % semantisch vertretbar, was darauf schließen läßt, daß sich die Kinder sehr genau an die Sprachzwänge hielten. Gute und schlechte Leser lieferten keine unterschiedlichen Zahlen.

Eine andere Untersuchung über Lesefehler bei Erstkläßlern ließ auf eine entwicklungsbedingte Aufeinanderfolge verschiedener Fehlertypen schließen. *Biemiller* (1970) teilte Lesefehler in 3 Gruppen ein: Abhängig vom Satzkontext, als Reaktionsversagen, und abhängig von graphischer Information (die ersten Buchstaben des geschriebenen und gesprochenen Wortes betreffend). Er entdeckte 3 Hauptentwicklungsphasen während des Schuljahres: bei der ersten war der größte Teil der von den Kindern gemachten Fehler nur vom Kontext abhängig, wobei eine graphische Beziehung zu dem geschriebenen Wort fehlte. Beispielsweise liest ein Kind »Er ging nach Hause« statt »Er ging in die Schule«. Einige der an der Untersuchung teilnehmenden Kinder machten derartige Fehler das ganze Jahr; im allgemeinen waren dies die schwächsten Leser. Bei der zweiten festgestellten Phase waren die meisten Fehler auf Reaktionsversagen zurückzuführen. Traf das Kind auf ein unbekanntes Wort, so wartete es einfach, bis es ihm gesagt wurde. Je früher im Schuljahr das Kind in diese Phase eintrat, desto wahrscheinlicher verbesserte sich seine Leseleistung gegen Ende des Jahres. Einige Wochen oder Monate nach dem Auftreten dieses Fehlermusters zeigte sich eine dritte Phase. Wiederum war die Hauptursache ein gewisses Versagen, doch mit einem Unterschied: Wenn das Kind nämlich einen leichten Stoff las, so war die Ursache für die wenigen gemachten Fehler (5—10 %) in einem falschen Textverständnis zu suchen; wenn es dagegen einen schwierigen Stoff las, machte es Fehler, die auch auf einen Zusammenhang mit der graphischen Information schließen ließen: Z. B. »Er ging nach Hause« statt »Er ging in die Schule«.

Aus diesen Untersuchungen lassen sich zwei wichtige Schlußfolgerungen ziehen: (1) Kinder erraten die Wörter beim Lesen nicht willkürlich, sondern wählen eine geratene Lösung aus der Gruppe von Wörtern aus, die ihnen an dieser Satzstelle grammatikalisch und semantisch passend erscheinen. Sowohl bessere als auch schlechte Leser verhalten sich so. (2) Der bessere Leser lernt früher eine unrichtige Vermutung zu unterdrücken und stützt sich beim Festlegen des geratenen Wortes früher auf Buchstaben-Laut-Entsprechungen. Wir befassen uns nun mit dem letzteren Lerntyp.

Lesenlernen nach Buchstabe-Laut-Entsprechungen. Das Lernverhalten bei Buchstabe-Laut-Entsprechungen kann durch Konstruktion künstlich zusammengesetzter Wörter untersucht werden. Die Kinder oder Erwachsenen sollten sich dann um die richtige Aussprache bemühen. Bei 2.—6.-Kläßlern und Oberschülern stellte sich meist heraus, daß gute Leser diese Wörter richtiger aussprachen als schwache. Auch verbesserte sich die Beherrschung konditionaler bzw. komplexer Entsprechungen mit zunehmendem Alter (*Calfee, Venezky & Chapman*, 1969). Bei der Untersuchung einfacher Entsprechungen (z. B. »f« erhält im allgemeinen immer den Laut »f«) bewiesen sogar Schüler der 2. Klasse eine weitgehende Beherrschung. 95 % der Zeit wurde von den besten Schülern der 2. Klasse richtig betont und ausgesprochen, 75 % der Zeit von den schwächsten Zweitkläßlern (*Chapman, Venezky & Calfee,*

1970). Die an diesem Experiment teilnehmenden Schüler wurden mit verschiedenen Lesemethoden unterrichtet; die besseren Leser jeder Schule und Klasse, gleichgültig welcher Methode sie angehörten, zeigten bessere Beherrschung der Buchstabe-Laut-Entsprechungen. Erwartungsgemäß beherrschten die Schüler einfache Entsprechungen weitaus früher als die konditionale Entsprechung.

Diese Darstellung der Lesefertigkeiten in den unteren Klassen weist darauf hin, daß der angehende Leser sein mündliches Sprachwissen zur Entschlüsselung von Texten heranzieht. Die besseren Leser lernen bald, bei der Decodierung von Texten auch Buchstabe-Laut-Entsprechungen anzuwenden. Beim Leseanfänger stellen sich diese Entschlüsselungsstrategien nach und nach ein. Während einer Zwischenphase wartet das Kind auf die Zufuhr neuer Wörter; die älteren, besseren Leser dürften diese und viele andere Strategien dafür verwenden, den Inhalt einer Seite zu erfassen. Derart flexible Strategien können jedoch nicht auftreten, bevor sich das Kind nicht umfassende Informationen über den Zusammenhang von Orthographie und Sprache erworben hat.

Lesestörungen

Die Zahl der Kinder, die beim Lesen Schwierigkeiten haben oder niemals über das Leseniveau der 5. Klasse hinaus kommen, wird auf 15—30 % der gesamten Schülerzahl geschätzt. Mit einigem Erfolg lassen sich diese Kinder bereits im Kindergarten oder in der 1. Klasse identifizieren. Bei ihnen liegt eine anfängliche Schwierigkeit beim Lesenlernen vor und die Lücke vergrößert sich mit jedem weiteren Jahr. Über die Ursachen und Abhilfen von Leseunfähigkeit wurde schon an vielen Stellen geschrieben. Manche Autoren führen Lesestörungen auf eine leichte Störung des Gehirns oder ein Versagen der Sehorgane zurück, andere auf geistige Zurückgebliebenheit. Auch wurden schwere emotionale Schwierigkeiten als Ursache angeführt. Falsche Unterrichtsmethoden oder der Gebrauch von Texten, die nicht zu den kulturellen bzw. mündlichen Spracherfahrungen des Kindes passen, sowie Schwächen im selbständigen Zuordnen werden als weitere Gründe für Lesestörungen oder Schwierigkeiten angegeben.

Ein angemessenes Heilmittel für Leseversagen hängt von der offensichtlichen Ursache ab: Spezifisches neurophysiologisches bzw. Wahrnehmungstraining ist angebracht bei Gehirnstörungen oder Versagen der Sehorgane; Verzögerungen, Verlangsamung oder Intensivierung des Leseunterrichts bei verminderter Bereitschaft oder Aufnahmefähigkeit; Psychotherapie, wenn emotionale Schwierigkeiten vorliegen; der Gebrauch einer anderen Unterrichtsmethode bzw. Lesestoffes, wenn unangebrachte Methoden und Lesetexte als Gründe vorliegen, oder die Früherkennung und

Behebung von Schwächen im Zuordnen, falls solche als Ursachen für Leseschwierigkeiten erkannt worden sind.

Das Gebiet der Vorbeugung und Heilung von Lesestörungen bedarf noch einer intensiven Forschung. Gegenwärtig findet sich in der einschlägigen Fachliteratur kein einziges Verfahren, das als allgemein erfolgversprechend angesehen werden könnte. Eine Ausnahme wäre vielleicht, sich zusätzlich mit dem Kind im Lesen zu beschäftigen. Auf jeden Fall brauchen unterschiedlich strukturierte Kinder unterschiedliche Heilmethoden. Klar ist jedoch jetzt schon, daß die *Vorbeugung* von Lesestörungen wesentlich wirksamer als die Heilung ist; der Schaden, der durch jahrelange Lesestörung verursacht wird, ist zu groß. (In diesem Zusammenhang sei darauf hingewiesen, daß das »Wisconsin Research and Development Center for Cognitive Learning« ein Forschungsprogramm über Lese- und Vorschulleseunterricht entwickelt hat und bereits erprobt, bei dem jedes einzelne Kind systematisch in den Zuordnungsfertigkeiten unterrichtet wird, die es zum Erreichen höherer Leseniveaus benötigt.)

10.4 »Ich lese und schreibe deutsch«. Versuchen Sie nachzuvollziehen, wie Sie selbst jedes dieser 5 Wörter zum ersten Mal auszusprechen lernten, und wie Sie dann lernten, sie zu einem Satz zusammenzustellen unter Berücksichtigung der Jensenschen Phasen.

10.5 Worin besteht der Unterschied zwischen einer Identität und einem Klassenbegriff? Welche Informationen und Fähigkeiten sind zur Bildung eines Klassenbegriffs zusätzlich erforderlich?

10.6 Wie wird Lesen von Psycholinguisten definiert? Was wird bei dieser Definition ausgelassen, was andere oft hinzugefügt haben?

10.7 Manche Kinder lesen mit 5 Jahren. Andere können mit 9 !ahren noch nicht lesen. Welche inneren Voraussetzungen im Kind und in der Umwelt, einschließlich der des Unterrichts, sind an diesen Leistungsunterschieden beteiligt?

10.8 In welchem Maße ist ein Vorgehen nach der Buchstabe-Laut-Entsprechungsmethode bedeutungsvoll bzw. mechanisches Lernen? Sollte der Lehrer versuchen, den Kindern zu erklären, warum ein Buchstabe oder eine Kombination von Buchstaben so und nicht anders ausgesprochen wird, also klingt? Sollte der Lehrer den Kindern erklären, warum sie die Buchstabe-Laut-Entsprechungen erlernen sollen? Erklären Sie, welche Verfahren in »Sesamstraße« angewendet werden.

10.9 Informationen können gesichert werden durch (a) direkte Erfahrungen mit Dingen, Umstände und Vorgänge, (b) durch Zuhören, (c) Lesen, (d) Betrachten und Zuhören einer Fernsehsendung oder eines Tonfilms und (e) durch die Diskussion. Geben Sie an, wann und für welche Ziele, bezogen auf diesen Kursus in Unterrichtspsychologie, jeder dieser Punkte zur Anwendung kommen kann.

10.3 Prinzipien der Fakteninformation

In Kapitel 1 wurden 8 Arbeitsweisen eines Unterrichtssystems aufgezeichnet. In 7 kurzen Punkten wird nun die Beziehung zwischen dem Unterrichtssystem und den Lehren Fakteninformation zusammengefaßt. Sodann werden besonders das Unterrichtsleben betreffende Richtlinien herausgearbeitet und ausführlich besprochen.

1. Legen Sie die Lernziele in bezug auf Fakteninformationen fest, die die Schüler am Schluß der Unterrichtssequenz übernommen haben sollten. Hierbei ist es wichtig zu entscheiden, ob das Hauptlernziel die Aneignung von Fakteninformation ist oder ob Fakteninformation in erster Linie zusammen mit anderen Lernerfolgen im kognitiven, psychomotorischen oder affektiven Bereich erworben wird. Auch sollte vorher Klarheit darüber herrschen, ob die Unterrichtssequenz darauf abzielen soll, alle Schüler auf dasselbe Leistungsniveau zu bringen oder unterschiedliche Endleistungen zu unterstützen. Jeder Ansatz ist für bestimmte Kurse und Gruppen geeignet. Die für einen bestimmten Kurs bzw. eine Gruppe gewählte Methode sollte Schülern und Lehrern bekannt und von ihnen akzeptiert sein. (Kapitel 4 befaßt sich mit Unterrichtslernzielen.)

2. Bestimmen Sie die Bereitschaft jedes einzelnen Schülers, Fakteninformation zu lernen. Ein vorgezogener Test, der von allem, was die Schüler lernen sollen, Proben nimmt, wird Aufschluß über den gegenwärtigen Wissensstand geben. Informationen über die früheren Leistungen der Schüler in demselben oder verwandten Gebieten wird einiges über ihre Bereitschaft bei dem gegenwärtigen Programm aussagen. (In den Kapiteln 17 und 18 werden vereinheitlichte sowie von Lehrern entworfene Tests und Auswertungsmethoden zur Bestimmung von Leistung und Befähigung besprochen.)

3. Identifizieren Sie den spezifischen Unterrichtslehrstoff und die verwandten Unterrichtsmaterialien, in welche der Lehrstoff eingebettet ist. In manchen Situationen wird der Lehrer selbst von sich aus alle Unterrichtsmaterialien identifizieren, in anderen die Schüler selbst Eigenverantwortung übernehmen. Mit zunehmendem Alter können die Schüler im allgemeinen einen weiten Bereich gedruckten und audiovisuellen Materials identifizieren und Informationen direkt mittels der Beobachtung und des Gesprächs sicherstellen. (Kapitel 5 behandelt Unterrichtsmaterialien.)

4. Organisieren Sie zur Lernförderung gemeinsame Aktivitäten von Lehrern und Schülern. Die auf den folgenden Seiten aufgeführten Unterrichtslinien behandeln vorwiegend diese Komponente des Unterrichtssystems. (Kapitel 5 befaßt sich mit der Unterrichtsorganisation.)

5. Entwerfen Sie einen Plan zur effektiven Nutzung von Zeit, Räumlichkeiten und Einrichtungen seitens der Schüler und des Lehrkörpers der Gruppe. Dies ist besonders wichtig, wenn die Einrichtungen und Räumlichkeiten, wie Fremdsprachenlabore und Unterrichtsmittel, von vielen Schülern während sowie außerhalb der regulären Unterrichtszeiten zum Erwerb von Kenntnissen benutzt werden. (Kapitel 8 behandelt die Unterrichtsorganisation.)

6. Bewerten Sie die Leistungen der Schüler während und nach der Unterrichtssequenz. Anhand von Vor- und Nachprüfungen läßt sich die Menge des von Anfang bis Ende einer Sequenz erlernten Faktenwissens mit großer Genauigkeit bestimmen. (Kapitel 17 und 18.)

7. Sorgen Sie dafür, daß die Schüler geeignetes Feedback bekommen, damit sie Fortschritte leichter erkennen und Schwierigkeiten überwinden können. Die Schüler müssen sich dabei im allgemeinen direkt beteiligten, was noch in einer Unterrichtsrichtlinie erläutert werden soll.

Die nachfolgenden Prinzipien wurden aus der empirischen Forschung und Theorie gewonnen, wie bereits früher in diesem Kapitel sowie in den Kapiteln 2 und 3 bemerkt wurde. Die Unterrichtsanweisungen wiederum sind auf die Prinzipien und das eben beschriebene Unterrichtssystem bezogen. Somit können die Prinzipien und Richtlinien heuristische Hilfen bei der Beschaffung zusätzlicher Information sowie beim Aufstellen von Hypothesen sein. Ein Großteil der im Rahmen jeder Richtlinie dargebotenen Informationen entstammt daher in erster Linie einer vorsichtigen Analyse der theoretischen und empirischen Information; ein Großteil entstammt jedoch auch der umfangreichen Erfahrungen der Autoren als Lehrer an der Grund-, Ober- und Hochschule und ihrer kontinuierlichen kooperativen Forschungs- und Entwicklungsarbeit mit Pädagogen. Die Richtlinien sollen nun ausführlich besprochen werden.

PRINZIP	UNTERRICHTSANWEISUNG
1. Die Identifizierung einer angemessenen Lerneinheit erleichtert die Aneignung verbalen Wissens.	1. Helfen Sie dem Individuum, sich mit angemessenen Lerneinheiten zu identifizieren
2. Erkennen der Beziehungen zwischen neuer Information und dem bereits Bekannten sowie innerhalb der Teilgebiete des Ganzen erleichtert das Aneignen neuer Informationen.	2. Helfen Sie dem Individuum bei der Identifizierung bedeutungsvoller Zusammenhänge.

3. Erkennung und Organisation nachfolgender Teilgebiete ist notwendig für die Beherrschung komplexerer Stoffgebiete.
4. Praktisches Üben ist Voraussetzung für die Beherrschung eines hohen Maßes an Faktenwissen sowie die Fähigkeit, sich später daran zu erinnern.
5. Beurteilung der Angemessenheit und Richtigkeit von Informationen ist Voraussetzung, Selbständigkeit beim Erlernen von Faktenwissen zu erreichen.

3. Sorgen Sie für eine richtige Aufeinanderfolge des Lernstoffes.
4. Sorgen Sie für eine angemessene praktische Anwendung.
5. Fördern Sie die selbständige Beurteilung.

10.3.1 Helfen Sie dem Individuum bei der Identifizierung angemessener Lerneinheiten

Angenommen ein älterer Schüler will eine Liste von 25 unzusammenhängenden Wörtern lernen. Wie könnte er sich diese 25 Items am besten einprägen? *Miller Galanter* und *Pribram* (1960) meinen, daß sich ein normaler Mensch nur an ungefähr 4–5 unzusammenhängende Wörter, Elemente, Items, Bruchstücke oder Gedanken mit Sicherheit nach der ersten Begegnung erinnern kann. Der Schüler müsse demnach die 25 Items in 5 Gruppen von je 5 Items aufteilen und versuchen, jeweils 5 Items zu lernen; auf diese Weise behandelt er jede der 5 Gruppen als eine in sich geschlossene Einheit. Um sich der Reihenfolge der 5 Gruppen zu erinnern, könnte er jede einzelne Gruppe unterschiedlich benennen. Die 5 Namen könnten einen ungewöhnlichen Satz ergeben, an den man sich ohne Schwierigkeit erinnern könnte. Wenn dem einzelnen diese Assoziationen möglich sind, bräuchte er sich nur an den aus 5 Worten bestehenden Satz erinnern und sich dann die 25 Items ins Gedächtnis zurückrufen. Dieselben Autoren glauben, daß die längste unorganisierte Liste, die die meisten von uns lernen, die 26 Buchstaben des Alphabets bilden.

Stellt man Hochschulstudenten bei Experimenten die Aufgabe, lange Reihen bedeutungsloser, absurder Silben zu lernen, so bilden sie mit ihnen Sätze, an die sie sich dann wieder erinnern können. *Miller Galanter* und *Pribram* (1960) berichten dazu, daß ein Student, der sich mit den Silben »BOF«, »TRA« und »GNT« auseinandersetzen sollte, folgenden Satz bildete: BOF übertreibt nur sein Leiden, denn eigentlich ist er nicht krank. Ein solcher Satz läßt sich einfacher ins Gedächtnis zurückrufen als unzusammenhängende Silben. Einige Schüler können sich offensichtlich ihre eigenen Gedächtnisstützen von der oben aufgezeigten Art ausdenken. Andere jedoch bürden sich bei dem Versuch, sich lange, für sie kaum bedeutungsvolle Stofflisten einzuprägen, endloses Wiederholen auf.

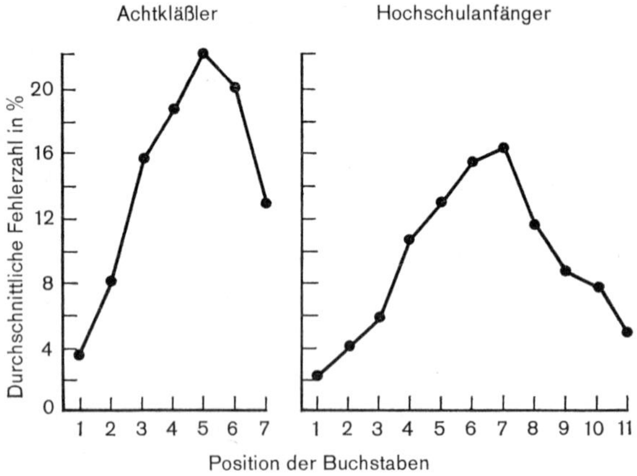

Abb. 10.2 Regelmäßig wiederkehrende Positionskurven bei Fehlern in Wörtern mit 7 bzw. 11 Buchstaben (Jensen, 1962, S. 107).

Eine Analyse der Aussprachefehler wirft Licht auf die Schwierigkeit eines potentiell bedeutungsvollen Lernstofftyps (*Jensen* 1962). Die höchste Fehlerrate liegt bei Wörtern mit 7 Buchstaben beim 5. Buchstaben und bei Wörtern mit 11 Buchstaben beim 7. Übrigens scheint es für die Verringerung der Schreibfehler keine eindeutige Lösung zu geben. Schülern, die Schwierigkeiten mit der Orthographie haben, gelingt es offenbar nicht, selbständig eine Methode zu entwickeln, die Wörter in 2 Teile zu trennen, diese Teile dann einzuüben und im Gedächtnis zu behalten. Wenn andererseits die ausgelassenen Buchstaben zum Zwecke der Einübung betont werden, verringert sich zwar die Fehlerzahl, jedoch nur zu Ungunsten der nicht betonten Buchstaben, bei denen jetzt mehr Fehler gemacht werden.

10.3.2 Helfen Sie dem Individuum bei der Identifizierung bedeutungsvoller Zusammenhänge

Ein guter Lehrer zeichnet sich unter anderem durch seine Fähigkeit aus, den Schülern dabei zu helfen, Zusammenhänge zwischen Informationsitems desselben Stoffgebietes und den Stoffgebieten selbst herauszufinden. Der Fremdsprachenlehrer stellt mit seinen persönlichen Erfahrungen und denen, die andere in dem betreffenden Land gemacht haben, einen Bezug zu den zu lernenden Dialogen und dem Vokabular her. Auf ähnliche Weise bezieht der Geschichtslehrer die politischen Fakten eines Zeitalters auf die Kunst, die Musik und die Literatur der entsprechenden Epoche. Wenn diese Zusammenhänge vom Lehrer durchweg erkannt worden sind, finden die Kinder selbst weitere Bezüge und lernen dabei zusätzlich relativ abgetrennte Informationen in ein bedeutungsvolles Schema einzubauen.

Eine andere Art, Schülern bei der Aneignung von Information zu helfen, kann durch die Bereitstellung einer Reihe von Begriffen erfolgen, die als Ankerbegriffe (siehe Kap. 2), also Bezugsgrößen für die neuen Informationen dienen. Durch diese Aneignung einiger neuer Begriffe, die einen größeren Bereich allgemein abdecken als die neuen Informationen, läßt sich ein organisatorischer Rahmen für den neuen Stoff erstellen. Das Lernen wird dadurch zusätzlich erleichtert. Wenn die neuen Begriffe einen organisatorischen Rahmen bilden sollen, müssen sie jedoch direkt in bezug zu neuen Informationen stehen. In einem Experiment wurden Hochschulstudenten, die noch keine Ahnung über den Stoff hatten, aufgefordert, einige Fakten über die Endokrinologie der Geschlechtsreife aus einer dafür vorbereiteten Textstelle zu lernen (*Ausubel & Fitzgerald*, 1962). Eine Kontrollgruppe erhielt einen 500 Wörter umfassenden Einführungstext, der auf die Aspekte des Verhaltens während der Geschlechtsreife bei verschiedenen Kulturen einging. Dieses Material bezog sich nur sehr indirekt auf die neuen Informationen. Die Experimentiergruppe erhielt als Ankerbegriff einen 500 Wörter umfassenden Einführungstext, der sich mit den hauptsächlichen und nebensächlichen Geschlechtsmerkmalen befaßte. Der Ankerbegriff war abstrakter und deckte einen weiteren Bereich allgemeiner ab als das anschließende neue Material. Die Experimentiergruppe, die diesen Ankerbegriff vorgelegt bekam, lernte das neue Material besser.

Obiges Beispiel veranschaulicht die Wirkung des Ankerbegriffes, wenn der Schüler wenig oder gar nichts über den neuen Stoff weiß. Mit dem Ankerbegriff kann auch neue Information auf bereits gelernte bezogen werden (*Ausubel & Fitzgerald*, 1961). Zur Verdeutlichung der wesentlichen Ähnlichkeiten und Unterschiede zwischen der neueren Information über Buddhismus und dem vorhandenen Wissen über das Christentum wurde beispielsweise ein vergleichender Ankerbegriff verwendet. Dabei zeigte sich, daß die Schüler, welche das Vergleichsmaterial studierten, die neuen Informationen über Buddhismus leichter beurteilten und sich besser einprägten als Schüler, die eine Einführung in die Geschichte des Buddhismus studiert hatten. Mit anderen Worten, das Lernen und

Einprägen verbaler Informationen wurde erleichtert, wenn der neue Lernstoff von dem bereits bekannten Stoff differenziert wurde. Wir stellen diesen vergleichenden Ankerbegriff nun vor:

ZEN BUDDHISMUS

Kürzlich lernten Sie eine als Mahayana Buddhismus bekannte Form des Buddhismus kennen. Das hier angebotene Informationsmaterial führte Sie in eine Nebenform des Mahayana Buddhismus ein, genannt Zen Buddhismus. Wie Sie kürzlich lernten, negiert der Buddhismus im allgemeinen nicht die Existenz Gottes, behauptet jedoch, daß das Wissen um dieses Wesen über das menschliche Verständnis hinausgeht. Während die Vorstellung einer Gottheit Grundlage der christlichen Theorie ist, mißt der Buddhismus den Dingen im Jenseits keinen Wert bei. Für den Buddhisten existiert alles Existierende in *dieser* Welt und in *diesem* Augenblick.

Das Christentum glaubt an die Erlösung durch Christus als Vermittler. Der Buddhismus versteht sich als Prozeß der Selbsterlösung, wobei das Moment der Gegenwart eine große Rolle spielt. Die Bibel ist für das Christentum die höchste Autorität, im Buddhismus ist es das Individuum. Buddha war zwar ein großer Prophet, doch kein göttliches Wesen, und seine Lehren sind dem Individuum nur Wegweiser auf seinem Streben nach Erleuchtung (Erlösung).

In dem Text über die Prinzipien des Mahayama Buddhismus wurde darauf hingewiesen, daß für den Mahayana Buddhismus Erlösung durch Erkenntnis und nicht, wie beim Christentum, durch Glaube erreicht wird. Der Zen Buddhismus verzichtet, obwohl er nur eine Nebenform der Mahayana-Schule ist, sowohl auf die Glaubenstreue der Christenheit, als auch auf die »Erkenntnis« seiner Mutterreligion und stellt dem das Bedürfnis nach direkter intuitiver Erfahrung als Mittel zur Erleuchtung entgegen.

Zen hat als Form des Buddhismus keine eigene Philosophie hinter sich mit Ausnahme dessen, was allgemein von den Buddhisten der Mahayana-Schule akzeptiert wird. Was Zen auszeichnet ist seine *Methode*. Durch Zen soll das Denken zum Wissen überspringen, von indirekter begrifflicher Erfahrung zur direkter intuitiver Erfahrung. Zum Erreichen der Erleuchtung benötigt der Zen Buddhist eine neue Fähigkeit, und zwar die Kraft unmittelbarer Wahrnehmung, die intuitive Bewußtheit, die sich einstellt, wenn der Wahrnehmende und das wahrgenommene Objekt verschmelzen und eins werden. Die Technik der Zen-Meditation ist die Entwicklung dieser Fähigkeit.

Obwohl der Mahayana Buddhist nicht so stark an Konformismen gebunden ist wie das Christentum, beschreiben beide Religionen entweder den *besten* (Mahayana Buddismus), oder den *einzigen* (Christenheit) Pfad der Erlösung. Zen verspottet sogar Konformität und unterstreicht stattdessen den *kreativen* Ausdruck des Individuums auf seiner Suche nach dem Nirvana.

Letztlich ist Zen Buddhismus weniger eine Religion als ein Weg zu religiösem Leben. Er versucht nicht, einen Standpunkt zu verteidigen oder eine Reihe formaler Auffassungen über den absoluten Grund des Lebens zu propagieren, sondern bietet eine Methode an, die das Wesen des Lebens an sich intuitiv begreifen läßt. (*Ausubel*, unveröffentlicht).

Der Ankerbegriff schafft dem Schüler demnach einen allgemeinen Überblick über die folgende, detaillierte Information. Er stellt auch Begriffselemente, mit denen der spezifische Lernstoff in bezug gesetzt werden kann. Wie oft sollten nun derartige Ankerbegriffe verwendet werden? Eine endgültige Antwort läßt sich darüber nicht geben. Stellt man sich jedoch den Stoff eines Semesters oder Jahres als aufgebaut in eine Reihe von aufeinander bezogenen Einheiten vor, so könnte man den Unterricht möglicherweise mit einem Ankerbegriff aufnehmen und jede einzelne Einheit einem vergleichenden Ankerbegriff zuordnen. Dadurch wäre es dem Schüler möglich, die Inhalte der eben abgeschlossenen Einheiten von den noch zu lernenden zu trennen (*Ausubel*, 1962).

Es kann vorkommen, daß sich unter den Items weder bedeutungsvolle Zusammenhänge noch Buchstabe-Laut-Entsprechungen finden lassen. In diesen Fällen erweisen sich Gedächtnisstützen, wie wir sie an früherer Stelle beschrieben, oft als hilfreich.

Manche Schüler haben Schwierigkeiten, bedeutungsvolleres Material im Gedächtnis zu behalten. Ein relevantes Beispiel ist die Gruppe von Prinzipien, die sich auf Fakteninformation erstrecken. Sie erinnern sich, daß diese Prinzipien nur einmal in Verbindung mit den Richtlinien in Tabellenform am Anfang dieses Abschnitts aufgestellt wurden. In diesem Diskussionsteil werden die Prinzipien klarer herausgearbeitet. Wenn es Ihnen Mühe bereitet sie nach der ersten Begegnung im Gedächtnis zu behalten, so könnten Sie vielleicht jedem Prinzip ein oder zwei Schlüsselwörter überordnen und daraus einen Satz bilden. Das Studium der Prinzipien deutet die Sequenz, die auch den Autoren logisch zu sein scheint, bereits an: *Stellen* Sie eine *angemessene* Einheit *heraus*, *beziehen* Sie die Einheiten *aufeinander*, *bauen* Sie sie zu einer *Sequenz zusammen*, *üben* Sie *ein* und *werten* sie *aus*. Darin sind 5 Prinzipien enthalten.

Ist man in der Lage, sich diese Prinzipien ins Gedächtnis zurückzurufen — wenn auch nicht notwendigerweise in derselben angegebenen Form —, so lassen sich tatsächlich die Hauptideen der Kapitel 9—16 miteinander in Beziehung bringen und schließlich zu einer kleineren Anzahl zusammenfassen, was dem Lehrer bei seinem eigenen Studium und im späteren Unterricht nützlich sein dürfte. Sich dieser Prinzipien erinnern zu können bedeutet auch, sie für sich eventuell umstellen oder neu formulieren zu können.

10.3.3 Sorgen Sie für eine angemessene Stoffsequenz

An früherer Stelle dieses Kapitels beschrieben wir umfassende Sprachlern- und Leselernsequenzen. Programmiertes Unterrichtsmaterial trägt auch der richtigen Aufeinanderfolge, in der spezifische Information dem Schüler dargebracht wird, Rechnung. Die Autoren von Lehrbüchern bemühen sich wenig um eine richtige Sequenz. Dieses Buch ist so geschrieben worden, daß es angebracht, jedoch nicht notwendig ist, beim Studium nach der Kapitelfolge vorzugehen. Beispielsweise könnte man direkt vom Ende des 3. Kapitels bis zum 9. Kapitel weiterlesen und später zu Kapitel 4—8 zurückkehren.

Drei allgemeine Probleme der richtigen Sequenzierung von Lehrstoff betreffen die Einheitlichkeit der Struktur des Stoffes, die dem Schüler verfügbaren Reaktionen und die Ähnlichkeit bzw. Verschiedenheit verschiedener Stimuli (*Glaser*, 1965).

Mit Struktureneinheitlichkeit ist die Genauigkeit gemeint, mit der die Begriffe des Lehrstoffs differenziert werden. In einigen Stoffbereichen müssen bestimmte Informationen oder Fertigkeiten vollständig erlernt sein, bevor überhaupt eine Beherrschung der nachfolgenden möglich ist. Dies ist in der Mathematik besonders deutlich. So fand *Frayer* (1969) für das Lernen geometrischer Begriffe von Vierecken, Quadraten, Rechtecken und anderen Vierecken, folgende von leicht nach schwierig reichende Reihenfolge heraus: Erkennen von treffenden und unzutreffenden Begriffsbeispielen, Entwickeln einer verbalen Definition des Begriffs und Erkennen von übergeordneten bzw. untergeordneten Beziehungen zwischen den Begriffen.

Die Bereitschaft des Schülers, die erforderlichen Reaktionen zu zeigen, ist ein weiterer wichtiger Punkt bei der Betrachtung der Unterrichtssequenzierung. Bei mündlicher Informationsdarbietung muß der Schüler die durch die Worte dargestellten Begriffe bereits kennen. Wird die Information in gedruckter Form dargeboten, so müssen die Schüler nicht nur die Begriffe kennen, sondern auch die Worte lesen können. Wenn die Schüler das Material nicht lesen können, so besteht die Hauptaufgabe des Lehrers darin, den Kindern Leseunterricht zu geben und nicht neue Informationen einzubringen. Viele neuere Lehrbücher und programmierte Unterrichtsmaterialien verlangen nach Lesereaktionen, die die Schüler unmöglich ohne den Leseunterricht machen können. Wir stellten beispielsweise kürzlich fest, daß viele Kinder der 5. Klasse aus günstigen Milieus die Worte mathematischer Begriffe, die ihnen in den vorjährigen Schulbüchern der 4. Klasse vorgesetzt wurden, nicht lesen konnten. (Offensichtlich hatten sie aus den Büchern nicht die Begriffe des Vorjahrs gelernt.) Die Lehrer vieler Schulen, besonders solcher, die einen niedrigen sozialökonomischen Status und geringe erzieherische Leistungen aufweisen, sollten gedrucktes Unterrichtsmaterial ständig darauf überprüfen, ob es die Schüler ohne zusätzlichen Leseunterricht lesen können bzw. ohne beträchtlichen Zeitaufwand dazu gebracht werden können.

Zu beachten ist auch die Menge des ähnlichen bzw. unähnlichen Materials, das in die Unterrichtssequenz eingebracht wird. Schüler differenzieren unähnliches Material leichter als ähnliches, seien es Buchstaben, Worte, Symbole oder andere Formen. Braun und weiß werden beispielsweise unterschieden als beige und cremefarben. In der Musik können wir ohne weiteres eine Symphonie von einer Oper unterscheiden, jedoch nicht zwischen einer Oper und einer Operette. Der Unterricht ist effektiver, wenn er zur Erleichterung der anfänglichen Allgemeinunterscheidung mit klar differenzierbarem Material beginnt und sich dann einer größeren Ähnlichkeit im Material nähert, damit so zunehmend feinere Unterscheidungen möglich sind, was im umgekehrten Fall nicht möglich ist. Die richtige Sequenzierung des Lehrstoffs unterliegt weiterhin einem gründlichen Studium insbesondere in Bereichen, wo der Unterricht mit der Grundschule beginnt und zur Ober- oder Hochschule weiterführt. Durch ein Fehlen von Kontinuität und Sequenz erleiden die Bemühungen der Lehrer und der Schüler immer noch starke Verluste. Sie können sich sicher an viele Fälle erinnern, bei denen Sie auf Lernaufgaben stießen, auf die Sie entweder nicht angemessen vorbereitet waren oder die Ihnen eher wie eine Wiederholung von früher Gelerntem erschien. *Cagné* (1965) versuchte Lernsequenzen zu entwickeln, die auf mehrere Stoffbereiche angewendet werden können. Seine Arbeiten sollen im Kapitel 16 im Zusammenhang mit Lernübertragung näher erläutert werden.

10.3.4 Bemühen Sie sich um eine angemessene Praxis

Der primäre Effekt der Praxis besteht darin, daß Gelerntes festgehalten wird, d. h. nicht vergessen wird. Nach einer gewissen Einprägung erleichtert sich das Lernen neuer Information, da der einzelne mehr Wissen bereit hat, auf das er die neuen Informationen beziehen kann. Praktische Einübung von Faktenmaterial bedeutet nicht nur die Wiederholung, sondern auch die wirkliche Anwendung des Materials in späteren Situationen. Das Kind wendet beispielsweise die richtige Schreibweise neu gelernter Wörter auf die tatsächliche Schreibarbeit an, d. h. es überprüft dieselbe Liste von Wörtern nicht ständig. Praktische Anwendung im Kontext fördert also das Behalten von Faktenwissen. Wir wollen nun 3 untergeordnete Prinzipien der Praxis besprechen:

1. Entwickeln Sie einen Lernrahmen (auch *Strategie* genannt), damit der Schüler versucht, Zusammenhänge herauszufinden. Dies wird im allgemeinen durch die Diskussion mit den Schülern er-

reicht. Der Lehrer weist auf einige Zusammenhänge hin, worauf die Schüler andere identifizieren.

2. Sorgen Sie für eine systematische Anwendung und Überprüfung des verbalen Materials. Wie bereits vorher bemerkt, erweist sich Praxis im Kontext als wirkungsvoller als bloße Wiederholung. Anwendung ist trotzdem notwendig.

3. Ziehen Sie eine aufgeteilte Praxis einer massierten vor. Die Informationen aller Stoffbereiche sind umfangreich und können unter keinen Umständen während eines Schuljahres erlernt werden. Dies erfordert, daß die Informationen in bestimmte Typen von Lerneinheiten aufgeteilt werden und periodisch anstatt im gesamten einstudiert werden. Jede tägliche Einübungs- oder Studierzeit sollte zeitlich so bemessen sein, daß den Schülern eine Beherrschung möglich ist. Ungenügend beherrschte Information wird schnell wieder vergessen. Ebenso sollte die Studierzeit nicht von so langer Dauer sein, daß sie zu schwacher Motivation, Müdigkeit oder anderen Bedingungen führt, die eine Wirkungslosigkeit zur Folge haben. Die Länge und zeitliche Aufeinanderfolge von Unterrichtszeiten hängt von der Art des Lehrstoffes und den Merkmalen der Schüler ab.

10.3.5 Fördern Sie selbständige Evaluation

Ein Schüler nimmt zum ersten Mal an einem kurzen Gespräch in einer Fremdsprache teil. Indem er dem Lehrer zuhört, der den selben Dialog spricht, kann er seine richtigen und unrichtigen Antworten erkennen. Gelingt ihm dies nicht, so geht der Lehrer mehr auf die spezifischen Fehler ein. Ein anderer Schüler erinnert sich der Ereignisse des 1. Erdteilkongresses. Für ihn ist es wichtig zu wissen, welcher Ereignisse er sich richtig erinnerte und welcher nicht. Zur Evaluation der Angemessenheit oder Richtigkeit erworbenen Wissens benötigen dieser wie andere Schüler ein gewisses Feedback.

Wenden wir uns wieder dem Lernen von Faktenwissen im Klassenzimmer zu, also der richtigen Wortschreibweise, der richtigen Aussprache, der spezifischen Information über verschiedene Dinge und Phänomene und der Lage und Größe von Städten und Ländern. Die Hauptaufgabe des Lehrers besteht unter anderem darin, dem Schüler bei der Entwicklung von Methoden zu helfen, durch die er seine eigenen Reaktionen beurteilen kann und so eine gewisse eigene Lernselbständigkeit erreicht. Selbständigkeit erfordert Feedback; auf welche Weise es die Schüler sichern können, kann ihnen gelehrt werden. Sobald Kinder ein Wörterbuch benutzen können, können sie auch die richtige Aussprache und Schreibweise von Wörtern überprüfen. Enzyklopädien, Atlanten und Karten können zur Verfügung gestellt werden, um die Beschaffung und Überprüfung von Fakteninformation zu fördern. Der Abiturient sollte die Fähigkeit besitzen, Quellen für Fakteninformationen ausfindig zu machen und nachzuprüfen. Auch sollte er eine gewisse Selbständigkeit bei Entscheidungen erlangt haben, *welche* Fakten für ihn wichtig und zu lernen sind.

Zur Erlangung einer unabhängigen Selbstauswertung benötigen die Schüler neben einem informativen Feedback auch Bestärkung. Das bedeutet, daß die meisten Schüler eine höhere Lernmotivation zeigen, wenn sie gelegentlich gelobt werden. Für viele Schüler ist die Aneignung großer Mengen Faktenwissen, wie z. B. des Periodensystems der Elemente oder des Vokabulars der Fremdsprache, zeitraubend und schwierig. Eine Reihe von Untersuchungen erbrachte den Beweis für die günstigen Wirkungen des Lobes, der Beachtung und anderer Formen positiver Stärkung.

10.10 In diesem und anderen Kapiteln wird eine große Menge von Informationen dargeboten. Die Kenntnis der fünf Prinzipien der Fakteninformation und des verbalen Wissens sollte ein besseres Lernen des Stoffes ermöglichen, vorausgesetzt, Sie können Sie anwenden. Sind für Sie bestimmte Prinzipien schwieriger anzuwenden als andere, und warum?

10.11 Welches Prinzip (in der richtigen Terminologie angeben) könnte Ihrer Meinung nach mit Schülern der Grundschule besprochen werden, um ihnen beim Erlernen von Faktenwissen eine Hilfe zu geben? Welches mit Oberschülern?

10.12 Welche Unterrichtsrichtlinien sind Ihrer Meinung nach am leichtesten im täglichen Unterricht anzuwenden?

10.13 Überprüfen Sie die im Kapitel 1 ausgeführten Komponenten des Unterrichtssystems. Welche Komponente(n) kann der Einzelne Ihrer Ansicht nach am besten beherrschen? Welche Unterrichtsrichtlinien beziehen sich auf diese Komponenten?

10.14 Wie könnte eine Unterrichtssituation angelegt sein, damit sich Lehrer und Schüler gemeinsam dafür einsetzen, die meisten Unterrichtsrichtlinien durchzuführen?

10.4 Zusammenfassung

Faktenwissen besteht aus Informationen, die von Individuen desselben kulturellen Milieus differenziert werden und als richtig und angemessen akzeptiert werden. Faktenwissen wird in diesem Kapitel unterteilt in Assoziationen geringer Bedeutung, spezifisches und verbales Wissen. Diese Informationsarten sind Voraussetzung für das Sprechen-, Lesen- und Schreibenlernen, sowie für die Bildung von Begriffen und die Problemlösung.

Die Entwicklung der mündlichen Sprache setzt in der frühen

Kindheit ein und reicht bis zur Reife. Ein interessantes Studienfeld ist die Identifizierung der Voraussetzungen, unter denen Worte mit Erfahrungen assoziiert werden und in Gedanken behandelt werden, um dann das Verhalten des Individuums zu bestimmen. Voraussetzung zum Lesenlernen ist die Fähigkeit, verständlich zu sprechen und zu verstehen was andere sagen. Lesenlernen setzt zwischen dem 5. und 6. Lebensjahr ein und setzt sich bis zum 10.–15. Lebensjahr fort, bis ein hohes Maß an Leseselbständigkeit erreicht ist.

In den vergangenen Jahren untersuchten Psycholinguisten das Sprach- und Lesenlernen. Sie legten beim Lesenlernen das Schwergewicht auf die Entschlüsselung bzw. Übertragung von geschriebenen Symbolen (die Schreibweise oder Orthographie der Sprache) in diejenige gesprochene Form der Sprache, aus der das Kind bereits Bedeutung ziehen kann. Um lesen zu lernen, muß das Kind die gesprochene Sprache ausreichend beherrschen und auch in der Lage sein, gedruckte Symbole zu unterscheiden und Laute mit gedruckten Symbolen zu assoziieren. Eine Vielzahl von Assoziationen geringer Bedeutung, eine Menge spezifisches Faktenwissen, Methoden zur Behandlung von Besonderheiten sowie einige Prinzipien sind erforderlich, um Fortschritte im Lesen zu machen. (Dies trifft auch auf andere Bereiche, z. B. das Fremdsprachenlernen, zu.) Die Fähigkeit zu lesen ermöglicht einem wiederum, Fakteninformationen aus vielfältigen Quellen zu bekommen. Der Erwerb von Faktenwissen wird erleichtert durch die Fähigkeit, angemessene Informationsmengen bzw. Einheiten zu identifizieren, die man ohne Schwierigkeit erlernen kann; weiter durch Herausfinden von Zusammenhängen zwischen den Faktengruppen, durch Umwandlung von aufeinanderfolgenden Einheiten oder Teilabschnitten in größere Einheiten, durch praktische Anwendung des Wissens zum Zwecke des Einprägens und durch Bewertung der Angemessenheit oder Richtigkeit von Informationen. Die Lehrer mögen ihren Unterricht daraufhin abstimmen und die Instruktionsmaterialien und äußeren Voraussetzungen dahingehend aufbauen, daß diese Prinzipien auf die tägliche Arbeit mit Schülern angewendet werden können.

10.5 Weiterführende Literatur

Carroll, J. B.: On learning from being told. In: *Ripple, R. E., ed.:* Readings in learning and humand abilities. New York: Harper & Row, 171².

Carroll geht auf die Zusammenhänge von Psycholinguistik und Unterrichtspsychologie ein. Er ist der Meinung, daß ein bedeutungsvoller verbaler Vortrag ein grundlegendes Unterrichtsverfahren ist.

Carrol, J. B.: Words, meanings, and concepts. In: *Ripple, R. E., ed.:* Readings in learning and human abilities. New York, Harper & Row, 1971².

Der erste Teil dieser Auswahl behandelt den Zusammenhang von Worten, Bedeutungen und begriffsdarstellenden Wörtern. Im zweiten Teil wird diese Information auf das Lehren von Begriffen aus verschiedenen Unterrichtsfächern übertragen.

Ervin-Tripp, S.: Language development. In: *Hoffman, L. W., Hoffman, M. L., eds.:* Review of child development research. New York: Russell Sage Foundation, 1966, 55—105.

Dieses Kapitel bietet eine detaillierte Darstellung der Sprachentwicklung.

Marckwardt, A. H., ed.: Linguistics in the schools, National Society for the Study od Education, 69th yearbook. Chicago: University of Chicago Press, 1870, part 2.

In Kapitel 7, »Sprachentwicklung im Schulalter«, bespricht R. E. Hodges die Entwicklung während der Grundschuljahre und N. S. Blount die der Oberschuljahre. In Kapitel 8 auf den Seiten 243—274, »Beiträge der Linguistik auf Lesen und Buchstabieren«, besprechen S. Ives und J. P. Ives Linguistik und Lesen, und R. L. Venezky Linguistik und Buchstabieren.

National Society for the Study of Education. Learning and instruction, 49th yearbook. Chicago: Chicago University Press, 1950, part 1.

Die in Kapitel 4 auf den Seiten 92—129 von W. S. Brownell und G. Hendrickson angebotenen Informationen in »Wie Kinder Informationen, Begriffe und Verallgemeinerungen lernen«, und die von G. L. Anderson, G. Wipple und R. Gilchrist in Kapitel 13 auf den Seiten 336—348 sind heute so aktuell wie 1950.

Eichler, W., Hofer, A. (Hrsg.): Spracherwerb und linguistische Theorien-Texte zur Sprache des Kindes. R. Piper & Co, München 1974.

Kainz, F.: Sprachentwicklung im Kindes- und Jugendalter. E. Reinhardt, München/Basel 1975⁴.

König, G.: Strukturen kindlicher Sprache — Zum Schreibstil zehn- bis zwölfjähriger Schüler. Schwann, Düsseldorf 1972.

Spanhel, D.: Die Sprache des Lehrers — Grundformen des didaktischen Sprechens. Schwann, Düsseldorf 1971.

11. Begriffe und Prinzipien

Das Lernen von Begriffen ist ein wichtiges Unterrichtsziel aller Schulebenen. Lehrer, Stundenplaner und Unterrichtsmittelexperten versuchen diejenigen Begriffe herauszuarbeiten, die die Schüler in den verschiedenen Klassenstufen erlernen sollen. Sie befassen sich auch mit der Entwicklung von Materialien und Verfahren für den Begriffsunterricht. *Prinzipien* sind ebenfalls wichtige Lernergebnisse. Ein Prinzip ist die Identifizierung von Beziehungen zweier oder mehrerer Begriffe. Wenn also jemand bereits die erforderlichen Begriffe gelernt hat, so besteht die Bildung eines Prinzips im Herausfinden der Zusammenhänge zwischen den Begriffen. Das Begriffslernen an sich beinhaltet auch das Herausfinden von Zusammenhängen, in unserem Fall zwischen Attributen und Regeln (was im späteren noch klarer wird). Die inneren und äußeren Voraussetzungen, die zum Lernen von Begriffen oder Prinzipien erforderlich sind, sind sehr ähnlich. Aus diesem Grunde erscheint es logisch, in diesem Kapitel den Schwerpunkt auf das Lernen von Begriffen zu legen.

Die folgende Analyse der Begriffe soll zur Klärung der ganzen Situation beitragen und eine Begriffsdefinition herbeiführen, die die verschiedenen Begriffsmerkmale klar herausstellt. Das Studium dieser detaillierten Begriffsanalyse ist auch zum besseren Verständnis der in den letzten beiden Teilen dieses Kapitels besprochenen Themen erforderlich: Kognitive Entwicklungsabläufe, Prinzipien und Unterrichtsrichtlinien im Zusammenhang mit dem Begriffsunterricht.

11.1 Analyse der Begriffe

Mit der Zunahme der durch die Raumforschung gewonnenen Informationen über den Mond ändern sich auch die Begriffe und Vorstellungen über den Mond, die Erde und die Planeten. Ebenso ändert sich die Vorstellung vom Begriff als Ergebnis einer Vielzahl von Untersuchungen, die ständig neue Informationen über das Lernen und Lehren von Begriffen einbringen. In den anschließenden Diskussionen über Zusammenhänge zwischen Wörtern, Bedeutungen und Begriffe werden die neuesten Erkenntnisse über die Arten der Begriffe zusammenfaßt. Daran anschließend besprechen wir vier Ansätze zur Definition von Wortbegriffen sowie eine *Begriffsauffassung.*

11.1.1 Wörter, Bedeutungen und Begriffe

Carroll (1964), der die Zusammenhänge von Wörtern, Bedeutungen und Begriffen untersuchte, vertrat die Meinung, daß die Menschen in ihrem frühen Leben direkte Erfahrungen mit den *Bezugsgrößen* der Begriffe haben. So wie man Namen oder Wörter lernt, assoziiert man die Wörter mit den Gegenständen oder Ereignissen, also den Bezugsgrößen der Wörter. Die Wörter repräsentieren somit die Begriffe des Individuums. Umgekehrt ruft die Erfahrung eines bestimmten Begriffes das relevante Wort hervor, so wie das Zusammentreffen mit dem Wort den erlernten Begriff hervorbringt. Wenn jemand z. B. eine Katze sieht oder hört, denkt er »Katze«, und wenn jemand den Namen hört oder liest, erinnert er sich an einige seiner eigenen Erfahrungen mit Katzen. Auf diese Weise stehen Worte und Begriffe in engem Bezug zueinander: Worte stellen Begriffe dar, und einzelne Begriffe rufen offen oder verborgen entsprechende Wörter hervor.

Worte und Begriffe sind auch auf andere Weise miteinander verknüpft. Die Menschen leben in engem physischem und sozialem Kontakt. Sie haben viele ähnliche Erfahrungen mit bestimmten Begriffen, wodurch sie ähnliches Wissen erwerben. Sie lernen auch die selbe Sprache, haben gleiche Sprachresultate, geben also einer bestimmten Klasse von Dingen denselben Namen, wie schon früher bemerkt. Ebenso bedeutend ist, daß eine gemeinsame Sprache die verbale Diffusion und Mitteilung von Information ermöglicht, die sich auf Begriffen aufbaut. Eine Person erwirbt also durch Lesen und Gespräche mit anderen Wissen und bildet neue Begriffe bzw. erweitert bereits bestehende Worte und Begriffe. Sie stehen also noch auf diese andere Art miteinander in bezug: Ein Großteil der Begriffe wird durch den Gebrauch der Wörter erlernt.

Der nonverbale und verbale Erwerb von Wissen über Dinge, Eigenarten und Vorgänge führt bei den Individuen zur Aneignung von ähnlichen Begriffen. So haben die Menschen auf der Erde ähnliche Begriffe von der Sonne und vom Mond. Die Wörter einer Sprache, z. B. der deutschen, besitzen fast dieselbe, allgemein gültige Sprechweise (von geringen Dialektunterschieden abgesehen) und Schreibweise, so wie Sätze und Abschnitte dieselbe Form haben.

Diese gemeinsamen Erfahrungen und die gleiche Sprache führen zu allgemein anerkannten *Denotationen* von Worten, wie sie in maßgebenden, ungekürzten Wörterbüchern zu finden sind. In diesen werden verschiedene Methoden angewendet. Zuerst werden Äquivalente oder Synonome des Stichwortes angeführt, dann verschiedene Beispiele des Wortgebrauchs angegeben, und schließlich wird eine formale Definition gegeben. Eine formale Wörterbuchdefinition gibt an, was der durch das Wort ausgedrückte Begriff mit anderen verwandten Begriffen gemeinsam hat, und in welcher Hinsicht er sich von ihnen unterscheidet, sei es durch äußere Eigenarten oder andere Merkmale. *Barium* wird beispielsweise wie folgt definiert:

Ein silber-weißes, formbares, giftiges, bivalentes Metallelement der Gruppe der Alkali-Erden. Es läuft an der Luft schnell an, tritt nur in Verbindungen auf, wird durch Reduktion von Bariumoxyd oder durch die Elektrolyse eines gelösten Salzes gewonnen, und hauptsächlich in Legierungen zur Herstellung hochwertiger Elektronenröhren verwendet. Symbol *Ba.* (Siehe Periodensystem der Elemente)

Denotative Bedeutungen eines Wortes, also die gesellschaftlich anerkannten Bedeutungen, werden im schulischen Rahmen mechanisch übernommen. (Die Verfasser von Wörterbüchern verwenden dagegen viel Mühe, die Definitionen auf dem neuesten Stand zu halten). Auch wenn die denotative Bedeutung allgemein anerkannt ist, so hat doch jeder von uns mit vielen Begriffen einzigartige Erfahrungen. Beispielsweise hat jeder unterschiedliche Erfahrungen mit seiner Mutter, der Mutter anderer oder selbst als Mutter; so hat jeder von uns einen eigenen *Mutterbegriff.*

Die einzigartigen Bedeutungen oder Assoziationen, die ein Individuum besitzt, bestimmen *seinen* Begriff und entsprechen auch der *konnotativen* Bedeutung eines Wortes. Zuneigung oder Gefühl, aber auch kognitives Wissen, ist konkreter Ausdruck des Begriffes des Individuums sowie der konnotativen Bedeutung des den Begriff darstellenden Wortes. Abb. 11.1 zeigt die Beziehungen zwischen den Erfahrungen, Wörtern, Begriffen und Bedeutungen. Beachten Sie besonders den Zusammenhang zwischen den Erfahrungen des Individuums mit Vertretern des Begriffes, seinem eigenen Begriff, dem begriffsdarstellenden Wort und der konnotativen Bedeutung des Begriffs. Der Punkt, an dem das Begriffsnetz eines Individuums mit dem Netz anderer Menschen im Rahmen desselben Begriffes in Verbindung tritt, ist die denotative Bedeutung des Wortes.

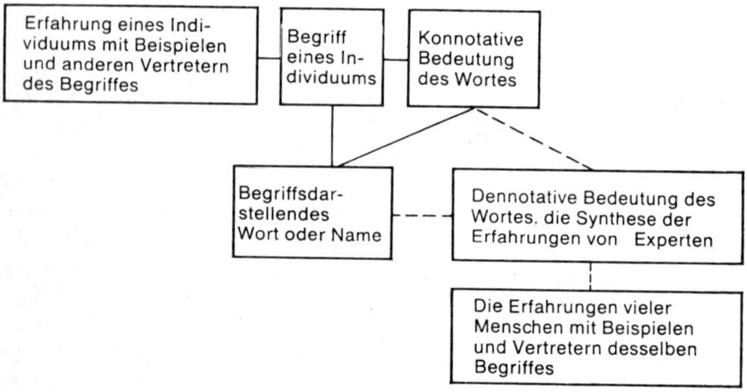

Abb. 11.1 Beziehungen zwischen Erfahrungen, Wörtern und Begriffen

Carroll faßte die Beziehungen zwischen Wörtern, Bedeutungen und Begriffen auf folgende Weise zusammen:

Es scheint mir nützlich zu sein, sich Wörter, Bedeutungen und Begriffe als die Ausbildung dreier in gewisser Weise selbständiger Serien vorzustellen. Die Wörter einer Sprache wären dann eine Serie gesprochener bzw. geschriebener, physikalischer Einheiten. So ergibt sich eine Reihe von »Bedeutungen«, die in engen Beziehungen zu der Serie von Wörtern stehen. Diese Beziehungen können als Gebrauchsregeln bezeichnet werden, die sich durch den Sozialisations- und Kommunikationsprozeß entwickelt haben. Eine »Bedeutung« stelle man als ein Musterbeispiel kommunikativen Verhaltens vor, an dem alle mit gleicher Sprache teilnehmen. Schließlich gibt es »Begriffe«, i.e. die in den Individuen entweder unabhängig von Sprachprozessen oder in enger Abhängigkeit von Sprachprozessen ausgebildeten Klassen von Erfahrungen.

Diese 3 Serien stehen in komplexen Beziehungen zueinander: Fast jeder kann Beispiele angeben, bei denen ein Wort mehrere »Bedeutungen« haben kann oder eine gegebene »Bedeutung« mehreren verschiedenen Wörtern entspricht. Ebenso komplex sind die Beziehungen zwischen gesellschaftlich anerkannten »Bedeutungen« und individuell gebildeten »Begriffen«, im Wesen jedoch verschieden. Es hängt davon ab, wie gut jeder einzelne diese Beziehungen gelernt hat. Erziehung ist zumindest im Bereich der Sprache und Begriffe weitgehendst ein Prozeß, bei dem das Individuum entweder lernt, gesellschaftlich gültige Wörter und Bedeutungen mit den bereits gebildeten Begriffen zu verbinden, oder neue Begriffe zu bilden, die gut zu gesellschaftlich gültigen Worten und Bedeutungen passen. Eine »Bedeutung« eines Wortes ist aus diesem Grunde ein gesellschaftlich gültiger Begriff, und wenn wir sagen, daß ein Wort einen Begriff darstellt oder ihn näher bezeichnet, so heißt das, daß wir von Begriffen sprechen, die von den Mitgliedern einer Sprachgemeinschaft verwendet werden. (Caroll, 1964, S. 186—187).

Klassenbegriff: (1) Ein Klassenbegriff ist eine Abstraktion, die eine Reihe von Dingen, Vorgängen oder Vorstellungen repräsentiert. Beim Klassenbegriff handelt es sich nicht um einen spezifischen Gegenstand oder eine Vorstellung; jene sind Einzelfälle oder Beispiele des Begriffs. *Buch* repräsentiert einen Begriff, eine Klasse von Dingen und das Buch, das Sie gerade lesen, ist ein Beispiel der Klasse von Dingen. (2) Ein Klassenbegriff hat im allgemeinen einen verbalen Namen oder ein Symbol. Man kann von etwas einen Begriff haben, ohne Namen oder Bezeichnungen zu wissen. Ein kleines Kind kann beispielsweise starke Eifersucht verspüren, ohne jedoch in der Lage zu sein, das Gefühl zu benennen. Reifere Menschen können den Namen mit dem Gefühl assoziieren. Allgemein gilt also, daß eine Person, die hören, sehen und sprechen kann, mit jedem Begriff, der einen Teil seiner eigenen Erfahrung und seiner Lebensweise bildet, einen Namen bzw. ein Symbol assoziieren kann. (3) Der letzte Punkt deutet bereits an, daß Wörter, die für eine Vielzahl von Begriffen stehen, Definitionen haben, die von Erwachsenen mit derselben Sprache angenommen werden. Kindern sind die Definitionen vieler Begriffe zwar unbekannt, nach und nach aber lernen sie sie. (4) Die einzelnen Bedeutungen, die jemand mit seinen eigenen Erfahrungen assoziiert, sind dessen Begriffe. Der Begriff eines Individuums über etwas kann dem betreffenden Begriffe anderer entweder sehr ähnlich sein oder davon erheblich abweichen. In dem Maße, in dem er abweicht, hat der einzelne Schwierigkeiten, mit anderen zu kommunizieren. Wenn demnach ein Erwachsener von einem Kind nicht verstanden wird, so oft nur deswegen, weil die ältere Person annimmt, das Kind hätte gleiche oder ähnliche Definitionen und Erfahrungen

Diese sowie weitere Begriffsmerkmale werden wir ausführlicher in den nächsten beiden Teilen dieses Kapitels erläutern. Vorher mögen Sie jedoch diese Übung versuchen. Nachstehend sind einige Beispiele von Identitätsbegriffen (IB), Klassenbegriffen (KB), Fakteninformation (FI) und Prinzipien (P) angeführt. Geben Sie unter Verwendung der Anfangsbuchstaben an, welcher Kategorie die einzelnen Punkte zuzuordnen sind.

1. Hauptsatz ( )
2. Gehe voran! ( )
3. Richard Nixon ( )
4. Gleich ( )
5. Deutschland ( )
6. Ein Hauptsatz steht im allgemeinen vor einem Nebensatz ( )
7. Der Einfallswinkel ist gleich dem Ausfallswinkel ( )
8. Die Warenpreise steigen, wenn das Angebot knapp wird ( )
9. Richard Nixon folgte Lyndon Johnson als Präsident nach ( )
10. Im Jahre 1969 betrat der Mensch zum ersten Mal den Mond ( )

(Antworten: 1. KB, 2. KB, 3. IB, 4. KB, 5. IK, 6. P, 7. P, 8. P, 9. FI, 10. FI.)

Falls Ihnen die Beantwortung der 10 Fragen Schwierigkeiten bereitet hat, so ist eine Wiederholung dieses Kapitels sowie der ersten Teile des 10. Kapitels zu empfehlen. Zeigen nochmalige Wiederholungen bzw. Studium keine Erfolge, so könnte eine Diskussion mit anderen Studenten bzw. Mitgliedern Ihrer Fakultät nützlich sein. Auf jeden Fall ist das Verständnis der Begriffe, die die Lernergebnisse näher beschreiben, Voraussetzung für Verständnis und Anwendung der Prinzipien und Unterrichtsrichtlinien, die sich auf die in den Kapiteln 9—15 behandelten Ergebnisse beziehen.

11.1.2 Vier Ansätze zur Definition von begriffsdarstellenden Wörtern

4 weitgehend bekannte Methoden, Wörter zu definieren, gliedern sich nach folgenden Gesichtspunkten:

(1) Wahrnehmbare, bzw. leicht meßbare Merkmale, (2) Synonyme, Antonyme und andere semantische Mittel, (3) logische Zusammenhänge und Axiome, (4) der den Dingen zugedachte Anwendungsbereich. Diese Ansätze entsprechen den Definitionsarten von Wörtern, die in einem ungekürzten Wörterbuch zu finden sind. Tabelle 11.1 gibt Beispiele für diese Ansätze.

Tabelle 11.1 *Vier mögliche Grundlagen zur Definiton von Worten, die Begriffe darstellen*

DEFINITIONS-GRUNDLAGE	BEGRIFFS-BEISPIELE	DENOTATIVE BEDEUTUNG
1. Wahrnehmbare Attribute	Hund, Orange, Satz, Barium	*Hund* — fleischfressendes Haustier der Familie der Caniden
2. Semantik	Freundlich, schön, frei, obenauf	*Freundlich* — gekennzeichnet durch offensichtliche Beachtung, Taktgefühl oder Ehrerbietung, oder durch einen Mangel an Grobheit
3. Logische Zusammenhänge und Axiome	Gerade, gleich, Zahl, Punkt	*Gerade* — ein Ort von Punkten, dessen Koordinaten von einer einzigen unabhängigen Variablen abhängig sind
4. Verwendung oder Funktion	Erdbeeren, Brot, Hammer, Stift	(Denotative Bedeutungen werden im Wörterbuch nicht nur in Form von Verwendungsmöglichkeiten angegeben)

Definitionen des ersten Typs stehen unter dem Aspekt der wahrnehmbaren, bzw. leicht meßbaren Merkmale der durch die Wörter dargestellten Begriffe. Diese Merkmale sind abstrahiert, da sie bereits in sonst unähnlichen Dingen bzw. Vorgängen enthalten sind. Den wahrnehmbaren Attributen zufolge können wir

z. B. *Orangen* und *Zitronen* als Zitrusfrüchte klassifizieren, obwohl sie sich hinsichtlich Größe, Farbe, Form und Geschmack voneinander unterscheiden. Naturwissenschaftler haben eine Menge lebender und nicht-lebender Dinge untersucht. Diesen Dingen wurden auf der Grundlage von äußeren Attributen Namen gegeben, die wiederum Klassen zugeordnet wurden. Diese wurden in taxonomische Systeme eingeordnet, so z. B. das Tierreich, das Pflanzenreich, das Sonnensystem und die Tabelle der chemischen Elemente. Wörter, die die Begriffe in diesen Taxonomien darstellen, werden unter dem Aspekt dieser Attribute definiert.

Die Definition des zweiten Typs werden als Synonyme, Antonyme und andere semantische Mittel gebildet. *Freundlich* wird demnach definiert als gekennzeichnet durch offensichtliche Beachtung, Taktgefühl oder Ehrerbietung, durch Sanftheit und Hoffärtigkeit. Bei den spezifizierbaren Einzelfällen dieses und anderer Begriffe dieser Art herrscht noch keine Übereinstimmung hinsichtlich der Frage, woraus die Attribute abstrahiert werden können. Viele Wortbegriffe, die eher Teil des allgemeinen kulturellen Erbes als auf ein bestimmtes Fachgebiet bezogen sind, werden auf diese Weise definiert.

Die Definition des 3. Typs erfolgt nach Axiomen oder anderen theoretischen Aussagen, die die Attribute nicht direkt spezifizieren. Bezeichnung und Definition treffen hier in enger zeitlicher Nähe aufeinander. *Gerade* wird demnach nicht-mathematisch als die kürzeste Entfernung zwischen zwei Punkten definiert. Weder Linie noch Punkte sind sichtbar, können jedoch mit Worten definiert werden. Sie kann auch als durchgehende Markierung zwischen zwei Punkten dargestellt werden. Diese Darstellungen von Linienabschnitten sind für die Mathematiker jedoch nicht der Begriff oder genaue Darstellungen davon (*Fehr*, 1966). In der Mathematik finden sich oft begriffsausdrückende Wörter, für die es weder merkliche Beispiele, noch einigermaßen gute Darstellungen gibt, die auch nicht semantisch definiert werden können. Schüler, die die Definition nicht lesen oder verstehen können, sollten Beispielsdarstellungen, z. B. graphische Darstellungen von Linienabschnitten und Quadraten oder negative Zahlen zu kategorisieren lernen.

Definitionen des 4. Typs werden nach der Verwendung oder Funktion formuliert. Nur kleine Kinder definieren und klassifizieren hauptsächlich unter dem Aspekt der den Dingen zugedachten Verwendung. Ältere Kinder und Erwachsene definieren und klassifizieren hauptsächlich unter den ersten 3 Aspekten, schreiben jedoch manchmal einem Begriff auch ein »Verwendungsattribut« zu.

Daraus läßt sich jedoch nicht die Schlußfolgerung ziehen, daß sich jedes Wort nur nach einem der vorgenannten 4 Aspekte definieren läßt, daß alle Individuen bei der Formulierung ihrer Begriffe von demselben Aspekt ausgehen, oder daß eine Person ihr ganzes Leben einen Begriff unter demselben Aspekt definiert oder klassifiziert. Diejenigen, die am meisten über einen bestimmten Begriff wissen, werden sich jedoch wahrscheinlich auf eine der ersten 3 Ansätze als Hauptansatzpunkt zur Definition des bestimmten Wortes, das den Begriff ausdrückt, einigen.

11.1.3 Begriff – eine Definition

Die Begriffe eines Menschen verändern sich andauernd, und mit ständig wachsendem Wissen ändert sich auch die denotative Bedeutung vieler Wörter (*Deese*, 1967). Wir wollen einen allgemeinen Bezugsrahmen schaffen, von dem Psychologen, Lehrstoffexperten und Erzieher ausgehen können und geben hierzu eine Definition des Begriffs bzw. der denotativen Bedeutung. Die 3 Merkmale, von denen wir dabei ausgehen, sind psychologische Bedeutsamkeit, Struktur und Umsetzbarkeit.

Psychologische Bedeutsamkeit

Die konnotative Bedeutung eines Wortes eines Individuums entspricht jenem Begriffsattribut, das wir hier *psychologische Bedeutsamkeit* nennen. *Bruner, Goodnow & Austin* (1956, S. 244) bezeichneten das individuelle oder idiosynkratische Wesen von Begriffen in ihrer Begriffsdefinition als ein Netz von Zeichen und Folgerungen, bei dem man über eine Gruppe von *beobachteten* Eigenschaftskriterien, die ein Gegenstand oder ein Ereignis aufweisen, hinausgeht zur Klassenidentität des fraglichen Gegenstandes oder Ereignisses, um von da aus zu zusätzlichen Folgerungen über die *unbeachteten* Eigenschaften des Gegenstands oder Ereignisses zu gelangen. Psychologen, die sich der Vermittlungstheorie anschließen, bezeichnen einen Begriff als diejenigen assoziativen Bedeutungen bzw. implizit vermittelnden Reaktionen, die das *Individuum* zwischen Reiz und Reaktionsereignissen gebildet hat, wobei an sich unähnliche Gegenstände oder Ereignisse derselben Klasse zugerechnet werden (*Staats*, 1968). Gleichgültig welcher Definition man den Vorzug gibt, offensichtlich unterscheiden sich Personen desselben Alters erheblich hinsichtlich ihres Netzes von Folgerungen bzw. den implizit vermittelnden Reaktionen bei einem beliebigen Begriff. Die Begriffe des *Lesens*, der *Schule* und der *Zeit* weichen bei 7jährigen beispielsweise erheblich voneinander ab, was eine Folge unterschiedlicher Lern- und Reifungsbedingungen ist. Ebenso gibt es bei Hochschülern große Schwankungen hinsichtlich des Verständnisses komplexerer, jedoch geläufiger Begriffe wie *Kraft*, *Zahl* und *Wissensstruktur*.

Auf das Merkmal der psychologischen Bedeutsamkeit läßt sich

auch aus den Begriffsschwankungen, die sich beim Individuum abspielen, schließen. Mit zunehmenden Erfahrungen mit Beispielen des Begriffs sowie zusätzlichen verbalen Begriffsinformationen verändern sich die Begriffe eines Individuums. Denken Sie an Ihre gegenwärtigen Begriffe von *Freude* und *Raum* und vergleichen Sie sie mit denen, die Sie mit 10 Jahren hatten. Nach *Imhelder* und *Piaget* (1958) treten deutliche Veränderungen in denjenigen Mentaloperationen auf, die das Individuum auch tatsächlich durchführen kann. Diese Veränderungen resultieren wiederum in zunehmend abstrakteren, geistig höher stehenden Begriffen. Im Kern hat also jedes Individuum seine eigenen Begriffe, gestützt auf seine verbalen und nonverbalen Erfahrungen. Somit entspricht wie schon bemerkt, dieses Begriffsmerkmal der psychologischen Bedeutsamkeit der konnotativen Bedeutung eines Wortes, das einen Begriff ausdrückt.

Struktur

Ein weiteres Merkmal der Begriffe ist seine *Struktur*. Die 4 primären Strukturkomponenten sind die Merkmale zur Begriffsdefinition, die Regeln, nach denen die Merkmale zusammengefügt werden, die Hierarchie, in die sich der Begriff eingliedert sowie die Beispiele des Begriffs.

1. Merkmale. Wie bereits angemerkt, sind die Merkmale, nach denen sich Dinge in Kategorien definieren lassen, wahrnehmbare oder leicht meßbare Merkmale, semantische Bedeutungen oder axiomatische und logische Aussagen. Begriffe, die nach Merkmalen gebildet werden, wurden in letzter Zeit einer gründlichen Erforschung unterzogen. Es läßt sich jetzt eine verwandte Struktur erkennen. (Weitere Forschung und Analyse ist notwendig, um Strukturen anderer Begriffe herauszuarbeiten. Aus diesem Grunde beschränkt sich die anschließende Diskussion auf Begriffe, die nach ihren Merkmalen definiert werden.)

Begriffsmerkmale variieren in ihrer Anzahl, Relevanz und Differenzierbarkeit. Verschiedene Begriffe können eines bis viele Merkmale besitzen; bestimmte Merkmale können für einen bestimmten Begriff relevant, andere irrelevant sein, und Merkmale können eine hohe bis geringe Differenzierbarkeit aufweisen. Zur Verdeutlichung der Vorstellungen von Anzahl und Relevanz gehen wir davon aus, daß die 4 relevanten Merkmale von *viereckig* geschlossene Figur, ebene Figur, einfache Figur und 4 Seiten sind. Dieselben 4 Merkmale, zusammen mit 2 weiteren – gleiche Winkel und gleiche Seitenlänge –, sind zur Definition von *quadratisch* erforderlich. Die Größe der Winkel und gleiche Länge der Seiten ist also für quadratisch relevant, doch nicht für *viereckig*. Die Größe und Form der Figur und die Art der Darstellung sind für die Identifizierung von Beispielen für Quadrate und ebenso von Beispielen für Vierecke irrelevant.

Differenzierbarkeit bedeutet das Ausmaß, in welchem die Merkmale beachtet und erkannt werden. Attribute kann man auf verschiedene Weise differenzierbar machen. Die *Größe* läßt sich beispielsweise leichter unterscheiden, wenn man sowohl kleine als auch große Beispiele heranzieht. Differenzierung der *Anzahl* der Seiten bei Dreiecken und Vierecken wird erleichtert, wenn die Größe möglichst konstant gehalten wird und die Seiten durch fette Linien betont werden. Die Schüler sollten auch darauf hingewiesen werden, worauf zu achten sei. (Im allgemeinen wird mit dem Abnehmen der Differenzierbarkeit der Merkmale auch die Begriffsaneignung schwieriger.)

2. Regeln, für das Zusammenfügen von Merkmalen. Wortbegriffe wie *rot, Säugetier, älter* und *Treffer* veranschaulichen die verschiedenen Regeln des Zusammenfügens von Merkmalen (*Bruner, Goodnow & Austin*, 1956). (1) *Rot* ist ein einfacher *affirmativer* Begriff mit nur einer Eigenschaft oder Dimension. (2) Ein Tier, das gleichzeitig, oder *konjunktiv*, 3 Merkmale auf sich vereinigt — warmblütig, Säugedrüsen und lebend gebärend — wird als *Säugetier* klassifiziert. (3) Ein 5jähriges Kind ist älter als ein 4jähriges jedoch jünger als ein 6jähriges, *älter* ist ein relationaler Begriff. (4) Ein *Treffer* beim Basketball stellt einen Begriff dar, bei dem die Merkmale durch eine *disjunktive* Regel verbunden sind.

Die meisten im Lehrstoff der Schule auftretenden Begriffe sind entweder konjunktiv oder relational. Nur durch eine gewissenhafte Analyse verschiedener Lernbereiche ist es möglich, die verschiedenen Begriffsarten in Hinsicht auf die Regeln des Zusammenfügens von Merkmalen zu identifizieren. Die relative Leichtigkeit der Aneignung von Begriffen, die durch verschiedene Regeln definiert werden, folgt dieser Reihenfolge: affirmativ, konjunktiv, relational, disjunktiv (*Bourne*, 1966).

3. Hierarchische Struktur. Frayer, Fredrick und *Klausmeier* (1969) entwarfen ein Verfahren der Begriffsanalyse, nach dem verwandte Unterrichtsmaterialien vorbereitet und das individuelle Niveau der Beherrschung eines Begriffs geprüft werden kann. Dieser Arbei entstammt auch das angegebene Beispiel des Vierecks zur Definition von Begriffen. Abbildung 11.2 zeigt, wie sich *viereckig* in eine hierarchische Struktur eingliedert, die sich aus übergeordneten, beigeordneten und untergeordneten Begriffen zusammensetzt. Man kann ohne weiteres sagen, daß alle Beispiele von Vierecken (wie die von Dreiecken, Fünfecken usw.) auch Vielecke sind, und daß alle Beispiele von Trapezen, Drachen, Parallelogrammen,

Rechtecken, Rauten und Quadraten auch Beispiele von Vierecken sowie von Vielecken sind.

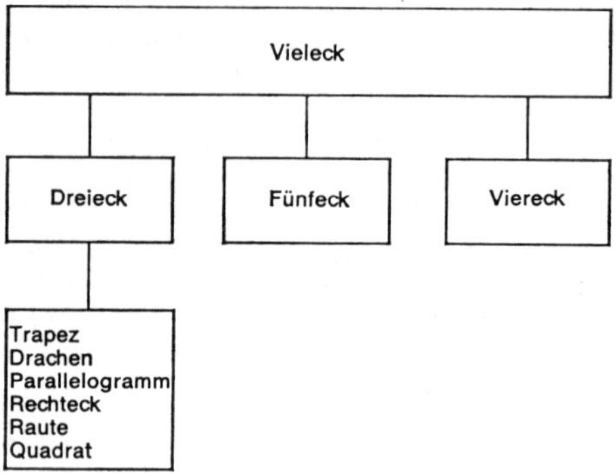

Abb. 11.2 Hierarchischer Rang des Begriffes *Viereck*

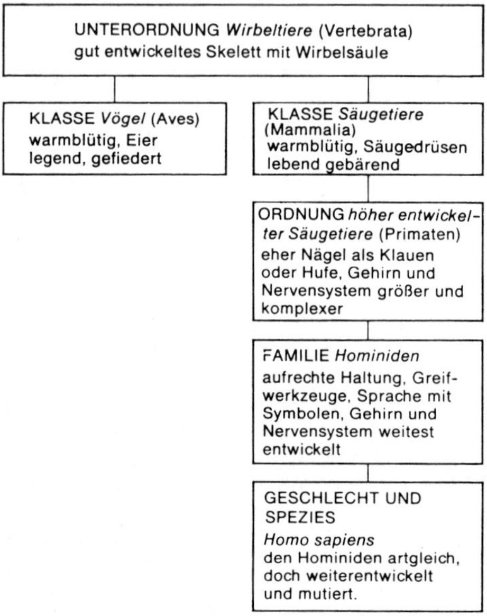

Abb. 11.3 Hierarchischer Rang des Begriffs *Homo sapiens.* (Der Mensch ist der einzige Überlebende der Familie der Hominiden.)

Abb. 11.3 zeigt, welchen Rang der Mensch als Homo sapiens in einem Klassifikationssystem neben Wirbeltieren, Säugetieren und Primaten einnimmt. Beachten Sie beim Ablesen der Tabelle von oben nach unten, wie die Definitionsmerkmale der Begriffe zunehmen. Anders ausgedrückt, jeder Begriff definiert sich successiv durch die relevanten Merkmale des ranghöheren Begriffs wie auch durch ergänzende Merkmale, die zur Differenzierung des Begriffs unter den verschiedenen Gruppen derselben Klasse notwendig sind. Eine dieser Differenzierungen zeigt sich in den beiden gleichrangigen Klassenbegriffen der *Vögel* und der *Säugetiere.* Vögel sind warmblütig wie Säugetiere, besitzen jedoch keine Säugedrüsen und bringen ihre Jungen auch nicht lebendig zur Welt. Die untergeordneten Begriffe folgen so nur der Linie der Säugetiere. Jeder nachfolgende Begriff (siehe Abbildung) wird zunehmend abstrakter und inklusiver — ebenso wie Viereck abstrakter und inklusiver als Trapez ist, usw.

4. *Begriffsbeispiele.* Ein Begriff kann ein einziges, aber auch unbestimmt viele Beispiele haben. Wie im letzten Kapitel bereits vermerkt, bilden kleine Kinder typischerweise konkrete bzw. Identitätsbegriffe, z. B. *Hund,* bevor sie von *Hund* einen Klassenbegriff bilden. Es gibt auch eine Fülle von Begriffen, für die es nur ein Exempel gibt oder gab, z. B. *der Mond, die Erde, Abraham Lincoln, die Vereinigten Staaten.* Für andere Begriffe gibt es unbegrenzt viele Beispiele, z. B. für Zahlworte, ebenso für Sandkörner oder Wassertropfen.

Begriffsbeispiele unterscheiden sich auch hinsichtlich ihrer Offenheit für Sinneserfahrungen. Auf der einen Seite stehen die den Augen, dem Gehör und den anderen Sinnesorganen gleichzeitig zugänglichen Beispiele, auf der anderen die nur sehr schwierig darstellbaren. Viele Dinge kann man überhaupt nicht sehen, so das Atom und den genetischen Code, und sind daher schwierig darzustellen.

Schließlich können Begriffsbeispiele entweder positiv oder negativ sein. Positive Beispiele besitzen die Attribute des Begriffs. Ein negatives Beispiel besitzt einige der Attribute des positiven Beispiels, jedoch keine anderen. *Ein Rechteck* ist ein positives Beispiel für Viereck und ein negatives für Dreieck.

Übertragbarkeit

Hat man sich einen Begriff angeeignet, so ergeben sich 4 Übertragungsmöglichkeiten auf andere Situationen: 1. Man betrachtet andere Beispiele bei der ersten Begegnung als zum Begriff oder als nicht zum Begriff gehörend. 2. Man kann andere Begriffe ohne Schwierigkeit als übergeordnet, beigeordnet und untergeordnet identifizieren. 3. Man kann den Begriff dazu verwenden, Prinzipien zu bilden und zu verstehen und Probleme zu lösen. 4. Das Lernen eines Begriffes erleichtert das Lernen anderer Begriffe.

1. Erkennen von Begriffsbeispielen. Nehmen wir an, daß ein Kind zuerst gelernt hat, eine Reihe von Figuren richtig »Quadrate« zu nennen. Es erkennt auch, sagt aber nicht unbedingt, daß ein Quadrat eine geschlossene, flache, einfache Figur ist mit 4 gleichen Seiten und 4 gleichen Winkeln. Hat es sich einen Begriff von Quadrat auf diesem Niveau angeeignet, so dürfte es dann in der Lage sein, andere Quadratfiguren, auf die es stößt, richtig einzuordnen und sie ebenfalls als Quadrat zu behandeln, und nicht als Rechtecke oder andere Vierecke.

2. Übergeordnete, beigeordnete und untergeordnete Beziehungen. Ein Kind kann relativ gefestigte Begriffe von Quadrat und Rechteck und anfängliche Begriffe von Vierecken und Fünfeck haben. Mit diesen Begriffen kann es leichter erkennen, daß ein Fünfeck und Viereck gleichrangig sind und das Quadrat und Rechteck dem Viereck untergeordnet sind.

3. Prinzipbildung und Problemlösung. Gagnè, 1966, definierte ein Prinzip als die Beziehung zwischen einem oder mehreren Begriffen. Ein Problem tritt auf, wenn man bei der Behandlung einer Situation weder eine Lösung, noch eine Methode bzw. beides verfügbar hat. Nach *Gagnè* sind Begriffe für das Erkennen von Prinzipien und das Lösen von Problemen notwendig. Hier bietet sich wieder das Beispiel der geometrischen Figuren zur Veranschaulichung an. Angenommen ein Schüler hat die Begriffe des *Dreiecks,* des *gleichseitigen Dreiecks,* des *rechtwinkeligen Dreiecks,* sowie die des *Vierecks,* des *Quadrats* und des *Rechtecks* gelernt. Die Kenntnis dieser Begriffe ermöglicht es ihm, das Prinzip, daß ein in der Hierarchie höherer (übergeordneter) Begriff weniger relevante Attribute besitzt als ein rangniedrigerer (untergeordneter), leichter zu erlernen. Außerdem findet der Schüler mit diesem Begriffswissen leichter den Umfang und die Fläche jeder Figur heraus, falls sich dieses Problem stellt.

4. Lernenlernen. Archer, Bourne & Brown (1956) bewiesen, daß die Menschen die Fähigkeit haben, das Lernen von Begriffen zu lernen. Später konnte man dieses Phänomen regelmäßig während einer Serie von Labor- und Schulexperimenten beobachten (*Klausmeier, Harris, Davis, Schuem & Frayer,* 1968). Bei diesen Versuchen lernten die Schüler konsekutive Begriffe, die trotz ihrer Verschiedenheit demselben Typ angehörten, also beigeordnete Begriffe. Mit dem Lernen weiterer Begriffe reduzierte sich sowohl die hierzu erforderliche Zeit als auch die Anzahl der Fehler. Um wieder zu den geometrischen Figuren zurückzukommen: Obwohl wir diese spezifischen Versuche nicht durchführen, sind wir zuversichtlich, daß die Schüler zum Lernen der beigeordneten Begriffe *Viereck, Dreieck und Fünfeck* zunehmend weniger Zeit benötigen würden.

Jetzt können wir eine Definition des Wortes »Begriff« darlegen. Ein Begriff ist ein mentales Gebäude, oder eine Abstraktion, die durch psychologische Bedeutsamkeit, Struktur und Übertragbarkeit gekennzeichnet ist und es dem Individuum ermöglicht, (1) Gegenstände und Vorgänge als derselben Klasse zugehörig und als verschieden von Gegenständen und Vorgängen anderer Klassen zu erkennen, (2) andere verwandte, übergeordnete, beigeordnete und untergeordnete Begriffe in einer hierarchischen Rangordnung zu erkennen, (3) sich Prinzipien anzueignen und begriffsbezogene Probleme zu lösen und (4) andere Begriffe desselben Schwierigkeitsgrades in kürzerer Zeit zu lernen. Operational könnte man einen Begriff als das Niveau der Meisterung definieren, auf dem ein Individuum den Begriff erworben hat, und nicht nur als die richtige Kategorisierung zweier sonst unähnlicher Reize als zu derselben Klasse gehörend. Auf diese Beherrschungsstufe läßt sich anhand von Beobachtung und Prüfungsleistungen schließen. Die vollständigsten denotativen Bedeutungen von Wörtern, die Begriffe darstellen, finden sich in Büchern und Artikeln, die von Experten verfaßt wurden (z. B. definieren Physiker das Atom, Theologen Religion). Die gesellschaftlich anerkannten Bedeutungen von Begriffen, nicht unbedingt die von Fachleuten vertretenen Bedeutungen, finden sich in allgemein gültigen, ungekürzten enzyklopädischen Wörterbüchern.

Auf der Grundlage der vorstehenden Definition sowie der in diesem Abschnitt dargebotenen Begriffsanalyse, wurden jeweils 30 Begriffe aus der Mathematik, dem Deutschen, den Naturwissenschaften und der Soziologie identifiziert und analysiert. Daraus wurden Tests entwickelt zur Bestimmung der Stufe, auf dem jeder einzelne Begriff von 200 Mädchen und 300 Jungen, die eben die 4. Klasse abgeschlossen hatten, beherrscht wurde. Um besser entscheiden zu können, welcher Lehrstoff für Schüler verschiedener Entwicklungsstufen angemessen ist, sollte diese Art der Analyse von Lehrern, Stundenplanern und Lehrstoffexperten durchgeführt werden.

Es folgt nun die Analyse des Begriffes *Flußdelta.* Die Attribute und Beispiele gelten als angemessen für Kinder der 5. Klasse. Beachten Sie, daß in der Analyse keine »Gebrauchs«- oder »semantischen« Attribute vorkommen. Auf diese wurde bewußt verzichtet, da noch nicht genügend Forschungsberichte über die richtige Ausarbeitung einer Analyse mit diesen Attributen vorliegen.

ANALYSE DES BEGRIFFS DELTA

1. Zielbegriffsbezeichnung:

Delta (Dieser Begriff wurde einer Reihe von Begriffen, die *geographische Regionen* bezeichneten, entnommen).

2. Definition mit Angabe des übergeordneten Begriffs und der entscheidenden Attribute des Zielbegriffs: Ein Delta ist eine Flußmündung, bei der sich infolge von Ablagerung Land bildet.
3. Übergeordneter(e) Begriff(e):
   Flußmündung
4. Beigeordnete(r) Begriff(e):
   Flußmündungen ohne Deltabildung
5. Untergeordnete Begriffe:
   Deltas, die die Möglichkeit bieten, Getreide anzubauen.
   Deltas, die nicht die Möglichkeit bieten, Getreide anzubauen.
6. Entscheidungsattribute, die den Zielbegriff innerhalb des gewählten, übergeordneten Begriffs (bzw. beigeordneten Begriffs, falls ein übergeordneter nicht erkannt wurde) identifizieren.
   Ein Delta
   a) ist ein neugebildetes, ständig wachsendes Land,
   b) ein Gebiet der Flußmündung,
   c) findet sich dort, wo ein Flußlauf auf eine größere Wassermasse stößt und aufgehalten wird,
   d) besteht aus vom Fluß angeschwemmtem Erdreich,
   e) teilt den Fluß in mehrere Äste um das Landgebiet.
7. Andere relevante, jedoch nicht für den Zielbegriff entscheidende Attribute (Attribute des übergeordneten Begriffs bedürfen keiner Spezifizierung):
   andere, für das Delta relevante, Attribute sind die des übergeordneten Begriffs *Flußmündung.*
8. Irrelevante Attribute des Zielbegriffs (Attribute, die je nach den Beispielen des Zielbegriffs variieren):
   a) die Bodenbeschaffenheit,
   b) welchem Fluß das Delta angehört,
   c) die Lage,
   d) in welcher Zeit es sich gebildet hat,
   e) seine genaue Form.
9. Ein Begriffsbeispiel:

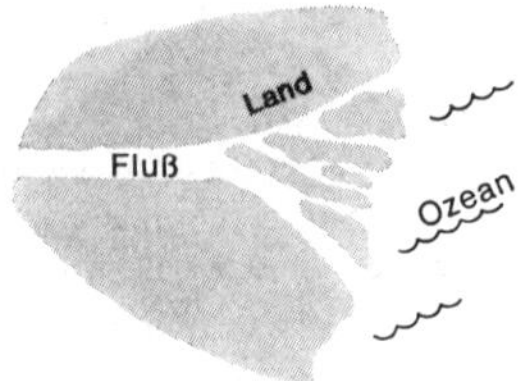

10. Den Begriff nicht treffende Beispiele:

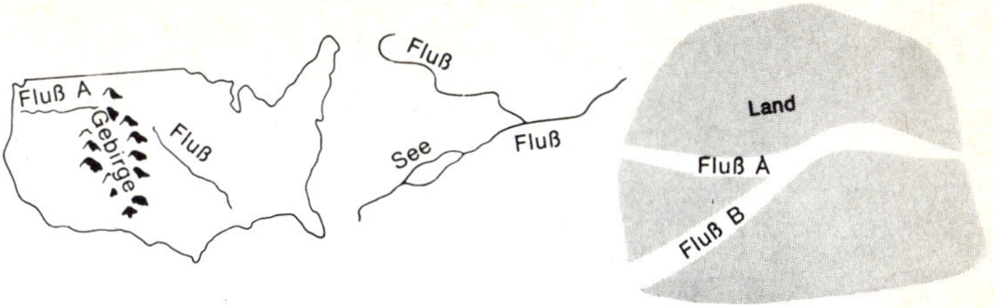

11. Verwandtheit mit mindestens einem anderen Begriff:
(Diese Verwandtheit sollte möglichst ein Prinzip sein. Sie sollte unter keinen Umständen eine übergeordnete-untergeordnete Beziehung sein, bzw. eine Beziehung, die ein Entscheidungsattribut oder ein Beispiel miteinbeziehen.)

Ein *Delta* kann die *Küstenlinie* verändern. (*Tabachnick, Weible & Frayer*, 1970).

11.1 Nach Carroll ist Erziehung weitgehendst ein Prozeß, bei dem das Individuum lernt, gesellschaftlich anerkannte Wörter und Bedeutungen mit bereits gebildeten Begriffen zu verbinden, oder neue Begriffe zu bilden, die den gesellschaftlich gültigen Wörtern und Bedeutungen genau entsprechen.

a) Glauben Sie, daß diese Aussage auf alle Schultypen (Grundschule, Realschule, Gymnasium) anwendbar ist?

b) Glauben Sie, daß diese Aussage in gleicher Weise auf die Soziologie und andere Unterrichtsfächer anwendbar ist?

11.2 Denken Sie an Ihre eigenen Begriffe, die Sie im Zusammenhang mit der Geometrie und Eltern haben. Bei welchem stellen Sie eine engere Übereinstimmung mit der denotativen Bedeutung des Wortes fest und warum?

11.3 Definieren Sie Vogel, schön, Parallelen, Thermometer!

a) In welchem Maße neigen Sie dazu, jeden Begriff nach den wahrnehmbaren Attributen, den Synonymen, dem Verwendungszweck und axiomatisch zu definieren?

b) Für welchen der 4 Begriffe können Sie ohne weiteres verbale Illustrationen oder Beispiele angeben?

11.4 Worin besteht der Zusammenhang zwischen der psychologischen Bedeutsamkeit eines Begriffs und der konnotativen Bedeutung eines Wortes, das einen Begriff ausdrückt?

11.5 Analysieren Sie die Begriffe Säugetier *und* Sonne *nach den Attributen, der hierarchischen Struktur und den Beispielen.*

11.6 Sie haben nun eine genauere Vorstellung vom Begriff. *Inwieweit ermöglicht diese Ihnen eine Analyse des Lehrstoffs der Naturwissenschaften, der Geschichte oder eines anderen Unterrichtfachs, das sie interessiert?*

11.2 Entwicklungstendenzen

Die Entwicklungstendenzen beim Begriffslernen wurden von einer Reihe von Wissenschaftlern untersucht und erläutert. Als Folge der zahlreichen diesbezüglichen Forschungsarbeiten besitzen wir heute weitreichende Kenntnisse über die Begriffsentwicklung. Mit weiterer Forschung dürfte sich dieses sogar noch vergrößern.

Die Erforschung des Begriffslernens erfolgte auf mehreren Wegen, doch ergänzen sich 2 der wichtigsten Arbeiten, welche beide hier besprochen werden. Der schweizer Psychologe *Jean Piaget*, der vielleicht der einflußreichste Theoretiker geistiger Entwicklung dieses Jahrhunderts ist, schaffte die Grundlage für spätere Arbeiten, indem er qualitative Veränderungen feststellte, die sich in der kognitiven Entwicklung von der Kindheit bis zur Reife abspielen (so interpretiert von *Flavell*, 1963). Auf derselben Linie erforschten *Jerome Bruner* und seine Kollegen von der Harvard Universität die Veränderung in der Begriffsentwicklung bei Kindern und berichteten darüber in der amerikanischen Psychologen geläufigeren Terminologie (*Bruner, Olver & Greenfield*, 1960).

Eine andere Forschungsrichtung wurde am Wisconsin Forschungs- und Entwicklungszentrum für kognitives Lernen unter der Leitung des Koautors durchgeführt. In dieser programmatischen Forschungsarbeit werden Begriffe, die in der Grundschule gelehrt werden, identifiziert. Jeder Begriff wird dabei wie auf Seite ... analysiert. Sodann wird in Einklang mit der Analyse Unterrichts- und Anschauungsmaterial zum Zwecke der Begriffsinformation vorbereitet. Ein weiteres Element der Analyse, wie z. B. die Anzahl der Begriffsbeispiele, die Häufigkeit der Wiederholungen desselben Attributs oder eine induktiv-seduktive Sequenz wird durch das Schreiben von 2 oder 3 Versionen variiert, die darauf ausgerichtet sind, denselben Begriff bzw. Begriffsgruppe zu lehren. Die verschiedenen Versionen des Materials werden willkürlich Kindern zugeteilt, die die Schule regelmäßig besuchen. Zur Beurteilung der Frage, welche Version besser oder am besten geeignet ist, werden Tests entwickelt auf der Grundlage der in Kapitel 4 beschriebenen. Derselbe Text wird nun allen Kindern vorgelegt und daraufhin nach den erreichten Punkten bewertet. Nach diesem Verfahren kann man genau entscheiden, welche Informationsart innerhalb des Unterrichtsmaterials zu einer höheren Begriffsaneignung führt. Man kann auch die Reaktionen der Kinder auf die verschiedenen Lernitems, bei denen Schwierigkeiten empfunden wurden, untersuchen. Langfristiges Ziel ist die Formulierung von Richtlinien zur Entwicklung von besserem Unterrichtsmaterial, das bei richtiger Nutzung durch den Lehrer den Kindern ermöglicht, Begriffe der verschiedenen Curriculumgebiete effektiver zu lernen. Im folgenden werden wir noch weit mehr darüber erfahren, wie Kinder Begriffe mit verstärkter Erfahrung und Unterrichtung lernen. (Dies schließt nicht die Notwendigkeit bzw. Wichtigkeit direkter Erfahrungen mit manchen Referenten einiger Begriffe aus.) Die Arbeit von *Frayer*, 1969, ist ein Beispiel dieser Forschungsrichtung; er erkannte bei Schülern der 4. und 5. Klasse Unterschiede in ihrem Beherrschungsniveau geometrischer Begriffe.

11.2.1 Die Piagetschen Phasen der kognitiven Entwicklung

Jean Piaget widmete einen Großteil seines Lebens in seinem Genfer Institut der kognitiven Entwicklung von Kindern. Lange Jahre wurden seine Ideen in den U.S.A. nicht akzeptiert, teils aufgrund seiner Forschungsmethoden und weil das damalige Meinungsklima in den U.S.A. diese Ideen nicht begünstigte. Jetzt aber werden *Piagets* Erkenntnisse und die verwandte Forschung vieler anderer in Amerika und England von einzelnen und Gruppen, die mit der Vorbereitung von Curriculummaterialien und Unterrichtsprogrammen beschäftigt sind, als äußerst wichtig erachtet. *Flavell* (1963) und *Baldurn* (1967) haben einen Großteil der von *Piaget* veröffentlichten Arbeiten zusammengefaßt. Die folgenden Ideen stützen sich weitgehend auf den Interpretationen dieser beiden Psychologen. Nach *Piagets* Theorie wickeln sich kognitive Prozesse in 4 definierbaren Stufen ab. Diese Phasen fallen zwar mit bestimmten Altersstufen zusammen, welche jedoch keinesfalls genau und bindend sondern nur annähernd. Sie verlaufen auch kontinuierlich; man sollte nicht annehmen, daß mit dem Ende einer Entwicklungsphase eine weitere beginnt; vielmehr werden auf jeder Stufe andere Fähigkeiten aktiv erworben. In den kognitiven Prozessen gibt es also bei aufeinanderfolgenden Phasen qualitative Veränderungen. Graphisch lassen sich die 4 Hauptphasen so darstellen.

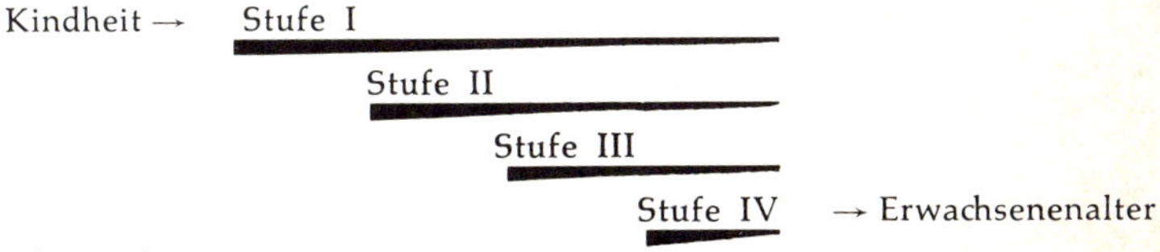

Aber nicht so:

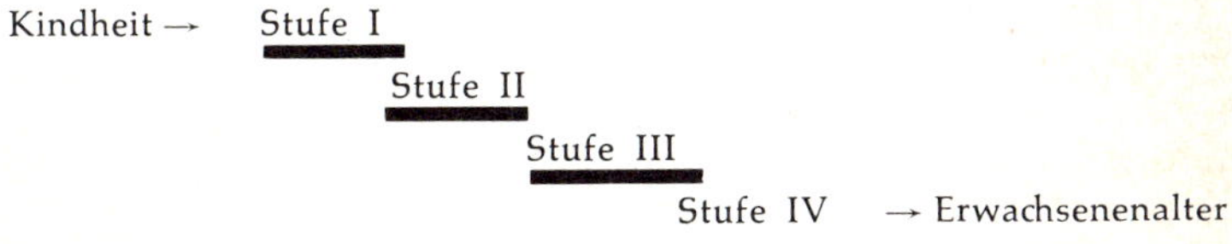

Von Kindheit bis Erwachsenenalter assimiliert das Kind Daten über seine Umwelt, paßt sich seiner Umwelt an und ordnet seine Erfahrungen und sein Wissen in ein System bzw. eine Struktur ein. *Piaget* betrachtet dieses aktive Einordnen als die wichtigste Kraft in der kognitiven Entwicklung des Kindes. Andere anerkannte Kräfte sind: persönliche Reifung, Erfahrungen mit der Umwelt und der direkte Unterricht durch andere Menschen. *Piaget* bezeichnet diesen aktiven inneren Prozeß der Einordnung und Koordinierung der eigenen intellektuellen Entwicklung als *Äquilibration*. Der Prozeß der Äquilibration als eine Form der Selbstregulierung bedeutet eine ständige Veränderung, Vergrößerung und Umstrukturierung des Einordnungssystems, der kognitiven Struktur, hervorgerufen durch wachsende Erfahrungen mit der Umwelt und sich selbst, die das Kind mit Ideen und Vorgängen konfrontierten, die es assimilieren oder an die es sich anpassen muß. Die 4 kognitiven Entwicklungsphasen machen die verschiedenen Niveaus deutlich, auf denen sich das Kind beim Aufbau dieses Einordnungssystems bewegt.

Phase I: Sensomotorische Periode

Während dieser Zeit, die ungefähr mit den ersten beiden Lebensjahren zusammenfällt, entwickelt sich das Kind von einem Reflexzustand, in dem es selbst und seine Umwelt völlig undifferenziert sind, auf ein relativ komplexes Niveau sensomotorischer Tätigkeiten in einer Welt, die es von jetzt an systematisch einzuordnen beginnt. Es erfordert eine beachtliche Anpassung, um aus der Neugeborenenphase, während der das Kleinkind keine Kenntnisse über seinen Körper, Sinneszusammenhänge und die Umwelt besitzt, die Fähigkeit zu entwickeln, einen Gegenstand zu begreifen, sich einem Ziel zu nähern (vielleicht mit einfachen Hilfsmitteln) und Töne und Tätigkeiten zu imitieren. Während dieser Phase beginnt das Kind, visuelle Bilder einzuordnen und seine motorischen Reaktionen zu kontrollieren. Zu Anfang finden körperliche Tätigkeiten völlig außerhalb der Kontrolle des Kindes statt. So ist sich das Kind auch nicht bewußt, daß sich sein Körper bewegt. Sodann beginnt es, unterschiedliche Sinneserfahrungen zu koordinieren — Sehen, Hören, Fühlen Schmecken — und sie alle auf denselben Ursprung zurückzuführen und nicht auf verschiedene Quellen. Allmählich lernt es, auf Geräusche zu achten und sich ihnen mit den Augen zuzuwenden und zu berühren, was es sieht. Es lernt ein Spielzeug ruhig in der Hand zu halten, um es betrachten zu können, bis es schließlich beide Hände und den Körper zu dem Zweck koordiniert, sich aufzurichten oder nach einem Spielzeug zu greifen. Am Ende dieser Periode sind die physischen Reaktionen genügend koordiniert, daß physische Bewegungssequenzen mehr und mehr fließend ablaufen. Zum Aufheben eines Kätzchens sind z. B. mehrere Dinge gleichzeitig zu tun: Die Knie zu beugen, ohne dabei das Gleichgewicht zu verlieren, die Hände nach der Katze auszustrecken und das Tier auf angemessene Weise zu packen. Wenn es die erforderlichen Bewegungen nicht richtig eingeschätzt hat, muß es einen neuen Versuch machen, vielleicht die Katze am Körper zu packen, und nicht am Schwanz oder am Ohr, und evtl. mit der Erwartung, daß das Kätzchen schwerer als ein Plastikspielzeug ist. (Die Reaktion des Kätzchens ist hierbei kein Faktor!)

Außer der Koordinierung der Sinneseindrücke und Kontrolle seiner physischen Bewegungen beginnt das Kind nun, seine Umwelt einzuordnen. Anstatt die Umgebung als ein sich zu Zeiten veränderndes Bild zu sehen, differenziert es jetzt nach und nach verschiedene Gegenstände. Es betrachtet die Welt als relativ permanenten Ort, der nicht an die Wahrnehmung, die es von ihm hat, gebunden ist. Ein sehr kleines Baby ist hilflos, wenn es das Spielzeug neben sich fallen lassen hat. Der Gegenstand existiert für es nicht mehr, weil er sein Blickfeld verlassen hat, und es wird ihn nur zufällig wieder finden. Sobald es beginnt, die Umwelt weniger begrenzt zu sehen, lernt es, daß Dinge existieren, auch wenn es sie nicht sehen kann. Das Kind wird in der Lage sein, nach dem verlorenen Spielzeug zu suchen, weil es merkt, daß seine Umgebung eine gewisse Beständigkeit hat. *Piaget* bezeichnet die Fähigkeit des Kindes, Gegenstände nicht mehr als bloße angenehme Wahrnehmungen und Bilder zu sehen, sondern als konkrete beständige Dinge, die in sich selbst existieren, die auch außerhalb seines Blickfelds weiterbestehen und in einem räumlichen Bereich zu finden sind, dem auch sie selbst angehören; als *Objektbegriff*. Das Kind weiß, wo es sich in bezug zum Raum und den umgebenden Dingen befindet. Es kann das über ihm hängende Mobile vorsätzlich anschubsen, weil es weiß, daß es sich bewegen wird und Freude bereitet.

Gegen Ende der sensomotorischen Phase kann das Kind eine Folge von Tätigkeiten beibehalten, wenn es z. B. darum geht ein Ziel zu erreichen oder mit einem einfachen Hilfsmittel einen Gegenstand zu erreichen. Es erkennt, daß es ihm möglich ist, durch Verrücken des Kopfkissens, auf dem es liegt, sein Spielzeug zu bekommen. Sein Denken ist jedoch noch auf unmittelbare Sinneseindrücke begrenzt und eng an motorische Tätigkeiten gebunden bei einem Minimum an symbolische Äußerung.

Phase II: Übergangsperiode

Diese Entwicklungsphase, die eine Vorstufe zu konkreten Handlungen darstellt, findet im allgemeinen zwischen dem 3. und 8. Lebensjahr statt und ist noch nicht vollkommen erforscht. In dieser zweiten Phase erreicht das Kind im Gegensatz zu den übrigen

Stufen kein spezifisches Stabilitätsniveau. In dieser unbestimmten Periode lernt das Kind Namen und Bezeichnungen für Gegenstände. Während es seine sensomotorischen Fähigkeiten weiterentwickelt, bewegt es sich allmählich auf einer einfachen Begriffsebene. Es eignet sich Namen für Dinge an und entwickelt langsam Vorstellungen von der Ähnlichkeit der Dinge bei einer gewissen allgemeinen Kategorisierung. Auch entwickelt es allgemeine Relationsbegriffe wie *größer*, *älter*, *kleiner* und *zuviel*.

Das zeitweilig scheinbar überlegte Verhalten des Kindes ist auf dieser Stufe jedoch meistens inkonsequent und widersprüchlich. Einmal sagt es, ein Gegenstand sei größer als der andere, einige Zeit später hat es eine gegenteilige Meinung davon und merkt dabei nicht, daß die beiden Dinge nicht miteinander vergleichbar sind. Offensichtlich fehlt ihm noch die Fähigkeit, über seine Gedanken nachzudenken bzw. weiter vorauszuplanen. Beide Handlungen sind ausschließlich auf die Ebene begrifflicher Erfahrungen beschränkt, d. h. es hält sich bei der Einschätzung von Relationen eher an sensorische Anhaltspunkte als an logisches Denken. Für ein sehr kleines Kind *ist* ein von verschiedenen Blickwinkeln betrachteter Gegenstand tatsächlich verschieden, d. h. das Kind denkt ich-zentriert, sieht die Umwelt aus seiner momentanen Perspektive. Ein älteres Kind, das mehr Erfahrung und Kenntnis mitbringt, wird verstandesmäßig wissen, daß die typischen Merkmale eines Gegenstandes trotz veränderter Wahrnehmung oder Perspektive unverändert bleiben. In einem bekannten Experiment beispielsweise stellte ein Kind richtig fest, daß zwei übereinander gestellte Stäbe dieselbe Größe hatten, wurde der obere Stab jedoch nur ein wenig nach rechts verschoben, so irrte es sich in seiner Meinung, daß der obere Stab jetzt länger sei. Nach *Piaget* fehlt dem Kind die Fähigkeit, Mengen beizubehalten, und reagiert nur auf wahrgenommene Eigenschaften von Gegenständen und Vorgängen.

Nach *Piagets* Meinung liegen die Wurzeln begrifflichen Denkens im Aufbau von Gedankenbildern und in symbolischen Prozessen. Der erste Schritt, die Bildung von Gedankenbildern, ist ein innerer Prozeß, der unabhängig von offenen physischen Handlungen stattfindet. Ein Gedankenbild ist eine »Abbildung einer spezifischen Handlung bzw. eines spezifischen Vorgangs« (*Baldwin*, 1967, S. 231). Diese Bilder sind dennoch sehr spezifisch, nicht verallgemeinert. Ein Kind kann einen Erwachsenen imitieren, auch wenn das eigentliche Modell nicht mehr anwesend ist. Der kleine Junge, der im Spiel seine Imbißtasche nimmt und damit zur »Arbeit« geht, imitiert auf eben diese Weise. Die verschiedenen Arten symbolischer Prozesse, die in dieser Phase ablaufen, lassen sich vielleicht am besten am Spiel der Kinder erkennen. Man gehe davon aus, daß diese Handlungen zwar der

Realität entsprechen, in gewisser Hinsicht jedoch von ihr erheblich abweichen. Gelegentlich bringt das Kind selbst Wirklichkeit in den symbolischen Charakter seiner Spiele, wenn es anfängt, »Erwachsene« zu spielen oder tatsächlich an seinen Anspruch glaubt.

Eine andere bedeutende Art symbolischer Prozesse spiegelt sich beim Kind im Aufbau verbaler Schemen ab. Bei der Entwicklung von Begriffen spielen Worte als solche eine wichtige Rolle. Ihr willkürlicher Charakter zwingt uns dazu, sie auf eine bestimmte Weise festzulegen, wenn wir sie richtig gebrauchen wollen. Diese Notwendigkeit der genauen Wortbestimmung hilft uns bei der Bildung verschiedener Klassenbegriffe. (Auf die Bedeutung von Klassen bei der kognitiven Entwicklung wird bei der nächsten Phase eingegangen.) *Piaget* glaubt, daß die richtige Verwendung der Wörter durch das Kind – abgesehen von ihrer Wichtigkeit – nicht notwendigerweise Hinweis dafür ist, daß eine Begriffsdeutung stattfindet. Ein Kind verwendet Namen wesentlich begrenzter als Erwachsene. Das Wort *Auto* beispielsweise mag alles sich bewegende bedeuten, sei es was Erwachsene als Auto, Lastwagen, Fahrrad, Anhänger oder Zug bezeichnen. Wörter werden nach und nach in darstellender Weise verwendet, schließlich dürfte es einem Kind kaum Schwierigkeiten bereiten, eine Henne zu identifizieren und zu benennen. *Henne* wird jedoch für das Kind kein Begriff sein, wie er es für Erwachsene ist. Wenn also das Kind in einem Hof mit vielen Hennen herumläuft, dürfte es jede einzelne als »Henne« bezeichnen, weil es glaubt, daß jedes Mal, wenn es eine Henne sieht, dies die gleiche Henne ist. Aus verständlichen Gründen bezeichnet *Piaget* diese Begriffsart als *Vorbegriff*.

In dieser Phase manifestiert sich beim Kind auch wenig oder überhaupt kein Verständnis für übergeordnet-untergeordnete Klassen. In einem oft beschriebenen Versuch beispielsweise wird dem Kind ein Kästchen mit vielen Holzkugeln gezeigt; manche davon sind braun, einige weiß. Das Kind stimmt zu, daß alle Kugeln aus Holz sind und manche braun und manche weiß sind. Auf die Frage, ob mehr braune oder mehr hölzerne Kugeln in dem Kästchen wären, wird es wahrscheinlich antworten, braune seien in der Überzahl. Und warum sind es mehr braune als hölzerne? »Weil es so wenig weiße gibt.« Das Kind kann nicht mehr als ein Merkmal der Kugeln zur selben Zeit in Betracht ziehen. Für den Augenblick kann es sich entweder auf die Farbe (braun, weiß) oder das Material (Holz) konzentrieren, jedoch nicht auf beides. In dieser Entwicklungsphase sammelt das Kind nach und nach die nötigen Erfahrungen, zur Entwicklung der Fähigkeit, die Konzentration zu verlagern, verschiedene Informationsstückchen im Gedächtnis zu behalten und gleichzeitig mehr als einen Aspekt eines Problems zu berücksichtigen.

Phase III: Konkrete Operationen

Zwischen dem 7. und 11. Lebensjahr stabilisieren sich die Gedanken des Kindes allmählich, d.h. die inneren Handlungs- und Wahrnehmungsschemen bilden sich zu logischen Handlungssystemen aus. Das Kind beginnt die Konsequenzen einer möglichen Handlung im voraus zu bedenken. Es lernt dies weniger durch physische Prüfung oder Irrtümer. Gegen Ende dieser Periode beherrscht es mit ziemlichem Erfolg die Erhaltungsprinzipien – mit der Veränderung der Form eines Lehmklumpens ändert sich nicht notgedrungen auch dessen Gewicht und das Zerteilen eines Brotstückes ändert nichts an dessen Gesamtmenge. Jetzt beginnt das Kind auch mit den schwierigeren Begriffen von Zeit, Raum, Menge und Anzahl umzugehen, doch die Probleme von Inhalt und Volumen bleiben ein wenig zu kompliziert.

Piaget bezeichnete mit dem Begriff *Operationen* als kognitive Handlungen, die fest eingeordnet sind in ein starkes System oder Netz. Die Operationen dieser Entwicklungsperiode sind dennoch eng gebunden an konkrete Objekte und Handlungen und umfassen ganz allgemein den Prozeß der Klassifizierung, die Probleme des Klassifizierenlernens, die Ordnung früherer Klassen auf der Basis neuer Informationen und den Aufbau neuer Klassen. Bezüglich dieses Problems der Klassifizierung hat *Piaget* den Begriff *Gruppierung* geprägt, sich stützend auf den mathematischen Begriff der Gruppe als eine Reihe von Elementen mit mehreren ähnlichen Merkmalen, die durch eine Regel bzw. ein Gesetz zueinander in bezug stehen. Eine Gruppierung ist eine Reihe von Operationen, die nicht im Sinne der vorangegangenen Formulierung eine Gruppe einschließen, sondern einige Gruppeneigenschaften haben.

Piaget stellte theoretisch 9 Operationsgruppierungen auf: eine einfache Äquivalenzgruppierung, die alle andern überdeckt, 4 Gruppierungen, die sich hauptsächlich auf logische Klassen als Abstraktionen beziehen, welche nicht tatsächlich physische Objektsammlungen darstellen, sowie 4 infralogische Gruppen, die sich mit den Beziehungen von Teilen eines Objekts auf das ganze oder von Mitgliedern einer Klasse auf die gesamte Klasse befassen. Ein Kind muß sich zum Erlernen der Erfahrungsklassifizierung diese Gruppierungsprozesse zu eigen machen, die im weiteren Sinn verschiedene Methoden der logischen Einordnung von Informationen über die Umwelt sind.

Von den 9 Gruppierungen ist vielleicht die erste – Gruppierungsgleichheiten – am leichtesten zu erklären und zu verstehen. Das Kind sollte zu allererst eine Vorstellung von der Gleichwertigkeit der Gruppen bekommen, indem es Objekte in jeder Hinsicht als gleichwertig erkennt und gruppiert. Mathematisch ausgedrückt sieht dieser Prozeß so aus:

$$x = y$$
$$y = z$$
$$x = z$$

Hierbei handelt es sich um eine sehr einfache Gleichung, weil sich alle Objekte in jeder Hinsicht gleichen. Das Kind muß logisch erkennen, daß, wenn x identisch mit y und y identisch mit 2 ist, x auch identisch mit 2 sein muß. Es muß erkennen, daß alle Elemente gleichwertig sind.

Wir werden die anderen 8 Klassengruppierungen hier nicht ausführlich erläutern – in Abbildung 11.4 sind sie als Gruppierungen I–VIII abgebildet. In jedem Falle werden diejenigen Gruppierungen, die noch keiner umfassenden Erforschung unterzogen wurden, hypothetisch als der nächste logische Schritt in einer Folge angenommen.

Da Gruppierung I, die Einbeziehung einer Unterklasse innerhalb einer Klasse, am gründlichsten untersucht worden zu sein scheint, kann sie leicht erklärt werden: Ein Kind das mit einer Reihe von Objekten konfrontiert und aufgefordert wird, aus den zusammengehörenden Gruppen zu bilden, wird je nach Alter und Entwicklungsstufe unterschiedlich reagieren. Angenommen wir haben eine Schachtel mit Dreiecken und Quadraten, die groß oder klein bzw. weiß oder braun sind. Nach *Piaget* werden verschiedene Kinder auf folgende Weise reagieren:

1. Das jüngste Kind ordnet die Objekte eher zu einer »graphischen« Anlage bzw. geometrischen Form an als zu einer »logischen« Anlage nach Größe, Gestalt, Farbe usw. Es kann die Objekte in einer einzelnen ungeraden Linie anordnen, doch wird die Linie keine logische Folge haben. Die Aneinanderreihung wird ihm zwar Spaß bereiten, jedoch nur wenig strukturierten Aufbau aufweisen.

Ein etwas älteres Kind dürfte komplexere geometrische Muster bilden, z. B. die Objekte zu einem Kreis oder Dreieck bzw. zu einem symmetrischen oder darstellenden Muster zusammenstellen.

GR. I: Einbeziehung einer Unterklasse innerhalb einer Klasse (hierarchische Klassifizierung)	Bäume Blätter jedes Jahr abfallend — immergrün Ulme — Eiche — Pinie — Wacholderbaum
GR. II: Wechselnde Unterteilung derselben Klasse	Gebäude Häuser — Nichthäuser
GR. III: Unterteilung einer Gruppe von Objekten in 4 Klassen mittels zweier oder mehrerer Kriterien	<table><tr><td>junge Hunde</td><td>schwarz</td><td>braun</td></tr><tr><td>männlich</td><td>schwarz männlich</td><td>braun männlich</td></tr><tr><td>weiblich</td><td>schwarz weiblich</td><td>braun weiblich</td></tr></table>
GR. IV: Eine spezielle Klasse der Gruppierung III, in der aus einem bestimmten Grund eine Kriterienkombination nicht möglich ist	<table><tr><td></td><td>Gras</td><td>Nichtgras</td></tr><tr><td>Baum</td><td>X</td><td>Baum Nichtgras (Ulme)</td></tr><tr><td>Nichtbaum</td><td>Gras Nichtbaum (Winde)</td><td>Nichtgras Nichtbaum (Rosenbusch)</td></tr></table>

Die GRUPPIERUNGEN V mit VIII betreffen Beziehungen, bei denen verschiedene Arten von Kriterien angewendet werden.

GR. V: Asymmetrische Kriterien	größer-kleiner schwerer-leichter $2 > 1$ und $1 < 2$
GR. VI: Symmetrische Kriterien	Hans ist Peters Bruder Peter ist Karls Bruder Hans ist Karls Bruder
GR. VII: 2 oder mehrere asymmetrische Kriterien	groß — klein breit schmal 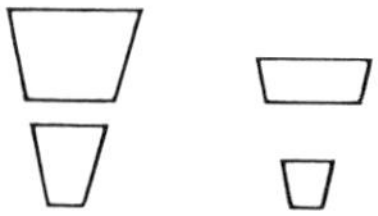
GR. VIII: 2 oder mehrere symmetrische Kriterien	Hans ist Peters Vater Peter ist Kurts Vetter Hans ist Kurts Onkel

Abb. 11.4 Gruppierungen auf der Grundlage der Piagetschen Theorie kognitiver Entwicklung.

2. Während der folgenden Übergangsstufe sortiert das Kind die Objekte entweder zu nichtgraphischen Mustern, wobei einige aussortierte Stücke übrigbleiben oder teilt sie in viele kleine Klassen von vielleicht nur jeweils einem Objekt auf.

3. Ein etwas älteres Kind bildet einfache Unterklassenanordnungen. Es teilt z. B. die gesamte Anordnung nach einem einzelnen Kriterium, wie nach der Form, in 2 Klassen auf.

4. Während der abschließenden Phase kann das Kind größere Klassen sortieren und separate Elemente innerhalb der Klassen nach Größe, Form und Farbe zuordnen und dabei klein von groß bzw. weiß von blau unterscheiden.

Neben der Erfahrung im Klassifizieren von Objekten gibt es in dieser Phase konkreter Operationen zahlreiche weitere Beispiele. Das Kind erwirbt mehr Erfahrungen mit den Raumbegriffen und den Beziehungen der Objekte untereinander und zu sich selbst. Langsam versteht es verschiedene Betrachtungsweisen, d. h. die Erscheinung von Objekten aus anderen Blickwinkeln. Am Ende dieser Phase glaubt es nicht mehr, daß eine gewundene und gerade Strecke, die an denselben Punkten beginnen bzw. enden, dieselbe Länge haben. Die 7—11jährigen entwickeln jetzt auch ihre Mengen-, Zahl- und Entfernungsbegriffe. Ein sehr kleines Kind glaubt in der zweiten Phase, daß ein Haufen mehr Kugeln enthält, wenn er über eine größere Fläche verteilt ist. Im Laufe der dritten Phase kann das Kind nach und nach mehr als nur einen Aspekt eines Problems im Gedächtnis behalten. Es kann erkennen, daß sich die tatsächliche Gesamtmenge der Kugeln überhaupt nicht verändern kann, wenn diese über eine größere Fläche ausgestreckt werden. Es ist wichtig sich zu vergegenwärtigen, daß das Kind in dieser Phase noch hauptsächlich auf konkrete Objekte beschränkt ist, die es nehmen und manipulieren konnte. Obwohl es in der Lage ist sehr einfache logische Operationen auszuführen, kann es nur über das konkrete Erfahrene nachdenken. Es ist nicht in der Lage, sich auf irgendeine systematische Art und Weise Gedanken über »das Mögliche« zu machen.

Phase IV: Formale Operationen

Auf dieser fortgeschrittenen Stufe kognitiver Operationen erwirbt sich ein Kind vom 12. Lebensjahr an als Heranwachsender die Fähigkeit, sich mit mehr als nur den realen, konkreten Situationen der letzten Phase zu befassen. Es kann sich nun die nur in Gedanken existierenden Möglichkeiten vorstellen. Es gelingt ihm jetzt eher, eine Situation oder ein Problem einzuordnen. Langsam beginnt der Jugendliche logisch zu denken, logische Folgerungen herzuleiten und kausale Zusammenhänge zu verstehen. Kurzum, er ist auf der Stufe der Verbesserung seiner Fähigkeiten zur Problemlösung und der wissenschaftlichen Folgerung. Diese Entwicklung erfordert nicht nur das Verständnis der Beziehungen zwischen bzw. innerhalb von Klassen, das sich während der 3. Phase herausbildet, sondern auch die Fähigkeit zu Klassifikationen, die nur möglich sind, wenn sie auch nicht unbedingt konkret zum Ausdruck kommen. Anders ausgedrückt, der Heranwachsende ist jetzt zu hypothetischem Denken fähig, in dem er geistig (ohne sich dabei auf reale Darstellungen stützen zu müssen) alle Möglichkeiten bzw. Kombinationen berücksichtigt, die Ergebnisse hypothetisch herbeiführt und eine systematische und logische Verfahrenssequenz herstellt. Ein oft zitiertes Beispiel dieser Art abstrakten Denkens findet sich in der folgenden Untersuchung:

4 Flaschen, gefüllt mit farblosen Flüssigkeiten, werden dem Kind vorgesetzt. Der Experimentator nimmt eine kleinere Flasche, die mit einer anderen farblosen Flüssigkeit gefüllt ist und gibt davon einen Teil der Flüssigkeit in eine 6. Flasche, worauf sich diese gelb färbt. Sodann fordert er das Kind auf, mit Hilfe der 4 vor ihm stehenden 4 Flaschen und der Flüssigkeit x dieselbe Farbe zu erzeugen. Dabei zeigt sich, daß ein Kind auf der Stufe konkreter Operationen nicht über einfache Kombinationen hinausgeht, also x mit Flasche 1, x mit 2, x mit 3 und x mit 4 vermischt in dem Glauben, alles mögliche getan zu haben. Schlägt man vor, es möge es mit mehreren Flaschen auf einmal versuchen, so wird es dies willkürlich tun und dabei vielleicht durch Zufall die richtige Kombination treffen. Kommt die gelbe Farbe zustande und der Experimentator bittet das Kind, den Vorgang zu wiederholen, so wird es verwirrt, da es eben Getanes bereits vergessen hat. Der Jugendliche wird jedoch das Problem systematischer angehen, indem er zuerst einfache Kombinationen ausprobiert und dann auf geordnete, systematische Weise kompliziertere angeht: 1 mit 2 und x, 1 mit 3 und x usw. Ist es ihm gelungen, eine Lösung für das Problem zu finden, so wird er unter

Umständen weiter nach anderen Möglichkeiten suchen und auch Hypothesen über die Art der Flüssigkeit in den Flaschen 2 und 4 aufstellen, von denen eine die der gelben Flasche neutralisiert.

Beim Lösen von kombinatorischen Problemen dieser Art wird der Heranwachsende die Fähigkeit zeigen, mehrere Faktoren konstant zu halten, während er andere variiert. Er tritt den Gruppierungen der Phase III mit größerer Flexibilität und Geübtheit gegenüber, er wird weiter seine Klassenhierarchien verfeinern, während er zur selben Zeit die Beziehungen zwischen Klassen eines weitaus höheren, abstrakteren Niveaus als dem der konkreten Operationen erkennt.

11.2.2 Bruner über kognitive Entwicklung

Jerome *Bruners* Hauptinteressen an der kognitiven Entwicklung, die für uns von Bedeutung sind, konzentrieren sich auf die Mittel, durch die die Menschen ihre Erfahrung innerlich darstellen und wie sie diese Abbildungen für den späteren Gebrauch einordnen und speichern (*Bruner, Olver & Freenfield,* 1966). *Piaget* und *Bruner* nähern sich in ihren Beschreibungen der Entwicklungsstufen oder Gradienten der inneren Erfahrungsabbildung am meisten.

Bei *Bruner* liegt das Hauptgewicht auf den 3 Arten, etwas zu kennen: Indem man es tut, indem man ein Bild oder Abbild davon sieht oder durch symbolische Mittel wie die Sprache. Diese Arten der Kenntnis oder Darstellung (representation) von Erfahrung bezeichnet *Bruner* als *enaktiv, ikonisch* und *symbolisch.* Bruners Vorstellung von enaktiv entspricht in gewisser Weise *Piagets* sensomotorischer, ikonisch der vorbegrifflichen und symbolisch der konkreten wie auch formalen Phase. *Bruner,* der wie *Piaget* davon ausgeht, daß im Denkvermögen qualitative Unterschiede auftreten, die im groben den Piagetschen Phasen entsprechen, behauptet auch, daß die Menschen nicht nur im Laufe bestimmter früher Jahre bzw. Stufen, sondern während ihres ganzen Lebens Erfahrungen enaktiv und ikonisch darstellen. Beachten Sie, daß die drei Formen nicht nur die innere Darstellung von Erfahrungen betreffen, sondern auch die Arbeit einer Person *an* der Umwelt, wie folgt: Arbeit an der Umwelt: enaktive Darstellung; Wahrnehmung der Umwelt: ikonische Darstellung; Arbeit an der Umwelt durch die Sprache: symbolische Darstellung. Mit der Reifung des Individuums erwirbt es auch die Beherrschung dieser 3 Verhaltensweisen, die dann eher in gegenseitiger Beziehung stehen als unzusammenhängend von einer Altersstufe in die nächste übergehen.

Eng verknüpft mit diesen 3 Formen innerer Erfahrungsrepräsentation ist die für Lehrer und Curriculumexperten höchst interessante Erklärung der Grundlagen, auf denen aufbauend Kinder verschiedenen Alters Dinge als zur selben Klasse gehörend klassifizieren, d. h. Gleichwertigkeitsbegriffe bilden (*Bruner* u. a. 1966, S. 68–85). 6-, 9-, 12-, 13-, 16- und 19jährigen Schülern wurden gleiche Aufgaben gestellt. Zu Beginn wurde die Versuchsperson gefragt, in welcher Beziehung 2 Dinge, dargestellt durch die Wörter *Banane* und *Pfirsich,* ähnlich bzw. unterschiedlich sind. Nach und nach kamen weitere Items dazu – *Kartoffel, Fleisch, Milch, Wasser, Luft, Keime* und man stellte dieselben, insgesamt 8 Fragen. Nun wurde ein letztes Kontrastitem vorgelegt, *Steine,* wozu die Versuchspersonen nur gefragt wurden, in welcher Beziehung es sich von den vorangegangenen unterscheide. (Man verwendete 2 Gruppen von Expermentieritems.) Obwohl die 8 aufeinanderfolgenden Items einen unterschiedlichen Wahrnehmungscharakter hatten, konnten sie doch auf der Basis einer Gleichwertigkeitseigenschaft derselben Kategorie zugeordnet werden. Es gelang 5 Arten von Reaktionen auf Aufgaben festzustellen, die die Grundlagen der äquivalenten Klassifizierung von Items bilden: wahrnehmungsbedingt, affektiv nominal und zustimmend (fiat). Anschließend die Definitionen der Klassifizierungsgrundlagen bzw. Methoden:

Wahrnehmungsbedingt: Das Kind erachtet die Items als gleichwertig auf der Grundlage unmittelbarer phänomenaler Eigenschaften, wie Größe, Farbe, Gestalt usw., z. B. beide sind grün, oder auf der Grundlage, der zeitlichen bzw. räumlichen Position, z. B., beide befinden sich auf dem Boden.

Funktional: Das Kind stützt die Gleichwertigkeit auf den Gebrauch der Items, z. B. beide verursachen Geräusch (dies wird als innerlich funktional bezeichnet), oder darauf, was man mit ihnen machen kann, z. B., man kann sie werfen (dies wird als willkürlich funktional bezeichnet).

Affektiv: Die Items können als gleichwertig gelten im Sinne des Gefühls, das sie erwecken, z. B. beide mag ich nicht, oder auf der Grundlage des Wertes, den das Kind ihnen beimißt, z. B. sie sind wertvoll oder wichtig für es.

Nominal: Das Kind kann die Items klassifizieren, indem sie ihnen einen in der Sprache existierenden Namen gibt, z. B., es sind Pfirsiche und keine Pfirsiche, alle sind Früchte.

Zustimmend: Das Kind ist der Meinung, daß die Items gleich oder unterschiedlich sind, ohne weitere Angaben zur Klassifikation zu machen; z. B., Banane ist dasselbe wie Pflaume, die beiden sind wirklich gleich.

Abb. 11.5 zeigt die prozentuale Verteilung von Gruppierungen auf der Grundlage verschiedener Methoden. Sechsjährige klassifizieren mehr nach wahrnehmungsbedingten Eigenschaften als ältere Kinder, jedoch klassifizieren alle nachfolgenden Altersstufen in bestimmtem Maße nach wahrnehmungsbedingten Eigenschaften oder Attributen – z. B. nach Farben, Größen, Formen und Standorten. Nach dem 10. Lebensjahr tritt es in die willkürlich funktionale Klassifizierung ein, die sowohl die innere als auch die willkürliche miteinschließt. Diese nimmt noch bis zum 13. Lebensjahr zu, nimmt dann leicht ab und nimmt dann wieder bis zum 20. Lebensjahr zu. Anders ausgedrückt, mit dem Abnehmen der willkürlich funktionalen Klassifizierung erhöht sich die innerlich funktionale, was zu einer Zunahme der total funktionalen Klassifizierungsmethode von 49 % aller Reaktionen im Alter von 6 Jahren bis zu 73 % im Alter von 19 Jahren führt. Die Zunahme der Klassifizierung auf der Grundlage der inneren Funktionen, also was das Objekt tut, spiegelt die Vernachlässigung mehr unmittelbarer, wahrnehmbarer Eigenschaften von Dingen zu Gunsten fortgeschrittener Gruppierungsformen wieder. Ein weiteres wichtiges Entwicklungsmerkmal ist die Art der mit zunehmendem Alter angewandten Gruppierungsstrukturen, dargestellt in Abb. 11.6 Bei der übergeordneten Gruppierung wird die Kategorie bzw. der Begriff auf der Grundlage der gemeinsamen, das Item auszeichnenden Merkmale gebildet. Beispielsweise werden *Banane, Pfirsich* und *Zitrone* derselben Klasse zugeordnet, weil alle eine Schale haben und eßbar sind. Gesamtgruppierungen erfolgen auf einer primitiveren Stufe, bei der das gemeinsame Merkmal nur teilweise identifiziert oder nachfolgend dazu benutzt werden konnte, eine übergeordnete Gruppierung zu bilden. Eine *Glocke* beispielsweise ist *silber,* ein Horn braun und ein *Fernseher schwarz,* also könnten sie alle zusammengruppiert werden. Oder *Banan*e und *Pfirsich* sind beide gelb, *Pfirsich* und *Kartoffel* sind beide rund, und *Kartoffel* und *Fleisch* werden beide gegessen. Bei Abb. 11.6 ist zu beachten, daß zwar übergeordnete und Gesamtgruppierungen von ca. 52 % bzw. 48 % der 6jährigen angewendet werden, die vergleichbaren Zahlen der 9jährigen jedoch bei ca. 78 % und 22 % liegen.

Mehr als *Piaget* betont *Bruner* die Rolle des schulischen Unterrichts oder allgemeiner der Erziehung bei der Entwicklung des Kindes. In diesem Zusammenhang hat er jedoch die Sache zu sehr verallgemeinert, d. h. zu weit gefaßt, als er sagte: Jeder Unterrichtsgegenstand kann in einer gewissen intellektuell offenen Form jedem Kind auf jeder Entwicklungsstufe gelehrt werden. (*Bruner,* 1960, S. 33.) Worauf es jedoch letztlich *Bruner* ankommt, ist, daß Kinder auf dem Wege nonverbaler Erfahrung Fachwissen auf einer früheren Altersstufe erlernen könnten, als viele angenommen hatten. Überdies führt *Bruners* Standpunkt in der Praxis zu einer verstärkten Bemühung, nonverbale und nonsymbolische Unterrichtsmethoden dazu verwenden, auch jüngere Kinder als

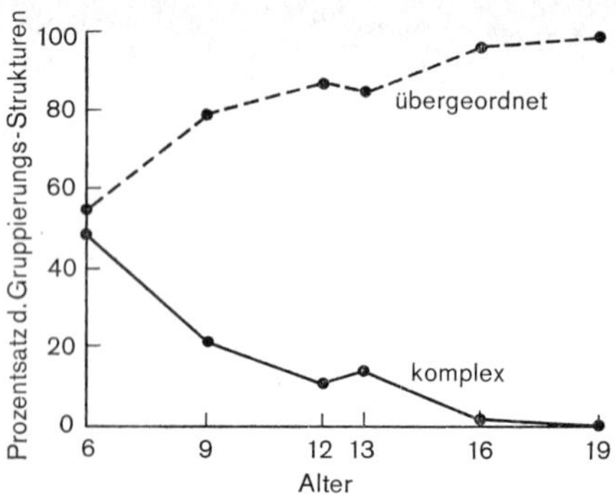

Abb. 11.5 Prozentuale Verteilung der Schüler, die 2 Arten von Gruppierungsstrukturen verwenden (Bruner, Olver & Greenfield, 1966, S. 77).

gewöhnlich mit Begriffen vertraut zu machen. Bedauerlicherweise ignorierten viele Fachleute diesen Teil *Bruners* Behauptung: »in einer gewissen intellektuell offenen Form . . .«. Als intellektuell offene Form meinte *Bruner* sowohl Handlungen und Bildersprache als auch Symbole. Wer für jüngere Kinder Unterrichtsmaterial vorbereitet, sollte nicht die anderen Formen außer Acht lassen und den Fehler machen, schwierige Begriffe nur durch Symbole einzuführen, wodurch die Kinder völlig frustriert werden können.

11.2.3 Entwicklung geometrischer Begriffe

Frayer, 1969, erkannte bei 4.- und 6.-Klaßlern Entwicklungsstufen hinsichtlich ihres Beherrschungsgrades der sieben geometrischen Begriffe: *Viereck, Drachen, Trapez, Parallelogramm, Rechteck, Raute, Quadrat*. Um diese Begriffe zu lehren, wurde programmiertes Unterrichtsmaterial vorbereitet, das die Schüer studierten. Darauf wurde ihre Beherrschung geprüft. Für jeden Begriff wurden 5 Typen von Denkaufgaben (Ergänzungsaufgaben) verfaßt, mit denen die Fähigkeiten jedes einzelnen Schülers bestimmt wurden, und zwar bei der Bildung von (1) Eigenschaftswerten der Begriffsbeispiele, (2) Beispielen und Nichtbeispielen des Begriffs, (3) relevanten Eigenschaftswerten und irrelevanten Eigenschaftswerten bestimmter Begriffe, (4) einer Begriffsdefinition und (5) verwandter Begriffe in einer Hierarchie. Man benützte auch »Multiple-Choice-Fragen«, die das Erkennen der richtigen Antworten erforderten. Dem Unterrichtsmaterial lag das Modell der Unterrichtsziele zugrunde, das im Kapitel 4 vorgestellt und ausführlich besprochen wurde (*Frayer, Fredrick & Klausmeier*, 1969).

Tabelle 11.2 *Entwicklung des Begriffs Parallelogramm abhängig von Klassenstufen und der über den Begriff vorhandenen Informationsart.*

Frage	Prozentanteil richtiger Antworten	
	4. Klasse	6. Klasse
1. Eigenschaftswerte: Wieviele Paare paralleler Seiten hat diese Figur?	55	88
2. Beispiele und falsche Beispiele: Verbinden Sie mit einem Lineal so viele Punkte, wie zur Vervollständigung der Figur zu einem Viereck, nicht jedoch zu einem Parallelogramm nötig sind.	41	57

3. Relevante Eigenschaftswerte: Alle Parallelogramme haben ein besonderes Merkmal, welches vielen Vierecken fehlt, Parallelogramme haben . . . Paar(e) . . . Seiten.	31	57

4. Definition: Gleichgültig welche Winkel sie haben oder wie lange die Seiten sind *alle* Vierecke mit 2 Paaren paralleler Seiten werden . . . genannt.	12	21
5. Beziehungen zwischen Begriffen: Nennen Sie eine geometrische Figur die eine besondere Form des Parallelogramms darstellt.	23	41

Quelle: Nach Frayer, 1969.

An aufeinanderfolgenden Tagen wurden 4.- und 6.-Klaßlern, die noch keinen formalen Geometrieunterricht gehabt hatten, 4 programmierte Lektionen erteilt. Nach Abschluß der Lektionen wurden die Kinder geprüft. Die Ergebnisse der 5 Denkaufgaben über das Parallelogramm zeigt die Tabelle 11.2.

Es überrascht nicht, daß die Schüler der 6. Klasse bei jeder Frage höhere Durchschnittswerte erzielten als die der 4. Klasse. Interessant jedoch ist die Tatsache, daß zwischen den Fragen 1—5 eine allgemeine Schwierigkeitssteigerung zu verzeichnen war, mit der Ausnahme, daß Frage 4 schwieriger als Frage 5 empfunden wurde. In Tabelle 11.2 finden wir also die Ergebnisse einer Untersuchung (die erste, wie aufgrund einer Literaturprüfung festgestellt wurde), die Entwicklungstendenzen bei der Beherrschung von Begriffen nach einer Analyse der beteiligten Fähigkeiten identifizierte, dargestellt in den Prüfungsitemstypen.

11.7 Worin bestehen nach Piaget die Hauptunterschiede zwischen den senso-motorischen und präoperationalen Phasen hinsichtlich (a) der Frage, wie sich die Welt des Kindes innerlich darstellt und (b) der Denkoperationen, die das Kind anstellt.

11.8 Geben Sie für das Begriffsbeispiel Hund *die Art der Erfahrung und der inneren Darstellung an, die typisch für jedes einzelne der Piagetschen Schemen sind. Welche Konsequenzen ergeben sich bei den Entwicklungsphasen des Kindes in Hinsicht auf den Unterricht?*

11.9 Worin bestehen die Hauptunterschiede zwischen Operationen der konkreten und der formalen Phase?

11.10 Nach Bruner kann der Begriff Knoten *innerlich auf jede der 3 Arten — enaktiv, ikonisch und symbolisch — dargestellt werden. Beschreiben Sie die gleiche Darstellung für andere Begriffe, z.B. Buch, Fachwissen. Können alle Begriffe gleich gut auf* alle *3 Arten zum Ausdruck gebracht werden? Falls nicht, können dann alle Begriffe Kindern desselben jungen Alters vermittelt werden?*

11.11 Bis zu welchem Grade verändert sich mit dem Alter das Klassifizieren? Geht die Veränderung nach und nach vor sich, wie Bruner annimmt, oder nach festgelegten Phasen, wie Piaget behauptet?

11.12 Betrachten Sie die spezifischen Veränderungen, die sich bei den kognitiven Operationen von 4—6 Klaßlern im Zusammenhang mit der Beherrschung des Begriffs Parallelogramm *abspielen. Erscheint es, daß dieses Wissen eher den Verfassern von Lehrbüchern oder Lehrern selbst dient, und warum?*

11.3 Begriffsprinzipien

Die Prinzipien des Begriffslernens werden wie die im Kapitel 10 beschriebenen Prinzipien des Erlernens von Faktenwissen als innere Bedingungen bzw. Operationen aufgestellt, die vom Individuum zur Erleichterung des Begriffslernens durchgeführt werden können. Mit den parallelen Unterrichtslinien wurde die Absicht verfolgt, dem Lehrer bei der Organisation von Lehrveranstaltungen zu helfen. (Andere Komponenten eines Unterrichtssystems, wie sie im Kapitel 1 erläutert wurden, werden hier nicht berücksichtigt.)

Im letzten sowie in diesem Kapitel hat sich gezeigt, daß die Bereitstellung von Informationen wesentliche Voraussetzung für das Begriffslernen ist und Begriffsinformationen und deren Anwendung durch Lesen und Studieren gedruckten Materials erworben werden können. Studenten können beispielsweise ihre Begriffe durch lesen erheblich erweitern. Ihnen fällt dies besonders leicht, da sie ihre zahlreichen direkten Erfahrungen mit den Begriffsvertretern auf ihre Lektüre und ihr Studium übertragen können. Schülern im schulpflichtigen Alter fehlen zu Beginn des Studiums eines neuen Lehrstoffs bzw. Lerngegenstands die notwendigen direkten Erfahrungen, ebenso fehlt ihnen ein notwendiger Terminologieschatz und weitere Grundbegriffe, die zum Erwerb neuer Begriffe durch lesen und das verwandte Studium gedruckten Materials notwendig sind. Außerdem besitzen einige noch nicht die grundlegende Fähigkeit richtig zu lesen. Die hier angegebenen Prinzipien und Richtlinien sind also besonders relevant für schulpflichtige Schüler, die sich ihre anfänglichen Grundbegriffe in einem Lernfach aneignen. Die Richtlinien werden nun ausführlich erörtert.

PRINZIP	UNTERRICHTSANWEISUNGEN
1. Beachtung der Ähnlichkeit und Unterschiedlichkeit von Dingen, Eigenschaften und Vorgängen ist notwendig zur nachfolgenden Klassifizierung.	1. Heben Sie die Begriffsmerkmale hervor.
2. Das Aneignen der Begriffs-, Merkmals- und Beispielsnamen erleichtert das anfängliche Begriffslernen.	2. Führen Sie die korrekte Terminologie für Begriffe, Merkmale und Beispiele ein.
3. Das Erkennen der Definitionsgrundlage und der Struktur der zu lernenden Begriffe erleichtert das Begriffslernen.	3. Weisen Sie auf das Wesen der zu lernenden Begriffe hin.
4. Das Erkennen der Merkmale oder anderer Eigenschaften, sowie der begriffsdefinierenden Regeln wird durch die Be-	4. Sorgen Sie für eine richtige Aufeinanderfolge der Begriffsbeispiele.

gegnung mit positiven und negativen Begriffsbeispielen erleichtert.	
5. Die induktive bzw. deduktive Ableitung eines Begriffs erfordert das Erkennen der definierenden Merkmale und Regeln, das Erkennen und Bewerten von Information.	5. Fördern und lenken Sie das selbständige Entdecken der Schüler.
6. Das Erkennen anderer Begriffsbeispiele, und das Erkennen anderer Begriffe als beigeordnet, untergeordnet und übergeordnet, sowie die Heranziehung des Begriffs bei der Bildung von Prinzipien und beim Lösen von Problemen erweitert den individuellen Begriff.	6. Sorgen Sie dafür, daß die Begriffe praktisch angewendet werden.
7. Die Bewertung der Angemessenheit der Begriffe eines Individuums ist wesentliche Voraussetzung für selbständiges Begriffslernen.	7. Fördern Sie die selbständige Auswertung des erworbenen Begriffs.

11.3.1 Heben Sie die Begriffsmerkmale hervor

Angenommen man möchte, daß sich Kinder die Begriffe *Dreieck* und *Quadrat* aneignen. Man könnte 3 Beispiele gleichseitiger Dreiecke derselben Größe sowie 3 Beispiele für Quadrate gleicher Größe vorlegen. Kinder einer bestimmten Entwicklungsstufe würden ohne weiteres die 3 identischen Dreiecke von den 3 Quadraten unterscheiden können. Wie hilfreich wäre dies jedoch für die Kinder bei der Identifizierung der relevanten Merkmale, der Seitenzahl und der Werte 3 bzw. 4, für die Unterscheidung von Dreieck und Viereck? Man kann darauf keine zuverlässige Antwort geben. Folgendes Verfahren dürfte jedenfalls effektiver sein: Man legt 3 gleichseitige Dreiecke von unterschiedlicher Größe und 3 Quadrate von unterschiedlicher Größe vor. Das Merkmal der Seitenzahl würde offensichtlicher sein, da relative Größe und Fläche als nicht relevant angesehen werden könnte. *Frayer* (1969) stellte fest, daß eine besondere Betonung des relevanten Merkmales auch zu einer besseren Begriffsaneignung beitrage.

Die Nützlichkeit von Unterrichtsaktivitäten, die es den Schülern ermöglichen, Begriffsbeispiele direkt zu beobachten, zeigt sich in vielfältiger Hinsicht. Beispielsweise könnte man mit Kindern einen

Ausflug zu einer Truthahnfarm, in einen immergrünen Wald oder ein naturhistorisches Museum machen. Davon werden Proben mit ins Klassenzimmer und ins Labor genommen. Diese realistischen Erfahrungen mit Klassenbeispielen erweisen sich für Kinder bei der Bildung von Grundbegriffen als sehr hilfreich. Nun gehen wir aber über das bloße Schaffen von Möglichkeiten für Sinneserfahrungen hinaus. Anders ausgedrückt, wir versuchen die Schüler bei der Identifizierung der die Dinge klassifizierenden *Merkmale* zu unterstützen. Wir gehen also nicht nur auf eine Truthahnfarm, um viele Truthähne, eine Klasse Flügeltiere, zu sehen, zu hören, zu riechen und zu füttern, sondern zeigen Bilder von einigen Truthähnen, Hühnern, Gänsen und Enten und lassen die Kinder deren gemeinsame Merkmale und unterscheidenden Merkmale identifizieren.

Durch die Unterstützung der Kinder bei der Merkmalsidentifizierung konnten wir nicht nur über direkte Erfahrungen mit tatsächlichen Objekten, sondern auch über bestimmte Arten von bildhaften Darstellungen hinausgehen. Tatsächliche Objekte und die üblichen Fotographien enthalten oft Einzelheiten, die ablenkend wirken und das Erkennen der *Definitionsmerkmale* verhindern. Wenn Sie beispielsweise eine lebende Schlange und eine lebende Schnecke zum Unterricht mitbrächten, um den Kindern bei der Unterscheidung zwischen *Reptilien* und *Weichtieren* zu helfen, könnten die mit den lebenden Tieren verbundenen Ablenkungen viele Schüler vom Lernen der definierenden Merkmale abhalten. Ähnlich enthalten Fotos von Truthahnfamilien, Hühnern, Gänsen und Enten auf Bauernhöfen so viele ablenkende Details, die es den Kindern erschweren, den Begriff Flügeltiere anzunehmen. Spezielle Zeichnungen oder Trickfilme, die die Definitionsmerkmale deutlich zeigen, sind zur Einführung eines gewünschten Begriffs nützlicher. Es gibt auch tatsächlich eine Fülle von Beweisen dafür, daß audivisuelles Material mit zuvielen Details die Aufmerksamkeit von den Definitionsmerkmalen ablenkt und effizientes Lernen behindert (*Travers, Mc Cormick, Van Mondfrans & Williams*, 1964).

11.3.2 Führen Sie die korrekte Terminologie ein

Wie schon an früherer Stelle dieses Kapitels darauf hingewiesen wurde, schrieb *Caroll* (1964) über einen engen Zusammenhang zwischen Wörtern, Bedeutungen und Begriffen. Auf derselben Linie schlugen *Johnson* und *Stratton* (1966) vor, daß Lehrer beim Lehren von Begriffen 5 Verfahren zur Verfügung haben: (1) Darbietung verbaler oder anderer Beispiele, aus denen sich der Begriff herleitet, (2) Bereitstellung von Definitionen des Wortes, das den Begriff ausdrückt, (3) Gebrauch des Wortes im Satz, (4) Angaben von Synonymen für das Wort und (5) Kombination der ersten 4 Verfahren. Johnson und Stratton bewiesen, daß Oberschüler nach irgendeiner dieser Methoden Begriffe weitaus besser beherrschen würden. Die verschiedenen Einzelverfahren zeigten alle gleich gute Ergebnisse, die Kombinationsmethode war allen Einzelverfahren überlegen. *Archer* (1966) und *Byers* (1969) berichteten ebenfalls über Versuche, bei denen sich herausstellte, daß die Kenntnis der Begriffsnamen für die Begriffsaneignung hilfreich ist.

Die Folgerung aus dieser Einführung ist, daß der Schüler den Namen des Begriffs, die Namen einiger Definitionsmerkmale und die Namen einiger seiner Beispiele in seinen gesprochenen Wortschatz übernommen haben sollte, um aus einer mündlichen Darbietung oder einer Klassendiskussion zu lernen. Wie wir bereits an früherer Stelle bemerkten, sind die Wörter unentbehrlich für die Vermittlung unserer eigenen sowie der Erfahrungen anderer, die in ihren mündlichen und schriftlichen Darstellungen zum Ausdruck kommen. Der Schüler muß dieselbe Terminologie auch in seinen Lesewortschatz aufgenommen haben, um durch Lesen und verwandtes Studium mehr über den Begriff erfahren zu können. Der Lehrer kann hierfür ohne weiteres einen Teil der Unterrichtszeit verwenden, um sicherzustellen, daß die Schüler die wesentlichen Wörter auch *lesen* können. In diesem Zusammenhang wurde allgemein beobachtet, daß eine der Hauptschwierigkeiten, die man bei im Stadtkern lebenden Kindern aller Klassenstufen antrifft, die Unfähigkeit zu lesen ist. Der Lehrer sollte also größten Stellenwert der Frage einräumen, ob *alle* Schüler die notwendigen Wörter sprechen und lesen können, wenn sie Begriffe durch Lesen lernen sollen. Dies sellt natürlich in keiner Weise die Nützlichkeit eines nonverbalen Bildes einer Reihe von Prozessen oder eines Endergebnisses, wie z. B. in Verbindung mit der Handschrift oder dem Klavierspielen, in Frage, wie die anderer psychomotorischer Leistungen (*Ranken*, 1963).

11.3.3 Weisen Sie auf den Sinn des zu lernenden Begriffs hin

Die beiden vorstehenden Leitfäden sollten, ebenso wie dieser, frühzeitig in die Unterrichtssequenz miteinbezogen werden, d. h., wenn eine Lerneinheit begonnen wird, kann der Lehrer sicherstellen, daß den Definitionsmerkmalen der zu lernenden Begriffe genügend Wert beigemessen wird, daß die notwendige Terminologie gesprochen und gelesen werden kann und die Schüler den Sinn der Begriffe, die gelernt werden verstehen. An früherer Stelle dieses Kapitels wurde aufgezeigt, daß die Schwierigkeit der Begriffe folgende Reihenfolge einnimmt: affirmativ, konjunktiv, relational und disjunktiv. Wir wiesen auch darauf hin, daß sich Begriffe nach ihren wahrnehmbaren Merkmalen semantischen Assoziationen, Axiomen oder ihrer Anwendung definieren. Bei einer Serie von Experimenten fanden *Fredrick* (1968) und *Kalish* (1966) heraus, daß eine jedem Versuch vorangehende Beschreibung des Begriffswesens zu besserer Leistung führte. Die Übertragung dieses Anhaltspunkts auf den schulischen Rahmen erfordert wahrscheinlich, daß die Lehrer dem Sinn und Wesen der Begriffe mehr Gewicht beimessen als dies gegenwärtig geschieht.

11.3.4 Sorgen Sie für eine angemessene Sequenz der Beispiele

Viele Untersuchungen im Rahmen der Anwendung programmierten Unterrichts und viele Experimente in Laboratorien wurden durchgeführt, um die Frage nach einer richtigen Sequenz des Unterrichtsmaterials zu lösen. Bei diesen beiden Forschungstypen wurde ein Großteil der Zeit darauf verwendet, eine effektive Sequenz herauszuarbeiten. Dem Lehrer steht allgemein kaum Zeit zur Verfügung, eine Unterrichtssequenz zu planen. Die Anwendung einer der folgenden Sequenzvorschläge dürfte deshalb positive Ergebnisse zur Folge haben.

Je mehr irrelevante Information zusammen mit der relevanten Information angeboten wird, desto schwieriger ist es, den Begriff aufzunehmen. (*Archer*, 1962; *Haygood & Bourne*, 1964). Dazu scheint uns ein analoges Beispiel des Klassifikationsschemas in der Zoologie passend zu sein. Beim Lehren des Begriffs *Säugetier*, könnte der Lehrer Beispiele von Wirbeltieren sowie einige Säugetiere und Nicht-Säugetiere vorlegen. Zum Begriffslernen sollte nur eine ausreichende Anzahl von Beispielen dargeboten werden, und die Definitionsmerkmale jeder einzelnen Säugetier- und Nicht-Säugetierklasse sollte hervorgehoben werden. Jede Art von Einzelheiten, sei es in mündlicher Form oder in Bildern, die nichts mit den Merkmalen zu tun haben, sollte vermieden werden.

Begriffe großer Häufigkeit und solche, die in Beispielen großer Häufigkeit eingeschlossen sind, werden leichter erworben als solche niedriger Häufigkeit (*Coleman*, 1964; *Wallae*, 1964). Ein Begriff von starker Dominanz hebt sich deutlich von denen niedriger Dominanz ab und läßt sich leichter unterscheiden. Auf diesen Seiten sind die Worte und Sätze in Kursivschrift vermutlich für die meisten Menschen dominanter als die anderen Wörter oder Sätze. Ähnlich ist die Seitenzahl einer geometrischen Figur wahrscheinlich dominanter als die Zahl der Winkel.

Eine Kombination positiver und negativer Begriffsbeispiele trägt eher zu effizientem Lernen bei als nur positive bzw. nur negative Beispiele (*Huttenlocher*, 1962). Beim Lehren des Begriffs *gleichseitiges Dreieck* ist es beispielsweise besser, in der Mehrheit Beispiele gleichseitiger Dreiecke (positive Beispiele) und eine geringere Anzahl rechtwinkeliger Dreiecke (negative Beispiele) darzubieten. Das genaue Verhältnis von positiven und negativen Beispielen ist nicht bekannt und dürfte sowohl für den einzelnen als für den jeweiligen Begriff unterschiedlich sein. *Frayer* (1969) verwendet eine gleiche Zahl von negativen und positiven Beispielen und fand heraus, daß jeweils 2 ebenso effektiv wie jeweils 4 waren.

Eine gleichzeitige Präsentation von Begriffsbeispielen ist effektiver als eine successive Beispielsdarstellung (*Cahill & Hovland*, 1960, *Kates & Yudin*, 1964). Die gleichzeitige Präsentation mehrerer Begriffsbeispiele erlaubt eine rasche Differenzierung der Attribute und verringert auch die Gedächtnisbelastung. Bekommt ein Kind gleichzeitig ein Dreieck, ein Quadrat und ein Fünfeck vorgelegt, so kann es diese besser vergleichen als wenn es jedes einzeln und zu verschiedenen Zeitpunkten behandeln müßte. Wenn natürlich viele Beispiele dargeboten werden sollen, so sollten diese in mehrere successive Präsentationen von Einzelbeispielen oder Gruppen von 4—5 Beispielen aufgeteilt werden.

11.3.5 Fördern und lenken Sie das selbständige Entdecken der Schüler

Während der vergangenen Jahre ging der Trend merklich vom mechanischen Lernen weg zu Gunsten des sog. Entdeckungslernens. Die allgemein gültigen Curricula enthalten heute Lehrbücher, Filme und anderes Unterrichtsmaterial, die darauf abzielen, die Schüler zum Entdecken von Verallgemeinerungen und Begriffen anzuregen. Große Geldsummen werden für die Vorbereitung anderer Unterrichtsmaterialien und Lehrmethoden, die die Schüler bei ihren Entdeckungen helfen sollen, aufgewendet. Diese Programme haben jedoch in keinster Weise den Zweck, den Schüler dazu zu befähigen, ohne Unterricht voranzukommen. Im Gegenteil, sie erfordern sogar eine bessere Unterrichtsqualität. Die Programme haben im allgemeinen 3 gemeinsame Merkmale: (1) Sie stellen den Schüler vor ein reales und bedeutungsvolles Problem, (2) sie fördern und leiten die Schüler bei der Informationssammlung und (3) schaffen eine reaktionsfreudige Umgebung, die die Schüler sofort mit angemessenem Feedback versorgt, damit sie die Angemessenheit ihrer Reaktionen überprüfen können (*Suchman*, 1964). Außerdem wird versucht, das Unterrichtsmaterial zu sequenzieren, um die Schüler auf einen gesellschaftlich anerkannten Begriff bzw. ein Prinzip hinzuführen.

Die oben erwähnten Curricula wurden auf einer intuitiven Grundlage ohne offen verfügbares Wissen der mehr spezifischen mentalen Operationen, die beim Begriffslernen eine Rolle spielen, entwickelt. Beispielsweise könnte zweifelsfrei nachgewiesen werden, daß eine Person zum induktiven Erreichen eines Begriffs die Fähigkeit besitzen muß, die Definitionsmerkmale und Regeln im Zusammenhang mit den Begriffsbeispielen zu erkennen (*Fredrick*, 1968), sich an die aus den successiven Begegnungen gewonnenen Informationen zu erinnern (*Miller & Davis*, 1968) und die Informationen als relevant bzw. irrelevant auszuwerten (*Jones*, 1968). Diese Operationen können wirkungsvoller durchgeführt werden, wenn eine Unterweisung darüber vorausgegangen ist, welche Informationen zu suchen sind und wie sie in bezug auf den Erwerb des Begriffs auszuwerten sind.

Der Ermittlungsvorgang wurde so gelenkt, daß die Schüler einige Informationen über die Struktur des Lernstoffs sowie über eine Strategie oder ein Prinzip bekamen, anhand derer sie Informationen aus positiven sowie negativen Beispielen sicherstellen und auswerten konnte. Dieses Verfahren resultierte in besseren Begriffslernerfolgen (*Klausmeier & Meinike*, 1968). Dabei erwies es sich auch als höchst erfolgversprechend, den Schülern genauen Aufschluß darüber zu geben, was sie lernen würden und wie sie den Lernstoff einkreisen könnten. Dem Schüler Informationen über ein Prinzip zur Anwendung bei der Problemlösung und dem Materialverständnis zu geben, hat sich seit längerer Zeit und kontinuierlich günstiger bei der Erzielung besserer Anfangslernerfolge erwiesen als das völlig selbständige Vorgehen der Schüler (*Craig*, 1956, *Judd*, 1908, *Kersh & Wittrock*, 1962, *Kittell*, 1957). Jedoch sind langfristiges Merken und Übertragung besser, wenn der Schüler beim Angehen des Prinzips nur soviel Unterstützung bekommt, um sich zu vergewissern, daß der gewünschte Begriff tatsächlich gelernt ist.

Tragatz (1967) wies nach, daß Kinder beim Erlernen von Begriffen weniger Schwierigkeiten hatten, wenn ihnen vorher Anweisungen darüber gegeben wurden, wonach sie zu suchen hätten.

Er instruierte die Schüler, bevor sie mit dem Lernen der Begriffe begannen, positive Begriffsbeispiele zu untersuchen, um die allen positiven Beispielen gemeinsamen Merkmale oder Werte zu ermitteln. Jeder einzelne Schüler nahm nur an einer kurzen praktischen Übung in der Ausführung der Anweisungen teil. Die Anweisungen erbrachten günstige Ergebnisse. Ähnliche Erfolge wurden später mit Oberschülern erzielt (*Tagatz, Walsh & Layman*, 1969). *Davis* und *Klausmeier* berichteten auch darüber, daß durch Stichworte, die man Studenten als Hilfe zur Unterscheidung von Relevantem und Irrelevantem gab, deren induktive Begriffserlangung erleichtert wurde.

Die Aufstellung genauerer Richtlinien darüber, wie weit Schüler bei der Begriffserlangung geführt werden sollen, erfordert weitere Untersuchungen und Experimente. Dafür ist und wird aber auch eine richtige Einschätzung folgender Kriterien durch den Lehrer erforderlich: Die vorherige Kenntnis jedes einzelnen Schülers, seiner Strategien bzw. Methoden, beim Lernen und seine Haltung gegenüber selbständigem Lernen, des Lernstoffgebietes, des allgemeinen Lernklimas in der Schule und der Methoden, die alle damit im Zusammenhang stehen, inwieweit selbständiges Entdekken effektiv ist (*Wittrock*, 1965). Es gilt die richtige Balance zu halten zwischen der gegebenen Informationsmenge und der Führung einerseits und dem Grad der Freiheit und Selbstverantwortlichkeit andererseits. Die Frage, wie weit, wann, und wie zu helfen muß der Lehrer anhand der jeweiligen Situation entscheiden.

11.3.6 Sorgen Sie für eine praktische Anwendung des Begriffs

In der früheren Definition des Begriffs wurde ein bestimmtes Merkmal als die *Übertragbarkeit* bezeichnet. Als Anwendungsbereiche eines Begriffs wurden folgende 4 identifiziert: Die Identifizierung neuer Begriffsbeispiele ohne weiteres Lernen; das Erkennen anderer beigeordneter, untergeordneter und übergeordneter Begriffe, die derselben Hierarchie zugehören; die Heranziehung des Begriffs bei der Bildung von Prinzipien, beim Problemlösen und beim Lernen, andere Begriffe in weniger Zeit zu lernen (*Klausmeier & Frayer*, 1969). Da bereits an früherer Stelle genügend Beispiele dieser Anwendungsbereiche angegeben wurden, erübrigt es sich, weitere anzuführen. Wir wollen jedoch nochmals darauf hinweisen, daß der Lehrer nicht *voraussetzen* kann, daß die Schüler automatisch ihre neu gebildeten Begriffe ohne Hilfe übertragen bzw. anwenden könne, insbesondere wenn die Schüler mehr verbale als direkte Erfahrungen mit den Begriffsvertretern hatten. Die folgenden Diskussionen — wovon die erste direkt für den Leser relevant ist — wird Klarheit in diesem Punkt bringen:

In diesem Kapitel wurde eine Reihe von Begriffen verbal angegeben, wodurch das Lehren von Begriffen erleichtert werden sollte. Auf diesen Buchseiten sind die Begriffe, so wie sie in Worten ausgedrückt werden, nur schwarze Kleckse. Bei mündlicher Darstellung durch eine Unterrichtsperson stellen sie lediglich eine Reihe von Lauten. In beiden Fällen kann sich der Leser bzw. Zuhörer nicht an die Informationen erinnern, ohne die entsprechende Bedeutung zu bekommen. Andererseits kommen erfahrenen Lehrern, die sowohl die Begriffsnamen als auch die Beispiele lesen oder hören und darüber nachdenken, alle möglichen Gedanken darüber, wie sie die Begriffe in ihrer früheren Lehrpraxis anwandten und wie sie sie in zukünftigen Situationen anwenden würden. Daraus folgt, daß Schüler ohne Erfahrung, wie auch Lehrer, möglicherweise anfangs mehr Schwierigkeiten haben werden, die entsprechende Bedeutung zu bekommen, sowie beim anschließenden Versuch, Anwendungsbeispiele für zukünftige Lehrsituationen zu finden. Trotzdem hat sogar ein Schüler ohne Lernerfahrung eine Vielzahl von Erfahrungen, auf die er sich sowohl als Begriffslernender wie auch Begriffslehrender stützen kann. Wesentlich ist, daß eine Unterrichtsperson gewisse Schritte untersuchen kann, zukünftigen Lehrern beim Auffinden von Anwendungsbeispielen zu helfen. Es könnten beispielsweise Gelegenheiten zur Beobachtung eines normalen Unterrichtsablaufs gegeben werden, wenn man an einem Kursus in Unterrichtspsychologie teilnimmt. Auch bieten Tonfilme und das Schulfernsehen viele Möglichkeiten, dem zukünftigen Lehrer bei der Aneignung und Anwendung von Begriffen zu helfen.

Was bedeutet es, etwas *zu leben*, was gelernt werden soll? Was bedeutet es beispielsweise, *Beharrlichkeit zu leben?* Wir können wohl darin zustimmen, daß Beharrlichkeit wirklich *zu leben* auf jeden Fall bedeutet, (1) daß man im Leben mit einer Situation konfrontiert wird, die an sich Ausdauer verlangt, (2) daß man dann in seinem Innern die Vorstellung des Ausdauerns akzeptiert und (3) folglich wirklich so ausdauernd bzw. beharrlich ist. Wenn diese 3 Dinge zusammenfallen, dann hat jemand bei dieser Gelegenheit Beharrlichkeit *gelebt.* (Kilpatrick, 1946, S. 535)

Fördern und lenken Sie eigene Ermittlungen der Schüler. Was bedeutet es demnach nach *Klipatricks* Analyse, diese Richtlinie völlig verstanden und gelernt zu haben? Die Person, die sie gänzlich versteht, lebt sie auch tatsächlich in den jeweiligen Lehr-Lernsituationen: Sie tritt der Situation gegenüber, indem sie ihre Schüler fördert und auf die genaue Nachforschung und Prüfung hinführt und seine eigenen, persönlichen sowie seine Lehrverhaltensmuster ständig nachforscht und prüft.

11.3.7 Fördern Sie die selbständige Evaluation

Diese Richtlinie trägt dieselbe Bedeutung wie im letzten Kapitel, als sie zur Erleichterung von Faktenlernen vorgeschlagen wurde. Sie ist auch auf andere Lernergebnisse anwendbar, die in späteren Kapiteln behandelt werden sollen.

Die selbständige Evaluation der Angemessenheit seiner Begriffe ist eines der wichtigsten verhaltensmäßigen und kognitiven Lernziele, die der einzelne erreichen kann. Viele scheinen fast automatisch eine prüfende Haltung anzunehmen, andere wiederum nicht. Wir konnten noch keine spezifischen Umwelteinflüsse feststellen, die uns eine genaue Antwort auf die folgende Frage geben könnten: Warum versuchen manche Individuen kontinuierlich, nicht nur ihre Begriffe zu beurteilen, sondern auch ihre Methoden zu deren Aneignung? Offensichtlich gehen jedoch Gelegenheiten zur Förderung der selbständigen Evaluation verloren, wenn Begriffe nur als zu merkende Definitionen von Wörtern gelehrt werden. Es bedarf der Schaffung einer Atmosphäre des Nachforschens und Prüfens, die bereits besprochen wurde, um die Schüler bei ihrer Suche nach Methoden zur Evaluation ihrer eigenen Begriffe zu unterstützen.

11.13 Die Länge der Seiten und die Größe der Winkel sind die zur Unterscheidung relevanter Figuren derselben Klasse relevanten Merkmale, z.B. Quadrate von Parallelogrammen und rechtwinkelige Dreiecke von gleichschenkeligen Dreiecken. Beschreiben Sie kurz 2 oder 3 Verfahren, die ein Lehrer anwenden könnte, um die Schüler beim Erkennen dieser relevanten Merkmale zu unterstützen.

11.14 Lehrer merken, daß einige Schüler bestimmte Wörter eines Lehrbuchs nicht lesen können und sich aus diesem Grunde die erforderlichen Informationen und Begriffe nicht aneignen können. Welches der nachstehenden Verfahren, bzw. eine Kombination mehrerer, erscheint Ihnen für die schulische Anwendung am besten geeignet zu sein?

a) Identifizierung der schwierigen Wörter und Lesen der Wörter mit der ganzen Klasse.

b) Jeder einzelne Schüler soll die Wörter, die er nicht lesen kann, identifizieren und ein anderer guter Leser soll denen, die Schwierigkeiten haben, beim Lesen helfen.

c) Den schlechten Lesern sollen andere Bücher zugänglich gemacht werden, die ähnlich, jedoch leichter zu lesende Information beinhalten.

d) Darbietung von Tonfilmen und anderen visuellen Hilfsmitteln, mit derselben Information und Begriffe, an die ganze Klasse.

Welche anderen Verfahren könnten noch angewandt werden?

11.15 In vielen Unterrichtsbüchern werden nach der Definition eines Wortes 2 oder 3 Beispiele bzw. positive Beispiele des Begriffs angegeben. Welche anderen Verfahren könnten von den Lehrbuchverfassern oder Lehrern in Ergänzung der Bücher verfolgt werden, um durch Lesen und Studium gedruckten Materials bessere Möglichkeiten zum Begriffslernen zu schaffen?

11.16 Die Entdeckungs- oder Nachforschungsmethode besteht darin, den Schülern tatsächliche Begriffsbeispiele oder verbale Begriffsbestimmungen zugänglich zu machen in der Absicht, daß sie Fragen über die Beispiele stellen oder sie sorgfältig betrachten, um Definitionsmerkmale zu identifizieren und den neuen oder vollständigeren Begriff induktiv erlangen. Die erklärende Begriffslehrmethode besteht darin, dem Begriffsnamen eine verbale Diskussion und Definition nach Definitions oder Synonymen anzuschließen und dann Beispiele zu geben, in denen die Schüler die Definitionsmerkmale beobachten. Unter welchen Umständen kann unter Berücksichtigung (a) des Reifegrades der Schüler, (b) der von den Schülern bereits erworbenen

Kenntnisse und (c) des Wesens des zu lernenden Begriffs jeweilige Methode angebracht sein?

11.17 Inwiefern kann die Erfahrung als Lehre die Übertragung der Unterrichtsrichtlinien auf tatsächliche Unterrichtssituationen erleichtern?

11.18 Welches bzw. welche beiden der 7 Prinzipien des Begriffslernens erscheint Ihnen am leichtesten durchführbar in Hinblick auf die Verbesserung Ihrer eigenen Fähigkeiten, Begriffe zu lernen? Welches bzw. welche beiden erscheinen Ihnen am schwierigsten?

11.4 Zusammenfassung

Ein Großteil der menschlichen kumulativen Erfahrung äußert sich in Begriffen und Prinzipien, von denen der größte Teil in verbalen und mathematischen Symbolen ausgedrückt wird. Ein Begriff ist ein Gedankengebäude oder eine Abstraktion, das sich durch psychologische Bedeutsamkeit, seine Struktur und seine Übertragbarkeit auszeichnet, das einem Individuum ermöglicht, (1) Dinge und Vorgänge als zur selben Klasse gehörig und als verschieden von Dingen und Vorgängen, die anderen Klassen zugehören, zu erkennen, (2) andere verwandte, übergeordnete, beigeordnete und untergeordnete in einer Hierarchie zu erkennen; (3) Prinzipien zu bilden und Probleme, die mit dem Begriff verknüpft sind, zu lösen, und (4) andere Begriffe desselben Schwierigkeitsgrades in weniger Zeit zu lernen. Begriffe werden im allgemeinen in einzelnen oder zusammengesetzten Wörtern, Adjektiven und Verben des Handelns, der Wahrnehmung und des Fühlens dargestellt. Einige Präposotionen und Konjunktionen stellen ebenfalls Begriffe dar.

Ein Prinzip ist eine Aussage über den Zusammenhang zweier oder mehrerer Begriffe. Aussagen, die auf einen Zusammenhang zwischen spezifischen Fakten hinweisen, sind keine Prinzipien. Es können auch Aussagen gemacht werden, die ein Begriffsbeispiel, ein Begriffsmerkmal oder eine Begriffsdefinition angeben. Auch hierbei handelt es sich nicht um Prinzipien. Das Lernen und Lehren von Begriffen und das von Prinzipien ist vermutlich identisch mit der Ausnahme, das das Lernen von Zusammenhängen unter Begriffen eine höhere Abstraktionsebene erfordert als das Lernen von Zusammenhängen unter Begriffsbeispielen und Merkmalen.

Piaget hat die Entwicklung der inneren Operationen in Hinsicht auf sensomotorische und präoperationale Phasen sowie konkrete und formale Operationen methodisch weiterverfolgt. Er glaubt, daß sich im Denken der Kinder qualitative Veränderungen abspielen, und daß diese Veränderungen weitgehend von Faktoren der Reifung abhängig sind. *Bruner* erläutert die Entwicklung als innere und parallele externe Operationen, die enaktiv, ikonisch und symbolisch sein können. *Bruner* sieht in der Entwicklung mehr Kontinuität als *Piaget* und mißt auch der Umwelt größere Bedeutung bei der Entfaltung der Operationen bei, so u. a. auch dem Unterricht.

Heutzutage können viele Lehrer und Gelehrte nicht zwischen Fakteninformation, Prinzipien und Begriffen unterscheiden. Sie sprechen über eine Wissensstruktur in der Naturwissenschaft, der Mathematik und anderen Fächern so, als ob sie Wirklichkeit wären, können jedoch die Gesamtstruktur und ihre Komponenten nicht genau angeben. Vielen sind auch die internen und externen Lernbedingungen und deren Anwendung auf Begriffe und Prinzipien nicht bekannt.

Mit Hilfe der 7 Prinzipien kann man das Begriffslernen verbessern: Durch Beobachtung von Ähnlichkeiten und Unterschieden bei Dingen und Vorgängen; Aneignung der Begriffsnamen und ihrer Merkmale; Lernen verbaler Definitionen; Erkennen der begriffsdefinierenden Merkmale; induktive bzw. deduktive Herleitung des Begriffs auf der Grundlage der verfügbaren Information; das Erkennen anderer Begriffe als beigeordnet, übergeordnet und untergeordnet, wenn sich der Begriff in einer Hierarchie einordnen läßt, und durch Evaluation der Angemessenheit seiner eigenen Begriffe. Die Übertragung dieser Prinzipien auf das eigene Begriffslernen ermöglicht wahrscheinlich auch deren Anwendung bei der Unterrichtung anderer, vorausgesetzt, daß die äußeren Umstände dies erlauben.

11.5 Weiterführende Literatur

Almy, M.: Young children's thinking: Studies of some aspects of Piaget's theory. New York: Teachers College Press, 1969.
In diesem 153 Seiten umfassenden Taschenbuch berichtet Almy über die Forschungsergebnisse der Jahre 1957—1965 mit kleinen Kindern sowie über die erziehungswissenschaftlichen Folgerungen daraus.
Bruner, J. S., Olver, R., Greenfield, P.: Studies in cognitive growth. New York: Wiley, 1966.
Kapitel 3 behandelt auf den Seiten 68—85 die altersbedingten Veränderungen im Klassifizieren. Die von J. S. Bruner verfaßten Kapitel sind ebenfalls ausgezeichnet.
Bruner, J. S.: Studien zur kognitiven Entwicklung. Klett, Stuttgart 1971.
Fredrick, W. C.: How significant concepts are attained in high school subjects. North Central Association quarterly, 1966, 40, 340—345.
Fredrick zeigt auf, wie die Ergebnisse der neueren Forschung über das Begriffslernen auf die Lehrpläne der Oberschule angewendet werden können.
Johnson, D. M., Stratton, R. P.: Evaluation of five methods of teaching concepts. In: *Ripple, R. E., ed.:* Readings in learning and human abilities. New York: Harper & Row, 1971[2].

Ein Bericht über einen Versuch zur Bestimmung der Wirkungen fünf verschiedener Begriffslehrmethoden.

Klausmeier, H. J., Harris, C. W., eds.: Analyses of concept learning. New York: Academic Press, 1966.

Dieses Buch für Dozenten und Lehrkräfte besteht aus 16 Arbeiten. Dabei sind 6 Kapitel von besonderem Interesse für Lehrer: R. M. Gagné, »The Learning of Principles«, S. 81—95; J. M. Kagan, »A Developmental Approach to Coneptual Growth«, S. 97—115; C. P. Deutsch, »Learning in the Disadvantaged«, S. 189—204; H. F. Fehr, »The Teaching of Mathematics in the Elementary School«, S. 223—237; und J. D. Novak, »The Role of Concepts in Science Teaching«, S. 239—254.

Lovell, K.: Development Processes in Thougt. In: *Klausmeier, H. J., O'Hearn, G. T., ed.:* Research and development towards the improvement of education. Madison, Wisc.: Dembar Educational Research Services, 1968, 14—21.

Lovell interpretiert die Arbeit von Piaget und erläutert Folgerungen für den Unterricht.

Phillips, J. L.: The origins of intellect: Piaget's theory. San Francisco: Freemann, 1969.

In diesem 149 Seiten starken Taschenbuch gibt Freeman eine Zusammenfassung über Piagets Theorie der kognitiven Entwicklung. Daneben enthält es Impikationen für den Unterricht aus der Sicht Freemans und einige interessante Beispiele.

Piaget, J.: Development and Learning. In: *Ripple, R. E. ed.:* Readings in learning and human abilities. New York: Harper & Row, 1971[2].

Piaget bietet einen Überblick über den Zusammenhang zwischen Entwicklung und Lernen auf der Grundlage seiner Untersuchungen.

Piaget, J.: The development of mental imagery. In: *Ripple, R. E. ed.:* Readings in learning and human abilities. New York: Harper & Row, 1971[2].

Dieser Aufsatz beschreibt die innere Darstellung von Erfahrungen.

Piaget, J.: Das Erwachen der Intelligenz beim Kinde. Klett, Stuttgart 1969.

Ripple, R. E.: American cognitive studies. Ariew. In: *Ripple, R. E. ed.:* Reading in learning and human abilities. New York: Harper & Row, 1971[2].

Zusammenfassung amerikanischer Untersuchungen über kognitives Lernen und Entwicklung.

Tagatz, G. E.: Effects of strategy, sex and age on conceptual behavior of elementary school children. Journal of educational psychology, 1967, 103—109.

Eine der hervorragendsten Untersuchungen über Begriffslernen im schulischen Rahmen.

Aebli, H.: Über die geistige Entwicklung des Kindes. Klett, Stuttgart 1968[2].

Entwicklungspsychologische Kriterien für die Auswahl von Curriculuminhalten. In: *Frey, Karl (Hrsg.):* Kriterien in der Curriculumkonstruktion, Beltz, Weinheim/Berlin/Basel 1970, 49—55.

Aus wenigen Seiten wird exemplarisch die logische Struktur eines Begriffs entwickelt.

Bonn, H. Rosmanith, K. (Hrsg.): Studien zur Entwicklung des Denkens im Kindesalter. Wiss. Buchgesellschaft, Darmstadt 1972.

Dieser Band enthält unter anderem die Aufsätze von *Bruner, J. S.*, über kognitive Entwicklung (1967) und *Lovell, K.*, Die Entwicklung (natur-) wissenschaftlicher Begriffe (1966).

12. Problemlösen und Kreativität

12.1 Denken und Problemlösen

Das Problemlösen ermöglicht es den Menschen, sich der physischen Umwelt anzupassen oder sie teilweise zu verändern. Jedermann (ausgenommen vielleicht geistig minderbemittelte Personen und sehr kleine Kinder) kann denken und Probleme lösen, doch offensichtlich sind diese Fähigkeiten bei Individuen aller Altersstufen sehr unterschiedlich ausgebildet. Unser Hauptinteresse soll an dieser Stelle jedoch folgenden Fragen gelten: Auf welche Weise kann *Kindern* dabei geholfen werden, klarer zu denken und Probleme wirksamer zu lösen? Bei der Behandlung dieses Themas werden wir auf Fragen treffen, die zum Teil nicht vollständig beantwortet werden können. Der beste Weg, uns mit dem gegenwärtigen Wissensstand dieses Bereiches vertraut zu machen, führt auf jeden Fall über das Studium der verschiedenen Auffassungen über das Denken, die sich über viele Jahre entwickelt haben.

12.1.1 Denken

Das Denken beschäftigt die Menschen seit langer Zeit, teilweise aus dem Grunde, weil sie es nicht direkt beobachten können, obwohl sie dazu selbst in der Lage sind. Auch den Prozeß des Lernens kann man nicht beobachten. So mag Denken als mentale Tätigkeit betrachtet werden, die zum Erlangen der meisten Lernergebnisse notwendig ist. Da sich jedoch Lernen durch Denken entwickelt, ist Denken an sich ein ebenso komplexer Vorgang wie Lernen. Viele Versuche wurden bereits unternommen, das Denken zu erklären, doch unser Wissen über den Vorgang als solches und die Verbesserung der Denkfähigkeit bleibt unvollständig. Versuchen Sie beim Studium der verschiedenen Denkvorstellungen zu differenzieren und gemeinsame Merkmale zu identifizieren.

Reflexives Denken

Dewey arbeitete 5 Phasen oder Aspekte reflexiven Denkens heraus:

> (1) Suggestionen, bei denen der Verstand einer möglichen Lösung zuspringt; (2) eine Intellektualisierung der Schwierigkeit oder Verworrenheit, die bei einem zu lösenden Problem empfunden (direkt erfahren) wurde, eine Frage, für die die Antwort gesucht werden muß; (3) der Gebrauch einer Suggestion nach der anderen als Leitvorstellung oder Hypothese, zum Zwecke der Initiierung und Lenkung von Beobachtung sowie weitere Operationen bei der Sammlung von Faktenmaterialien; (4) die gedankliche Ausarbeitung der Vorstellung oder Annahme . . . ; und (5) die Überprüfung der Hypothese durch offene oder imaginäre Handlung. (Dewey, 1933, S. 107)

Dewey behauptete insbesondere, daß Denken einen Zustand des Zweifelns, der Verwirrung oder empfundener mentaler Schwierigkeit miteinschließt, dem das Denken selbst entspringt, sowie einen Akt des Suchens, Jagens oder der Nachforschung nach Material zur Zerstreuung des Zweifels und zur Klärung und Auflösung der Verwirrung.
Deweys Begriff des Denkens dient als Grundlage zur Problemlösung und wird als solcher allgemein akzeptiert. Die Gedankenprozesse bei der Problemlösung wurden beispielsweise folgendermaßen zusammengefaßt:

> Der Ablauf des Ersinnens einer Problemlösung unterscheidet sich zwar im allgemeinen von Fall zu Fall eine gründliche Untersuchung, erbrachte jedoch folgende charakteristische Prozeßphasen: Zuerst wird die Schwierigkeit empfunden; als zweites das Problem geklärt und definiert; drittens, die Suche nach Anhaltspunkten wird aufgenommen; viertens, verschiedene Möglichkeiten tauchen auf und werden ausgewertet oder ausprobiert; fünftens, eine vorgeschlagene Lösung wird angenommen oder der Denkende gibt geschlagen auf; und sechstens, die Lösung wird ausprobiert. (Kingsley & Garry, 1957, S. 421—422)

Produktives Denken

Wertheimer faßte seine Vorstellungen über produktives Denken wie folgt zusammen:

> . . . im Wunsche, zu einem wirklichen Verständnis, Nachfragen und Nachforschen zu kommen, erhält ein bestimmter Denkbereich entscheidende Bedeutung und Beachtung. Die Konzentration auf diesen Bereich führt jedoch nicht zur Isolation desselben.
>
> Es entwickelt sich eine neue, tiefere Einsicht in die Situation, wobei es zu Veränderungen in der funktionalen Bedeutung, der Gruppierung usw. der Items kommt.

Angeleitet durch die Erfordernisse, die durch die spezifische Struktur der Situation für den kritischen Bereich notwendig geworden sind, gelangt man zu vernünftiger Voraussage, die — wie die anderen Strukturteile — einer direkten oder indirekten Nachprüfung bedarf. (Wertheimer, 1945, S. 167)

Sie werden uns jetzt möglicherweise beistimmen, daß die Frage »Was ist Denken?« eine wichtige Bedeutung hat. Bei der Formulierung Ihrer eigenen Antwort werden Sie versuchen, Ihre persönlichen gegenwärtigen und vergangenen Erfahrungen in einer Art Brennpunkt zu organisieren. Dieser wäre nach *Wertheimers* Terminologie der kritische Denkbereich. Wenn Sie dann damit zufrieden sind, wie sich die Organisation Ihrer Erfahrungen mit der Bedeutung deckt, die Sie ohnehin schon dem »Denken« beimaßen, so wird es zu keiner produktiven Denkarbeit kommen. Sind Sie jedoch unzufrieden, so werden Sie versuchen, die Teile des Ganzen auszufüllen und die abgetrennten Ideen völlig neu aufzubauen. Dies erfordert die direkte oder indirekte Nachprüfung Ihres neuen Begriffes *Denken*. Bei diesem Prozeß der Aneignung eines vollständigen Musters mit ausreichender, zufriedenstellender Bedeutung liegt das Schwergewicht auf der Strukturierung und Neustrukturierung des kognitiven Bereiches einer Person.

Konvergentes und divergentes Denken

Guilford stellte sinnvolle und fruchtbare Ideen über das Denken vor, die in Kapitel 2 dargestellt werden. Obwohl *Dewey* und *Wertheimer* Denken als Prozeß behandelten und den Gedankeninhalt nicht spezifizierten, differenzierte *Guilford* zwischen Inhalten, Ergebnissen und Operationen, wie auch zwischen konvergierendem und divergierendem Denken (wie in Kapitel 2 bemerkt). Er schrieb:

Erkennen bedeutet Entdecken, Wiederentdecken oder Wiedererkennen. Merken bedeutet Erkanntes im Gedächtnis behalten. 2 Arten produktiver Denkoperationen bringen neue Information aus bereits bekannter und erinnerter Information hervor. Bei divergenten Denkoperationen denken wir in verschiedene Richtungen, bald forschend, bald Vielfalt suchend. Beim konvergenten Denken führt die Information zu einer richtigen Antwort oder zu einer anerkannt besten oder üblichen Antwort. Bei der Auswertung treffen wir Entscheidungen über Güte, Richtigkeit und Eignung sowie Angemessenheit hinsichtlich dessen, was wir wissen, an was wir uns erinnern und was wir bei produktivem Denken hervorbringen ...

Einziges Merkmal divergenten Denkens ist die Tatsache, daß eine *Vielfalt* von Reaktionen herbeigeführt wird. Das Denkergebnis wird nicht völlg bestimmt durch die gegebene Information. Das bedeutet aber nicht, daß divergentes Denken bei dem ganzen Prozeß der Herbeiführung einer einzigen Entscheidung keine Rolle spielt, denn gerade beim Trial-Error-Denken kommt es zum Tragen. (Guilford, 1959, S. 470, 473)

Es wäre vielleicht hilfreich, wenn Sie die Diskussion über divergente Denkfähigkeiten in Kapitel 2 durchlesen würden, *Guilford* (1967) wies darauf hin, daß parallele Fähigkeiten beim konvergenten und divergenten Denken beteiligt sind. Die konvergenten Fähigkeiten sind beim Herbeiführen *einer* richtigen Antwort auf ein Problem über eine Übung, die nur eine Lösung oder Antwort als richtig zuläßt, beteiligt, während die 3 hauptsächlichen divergenten Fähigkeiten Gedankenfluß, Flexibilität und Originalität sind.

12.1.2 Stufen des Denkens

Taba (1965), eine Erzieherin mit starkem Interesse an der Verbesserung des Sozialkunde- und Sprachunterrichts, identifizierte Denkstufen- oder Typen, die bei der Begriffsbildung, bei der Entwicklung von Verallgemeinerungen und Herleitungen durch die Interpretation grober Daten und bei der Anwendung von Prinzipien eine Rolle spielen. In ihrer Analyse untersucht sie die an früherer Stelle dieses Kapitels sowie die im vorhergehenden Kapitel dargelegten Ideen. Besonders sei darauf hingewiesen, daß *Taba* und *Bruner* u. a. zu der Gruppe zählen, die dem Denken bei der Begriffserlangung eine vorrangige Bedeutung beimessen. In der folgenden Textstelle werden die von *Taba* aufgestellten Denkstufen skizziert:

BEGRIFFSBILDUNG

In ihrer einfachsten Form kann Begriffsentwicklung als aus 3 Prozessen oder Operationen bestehend beschrieben werden. Der erste ist die Differenzierung der Eigenschaften oder Merkmale von Gegenständen oder Vorgängen, wie die Unterscheidung der zum Hausbau erforderlichen Materialien von weiteren für Häuser typischen Merkmalen. Diese Differenzierung erfordert u.a. die Analyse im Sinne einer Aufteilung globaler Ganzheiten in spezifische Eigenschaften und Elemente.

Der zweite Prozeß ist die Gruppierung. Dieser Prozeß erfordert die Abstraktion gewisser gemeinsamer Merkmale in eine Aufteilung von unähnlichen Gegenständen oder Vorgängen sowie deren Gruppierung auf der Grundlage dieser ähnlichen Eigenschaft, wie bei der Zusammenstellung von Krankenhäusern, Ärzten und Arzneien als etwas, das mit Gesundheitsfürsorge zu tun hat. Selbstverständlich können dieselben Gegenstände und Vorgänge nach mehreren verschiedenen Gesichtspunkten gruppiert werden. Beispielsweise können Krankenhäuser, Röntgen- und chirurgische Geräte als Krankeneinrichtungen, Vorsorgearten oder Hinweise auf einen bestimmten Lebensstandard gruppiert werden, je nach dem Gruppierungsziel.

Der dritte Prozeß ist die Kategorisierung und Benennung. Dieser Prozeß erfordert die Entdeckung von Kategorien und Bezeichnungen, die unterschiedliche Gegenstände und Vorgänge umfassen und einordnen, wie die Entwicklung eines Maßeinheitsbegriffs aus der Messung mit einer Tasse, einem Zollstock, einem Flachholz oder einem Gummiband. Hierzu gehört auch der Prozeß der Über- und Unterordnung, d.h. zu entscheiden, welche Items in welche Kategorie einzuordnen sind.

Im Schulunterricht findet sich diese kognitive Aufgabe als Aufzählung oder Spezifizierung, wie z.B. als Identifizierung einer Serie spezifischer Items, die in einem Film angegeben wurden oder von einem Forscherkreis aufgestellt wurden, und anschließende Gruppierung ähnlicher Dinge und letztliche Benennung der Gruppen.

DATENINTERPRETATION UND HERLEITUNG

Im wesentlichen besteht diese kognitive Aufgabe aus der Entwicklung von Verallgemeinerungen und Prinzipien aus einer Analyse konkreter Daten, wie auch mehrere untergeordnete Prozesse eine Rolle spielen. Der erste und einfachste besteht in der Identifizierung spezifischer Datenpunkte. Dieser Prozeß verläuft in gewisser Weise analog zu der der Gruppierung vorangehenden Aufzählung oder Spezifizierung. Der zweite Prozeß besteht im Erklären spezifischer Items oder Vorgänge, z.B. warum die Meeresströme das Klima beeinflussen, warum Mexiko bei der Aufhebung des Analphabetentums das »Einer-unterrichtet-den-anderen-System« anwendet oder warum sich der kalifornische »Way of Life« mit dem Öffnen der Häfen für den freien Handel änderte. Dieser Prozeß schließt auch die Bezugsetzung von Informationspunkten, um deren Bedeutung zu erweitern und Zusammenhänge festzustellen, mit ein.

Die dritte Operation ist die Herausbildung von Herleitungen, die über das unmittelbar Gegebene herausführen, wie etwa aus dem Vergleich der Daten über die Bevölkerungszusammensetzung mit Daten über den Lebensstandard bestimmter lateinamerikanischer Staaten gefolgert werden kann, daß Gegenden mit vorwiegend weißer Bevölkerung eher einen höheren Lebensstandard haben.

Die Interpretation von Daten und die Formulierung von Folgerungen findet im Klassenzimmer immer dann statt, wenn die Schüler sich mit groben Daten der ein oder anderen Art auseinandersetzen müssen, wie z.B. beim Vergleich des Imports und Exports verschiedener Länder oder bei der Analyse und Synthese der Faktoren, die bestimmend sind für die technologische Entwicklungsstufe eines bestimmten Kulturkreises, anhand der Untersuchung der bei der Warenproduktion verwendeten Werkzeuge und Verfahren.

ANWENDUNG VON PRINZIPIEN

Eine dritte kognitive Aufgabe ist die Hinzuziehung bekannter Prinzipien und Fakten zum Zwecke der Erklärung neuer Phänomene oder der Vorbestimmung der sich aus bekannten Voraussetzungen ergebenden Konsequenzen. Wenn beispielsweise die Lebensbedingungen in der Wüste bekannt sind, und wie Wasser die Fruchtbarkeit des Bodens beeinflußt, so läßt sich voraussagen, wie sich das Leben in der Wüste entwickeln würde, wenn Wasser ausreichend vorhanden wäre.

Diese kognitive Aufgabe erfordert im wesentlichen zwei verschiedene Operationen, wovon die eine die Voraussage und Hypothese ist. Dieser Prozeß erfodert eine Analyse des Problems und der Voraussetzungen, um zu bestimmen, welche Fakten und Prinzipien relevant sind und welche nicht. Die zweite Operation ist die Entwicklung informatorischer und logischer Parameter, die kausale Verbindungen zwischen den Voraussetzungen und der Voraussage stellen und eine wirklich rationale Voraussage oder Erklärung ermöglichen. Wenn man beispielsweise voraussagen kann, daß ausreichende Wasservorkommen in der Wüste die Erbauung von Städten nach sich ziehen würde, so muß man auch die Kette kausaler Verbindungen explizieren, die vom Vorhandensein von Wasser zur Erbauung von Städten führt. Diese Ketten können aus logischen Voraussetzungen bestehen, so wie z.B. Vorhandensein von Wasser die einzige Voraussetzung zur Fruchtbarmachung des Bodens ist, oder aus faktischen Voraussetzungen, wie z.B. die Frage, ob der Wüstenboden Salz enthält. (Taba, 1965, S. 536–537)

12.1.3 Allgemeine Auffassungen über das Denken

Worin bestehen die gemeinsamen Elemente dieser Denktheorien? (1) Denken bedeutet geistige Aktivität, die mit einem *Gefühl der Verwirrung*, des Zweifels oder der Unzufriedenheit aufkommt, wenn das Individuum etwas in seiner Umgebung wahrnimmt, das nicht vollkommen zufriedenstellend oder bedeutungsvoll ist. (2) Damit das Denken produktiv wird und keine ziellose Reverie oder Tagträumerei, muß die Konzentration auf ein Problem oder bestimmte wahrgenommene Elemente der Umwelt gerichtet werden. Die Situation wird so intellektualisiert, formuliert oder ausgelegt, damit sie für den Denker relativ klar durchschaubar wird. In der Mathematik, beim Malen eines Bildes, bei der Komposition eines Liedes oder beim Schreiben einer Geschichte muß das Individuum eine relativ klare Vorstellung von der Art des Problems haben, um sich darauf zu konzentrieren und produktiv in Hinsicht auf die Erreichung einer Lösung zu denken. (3) Nach der verstandesmäßigen Erfassung des Problems richtet sich das Denken auf die *Lösung*. Bei einigen Problemsituationen kommt schnell eine Lösung zustande; bei anderen kann das Individuum seine Bemühungen mit Unterbrechungen über Monate und Jahre hinaus fortsetzen. (4) Nach der versuchsweisen Annahme einer Lösung wird diese *geprüft* und bewertet. Die dabei dem einzelnen verfügbaren Informationen und Methoden, seine die Lösung betreffenden Hypothesen und der besondere soziale und übrige Kontext seiner Bemühungen stehen dabei alle in bezug zu dem prüfenden und auswertenden Aspekt des Denkens.

Der Prozeß des Denkens läßt sich in zumindest 2 Richtungen aufspalten. Die eine zielt auf die Erreichung einer Lösung oder Eingrenzung eines Problems ab, für das es eine bekannte oder allgemein akzeptierte Lösung gibt. *Konvergentes Denken, logisches Denken, kritisches Denken und Folgern* sind die zur Beschreibung dieser Richtung am meisten verwendeten Begriffe. Eine andere Richtung zielt auf die Suche einer (zumindest für den Denkenden) neuen oder nicht allgemein akzeptierten Lösung. Diese Denkrichtung, von *Guilford* als *divergentes Denken* bezeichnet, wurde von anderen als *kreatives Denken, imaginatives Denken* oder *ursprüngliches Denken* benannt.

Die vorangehenden Gesichtspunkte zeigen zwar, daß Denken zur Problemlösung notwendig ist, daraus ergibt sich jedoch nicht, daß Denken und Problemlösen dasselbe sind. In diesem Zusammenhang sind die von *Taba* skizzierten 3 Gruppen von Operationen zur Definition des Denkens von Bedeutung: (1) *Begriffsbildung* — Differenzierung, Gruppierung und Benennung von Dingen und Vorgängen; (2) *Interpretation von Daten und Herleitung* — Identifizierung der Elemente. Bezugsetzung oder Erklärung der Elemente und Herleitung von Schlußfolgerungen; (3) *Anwendung von Prinzipien* — hypothetische Annahme von Lösungen und Ableitung von Lösungen oder Zusammenhängen. Damit räumt *Taba* mehr als andere Verfasser dem Denken bei der Begriffsbildung eine zentrale Stellung ein.

12.1.4 Problemlösen

Ein Individuum wird mit einem Problem konfrontiert, wenn es auf eine Situation trifft, auf die es zwar reagieren muß, die zum Erreichen einer Lösung notwendigen Informationen, Begriffe, Prinzipien oder Methoden aber nicht zur Verfügung hat. Ein Kind trifft beispielsweise auf eine Situation, bei der es zur Erreichung einer Lösung schrittweise vorgehen muß, die diesbezüglichen Me-

Tabelle 12.1 *Im Rahmen von 4 Forschungsstudien aufgestellte Stufen der Problemlösung und des kreativen Denkens.*

Rossmann (1931)	Dewey (1933)	Merrifield u.a. (1960)	Klausmeier (1971)
Bemerken einer Notlage oder Schwierigkeit	Empfindung einer Schwierigkeit	Vorbereitung	Beachten und Erkennen von Schwierigkeiten
Formulierung des Problems	Einordnung und Definition des Problems	Analyse	Erkennen und Feststellen der allgemeinen Erfordernisse, → Methoden, → Lösung, → Dimensionen des Problems
Informationssammlung			Erinnerung bekannten Wissens und Aneignung neuer Informationen und Methoden
Formulierung von Lösungen	Aufstellen möglicher Hypothesen	Denkprodukt	Anwendung wesentlicher und methodologischer Informationen. Herleitung möglicher Lösungen und Voraussage der jeweiligen Konsequenzen
Prüfung der Lösungen	Prüfung der Hypothesen; Erkennung einer einzelnen als richtig	Verifizierung	Bewertung der Brauchbarkeit der angenommenen Lösung
Formulierung neuer Ideen; Prüfung und Annahme neuer Ideen		Wiederanwendung	Übertragung neu erworbener Lösungen und Verfahrensweisen

thoden jedoch nicht kennt. Es bedarf einer Problemlösungsaktivität im Sinne der in Tabelle 12.1 skizzierten Sequenz.

Beachten Sie die terminologischen Parallelen in Tabelle 12.1. Im ersten Teil dieser Sequenz finden sich diese parallelen Operationen, gelesen von links nach rechts: *Bemerken einer Notlage oder Schwierigkeit, Empfindung einer Schwierigkeit, Vorbereitung* und schließlich *Beachten und Erkennen von Schwierigkeiten.* Es finden sich auch andere parallele Operationen, obgleich die Anzahl der Operationen bei den 4 Gruppen nicht übereinstimmt. Ebenso wie es nicht notwendig ist, daß die verschiedenen Sequenzen die gleiche Anzahl von Operationen aufweisen, weil die Fachbegriffe unterschiedliche Inklusivitätsgrade aufweisen, sollte man nicht glauben, daß die Problemlösung immer in der Reihenfolge von oben nach unten erfolgt. Im Gegenteil, es sind Verschiebungen zu beobachten, besonders wenn komplexe bildliche oder soziale Probleme zu lösen sind. Beispielsweise erkannte man vor Jahren Probleme der Erziehung Benachteiligter, worauf eine Vielzahl von Lösungen hypothetisiert und ausprobiert wurden. Wir wollen jedoch versuchen, die Probleme noch genauer zu definieren und andere Problemlösungsoperationen miteinzubeziehen, um bessere Lösungen zu finden.

Zum Teil sind die Unterschiede in den Problemlösungssequenzen von Tabelle 12.1 auf die Methoden zurückzuführen, die die verschiedenen Verfasser bei ihren Arbeiten anwendeten, sowie auf die beabsichtigten Ziele. *Rossman* (1931) untersuchte die Aktivitäten von 710 Erfindern, wodurch er detaillierte Stufen herausarbeiten konnte. Die genauen Quellen des hervorragenden *John Dewey* (1933) sind in diesem Falle nicht bekannt, doch erscheint uns die Tatsache relevant, daß er seine Laufbahn als Psychologe begann und später auf Philosophie und Erziehungswissenschaften überwechselte (und u. a. eine Versuchsschule an der Universität von Chicago einrichtete). Er war ein scharfer Beobachter von Kindern und auch ein brillanter Theoretiker. *Merrifield* u. a. (1960) bauten ihre Sequenz auf faktoranalytischen Studien auf. Die Operationen der 4. Spalte gründen auf gewissen eigenen Forschungsarbeiten des Hauptverfassers dieses Buches, zum größeren Teil jedoch auf der Analyse und Synthese anderer Forscher. Beachten Sie, daß die Operationen der rechten Spalte mit dem Inhalt kombiniert sind, was später bei den Prinzipien zum Problemlösungsunterricht deutlicher wird; diese Operationen stellen die gegenwärtig bestmöglichen Einschätzungen der spezifischen Problemlösungsfähigkeiten durch den Verfasser dar, denen durch entsprechenden Unterricht Rechnung getragen werden kann.

Selbst wenn es Unterschiede in der genauen Terminologie gibt, so stimmen wir doch darin überein, daß die Problemlösung der Höhepunkt menschlichen Lernens ist. Worauf gründet sich Pro-

Tabelle 12.2 *Drei Lerntypen und verwandte innere und äußere Bedingungen*

1 TÄTIG-KEITSTYP	2 DEFINI-TION	3 BEISPIEL	4 GEFOLGER-TE FÄHIG-KEIT	5 INNERE VOR-AUSSETZUN-GEN (DES LERNENDEN)	6 ÄUSSERE VORAUSSETZUNGEN
Klassifi-zierung	Zuordnung von Gegenständen unterschied-lichen äußeren Aussehens zu Klassen gleicher Funktion	Differenzierung verschiedener Objekte als »Pflanze« oder »Tier«	Begriff	Vorher ge-lernte mul-tiple Diffe-renzie-rungen	Wiederherstellung der differenzierten Reaktionskette in Anlehnung an eine Reihe von Stimuli, die sich zwar äußerlich unterscheiden, jedoch der-selben Klasse zugehören
Regelan-wendung	Durchführung einer Hand-lung, die in Einklang mit einer Regel steht, deren Aussage Begriffsbezeich-nungen ent-hält	Doppel-S zwischen 2 Vokalen wird vor Konsonanten zu schar-fem S	Prinzip (oder Regel)	Vorher gelernte Begriffe	Hinzuziehung äußerer Signale (im allgemeinen verbaler Art), die die Erinnerung vorher gelernter Begriffe in Anlehnung an eine passende Sequenz bewirken; spezifische Anwen-dung der Regel
Problem-lösung	Lösen eines neuen Pro-blems durch die Kombination von Regeln	Anheben eines Autos ohne Wagenheber	Prinzipien plus Pro-blemlöse-fähigkeit	Vorher gelernte Regeln	Selbständiges Wachrufen vorher gelernter Regeln, um eine neue Kombination herbeizuführen

blemlösung? Was muß ihr vorangehen? In den Kapiteln 10 und 11 wurde aufgezeigt, daß Informationen zum Erlangen von Begriffen notwendig sind, und daß Prinzipien oder Verallgemeinerungen wesentlicher Bestandteil der Problemlösung sind. Dazu können ganz spezifische Methoden kommen, die nicht ohne weiteres als Prinzipien klassifiziert werden können.

Gagné (1967) stellte 7 Lerntypen auf und analysierte jeden einzelnen. Die für diese Diskussion relevanten 3 Arten werden in Tabelle 12.2 gezeigt. Spalte 1 gibt die offenen Arbeitsarten an, die bei Individuen in verschiedenen Aktivitätsbereichen beobachtet werden können. Spalte 2 grenzt jede der Arbeitsarten genauer nach Definitionskriterien ab. Spalte 3 gibt für jede Arbeitsart ein positives Beispiel an. Spalte 4 gibt die aus den sichtbaren Leistungen hergeleitete innere Befähigung an. Spalte 5 gibt für jede gelernte Leistungsart die inneren, zum Lernen als notwendig erachteten Bedingungen an. Spalte 6 führt die äußeren, als nützlich für das Zustandekommen des Lernprozesses erachteten Voraussetzungen auf.

Gagnés Facharbeit über den Zusammenhang zwischen Klassifizierung und Regelanwendung bzw. Anwendung von Prinzipien bietet weitere Klärung der Lerntypen und der äußeren, als lernerleichternd erachteten Voraussetzungen.

KLASSIFIZIERUNG

Beispiel: Lernen der botanischen Klassifizierung *Knolle* und der verbalen Klassifizierung »Knolle«.

Aus der Tabelle wird ersichtlich, daß vorher gelernte Unterscheidungen ins Gedächtnis zurückgerufen werden müssen. Beim vorliegenden Beispiel erstrecken sich diese Unterscheidungen auf das äußere Aussehen von Pflanzenstielen einerseits und von Wurzeln andererseits. Dieser Erinnerung folgt eine *Vielzahl von Beispielen*, die das äußere Aussehen von Knollen als verlängerte Stiele verdeutlichen. In jedem Falle erfolgt eine Wiederherstellung einer Kette wie *Kartoffel* (oder abgebildete Kartoffel) — *Knolle* — »Knolle«. Um die Unterscheidung hervorzuheben, kann eine Reihe von Beispielen für Wurzel vorgegelegt werden.

REGELANWENDUNG

Beispiel: Lernen der Regel: »Pronomen, die das Subjekt eines Satzes bilden, stehen im Nominativ.«

Nach der Tabelle geht es zuallererst um die Erinnerung früher gelernter Begriffe. Äußere Voraussetzungen müssen geschaffen werden, damit verbale Hinweise gegeben werden können, die eine solche Erinnerung stimulieren. Verbale Hinweise können in Form von Fragen gegeben werden, wie: »Welche der folgenden Worte sind Pronomen? Welches von diesen Worten ist das Subjekt?« Wenn diese Begriffe einmal aufgestellt worden sind, ist es eine relativ einfache Sache, ihre Namen als verbale Hinweise für die zu lernende Regel zu verwenden; mit anderen Worten, die Regel anzugeben: »Subjektpronomen stehen im Nominativ«. An diesem Punkt ist es jedoch auch wichtig, sicherzugehen, daß eine solche Aussage nicht nur als verbale Sequenz gelernt wird. Der nächste Schritt bei der Ausrichtung äußerer Bedingungen ist die Aufforderung zur Nennung einer Anzahl spezifischer Anwendungsbereiche der Regel, wie z.B.: »Geben Sie bei dem folgenden Satz das Pronomen der ersten Person an: ... Schüler spielen gerne Fußball«. Selbstverständlich muß eine entsprechende Vielfalt an Beispielen der Regelanwendung geboten sein. (Gagné, 1967, S. 303)

Tabelle 12.2 gibt das Begriffsvermögen einer einzelnen Person in einer hiearchischen Ordnung kognitiver Fähigkeiten an. Welcher Zusammenhang besteht zwischen der Fähigkeit, Probleme zu lösen, und anderen höheren kognitiven Fähigkeiten? Tabelle 12.3 gibt die Korrelation zwischen der Problemlösung und 7 weiteren höheren Fähigkeiten an. Die höheren positiven Wechselbeziehungen sind beim Lesen (o. 73), bei der Beurteilung (o. 71), dem IQ (o. 68) und der Problemerkennung (o. 62) gegeben, welche in erster Linie als konvergierende Denkfähigkeiten betrachtet werden. Positive, jedoch schwächere Korrelationen zeigen sich zwischen der Problemlösung und dem Wortfluß (o. 42), der Eingrenzung (o. 40) und dem Ideenfluß (o. 29). Diese Variablen stehen enger mit divergentem Denken in Beziehung.

Tabelle 12.3 *Korrelationen zwischen Problemlösen und anderen Variablen*

Variable	Problem-erkennung	Wortflüssigkeit	Ideenflüssigkeit	Eingrenzung	Beurteilung	IQ	Lesen
Problemlösen	0.62	0.42	0.29	0.40	0.71	0.68	0.73
Problemerkennung		0.40	0.56	0.30	0.55	0.52	0.60
Wortflüssigkeit			0.46	0.33	0.37	0.40	0.49
Ideenflüssigkeit				0.17	0.28	0.32	0.36
Eingrenzung					0.27	0.36	0.35
Beurteilung						0.54	0.64
IQ							0.56
Lesen							

Obwohl starke positive Korrelationen zwischen Problemlösen und anderen höheren kognitiven Fähigkeiten verzeichnet wurden, sollte man daraus nicht den Schluß ziehen, daß die Problemlösung nur von älteren Personen, die lesen können, erreicht werden kann. Einfache Probleme können bereits von Kindern eines relativ jungen Alters gelöst werden. 3- und 4jährige beschäftigten sich beispielsweise erfolgreich mit Schnüren, die zu untergeordneten Zielen in einer einfachen Reihenfolge führten, über die man zum Hauptziel gelangen konnte. (*Kendler & Kendler*, 1956). In einem weiteren Beispiel ist die Tatsache, daß Grundschulkinder ihre Begriffe geometrischer Figuren, wie Rechteck und Viereck, sowie ihre Kenntnis des Prinzips Fläche=Länge×Breite bei der Lösung von Problemen heranzogen, die die Berechnung von Flächen erforderten.

Einsicht, Versuch und Bestätigung

Es wurden 2 unterschiedliche Ansichten über die Mittel zur Lösung von Problemen zu Ausdruck gebracht. Die erste ist, daß die Lösung eines Problems nach einer gewissen anfänglichen Anstrengung plötzlich auftaucht. Die andere Auffassung besagt, daß ein Problem durch allmähliches Auslöschen von Fehlern und das Zusammenfügen korrekter Reaktionen gelöst wird. Über die Frage der richtigen Interpretation hat es beträchtliche Meinungsverschiedenheiten gegeben. *Harlow* gelangte jedoch zu einer rationalen Interpretation der Sachlage. Für die Begegnung mit einem Problem einer gegebenen *Klasse* sind häufigere Versuche und Bestätigungen typisch (*Harlow*, 1959). Versuchspersonen mit geringer geistiger Befähigung wurde eine Reihe von einfachen Differenzierungsproblemen vorgelegt, wie die Auswahl des größeren von zwei Stimuli, die entweder rechts oder links dargeboten wurden. Sie zeigten dabei ein Trial-Error-Verhalten, wobei eine Vielzahl von Irrtümern bis zum einwandfreien Durchlaufen einer Serie erforderlich waren. Nach mehreren hundert Problemen derselben Klasse konnten die Versuchspersonen eine richtige Entscheidung treffen, wenn das jeweilige Problem zum ersten Mal gestellt wurde. Diese späteren Leistungen deuteten auf ein Lernen durch Einsicht hin, das bedeutet, daß das Problem mit einem Mal gelöst werden konnte. In Wirklichkeit hatten die Versuchspersonen aus den früheren Irrtümern gelernt, wie sie die Problemklasse am besten erkannten. Sie erwarben sich eine *Lerneinstellung,* wie *Harlow* es bezeichnet. Damit ist gemeint, daß sie sich eine Lernmethode aneigneten, die sich positivistisch auf andere Probleme derselben Klasse übertragen läßt. *Harlow* glaubt, damit eine methodische Weiterentwicklung von Irrtum und Fehler hin zu scheinbar einsichtsvollem Lernen aufgezeigt zu haben. Er beschreibt seine Auffassung folgendermaßen: »In bezug auf menschliches Verhalten läßt sich allgemein und im weiteren Sinne sagen, daß ursprüngliches Lernen innerhalb eines Bereiches schwierig und frustrierend ist. Nach der Beherrschung erweist sich das Lernen innerhalb desselben Bereiches als einfach und mühelos.« (*Harlow*, 1959, S. 511).

Zusammenfassend läßt sich sagen, daß Einsicht nur nach vorangegangener Erfahrung mit der Klasse von Problemen möglich ist. Auch lassen manche Probleme ihre Lösbarkeit bzw. Unlösbarkeit rascher erkennen als andere. Auch lösen, wenn alles übrige gleich bleibt, ältere und intelligentere Personen ein Problem geschickter und mit weniger Fehlern als ein jüngeres und weniger begabtes Kind. Zudem können Lehrer Lernsituationen so anlegen, daß korrekte Lösungen mit weniger Fehlern erzielt werden.

Erfolg und Mißerfolg

Die Auswirkungen von Erfolg und Mißerfolg sind denen anderer Lernergebnisse ähnlich. Wiederholter Mißerfolg führt zur Aufgabe, zum Ersetzen des Zieles durch ein anderes oder zur Demonstration anderer Formen unproduktiven Verhaltens. Die Pro-

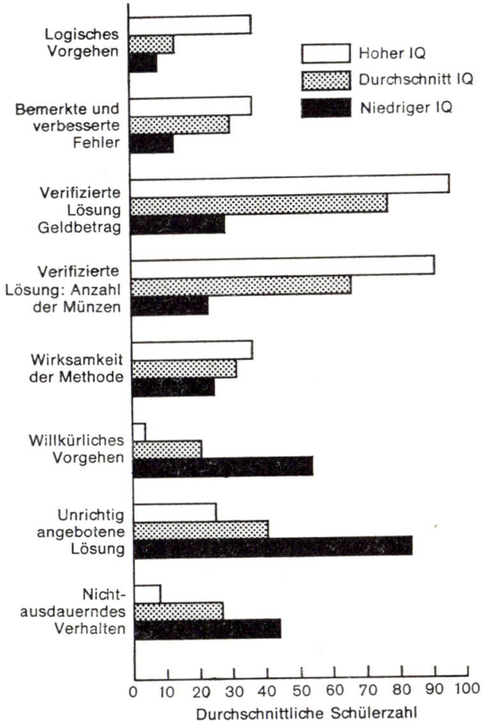

Abb. 12.1 Durchschnittliche Anzahl von Schülern dreier IQ-Werte, die effektives und ineffektives Problemlöseverhalten zeigen.

blemlöseprozesse von Schülern, die nach anfänglichen Versuchen Mißerfolg erfuhren, liegen bedeutend unter denen von Schülern, die in ihren anfänglichen Versuchen erfolgreich waren (*Rhine*, 1957). Erfolg und Mißerfolg produzieren an unterschiedlichen Punkten der Problellösung unterschiedliche Wirkungen. Schüler, die sich von der Problemlösungssituation vor dem Erreichen einer Lösung zurückziehen, setzen anfänglich höhere Ziele, machen beim Versuch, das Problem zu lösen, geringeren Gebrauch von Alternativlösungen und arbeiten weniger effektiv als die zu Lösungen kommenden (*Schroder & Hunt*, 1957). Die Unterschiede zwischen Kindern hoher und geringer Intelligenz, die Probleme mit unterschiedlichen Erfolgsgraden lösen, werden Klarheit in diese Punkte bringen.

Abbildung 12.1 verdeutlicht die unterschiedlichen Verhaltensweisen beim Problemlösen von Kindern mit hohem, durchschnittlichem und niedrigem IQ-Wert und einem Durchschnittsalter von 125 Monaten. Jede IQ-Gruppe bestand aus 40 Kindern. Bei allen Verhaltensweisen waren die Kinder mit niedrigem IQ-Wert effektiver als diejenigen mit hohem. Von größerer Bedeutung ist jedoch, daß die Verhaltensunterschiede Aufschluß darüber geben, warum bei den Kindern mit niedrigem IQ-Wert häufiger Mißerfolge auftreten. Beispielsweise setzten mehr Kinder mit hohem IQ als mit niedrigem bei der Problemlösung logisch an, bemerkten und verbesserten Fehler und bewiesen Lösungen. Eine größere Zahl von Kindern mit niedrigem IQ als mit hohem setzten bei dem Problem willkürlich an, boten unrichtige Lösungen an und zeigten bei ihrem Problemlöseversuch keine Ausdauer.

Einstellung und Problemlösen

Als Einstellung wird im allgemeinen die Prädisposition bezeichnet, die notwendig ist, um auf eine Situation in bestimmter Weise zu reagieren. Häufig werden Instruktionen zur Herstellung einer Einstellung verwendet. Als die 4 Funktionen der Instruktionen bei der Problemlösung gelten: (1) Die Identifizierung der erforderlichen Endleistung; (2) die Identifizierung von Teilbereichen der Problemsituation; (3) die Erinnerung relevanter Fähigkeiten und (4) die Gedankenführung (*Gagné*, 1964). Wenn die Instruktionen diese Ziele erfüllen, so verhält sich der sie empfangende Schüler anders als in Situationen ohne Instruktionen. Mit anderen Worten, jede Instruktionsart stellt eine Einstellung oder Prädisposition her, die die Vorgehensweise oder Interpretation hinsichtlich einer Situation betrifft. (Instruktionen können auch dazu dienen, die Motivation zu erhöhen, Neugierde zu wecken, Anspannung herbeizuführen u. ä.)

An einer Reihe von Situationen konnte aufgezeigt werden, daß die Einstellung die Problemlösung beeinflußt. Instruktionen zur Identifizierung von Begriffsmerkmalen nach einem systematischen Verfahren resultierten in einer verbesserten Bearbeitung von Problemen derselben Klasse (*Klausmeier, Harris & Wiersma,* 1964). Wurden Individuen jedoch darin unterrichtet, eine Serie von verwandten Problemen nach einer einzelnen Methode zu lösen, so wendeten sie diese Methode auch weiterhin bei der Lösung von verschieden gearteten Problemen an, selbst wenn sie dabei wiederholt erfolglos waren (*Luchins,* 1942, *Schroder & Rotter,* 1953). Allgemein läßt sich sagen, daß sich Personen, die nach einer einzelnen Methode unterrichtet wurden und damit auch wiederholt bei der Lösung einer Serie von *verwandten* Problemen erfolgreich waren, auch im weiteren an diese hielten, auch wenn wiederholte Irrtümer aufzeigten, daß sich damit *neue* Probleme einer anderen Klasse nicht bearbeiten ließen. Anders ausgedrückt, die Methode führt zu einer *positiven Übertragung* mit Problemen derselben Klasse, aber zu einer *negativen Übertragung* oder Interferenz mit Problemen einer anderen Klasse.

Die besten Beispiele einer in der Einstellung begründeten negativen Übertragung finden sich in Zusammenhang mit der Verwendung verschiedener Items bei der Problemlösung (*Birch & Rabinowitz,* 1951). So wurde beispielsweise jedem Mitglied einer Gruppe ein elektrisches Relais vorgelegt und Unterricht in der richtigen Anwendung, d. h. im Schließen eines Stromkreises gegeben. In einer anderen Gruppe erhielten die Versuchspersonen jeweils einen elektrischen Schalter und dieselbe diesbezügliche Unterweisung. Sodann erhielt jede Person dieser beiden Gruppen sowie jedes Mitglied einer ungeübten Kontrollgruppe ein Relais und einen Schalter. Alle drei Gruppen wurden dann mit einem Problem konfrontiert, bei dem eines der beiden Stücke einer neuen Verwendungsart zugeführt werden sollte, und zwar als Pendelgewicht. Es ergeben sich folgende Resultate: Die Gruppe, die vorher mit dem Relais geübt hatte, benutzte durchweg den Schalter als Gewicht. Die Gruppe, die vorher mit dem Schalter geübt hatte, zog vorwiegend das Relais zur Lösung des neuen Problems heran. Die Kontrollgruppe, die mit keinem der beiden Geräte Erfahrung hatte, benutzte das Relais und den Schalter etwa zu gleichen Teilen als Gewicht. Also führte der frühere Gebrauch des Relais bzw. des Schalters zum Zwecke der Schließung eines Stromkreises zu einer *funktionalen Fixierung;* das bedeutet, daß das bei einer spezifischen Aufgabenfunktion verwendete Gerät nicht für eine andere Funktion bei einer anderen Aufgabe herangezogen wurde. Die Versuchspersonen hielten sich tatsächlich an die bei der früheren Aufgabe angewendete Methode, in diesem Falle an das betreffende Gerät. Sie erfuhren also eine *Interferenz,* oder anders ausgedrückt, es kam zu einer negativen Übertragung.

In welchem Maße eine Einstellung oder Prädisposition ein Individuum beeinflußt, wird zum Teil durch den Grad seiner Flexibilität oder Rigidität bestimmt, die es bei der Konfrontation mit einem bestimmten Problemtyp aufweist. Flexibilität oder Rigidität stellen keine verallgemeinerten Persönlichkeitsmerkmale dar (*Johnson*, 1955). Das bedeutet, daß Individuen bemerkenswerte Schwankungen an Flexibilität bzw. Rigidität in bezug auf das Angehen eines Problems aufweisen, was mit der Eigenart und dem Inhalt des Problems zusammenhängt. Weder Flexibilität noch Rigidität kann somit ein einigermaßen konstantes Charakteristikum eines Individuums beim Auftreffen auf eine Reihe *ähnlicher* Aufgaben sein (*Goldner*, 1957). Wenn ein Individuum jedoch mit *unterschiedlichen* Arten von Problemlösungsaufgaben konfrontiert wird, so kann es rigide gegenüber der einen Art und flexibel gegenüber der anderen sein. Ein Schüler kann beispielsweise flexibel bei der Behandlung sozialer Probleme innerhalb seiner Gemeinschaft sein, andererseits aber äußerste Rigidität in der Behandlung wissenschaftlicher Probleme eines Psychologiekurses an den Tag legen.

12.1.5 Problemlösen in Gruppen

Im allgemeinen arbeiten Erzieher sowohl mit Gruppen als auch mit Individuen. Wie stellt sich nun das Problemlösungsverhalten von Gruppen im Vergleich zu Individuen dar? Zur Beantwortung dieser Frage werden wir zuerst auf anfängliches Lernen und später auf Übertragung (*transfer*) eingehen. Die Mehrzahl der seit 1950 tätigen Forscher fand heraus, daß die anfängliche Lernleistung kleiner Gruppen die von Individuen übertrifft (*Fox & Large*, 1962; *Hall, Mouton & Blake*, 1963; *Hoppe*, 1962; *Lorge & Solomon*, 1960; *Tuckman & Lorge*, 1962). Einige Forscher berichten jedoch von besseren Leistungen von Individuen gegenüber Gruppen (*Duncan*, 1959; *McCurdy & Lambert*, 1952; *Moore & Anderson*, 1954). Insbesondere *Duncan* behauptet, daß die besten Individuen die Durchschnittswerte von Gruppen überträfen. Es ist möglich, daß Gruppenmitglieder mit einiger Erfahrung in der Zusammenarbeit und nach entsprechender Instruktion konstant bessere Leistungen erbringen. *Fox* und *Large* (1962) berichten sogar, daß Gruppen, die eine 6-monatige Instruktionszeit absolviert hatten und die Problemlösung in Gruppn durchführten, Individuen in ihren Leistungen bei weitem übertrafen.

Wenn Individuen in den meisten anfänglichen Lernsituationen nicht so gut wie kleine Gruppen arbeiteten, wie verhalten sie sich dann in Transfersituationen? In drei unterschiedlichen Transfersituationen wurden Gruppen mit 4 Mitgliedern, die anfänglich besser als Individuen arbeiteten, untersucht (*Hudgins*, 1960;

Klausmeier, Harris & Wiersma, 1964; *Wegner & Zeaman*, 1956). In zweien der drei Experimente zeigten Personen, die anfänglich als Mitglieder von Vierergruppen gut gelernt hatten, in einer Transfersituation und alleine arbeitend weniger gute Leistungen. In dem dritten Experiment wurden keine Unterschiede festgestellt (*Hudgins*, 1960).

Warum liegen nun bei den meisten anfänglichen Lernsituationen die Durchschnittsleistungen kleiner Gruppen über denen von Individuen? Während anfänglichem Lernen erlangen die Mitglieder kleiner Gruppen kollektiv schneller ein Verständnis des Problems als Individuen, sichern schneller Informationen, erkennen Informationen effektiver, erinnern sich besser an relevante Informationen, wenden bei der Lösungsfindung eine größere Vielfalt von Methoden an, stellen mehr Lösungen zur Diskussion und können die Lösungen zuverlässiger beweisen (*Klausmeier- Harris & Wiersma*, 1964). Wenn jedoch manche der früheren Gruppenmitglieder später als Individuen an neuen Transferproblemen arbeiteten, so führten sie die eben angeführten Aufgaben weniger gut durch, offensichtlich aus dem Grunde, weil sie anfangs nicht aktiv teilgenommen hatten. Das bedeutet, daß die Aufgabe von jeder anfänglich allein arbeitenden Person die aktive Suche und mögliche Lösungsfindung *forderte*. Daraus folgt, daß über einen längeren Zeitraum wahrscheinlich ein höherer Prozentsatz von Individuen, die zu Anfang alleine arbeiten, als Gruppenmitglieder bessere Leistungen erbringt; niemand kann sich zurücklehnen und seine Teilnahme verweigern, wie dies bei Gruppen möglich ist. Über einen längeren Zeitraum dürften alle Individuen in kleinen Gruppen aktiv teilnehmen und gut lernen.

12.1 Welche der von Dewey skizzierten Stufen reflexiven Denkens erscheint Ihnen am schwierigsten?

12.2 Erklären Sie die Rolle von Tatsachen, Begriffen und Prinzipien des Problemlösens!

12.3 Aus welchem Grunde glauben Sie, daß so unterschiedliche Denkspiele wie Kreuzworträtsel, mathematische Spiele, Anagramme, Akrostichone, Schach und Bridge so beliebt sind? Ist es möglich, daß das Denken eine Art innerer Befriedigung verschafft?

12.4 Welche Fertigkeiten erscheinen Ihnen beim Problemlösen und beim Lesen üblich zu sein?

12.5 Sie beobachten, daß ein bestimmtes Problem von anderen auf verschiedene Arten gelöst wurde und müßten nur noch eine Lösung aus den vielen zur Verfügung stehenden auswählen. Wie würden Sie das erforderliche Denken einordnen?

12.6 Wann ist die »Einstellung« ein positiver Faktor bei der Problemlösung und wann behindert sie die Lösungsfindung?

12.2 Kreativität

Barron (1969) untersuchte Kreativität bei Erwachsenen über einen Zeitraum von mehreren Jahren und gelangte zu einem umfassenden Kreativitätsbegriff. Die Würdigung seiner Arbeit führt uns zu einer Behandlung der kreativen Fähigkeiten, der Produktivität, der mit Kreativität verbundenen Variablen und des Wertes, den Kreativität in der Schule hat.

Barron zufolge ist das »sich über etwas Gedanken machen« das einfachste Beispiel geistig-schöpferischer Tätigkeit, die Zeugung eines Kindes ist das einfachste Beispiel materieller Schöpfung. Zwar sind weder ein Gedanke noch ein Baby absolut einzigartig, doch sind beide allgemein typische Beispiele menschlicher Schöpfung. Ein Mensch kann also einen Gedanken haben, der für ihn neu ist, zieht man jedoch alle menschlichen Wesen in Betracht, so mag dieser Gedanke einer der verbreitetsten sein. Dieser einfache Gedanke ist für den Denkenden schöpferisch und ursprünglich, aber nicht für die Menschheit. Obwohl das Studium des Denkens im allgemeinen für die Erforschung der Kreativität von Bedeutung ist, richtet sich das Interesse *Barrons* und anderer Wissenschaftler auf einen Kreativitätstypus, wie er in der folgenden Textstelle näher erklärt werden soll:

> ... Jeder von uns ist sowohl Geschöpf wie Schöpfender, doch unterscheiden wir uns sowohl in unserem Wesen als Schöpfung wie auch in unser Schöpferkraft.
>
> Großartige neue Gedanken oder Ideen sind nicht nur für die Person, die sie erdacht hat, neu, sondern auch für fast alle anderen. Diese seltenen Beiträge sind vielleicht in einem stärkeren Bedeutungssinn kreativ; sie sind nicht nur das Ergebnis einer kreativen Handlung, sondern sie schaffen selbst wiederum neue menschliche Existenzbedingungen. Die Relativitätstheorie war eine derartige kreative Handlung, ebenso die Erfindung des Rades. Beide führten zu neuen Antriebs- und Energieformen, die das menschliche Leben veränderten.
>
> Außerordentliche kreative Kraft ist gekennzeichnet durch die massierte Produktion von Handlungen, die für sich einen bemerkenswerten Grad an Originalität beanspruchen können, sowie die gelegentlichen Produktionen von Handlungen, die sich durch ihre radikale Originalität auszeichnen. Es ist aufschlußreich, in einer guten Enzyklopädie die Geschichte der wissenschaftlichen Grunddiszipline nachzulesen; man wird bald sehen, daß in den einzelnen Bereichen immer wieder dieselben Namen auftauchen, denn geniale Schöpferkraft erstreckt sich mit stets neuem Interesse auf die gesamten Naturphänomene und sieht Zusammenhänge, die anderen verborgen bleiben. (Barron, 1969, S. 19)

12.2.1 Kreative Fähigkeiten

In Tabelle 12.4 werden kreative Fähigkeiten, intellektuelle Prozesse und Produkte und die zur Bemessung von Fähigkeit verwendeten Aufgabenarten benannt. Obwohl in der Tabelle nur semantischer Inhalt angegeben wird, gibt es parallele Fähigkeiten für figürlichen und symbolischen Inhalt. Sie erinnern sich vielleicht aus der Diskussion in Kapitel 3, daß man von figürlichen Fähigkeiten annimmt, sie seien enger verbunden mit der Darstellung in den visuellen Künsten, in dem Bereich der Musik und der Architektur, während sich der semantische Inhalt mehr auf die Darstellung in der Literatur, der Naturwissenschaft, der Mathematik und der Sozialwissenschaft bezieht.

Wie aus Tabelle 12.4 hervorgeht, unterliegen divergente Denkfähigkeiten und andere, Umbildungen miteinschließende Fähigkeiten kreativen Leistungen. Beachten Sie jedoch, daß damit auch Kognition und konvergentes Denken verknüpft sind. Außerdem müssen Informationen ins Gedächtnis zurückgerufen werden, um jede frühere Erfahrung auf eine gegenwärtige kreative Leistung anwenden zu können. Beispielsweise fanden *Pollert* u. a. (1969) mögliche Wechselbeziehungen zwischen den Leistungen von Kindern bei kreativen Tests und ihrer Fähigkeit, sich zu erinnern an (1) eine Liste allgemein gebräuchlicher Wörter, die mündlich dargebracht worden waren, (2) die verbalen Einzelheiten einer mündlich dargebotenen Geschichte über einen Besuch im Zoo und (3) spezifische Gegenstände und Farben auf 4 farbigen Bildern, die mittels eines Tageslichtprojektors visuell dargeboten wurden.

Wir werden die in Tabelle 12.4 angegebenen Aufgabenarten nicht näher ausführen, sondern beschränken uns auf den Hinweis, daß alle von der Person eine bestimmte *Denkleistung* und nicht nur die bloße Erkennung einer Korrektheit oder angemessenen Reaktion erfordern. Auch erfolgte die Bewertung dieser Aufgaben nicht auf der üblichen Grundlage von richtig oder falsch. Die Bewertungen richten sich vielmehr nach der Anzahl der Reaktionen bei der Flüssigkeit, nach dem Einfallsreichtum bei der Originalität und der Fähigkeit, Ideen in verschiedenen Kategorien hervorzubringen bei der Flexibilität. Es wird sicher interessant für Sie sein, die Aufgaben auszuführen und ihre Reaktionen mit denen anderer zu vergleichen.

Wir haben nun einige der intellektuellen und kognitiven Faktoren der Kreativität besprochen. Beinahe jedem Pädagogen ist die Verbindung zwischen Fluß, Flexibilität und Originalität und der Kreativität bekannt.

Die erwachsenen Testpersonen, an denen *Barron* (1969) Kreativität untersuchte, waren lebende Schriftsteller, Mathematiker, Architekten und Wissenschaftler. Höchst kreative Individuen wur-

Tabelle 12.4 *Kreative Fähigkeiten mit semantischem Inhalt*

Fähigkeit	Intellektueller Prozeß	Produkt	Zur Messung der Fähigkeit verwendete Aufgabenart
Begriffliche Treffsicherheit	Kognition	Implikationen	Geben Sie 6 verchiedene Lösungsmöglichkeiten einer bestimmten Aufgabe an.
Ideenflüssigkeit	Divergentes Denken	Einheiten	Bennen Sie Dinge, die in weite Klassen gefaßt werden können, z.B. weiße und eßbare Dinge.
Spontane semantische Flexibilität	Divergentes Denken	Klassen	Geben Sie Verwendungszwecke eines Bleistifts an.
Assoziationsflüssigkeit	Divergentes Denken	Beziehungen	Geben Sie für verchiedene Worte Synonyme an, z.B. für das Wort »hart«.
Ausdrucksflüssigkeit	Divergentes Denken	Systeme	Konstruieren Sie eine Reihe von Sätzen aus 4 Wörtern, wobei 4 Anfangsbuchstaben gegeben sind und kein Wort öfter als einmal verwendet wird, z.B. »—f—d—S—« (Mögliche Antwort: »Wer fand den Schlüssel?«
Originalität	Divergentes Denken	Transformationen	(Einfallsreich) Geben Sie Themen für eine Kurzgeschichte an (Entfernt) Geben Sie (zeitlich oder räumlich bzw. hinsichtlich der Ereignisfolge) entfernte Konsequenzen für ein näher angegebenes Ereignis an.
Semantische Ausgefeiltheit	Divergentes Denken	Implikationen	Geben Sie detaillierte Operationen an, die notwendig sind, damit ein kurz umrissener Plan zum Erfolg führt.
Semantische Redefinition	Konvergentes Denken	Transformationen	Bennen Sie einen Gegenstand, der ohne weiteres aus der Kombination zweier gegebener Dinge hergestellt werden kann.

Quelle: Nach *Guilford & Hoepfner*, 1966.

den mit anderen, die einen gleichen Wirkungsgrad hatten, von ihren Altersgenossen aber als weniger kreativ eingeschätzt wurden, verglichen. Große Unterschiede in Persönlichkeitsvariablen fanden sich bei kreativeren Individuen innerhalb derselben Gruppe und geringe Unterschiede zwischen kreativen Gruppen. Hier sind die den meisten kreativen Individuen gemeinsamen beschreibenden Aussagen:

Scheint einen hohen Grad an intellektueller Befähigung zu haben.

Wägt aufrichtig intellektuelle und kognitive Angelegenheiten ab.

Schätzt seine eigene Unabhängigkeit und Autonomie.

Hat eine flüssige Redeweise und kann Ideen gut zum Ausdruck bringen.

Hat Freude an ästhetischen Eindrücken; ist empfänglich für Ästhetik.

Ist produktiv; führt seine Angelegenheiten zu Ende.

Beschäftigt sich mit philosophischen Problemen, z.B. mit Religion, Werten, dem Sinn des Lebens usw.

Ist sehr strebsam.

Hat einen großen Interessenbereich.

Denkt und assoziiert über Ideen auf ungewöhnliche Weise; hat außergewöhnliche Denkprozesse.

Ist eine interessante, fesselnde Person.

Erscheint offen, aufrichtig und unvoreingenommen gegenüber anderen.

Verhält sich moralisch konsequent und nach seinen eigenen persönlichen Maßstäben. (Barron, 1969, S. 70)

12.2.2 Produktivität

Jedermann kann Tagträume haben und eine Menge divergentes Denken produzieren. Kommen diese jedoch zu keinem Abschluß, d. h. wenn die Gedanken zu keinem *Produkt* entwickelt werden, so kommen die kreativen Gedanken auch nicht zum Ausdruck. Diese Tatsache gilt für alle schulischen Ebenen, vom Kindergarten bis zur Hochschule, sowie für alle Erwachsenen und auch die Erzieher.

Das von *Lewis Terman* durchgeführte bekannte Langzeitstudium einer Gruppe begabter Personen stellt eine ausgezeichnete Informationsquelle über die Produktivität dar. Nachdem *Terman* während der frühen 20er Jahre Kinder mit IQ-Werten von 140 und darüber identifiziert hatte, stellte er mehrere Nachfolgestudien an. Als die männlichen Gruppenmitglieder ein Alter von 25 Jahren und darüber erreicht hatten, wurden die 150 erfolgreichsten, gemessen an ihrer Produktivität — nicht am Einkommen —, sowie die 150 erfolgsärmsten anhand einer Anzahl von Kriterien, nach denen sie schon während ihrer Kindheit beurteilt worden waren, miteinander verglichen. In den Jahren der Grundschule waren sich die erfolgreichen und erfolglosen Gruppen sehr ähnlich gewesen, d.h. sie wiesen im Unterricht und in den Prüfungen ungefähr die gleichen Leistungen auf. In den frühen Oberschuljahren entfernten sich die Gruppen voneinander, wobei die Erfolgsgruppe bessere Zensuren bekam. Der weitaus größere Teil der Erwachsenengruppe machte das Abitur. Die augenfälligsten Unterschiede tauchten jedoch zwischen den beiden Gruppen des Jahres 1940 auf, als diese 25 Jahre alt und älter waren. Die produktive Gruppe war der weniger produktiven in folgenden Persönlichkeitsmerkmalen weitaus überlegen: Ausdauer im Erreichen eines Abschlusses, Integration gegenüber Zielen im Gegensatz zu Ziellosigkeit, Selbstvertrauen und frei von Minderwertigkeitsgefühlen. Die erfolgreiche Gruppe schien ein stärkeres Verlangen zu haben, eine gute, umfassende geistige und soziale Grundeinstellung zu erreichen und war relativ frei von starken emotionalen Spannungen, die ans Abnormale grenzten (*Terman,* 1954).

12.2.3 Andere kognitive Kreativitätsvariablen

In früheren Kapiteln wurde darauf hingewiesen, daß sich der Begriff einer allgemeinen intellektuellen Befähigung nicht mit dem Begriff vieler spezifischer intellektueller Fähigkeiten deckt. Obwohl dies zutrifft, ergaben Tests allgemeiner intellektueller Befähigung eine Stichprobe für eine Vielfalt von Fähigkeiten, die breiten Leistungsklassen zugrunde liegen. Aus diesem Grunde erwarten wir eine positive Wechselbeziehung zwischen allgemeiner intellektueller Befähigung und kreativen Leistungen, obgleich die Wechselbeziehung bei weitem nicht vollkommen ist. Als Kinder, die den gesamten IQ-Bereich von sehr niedrig bis sehr hoch repräsentierten, in eine Stichprobe miteinbezogen wurden, fanden sich positive Wechselbeziehungen zwischen dem IQ und Messungen spezifischer divergenter Denkfähigkeiten (*Ripple & May,* 1962). Bei einer anderen Untersuchung stellte sich heraus, daß Kinder mit niedrigem IQ in divergentem Denken konstant schwächer waren als Kinder mit durchschnittlichen und hohen IQ's; erwartungsgemäß lagen sie in ihren *konvergenten* Denkfähigkeiten immer noch unter den Kindern mit hohen IQ's (*Klausmeier & Wiersma,* 1965).

Sowohl wir selbst wie auch andere Pädagogen fanden zwar gemäßigte positive Wechselbeziehungen zwischen divergentem Denken und IQ, diese reichen aber nicht aus, um eine Anwendung von Intelligenztests zur Identifizierung von Schülern zu rechtfertigen, die eine hohe Kreativität besitzen (*MacKinnon,*

1962; *May*, 1961; *Torrance*, 1965). Schüler mit hohem IQ weisen sehr unterschiedliche Kreativitätsleistungen auf, so wie sich auch sehr kreative Schüler erheblich in ihren IQ's unterscheiden. Dieser Standpunkt wurde klar dargelegt: »... Es wurde allgemein beobachtet, daß viele Kinder, die den IQ-Messungen zufolge eine hohe Intelligenz besitzen, nicht unbedingt auch andere starke intellektuelle Funktionen aufweisen, wie beispielsweise Kreativität, und viele Kinder, die eine hohe Kreativität besitzen, zeichnen sich nicht notwendigerweise durch eine den IQ-Messungen zufolge hohe Intelligenz aus« (*Getzels & Jackson*, 1962, S. 3).

Und ein ähnlicher Standpunkt: »Die gegenwärtig bestmögliche Schlußfolgerung ist, daß angemessene Intelligenz nur einen geringen Teil der Leistungsunterschiede in bezug auf Kreativität begründet und als solche in keiner Weise ein angemessener Kreativitätsmaßstab ist« (*Taylor & Holland*, 1962, S. 93–94).

Ebenso wie Intelligenzwerte und Kreativität in keiner starken Wechselbeziehung zueinander stehen, ist dies auch nicht der Fall bei Kreativität und den Zensuren der Schüler (*Taylor, Smith & Ghiselin*, 1963) sowie bei Kreativitätsbeurteilungen durch die Lehrer und tatsächlichen Kreativitätswerte (*Holland*, 1959; *Klausmeier, Harris & Ethnathios*, 1962; *Yamamoto*, 1963). In diesem Zusammenhang stellte die *National Merit Scholarship Association* jährlich 25 Stipendien für Kandidaten zur Verfügung, die sich in Hochschulzeugnissen bzw. bei allgemeinen Schuleignungstests nicht qualifizieren konnten, jedoch einen hohen Grad an kreativer Befähigung in den Wissenschaften oder den Künsten bewiesen hatten. Die folgenden Verhaltensweisen wurden als bedeutungsvoll erachtet, ganz abgesehen von Zensuren oder bei Tests gemessenen Leistungen:

KREATIVITÄTSSKALA IN DEN WISSENSCHAFTEN

1. Vorlage einer Originalarbeit bei einer wissenschaftlichen Tagung unter der Schirmherrschaft einer Professorengemeinschaft.
2. Gewinn eines Preises oder Auszeichnung bei einem wissenschaftlichen Talentwettbewerb.
3. Konstruktion eines wissenschaftlichen Geräts aus eigener Initiative.
4. Erfindung einer patentierbaren Vorrichtung.
5. Publizierung einer wissenschaftlichen Arbeit in einer Fachzeitschrift.

KREATIVITÄTSSKALA IN DEN KÜNSTEN

1. Erfolg bei einem oder mehreren sprachlichen Wettbewerben.
2. Publikation von Gedichten, Kurzgeschichten oder Fachartikeln in einer Zeitung oder Zeitschrift oder der Schriftenreihe einer Universität bzw. Hochschule.
3. Erster Platz oder Auszeichnung bei einem künstlerischen Wettbewerb (Skulptur, Keramik, Malerei o. ä.).

4. Hohe Beurteilungsziffer bei einem öffentlich geförderten Musikwettbewerb.
5. Hohe Beurteilungsziffer bei einem nationalen Musikwettstreit.
6. Komposition eines Musikstückes, das mindestens einmal öffentlich aufgeführt wurde.
7. Arrangement eines zur öffentlichen Aufführung bestimmten Musikstückes.
8. Spielen des 1. Instrumentes in Orchestern der Schule oder Kirche.
9. Literarische Auszeichnung oder Preis für kreatives Schreiben.
10. Publikation eines Kartoons in einer Zeitung oder Zeitschrift.

(Barron, 1969, S. 129—130)

Aus der bislang geleisteten Arbeit der Bezugsetzung von Kreativität auf andere kognitive Fähigkeiten lassen sich relativ klare Schlußfolgerungen ziehen: Es sollte nicht erwartet werden, daß Kinder mit niedrigem und durchschnittlichen IQ ebenso kreativ sind wie Kinder mit hohem IQ. Dabei dürfen IQ und Kreativität nicht miteinander verwechselt werden. Bei Kindern desselben IQ-Niveaus zeigen sich erhebliche Kreativitätsschwankungen. Dieselben Folgerungen gelten für in der Schule erteilte Kreativitätsnoten.

12.2.4 Betonung der Kreativität in der Schule

Wie bereits in Kapitel 2 bemerkt, identifizierte *Guilford,* ein führender Theoretiker und Psychologe, verwandte divergente Denkfähigkeiten sowie andere Fähigkeiten und setzte sie in einem Modell einer Intellektstruktur miteinander in Beziehung. Seine Arbeit erneuerte auch das Interesse an der Entwicklung kreativer Fähigkeiten als Unterrichtslernziel. Der Unterrichtspsychologe und Forscher *Torrance* leitete während der letzten beiden Jahrzehnte bahnbrechende Forschungs- und Entwicklungsstudien, um einen Vorstellungsrahmen über Kreativität in der erzieherischen Praxis zu bekommen. In der Zusammenfassung seiner Arbeitsergebnisse traten schwerpunktmäßig folgende konkreten Anwendungsbereiche hervor: (1) Experimentelle Unterrichtsmaterialien für den Gebrauch durch Schüler der Grund- und Realschulen; (2) Bücher, die über seine Originalforschungen und die Arbeiten anderer berichten und sie miteinander verbinden; (3) Artikel in Zeitschriften mit breitem Leserkreis, und hohen Auflagezahlen; (4) tatsächliche Abhaltung von Kursen und Lehrveranstaltungen über Kreativität und Begabung; (5) Tests und andere Bewertungsverfahren zum Studium kreativer Verhaltensweisen; (6) fachlich fundierte Ausarbeitungen und Reden für wissenschaftliche Tagungen und Konferenzen, sowie (7) Artikel in Fachzeitschriften. *Torrance* (1967) wies darauf hin, daß diese Aspekte seiner Arbeit auf die Erziehungspraktiken der Vereinigten Staaten und anderer Länder in der oben gegebenen Rangfolge in sehr starkem bis geringem Maße beeinflußt hätten. Von anderen Forschern und Entwicklungswissenschaftlern wird auch anerkannt, daß die die von Schülern direkt vornehmbare Übertragung von Ideen in Formen ein bedeutender Beitrag zur Beeinflussung der erzieherischen Arbeit ist. Ein kurzer Überblick über die Arbeit von *Torrance,* der sich auf experimentelle Unterrichtsmaterialien beschränkt, die den Schülern und Lehrern zur Anregung bzw. Förderung von Kreativität in die Hand gegeben werden, soll die direktesten Methoden veranschaulichen, die gegenwärtig in bezug auf Kreativität als Unterrichtslernziel angewendet werden. Daran schließt sich ein kurzer Abriß der verschiedenen Ansätze zur Unterrichtung von Kreativität an, die von *Davis* (1969) entwickelt wurden.

Experimentelle Unterrichtsmaterialien

Die beiden bedeutenderen, von *Torrance,* seinen Studenten und Kollegen hervorgebrachten Entwicklungen und *»Imagi/Craft«*-Materialien (*Cunnington & Torrance,* 1965) und *Ideenbücher (Ideabooks)* (*Myers & Torrance,* 1965a, 1965b, 1966b). Die Imagi/Craft-Materialien bestehen aus einer Serie von 10 Langspielplatten mit Lehreranweisungen. In den Aufnahmen wurden große Momente wissenschaftlicher und geographischer Entdeckungen dramaturgisch bearbeitet. Die beiden Hauptlernziele sind dabei: (1) Den Kindern dabei zu helfen, mehr zu erfahren über kreative Prozesse, den Wert kreativer Leistungen und die Auseinandersetzungen kreativer Menschen, sowie (2) die Kinder in kreative Denkerfahrungen zu verwickeln, die den Schallplattenaufnahmen ähnlich sind.

Die Ideenbücher wurden in Experimenten und im Rahmen der Alltagspraxis an Grund- und Realschulen sowie in der Unterstufe der Oberschulen benutzt. Jedes Büchlein mit einem Umfang von 50—100 Seiten gibt zuerst kurze Angaben über die Vorgehensweise und läßt dann Raum für die Reaktionen des Schülers. Die folgenden Schüleranweisungen am Beginn der *Ermunterungen zu kreativem Sprechen und Schreiben* geben Einstellungen von Schülern an, die der Autor für wichtig erachtet, sowie einen Überblick über den Inhalt des Büchleins:

AN DEN SCHÜLER

Dieses Ideenbuch gehört Dir. Betrachte es bitte als Dein persönliches Eigentum. Auf jeder Seite wirst Du dazu Gelegenheit haben, Dich selbst auszudrücken — doch bitte ahme dabei nie jemand anderen nach. Das Hauptziel der *Ermunterungen zu kreativem Sprechen und Schreiben* ist, Dir dabei zu helfen, Dich selbst zu entdecken. Die Verfasser dieses Buches glauben, daß sich jeder einzelne eines abwechslungsreicheren und glücklicheren Lebens erfreuen kann, wenn er seine Fähigkeiten erkennt und entwickelt.

Der Aufbau des Ideenbuchs. Jeder der 21 Abschnitte in diesem Ideenbuch besteht aus einer Übung und einigen von uns vorgeschlagenen Tätigkeiten. Diese Tätigkeiten meinen wir mit »Ermunterungen«. Es sind jedoch *nur* Vorschläge, und wenn sie Dich nicht interessieren, so fühle Dich nicht verpflichtet, sie anzunehmen. Andererseits glauben wir, je mehr Du Dich an den vorgeschlagenen Tätigkeiten beteiligst, desto mehr wirst Du über Dich selbst entdecken und Spaß an diesem Ideenbuch haben.

Laß' es damit nicht bewenden! Wenn Du glaubst, im Zusammenhang mit diesem oder anderen Abschnitten gerne andere Dinge zu tun, so versuche es. Die Übungen sollen wirklich nur Ausgangspunkt sein. Wir hoffen, daß Du es nicht mit den Vorschlägen auf diesen Seiten bewenden läßt.

Sei aufgeschlossen gegenüber neuen Dingen: Obwohl einige Lösungen auf die in den Übungen angegebenen Probleme anderen vorzuziehen sind, gibt es keine »richtigen« Antworten. Der Leser dieses Ideenbuches muß die Tatsache anerkennen, daß es auf Probleme, wie sie hier vorgelegt werden, viele mögliche Lösungen geben kann. Die Menschen sehen immer mehr ein, daß es für die Probleme der Welt nur wenige dauerhafte Lösungen gibt. Durch Aufgeschlossenheit und Respektierung der Vorstellungen anderer Menschen können sie bedeutend mehr Nutzen aus den Erfahrungen ziehen.

Schon auf der ersten Seite geben wir Dir Gelegenheit, möglichst viel über Dich selbst und Deine Umwelt zu erfahren — und Spaß daran zu haben! Nichts macht mehr Spaß als Lernen. (Myers & Torrance, 1965 b, S. iv)

Mit anderen Worten, die Entwicklung kreativer Fähigkeiten erfordert von den Schülern, Ideen zu produzieren, die zwar diskutiert werden können, jedoch nicht als falsch oder richtig gezählt werden können. Diese Ideen können sowohl für die Schüler wie für den Lehrer neu sein.

Aus dem Studium der Abbildung 12.2, die eine Wiedergabe der ersten Übung des Ideenbuches darstellt, ergibt sich bereits eine Methode zur Förderung von Originalität. Die nachfolgenden »Gelegenheiten«, die sich auf dieser Situation aufbauen und auf die der Schüler auf zwei dafür vorgesehenen Seiten des Buches reagiert, sehen so aus:

Benutzen Sie den darunterliegenden Raum zur Notierung von Ideen, die ihre Zeichnung betreffen. Falls Sie ein Tier oder eine Pflanze geschaffen haben, so beschreiben Sie diese. Haben Sie eine Maschine gezeichnet, so erklären Sie deren Wirkungsweise.

Welche Eigenschaft oder Fähigkeit schätzen Sie an dem von Ihnen gezeichneten Gegenstand am meisten? Hat er ein bestimmtes Merkmal, das besonders angenehm oder nützlich ist?

Wenn er diese wertvolle Eigenschaft nicht hätte, gäbe es dann weniger von diesen Gegenständen oder nicht und warum? (Myers & Torrance, 1965 b, S. 2, 3)

Prinzipien zur Belohnung kreativen Ausdrucks

Ein Hauptproblem bei der Entwicklung kreativer Fähigkeiten von Schülern im schulischen Rahmen ist der Umstand, daß ihre kreativen Äußerungen oftmals eher bestraft als belohnt werden. *Torrance* (1965) identifizierte 5 Prinzipien, die Lehrer bei der Belohnung kreativen Verhaltens an Schülern heranziehen sollten. Dabei gab er zwar seiner Erkenntnis Ausdruck, daß sie zu offensichtlich seien, um ernsthaft Aufmerksamkeit auf sich zu ziehen, fügte jedoch hinzu, daß sie andererseits doch wieder nicht so selbstverständlich seien, da die Mehrzahl der Lehrer sie entweder

Was ist das?

Oftmals haben Personen, die denselben Klang oder dieselben Worte gehört haben, verschiedene Meinungen über das Gehörte. Genauso ist es beim Sehen: Wenn mehrere Personen ein Ereignis sehen, so stellen sie doch das Gesehene oftmals überraschend unterschiedlich dar. Die oben gezeichneten Linien deuteten für Personen, die wir danach fragten, eine Vielzahl von Gegenständen an. Woran erinnern sie Dich?

Warum machst Du keine Zeichnung von dem Gegenstand, an den Du denkst, wenn Du die Linien siehst? Du kannst dabei beliebig viele Linien oder Farben verwenden und Linien in Deine Zeichnung miteinbeziehen.

Name

Abb. 12.2 Eine Übung, die Gelegenheit zu kreativer Betätigung gibt. (*Myers & Torrance*, 1965 b, S. 1)

nicht verstehen oder nicht anwenden würden. Die Prinzipien lauten wie folgt:

1. Respektieren Sie ungewöhnliche Fragen.
2. Respektieren Sie phantasievolle, kreative Ideen.
3. Zeigen Sie Ihren Schülern, daß ihre Ideen sinn- und wertvoll sind.
4. Lassen Sie die Schüler gelegentlich Übungen ohne den Druck der Beurteilung machen.
5. Verbinden Sie Ihre Beurteilungen mit Ursachen und Konsequenzen.

Tabelle 12.5 *Manifestationen der Anerkennung oder Belohnung für kreatives Denken von Schülern im Rahmen der Anwendung 5 verschiedener Prinzipien der Belohnung kreativen Denkens.*

	Anerkennung/ Belohnung		Keine Anerkennung		Gemischt/ Unbestimmt	
Prinzip	Anzahl	%	Anzahl	%	Anzahl	%
Respektierung von Fragen	36	58,0	18	29,4	8	12,6
Respektierung ungewöhnlicher Ideen	29	51,8	15	26,8	12	21,4
Zeigen, daß Ideen sinn- und wertvoll sind	57	91,9	2	3,2	3	4,9
Unbenotete Übung	54	96,4	0	0,0	2	3,6
Ursache-Wikung Verhältnis	34	68,0	7	14,0	9	18,8

Quelle: Torrance, 1965, S. 50; Copyright 1965. Mit Genehmigung der Prentice-Hall, Inc.

Tabelle 12.5 zeigt, wie genau manche Lehrer diese Prinzipien in der täglichen Praxis verfolgten. Offensichtlich bereitete die Respektierung von Fragen der Schüler und von ungewöhnlichen Ideen diesen Lehrern die meisten Schwierigkeiten. Hier sind einige Fragen, die die Schüler stellten:

1. Wodurch bleiben wir auf der Erde?
2. Wachsen Steine?
3. Könnte unser Club ein Kennwort haben?
4. Was wird aus den männlichen Lachsen, wenn die Weibchen flußaufwärts ziehen, um zu laichen?
5. Hat ein Baby weniger Knochen als wir?

6. Warum wurde ich für meine guten Leistungen in dem Theaterstück nicht bezahlt?
7. Wohin verschwindet das Wasser auf der Tafel?
8. Warum mögen die Leute keine Neger?
9. Wieweit reicht der Weltraum und was kommt danach?

(Torrance, 1965, S. 51)

Die folgenden Antworten eines Lehrers der 4. Klasse lassen auf eine – wie *Torrance* es bezeichnet – ungenügende Anwendung des Prinzips bei der Respektierung von Fragen schließen.

1. *Wie lautete die Frage, wer stellte sie und unter welchen allgemeinen Bedingungen wurde sie gestellt?*

Die gestellte Frage bezog sich auf Sexualität; wir hatten ein Kaninchen im Klassenzimmer und sprachen darüber; ein Junge fragte, »Warum braucht man zwei Kaninchen, um Junge zu bekommen?« Die anderen schlossen sich dieser Frage an.

2. *Was war Ihre unmittelbare Reaktion?*

Mein unmittelbarer Gedanke war: »Ich kann in der Schule keinen Sexualunterricht geben.« Ich lachte, lenkte ab und lenkte das Gespräch auf einen anderen Gegenstand.

3. *Konnten Sie eine unmittelbare Reaktion seitens der Klasse feststellen und wenn ja, welche?*

Es lag allgemein großes Interesse an der Frage. Ich beobachtete, daß einige Schüler ein wenig erröteten.

4. *In welcher Hinsicht respektierten Sie die Frage?*

Ich sagte der Klasse, daß viele der gestellten Fragen gut seien, jedoch ohne weitere Nachforschungen schwierig zu beantworten seien.

5. *Konnten Sie Wirkungen beobachten und wenn ja, welche (unmittelbaren bzw. langfristigen)?*

Jeder tat es mit einem Achselzucken und einem Ausdruck von »der Lehrer hat keine Ahnung«. (Torrance, 1965, S. 53)

Die folgenden Reaktionen eines Lehrers der 1. Klasse zeugen von einer befriedigenderen Stellungnahme:

1. *Wie lautete die Frage, wer stellte sie und unter welchen allgemeinen Voraussetzungen wurde sie gestellt?*

»Wohin verschwindet das Wasser an der Tafel?« Diese Frage tauchte auf, als die Tafel gewischt wurde. Der Lehrer stellte die Frage an die Klasse. Ein Kind meinte, das Wasser würde von der Tafel aufgesaugt werden.

2. *Was war Ihre unmittelbare Reaktion?*

Ich gab die Frage an die Klasse zurück, um ihre Meinung darüber zu hören.

3. *Konnten Sie eine unmittelbare Reaktion seitens der Klasse feststellen und wenn ja, welche?*

Viele Kinder sagten, »O nein — es geht in die Luft.« Der antwortende Junge blickte verlegen.

4. *In welcher Hinsicht respektierten Sie die Frage?*

Ich sagte, es schiene so, als ob das Wasser von der Tafel aufgesaugt werde und dachte, wir würden herausfinden, was geschehen ist.

5. *Konnten Sie Wirkungen beobachten und wenn ja, welche (unmittelbaren bzw. langfristigen)?*

Diskussion über Verdunstung. Experimente über die Ursachen von Verdunstung — Wärme, Luft usw. Wir fönten eine feuchte Tafel und beobachteten, daß die Verdunstung schneller von statten ging. All dies führte zu der Untersuchung von Wasser, Wolken, Regen, Nebel, usw. (Torrance, 1965, S. 53—54)

Ein direkter Versuch, Kreativität zu lehren

Davis (1969) berichtete über eine Strategie zur Unterrichtung von Kreativität, die er während der Jahre von 1965—1968 entwickelte. Die Strategie ist in der gemeinsamen Arbeit *Davis'* und *Houtmans* (1968), *Kreatives Denken: Eine Anweisung zur Schulung schöpferischen Denkens*, enthalten. Dieses 150 Seiten umfassende Buch ist für die Hand des Oberschülers gedacht (Unterstufe) bzw. des Realschülers. In heiter geschriebenem Material, Zeichnungen und Cartoons sowie einer durchgehenden Handlung mit verschiedenen Charakteren wird versucht, eine förderliche Einstellung gegenüber kreativem Denken und auch eine gewisse Kenntnis im Umgang mit 4 Methoden zur Bildung neuer Ideen zu entwickeln. Durch Verständnis und Übung in den Methoden sollen die Schüler grundlegende kreative Fähigkeiten entwickeln, wie sie von *Guilford* und anderen identifiziert worden sind. Mehr als die üblichen erklärenden Unterrichtsbücher ist dieses Material zum Selbstunterricht gedacht: Wenn der Lehrer dennoch die Schüler dazu anhält, sich mit den Aufgaben zu beschäftigen, und ihre kreativen Äußerungen während des Schultages belohnt, so lassen sich weitaus bessere Ergebnisse als beim alleinigen Gebrauch des Buches erzielen.

Die 4 Methoden zur Bildung neuer Ideen, in denen der Schüler unterrichtet wird, lauten wie folgt: Teiländerungs-Methode, Schachbrett-Methode, Prüfliste für die Ideensuche und »Suche etwas ähnliches«. Jede der 4 Methoden ist die Bearbeitung eines Verfahrens, das sich als erfolgversprechend erwiesen hat bei der Entwicklung neuer Ideen für große Industriezweige. Die erste Erprobung der in dem Buch *Kreatives Denken: Eine Anweisung zur Schulung schöpferischen Denkens* enthaltenen Methoden erbrachte, daß sie auch bei Schülern der 8. Klasse erfolgversprechend sein würden, die flüssig lesen konnten und ermutigende, belohnende Lehrer hatten. Achtklaßler, die nicht gut lesen konnten und von ihrem Lehrer nicht im Worterkennen, im Vokabularverständnis und der Schwierigkeit kreativen Denkens unterstützt wurden, konnten mit dem Buch nicht gut arbeiten.

Die folgenden Übungen beziehen sich jeweils auf eine einzelne Methode aus dem vorher zitierten Buch. Diese Übungen (das Buch selbst enthält natürlich sehr viel mehr) geben dem Leser genügend Informationen, um mit den Anweisungen beginnen zu könne und so einen vollständigeren Begriff von jeder Methode zu bekommen.

Teiländerungs-Methode. Diese Methode ist die erste in dem Buch vorgestellte. Allgemein bekannte Gegenstände werden dabei benutzt, um dem Schüler eine Identifikation der Teile oder Attribute, die geändert werden können, zu erleichtern. Eine Übung:

> 1. Drei Bestandteile (oder Eigenschaften) gewöhnlicher *Tafelkreide* sind Farbe, Form und Größe. (Überraschenderweise haben Knöpfe die gleichen Eigenschaften.) Erfinden Sie eine neue Kreideart, indem Sie 15 verschiedene *Farben* (und vergessen Sie nicht, daß es ebenso wie gestreifte Zahnpasta auch gestreifte Kreide gibt), 10 verschiedene Formen und 5 Größen aufführen. Machen Sie sich *verschiedene* Vorstellungen davon und denken Sie nicht daran, ob sie gut oder schlecht sind. (Davis & Houtman, 1968, S. 12)

(Wieviele verschiedene »Kreidearten« bekommt man aus allen möglichen Kombinationen von 15 Farben, 5 Formen und 5 Größen?)

Die Ideen, die die Schüler nach dem Wunsche der Autoren aus dem Instruktionsmaterial und den Übungen der Teiländerungsmethode entwickeln sollen, werden anhand einer Besprechung dieser Methode im Buch ersichtlich:

BESPRECHUNG

1. Wenn Sie etwas verändern wollen, so führen Sie einfach die Hauptbestandteile auf und überlegen sich, auf welche verschiedene Arten jeder Bestandteil geändert werden kann.
2. Die TEILÄNDERUNGS-METHODE zur Bildung neuer Ideen kann auf viele verschiedene Arten von Problemen angewendet werden.
3. Das Ersinnen *perfekter* (oder *idealer*) Problemlösungen kann, mögen sie noch so lächerlich erscheinen, zu guten Ideen führen.
4. Machen Sie Gebrauch von Ihrer Vorstellungskraft.
5. Suchen Sie nach neuen Kombinationen. (Die meisten neuen Ideen sind Kombinationen alter Ideen.)
6. Suchen Sie nach Ideen in Ihrer näheren Umgebung.

7. Gute Ideen können sich (und tun es auch meistens) aus verrückten entwickeln.
8. Kritisieren Sie nicht verrückte Ideen anderer Menschen. Aus ihnen können entweder gute Ideen werden oder sie können Sie selbst auf gute Ideen bringen. (Davis & Houtman, 1968, S. 24)

Schachbrett-Methode. Bei dieser Methode wird eine Kontrolltafel mit senkrechten und waagrechten Linien gezeichnet; die sich ergebenden Kästen sind für die Eintragung von Wörtern und Sätzen vorgesehen. Eigenschaften oder Merkmale werden identifiziert und auf der vertikalen Achse eingetragen, eine weitere Gruppe auf der horizontalen Achse. Nun prüft man den Schnittpunkt bzw. die Kombination jeder einzelnen Gruppe zweier Gegenstände oder Merkmale. (Der Hauptautor dieses Buches hat zu diesem Zweck Lehrerstudenten mit abgeschlossener praktischer Ausbildung aufgefordert, auf einer Achse all ihre eigenen Eigenschaften, die mit Erfolg in ihrer beruflichen Praxis in Bezug gebracht werden können, zu identifizieren und auf der anderen Achse alle Merkmale einer besonderen Lehrsituation. Diese im Laufe eines Schuljahres durchgeführte und in kleinen Gruppen diskutierte Methode erbrachte für die meisten Studenten neue und willkommene Ideen.) Hier eine Übung von *Davis* und *Houtman:*

Ihr Turnlehrer stellt Ihnen in der Abschlußprüfung die Aufgabe, eine neue Sportart oder ein neues Spiel zu entwickeln. Verwenden Sie dazu ein Schachbrett, um Materialien und Geräte auf der Waagrechten und Tätigkeiten der Spieler (laufen, schlagen, werfen usw.) in der Senkrechten einzutragen. (Davis & Houtman, 1968, S. 4)

Prüflisten-Methode. Man verwendet oder bildet Prüflisten, um sich zu vergewissern, daß nichts ausgelassen oder vergessen wurde. *Davis* und *Houtman* entwickelten eine Prüfliste mit nur 7 Punkten, die von Realschülern bzw. Oberschülern der Unter- und Mittelstufe ohne Schwierigkeit auf eine Vielzahl von Situationen angewendet werden kann. Hier die Prüfliste: Farbe verändern, Größe verändern, Form verändern, neues oder anderes Material verwenden, etwas hinzufügen bzw. wegnehmen, Gegenstände neu anordnen, ein neues Design identifizieren. Diese Chekliste läßt sich auf viele Dinge, beispielsweise Bücher, Autos, Fernsehapparate oder Schreibpulte anwenden.

Ähnlichkeitsmethode. Bei dieser Methode wird der Schüler dazu ermuntert, neue Ideen zu bringen, und zwar durch Vergleich mit anderen Dingen, bei denen unser Problem schon gelöst ist. Eine Übung:

Stellen Sie sich vor, Ihre Schule hat Parkprobleme (was möglicherweise der Fall ist). Wir wollen Ideen zur Lösung dieses Problems finden, indem wir uns vergegenwärtigen, wie Bienen, Ameisen, Schuh- und Bekleidungsgeschäfte etc. Vorratslager anlegen. (Davis & Houtman, 1966, S. 96)

Davis und *Houtman* beschäftigten sich nicht nur mit der Häufigkeit der Bildung von Ideen, sondern auch mit deren Qualität. Im späteren Teil des Buches werden die Schüler Gelegenheit dazu haben, die ihrer Meinung nach besten Ideen zu identifizieren. Dasselbe Buch umreißt auch eine Problemlösungsstrategie: Klares Verständnis und allgemeine Darlegung des Problems, Feststellen der Hauptlösungstypen, Feststellen spezifischer Ideen für jede Hauptlösung und Auswahl der besten Ideen. Die Schüler werden dazu angeregt, irgendeine der 4 ideenproduzierenden Methoden bei der Herausbildung von Lösungstypen und spezifischen Ideen anzuwenden. Abbildung 12.3 veranschaulicht, wie dieser Prozeß im Buch auf ein den meisten von uns bekanntes Problem angewendet wird.

Feldhusen, Treffinger & Bahlke (1970) untersuchten und besprachen die beiden vorangegangenen sowie zwei weitere Programme. Eines bestand aus einer Serie programmierter Unterrichtsstunden für die fünften und sechsten Klassen, das andere aus einer Serie 15-minütiger Radiosendungen über kreatives Denken, die während eines Zeitraums von 28 Wochen wöchentlich für Kinder der 3., 4. und 5. Klassen gesendet wurden. Die Kinder, die die Sendungen gehört hatten, erreichten bei allen 4 Kreativitätstesten, der beide Gruppen unterzogen wurden, bedeutend höhere Bewertungen als die Kontrollgruppe. Außerdem schnitten die Kinder, denen Kreativitätsunterricht erteilt worden war, bei einem Sprachleistungstest bedeutend besser ab. Die besten Ergebnisse erzielten dabei die Schüler der 5. Klassen. Dies alles beweist, daß sich kreative Fähigkeiten auf der Grundschulstufe durch entsprechenden Unterricht verbessern lassen.

12.7 Ein Computer kann zwar Probleme lösen, »denken« kann er jedoch nicht. Welche Stufen der Problemlösung kann ein Computer nicht durchführen? Welche beim kreativen Denken?

12.8 Geben Sie einige Beispiele über Fluß, Flexibilität und Originalität an. Sind sie Ihrer Meinung nach in Ihren täglichen Aktivitäten enthalten?

12.9 Versuchen Sie, die Schachbrett-Methode bei der Entwicklung neuer Ideen anzuwenden. Achten Sie darauf, wann Sie fließend und originell sein müssen und wann Sie auswerten müssen. Ist es hilfreich, die Auswertung von den anderen Prozessen zu trennen?

12.10 Stellen Sie sich vor, Sie erfinden ein neues Produkt, aber es

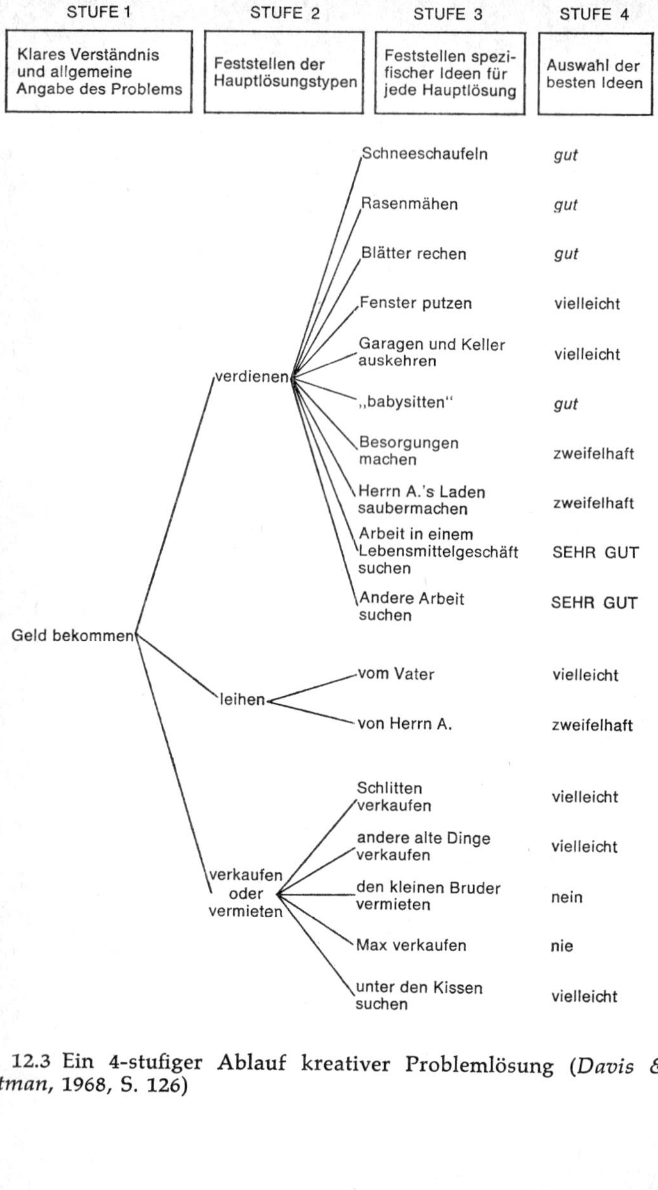

Abb. 12.3 Ein 4-stufiger Ablauf kreativer Problemlösung (*Davis & Houtman*, 1968, S. 126)

wird verworfen. Es wird kein Prototyp daraus entwickelt, das Produkt gerät überhaupt in Vergessenheit. Wo endet die Kreativität und worin besteht die Verantwortung der kreativen Person gegenüber seiner Schöpfung?

12.11 Ist Kreativität etwas, was man nach Belieben an- oder abschalten kann? Welche Erfahrungen bestätigen diese Vermutung? Welche Art von »Einstellung« ist bei kreativem Verhalten erforderlich?

12.3 Prinzipien der Verbesserung von Problemlösungsfähigkeiten

Wie bereits in früheren Kapiteln sollen hier Prinzipien und verwandte Unterrichtsanweisungen angegeben werden. Diese Prinzipien und Anweisungen sind als Hilfsmittel bei der Feststellung von Anwendungsbereichen im Unterricht aller Schulstufen und bei der Entwicklung zusätzlicher Hypothesen gedacht. Hauptsächlich soll der Lehrer dabei unterstützt werden, die Situationselemente effektiver zu behandeln, die sich direkt unter seinem Wirkungs- und Einflußbereich befinden. (Andere Komponenten eines Unterrichtssystems, wie es in Kapitel 1 umrissen wurde, werden an anderer Stelle dieses Buches behandelt.) Es folgt nun eine ausführliche Diskussion der Anweisungen.

PRINZIP	UNTERRICHTSANWEISUNG
1. Wesentliche Voraussetzung zur Identifizierung eines Problems ist die Beachtung und Erkennung von Schwierigkeiten der eigenen Situation.	1. Identifizieren Sie zu lösende Probleme.
2. Das Erkennen der Voraussetzungen → Methoden → Lösung → Dimensionen des Problems erlaubt ein erstes Angehen des Problems.	2. Helfen Sie den Schülern bei der Angabe und Eingrenzung von Problemen.
3. Voraussetzung für das Zustandekommen einer Lösung ist die Erinnerung existierenden Wissens — bekannter Informationen, Begriffe, Prinzipien und Methoden — sowie die Sicherung neuen Wissens.	3. Helfen Sie den Schülern bei der Informationssuche.

4. Voraussetzung für die Bildung möglicher Lösungen (Hypothesen) ist die Anwendung von Wissen auf die Problemsituation.	4. Helfen Sie den Schülern bei der Verarbeitung von Informationen.
5. Die Herleitung möglicher Lösungen und Voraussage der Konsequenzen führen zu dauerhafteren Lösungen.	5. Fördern Sie die Angabe und Prüfung von Hypothesen.
6. Die Beurteilung der Angemessenheit der Methoden und Lösung einer Person erleichtert die Selbständigkeit bei der Problemlösung.	6. Fördern Sie selbständiges Entdecken und Beurteilen.

Es sollen nun aus zwei Quellen Anwendungsbereiche für jede einzelne der 6 Anweisungen ermittelt werden, und zwar auf folgende Weise: (1) Jeder Anweisung soll eine Beschreibung seiner Durchführung im Rahmen eines Kurses in Unterrichtspsychologie folgen. (2) Am Ende des Kapitels wird eine Unterrichtsstunde in Biologie einer 9. Klasse dargestellt.

Der Kursus in Unterrichtspsychologie bestand aus 25 Universitätsstudenten der 7. und 8. Semester. Während der ersten 5 Wochen des Semesters nahmen zukünftige Lehrer an einem Kurs in Unterrichtspsychologie, in Methodik und an einem Kurs in ihrem Hauptfach teil. Die Teilnehmer trafen sich an 5 Wochentagen für jeweils 50 Minuten. Die Studenten begaben sich daraufhin von der Universität in öffentliche Oberschulen, um dort im Rahmen ihrer schulpraktischen Zeit für eine Dauer von 7 Wochen zu unterrichten. 5 Tage in der Woche verbrachten sie so in der Schule. Nach dem Schulpraktikum kehrten die Studenten wieder an die Universität zurück, um für die letzten 4 Wochen des Semesters — wie vor der schulpraktischen Zeit — an den täglichen Kurstreffen teilzunehmen.

12.3.1 Identifizieren Sie zu lösende Probleme

Am ersten Tag des Unterrichtskurses verteilte die Lehrkraft einen vervielfältigten Abriß, bestehend aus 3 Teilen: Einer einführenden Darstellung, einer Aufstellung von Problemen, vor die angehende Lehrer und Lehrkräfte bei ihrer Tätigkeit häufig gestellt werden, sowie einer kurzen Bibliographie. Der Aufstellung der Problemliste durch die Lehrkraft war ein Studium der betreffenden Forschungsarbeiten vorausgegangen, um die hauptsächlichen

Probleme zu identifizieren, vor die sich angehende Lehrer und Lehrkräfte bei ihrer Tätigkeit tatsächlich gestellt sahen. Aus der Vielzahl der von den Forschern beschriebenen Problemen wählte die Lehrkraft dann die ihr für diesen speziellen Kurs 18 am passendst erscheinenden aus. Die kurze einführende Darstellung lautete folgendermaßen:

Die Lehrkraft wird sich in jeder Hinsicht darum bemühen, diesen Kursus in Einklang mit den von ihr als wünschenswert zur Förderung einer größtmöglichen Lerneffizienz erachteten Voraussetzungen durchzuführen. Sie setzt dabei voraus, daß

1. jeder Teilnehmer dieses Kursus möchte Kenntnisse über menschliche Fähigkeiten und das Lernen im allgemeinen sammeln, um als Referendar erfolgreich zu sein;
2 der Student wird bedeutsame Probleme identifizieren, um effizient zu lernen;
3. der Student wird sich aktiv damit beschäftigen, Lösungen für seine Probleme zu finden;
4. die den Studenten, der Lehrkraft und der Universität zur Verfügung stehenden Hilfsmittel reichen aus, um jedem Studenten ein effizientes Lernen zu ermöglichen;
5. der Student kann durch Lesen, Diskutieren, Denken und Handeln lernen;
6. jedem Studenten, der die entsprechende Verantwortung zu übernehmen bereit ist, sollte größtmögliche Freiheit in der Behandlung seiner Lernprobleme gewährt werden;
7. jeder Student, der die entsprechende Verantwortung zu übernehmen bereit ist, sollte als reife Persönlichkeit und angehendes Mitglied des Lehrberufes behandelt werden.

Diese Darstellung wurde während der ersten Sitzung kurz diskutiert. Daraufhin forderte die Lehrkraft die Studenten auf, die im zweiten Teil erfolgte Problemaufstellung zu betrachten. Nachdem die Probleme einige Zeit diskutiert worden waren, machten die Studenten weitere Problemvorschläge.

Für einige Studenten stellten die Probleme so, wie sie dargestellt und eingangs diskutiert wurden, lediglich eine Reihe von Wörtern dar. Diskussionen im Rahmen des gesamten Kurses sowie in kleinen Gruppen klärten die Bedeutung allgemein und auch in Hinsicht auf konkrete Lehrsituationen. Die Lehrkraft und die meisten Studenten kamen während der ersten Woche überein, daß es sich hierbei um bedeutsame Probleme handelt, die voll im Laufe des Semesters gelöst werden könnten.

12.3.2 Helfen Sie den Schülern beim Aufstellen und Eingrenzen von Problemen

Die Studenten und die Lehrkraft verwandten die meiste Zeit darauf, mögliche Eingrenzungen des Problems in Hinblick auf die Situation zu diskutieren. Jeder Student wählte unter den 18 Problemen eines aus, das ihn unmittelbar betraf und das er sich vor Beginn seiner schulpraktischen Zeit erarbeiten wollte. Der Kurs wurde sodann in 6 Gruppen untergliedert, und zwar unter Berücksichtigung der von jedem Studenten getroffenen ersten Problemwahl. Die am Ende von den Studenten aufgestellten 6 Probleme lauteten:

1. Worin zeichnet sich ein erfolgreicher Lehrer aus?
2. Wie kann ich im Klassenzimmer eine förderliche Arbeitssituation schaffen, die frei von den Unterrichtsablauf störenden Unterbrechungen ist?
3. Wie kann ich unterschiedliche Lerngeschwindigkeiten der Schüler ausgleichen?
4. Wie kann ich alle Schüler zum Lernen ermuntern?
5. Wie verläuft im allgemeinen zweckbezogenes Lernen?
6. Was kann oder sollte ich tun, um den Schülern dabei zu helfen, gut integrierte Persönlichkeiten und Charaktere zu entwickeln?

Während der ersten 4 Wochen, als die Studenten nicht wirklich an den Problemen arbeiteten, präsentierte die Lehrkraft ihre Analyse zweier weiterer Probleme: (1) Welche Prinzipien wären mir bei der Unterrichtung der Schüler in psychomotorischen Fähigkeiten wie Maschinenschreiben, Nähen, Schwimmen u. ä. hilfreich? (2) Welche Prinzipien wären mir bei der Unterrichtung der Schüler in Kenntnissen und damit verwandten Fähigkeiten wie Begreifen, Analysieren, Bewerten und Entwickeln hilfreich?

Bei dem Versuch, die Probleme vor dem Schulpraktikum zu lösen, einigte sich die Klasse auf 3 Dinge: (1) Jede Gruppe sichert Informationen über ihr Problem, hauptsächlich aus Büchern. Zu diesem Zweck erarbeitete jede Gruppe ein kommentiertes Literaturverzeichnis und verteilte es, zusammen mit besonderen Vorschlägen, an die gesamte Klasse. (2) Nachdem sich jeder einzelne eine gewisse Informationsmenge durch Lesen und Klassendiskussionen angeeignet hatte, wurde von jeder einzelnen Gruppe eine Liste mit Prinzipien erarbeitet, sozusagen als vorläufige Lösung auf das Problem. Diese Prinzipien wurden auch an die übrige Klasse verteilt, bevor die Studenten ihr Schulpraktikum antraten. (3) Während regelmäßiger Kursstunden in der vierten und fünften Woche des Semesters demonstrierte jede Gruppe eines oder mehrere ihrer Prinzipien und stellte sie zur Diskussion. (Dazu waren natürlich 6 Kurstreffen nötig.) Die Lehrkraft regte die Studenten dazu an, anhand dieser Gelegenheit direkte Lehrerfahrungen zu sammeln, indem sie versuchen sollten, ihre Demonstrationssitzungen so realistisch wie möglich zu gestalten. Außerdem hielt er die übrigen Kursteilnehmer dazu an, jeder Demonstrationsgruppe möglichst zu helfen, eine erfolgreiche Erfahrung zu haben, indem sie konstruktive Kommentare zum Unterricht gäben und konstruktive Fragen während der Diskussionszeiten stellten.

In dieser Situation erfolgte eine Eingrenzung des Problems in 2 Stufen. Die erste bestand darin, herauszufinden, was die Aussage bzw. das Problem in der Praxis wirklich bedeutete, und es so anzugeben, daß die Möglichkeit bestand, der Lösung im Laufe des Semesters näherzukommen. Der zweite Schritt war, hinsichtlich der Form zu entscheiden, in welcher die Lösung auf das Problem erscheinen würde. Dabei einigte man sich auf drei Formen: (1) Eine Darlegung von Prinzipien; (2) eine Demonstration eines oder mehrerer Prinzipien in der Klasse; (3) Prüfung und Auswertung dieser Prinzipien während der schulpraktischen Zeit.

In den ersten 3 Wochen wurden die Kurstreffen von den Studenten hauptsächlich darauf verwendet, das Problem klarzulegen und einzugrenzen, Verfahren der Informationssammlung zu diskutieren, Informationen zu analysieren und die Prinzipien zu erarbeiten. Einzelne trafen sich auch mit der Lehrkraft außerhalb des Kurses, ebenso wie jede einzelne Gruppe mit ihm mindestens zweimal zusammentraf, um verschiedene Aspekte der Problemlösesituation zu erörtern. Es zeigte sich, daß die Eingrenzung des Problems nicht plötzlich geschah, sondern in der ersten Woche einsetzte und dann bis in die 4. Woche hinein einen günstigen Verlauf nahm. Verstärkt setzte der Eingrenzungsprozeß freilich erst ein, nachdem mit der Informationssicherung über das Problem begonnen worden war.

12.2.3 Helfen Sie den Schülern bei der Informationssuche

Nachdem die einzelnen Studenten Probleme ausgewählt hatten und Gruppen gebildet hatten, benötigten sie Informationen. Also entwickelten sie sich Methoden zur Informationsbeschaffung sowie Verfahren des Zusammentragens und der Analyse von Informationen. Die von der Lehrkraft an die Studenten ausgegebene Mindestbibliographie bestand aus einem einführenden und einem weiterführenden Lehrbuch, sowie 5 Büchern mit Vorlesungen. Das Verzeichnis enthielt jedoch eine Anzahl ausgewählter Werke, die sich mit den einzelnen Problemen befaßten. Bis zu diesem Grade half die Lehrkraft den Studenten, er verwies sie jedoch nicht auf eine bestimmte Auswahl oder ausgewählte Gruppen, die mit einem bestimmten Problem in Bezug stehen. Die Studenten wurden des weiteren darin unterstützt, verschiedene Anhaltspunkte zur Benutzung der Bücherei zu identifizieren und die Zeitschriftensäle sowie andere Lesesäle ausfindig zu machen. Nur wenn einzelne Personen oder Gruppen weitere Hilfe über Informationsquellen erbaten, stand ihnen die Lehrkraft zur Seite. Von Anfang an wurden die Studenten in jeder kleineren Gruppe dazu ermuntert, Informationen aus ihren früheren Erfahrungen und Einzelheiten über das Problem herbeizuführen und zur Diskussion zu stellen.

In den meisten Gruppen war es relativ leicht, die Aufgabe der Prüfung des Literaturverzeichnisses in der Kursdarstellung zuzuteilen. Jede Gruppe entwickelte sodann Verfahren, über die gegebene Bibliographie hinauszugehen. Unter gelegentlicher Hilfestellung erarbeiteten sie sich Methoden zur Aufzeichnung ihrer Ergebnisse und gelangten schließlich zu einem ziemlich einheitlichen System, die kommentierte Bibliographie anzulegen. Diese Bibliographien enthielten 18—35 Einträge. Bei der Überprüfung stellte die Lehrkraft fest, daß etwa 60 % der Einträge mit denen einer früheren Kursdarstellung übereinstimmten, die er erarbeitet hatte, bevor er den Problemlösungsversuch im Unterricht behandelte. Die restlichen 40 % waren neue Einträge, die meisten sogar außerordentlich gute, von denen die Lehrkraft keine Kenntnis hatte. Die meisten neuen Einträge waren Fachzeitschriften und Methodikbüchern der übergeordneten Fachbereiche entnommen.

12.3.4 Helfen Sie den Schülern bei der Verarbeitung von Informationen

Als die Studenten Informationen einbrachten und in den kleinen Gruppen damit begannen, die Prinzipien aufzuschreiben, benötigten sie erhebliche Hilfestellung. Zur Ausarbeitung des ersten Konzepts waren mehrere Kurstreffen innerhalb und außerhalb der Hochschule mit der Lehrkraft notwendig. Bei einigen Gruppen waren 3 Treffen außerhalb der regulären Unterrichtszeiten notwendig, bevor sich eine relativ gut organisierte Aufstellung von Prinzipien abzeichnete.

Eine der Hauptschwierigkeiten, der man sich bei der Interpretation und Analyse von Informationen gegenüber sah, war diese: Wenn jede einzelne, aus 3—6 Studenten bestehende Gruppe die gesammelten Informationen vergleichen wollte, ließen sich einige nicht miteinander vereinbaren oder mußten zumindest im Rahmen des größeren Problembereichs analysiert werden. Die größten Schwierigkeiten bereitete es, die ungleichen Informationen in eine relativ vernünftige Liste von Prinzipien einzugliedern. So war die Prinzipienliste mit 35—40 Punkten im allgemeinen überlang. Sobald jedes Gruppenmitglied eine kopierte Abschrift der Liste in Händen hielt, wurde mit der sorgfältigen Analyse begonnen. Dabei zeigten sich Überschneidungen und Diskrepanzen. An diesem Punkt unterstützte die Lehrkraft die Studenten freiwillig, die ihn auch des öfteren darum baten. Wenn die Gruppen mehr Zeit zur Verfügung gehabt hätten, wäre wahrscheinlich eine selbständige Analyse und Organisation der Informationen möglich gewesen.

Es folgt nun eine Aufstellung von Prinzipien (treffender bezeichnet als Unterrichtsanweisungen), die eine Gruppe von 4 Studenten erarbeitete:

Wie kann ich im Klassenzimmer eine förderliche Arbeitssituation schaffen, die frei von den Unterrichtsablauf störenden Unterbrechungen ist?

1. Betrachten Sie es als selbstverständlich, daß die Klasse gutgesinnt ist und erwarten Sie von den Schülern gutes Verhalten.
2. Wenden Sie notwendige und angemessene Mittel an, um ein vernünftiges Maß an Ordnung zu schaffen, insbesondere beim ersten Zusammentreffen mit der Klasse.
3. Setzen Sie die Schüler in Kenntnis darüber, was von ihnen erwartet wird. Vergewissern Sie sich jedoch vorher, daß die Erwartungen vernünftig und angemessen sind, z. B. in Hinblick auf (a) gegebene Verhaltensnormen, (b) die Arbeiten und Aktivitäten der Klasse sowie (c) die Hausaufgaben und andere Aktivitäten außerhalb des Unterrichts.
4. Lehren und veranschaulichen Sie unter entsprechender Berücksichtigung der Interessen und Hintergründe der Schüler, wie z. B. Lernfähigkeit, Alter, häusliches Milieu.
5. Halten Sie eine rege Mitarbeit während des Unterrichts aufrecht bei einer Vielfalt von Arbeitsprojekten, und keine monotone Routine.
6. Seien Sie konsequent und unparteiisch.
7. Seien Sie höflich zu den Schülern, vermeiden Sie Sarkasmus und Spott.
8. Versprechen Sie nur Machbares.
9. Bemühen Sie sich um Situationen, bei denen Krisen vermieden werden.
10. Untersuchen Sie sorgfältig die Gründe für Fehlverhalten und handeln Sie angemessen, da der Sinn der Disziplinierung die Zurechtweisung, nicht die Bestrafung ist.

Diese vernünftige Aufstellung von Prinzipien gründete sich auf Informationen aus 35 verschiedenen Quellen und stellt nur einen kleinen Teil der Vielzahl von Fakten und Begriffen dar, die sich die Studenten im Laufe der Lösungssuche aneigneten.

Eine weitere Gruppe von Studenten hatte sich das Problem gestellt, Möglichkeiten des Ausgleichs unterschiedlicher Lerngeschwindigkeiten von Schülern in Geschicklichkeitsfächern aufzuzeigen. Obwohl die Lehrkraft ursprünglich das Problem allgemeiner angegeben hatte und nicht auf Fachkenntnisse beschränkt, engten diese Studenten das Problem auf ihr spezifisches Interesse ein. Einleitende Darstellung und Prinzipien lauten folgendermaßen:

Wie kann ich unterschiedliche Lerngeschwindigkeiten von Schülern in Geschicklichkeitsfächern ausgleichen?

Bis zum gegenwärtigen Zeitpunkt befaßten sich die umfangreichen Voruntersuchungen nicht mit dem Problem der Bestimmung unterschiedlicher Lerngeschwindigkeiten in Geschicklichkeitsfächern. Aus diesem Grunde nehmen wir 2 Tatsachen als gegeben an:

1. Geschicklichkeitskurse sind heterogen.
2. Der Lehrer muß sich mit individuellen Unterschieden innerhalb der Kurse auseinandersetzen.

Das Ziel des Lehrers bei der Behandlung individueller Unterschiede ist nicht, jeden Schüler nach demselben Muster zu formen, sondern die Aktiva und Passiva jedes Schülers zu prüfen und mit den einzelnen und Gruppen zu arbeiten, so daß Kursteilnehmer oder Schüler der Klasse sowohl individuell als auch kollektiv am Ende des Schuljahres einen Zugewinn verzeichnen können.

A. Behandlung individueller Unterschiede innerhalb der Klasse:
   1. Stellen Sie Fragen, die im allgemeinen von leicht bis schwierig reichen, um allen Schülern die Gelegenheit zu geben, erfolgreich zu reagieren.
   2. Motivieren Sie die Lernenden täglich durch Lob und Ermunterung.
   3. Spornen Sie ihre Klasse dadurch an, indem jeder Schüler seine eigene tägliche Fortschrittstabelle anlegt.
   4. Geben Sie Ihre Anweisungen langsam, deutlich und einfach.
   5. Stellen Sie innerhalb der Klasse Gruppen nach Befähigungsniveaus zusammen und arbeiten Sie mit diesen individuell unter Zuhilfenahme phonographischer Hilfsmittel.
   6. Lassen Sie den schnellen Lerner gelegentlich dem langsamen helfen. In einem Stenographiekurs wäre dies z. B. so, daß die schnelleren Schüler den langsamen diktieren und die einzelnen Zeichen an der Tafel demonstrieren.
   7. Verwenden Sie audiovisuelle Hilfsmittel wie Tonbandgeräte, Filme und Schallplatten als zusätzliche Demonstrationsmittel.

8. Ermuntern Sie die Schüler darin, sich ihre eigenen Ziele zu setzen, auf diese hinzuarbeiten und selbst zu entscheiden, wie gut die erzielten Ergebnisse sind.
9. Legen Sie den praktischen Unterricht so an, daß die Lernenden als Individuen oder in kleinen Gruppen angemessene Fortschritte machen können.

B. Behandlung individueller Unterschiede außerhalb der Klasse:
1. Stellen Sie Hausaufgaben mit unterschiedlichen Schwierigkeitsgraden zusammen, die die unterschiedlichen Interessen und Ziele der Hauptgruppen in der Klasse berücksichtigen.
2. Legen Sie eine Klassenbibliothek an, die Materialien verschiedener Schwierigkeitsniveaus enthält und einen Zusammenhang zu den Geschicklichkeitsfächern herstellt.
3. Schaffen Sie Einrichtungen und Gelegenheiten, die einer Verbesserung der Fertigkeiten der Schüler durch zweckausgerichtete Praxis in der Freizeit dienen.
4. Halten Sie Sitzungen außerhalb der Klasse ab, um bei jedem Schüler, der Schwierigkeiten hat, die Ursache des Problems festzuhalten.

Die beiden Prinzipiengruppen stellen die besten verallgemeinerten Ergebnisse der Studenten über vernünftige Lösungen auf jedes Problem vor der schulpraktischen Zeit dar. Die Lehrkraft bewertete die Arbeit der Studenten für sich als ausgezeichnet, insbesondere in Hinblick auf die Tatsache, daß die Angaben innerhalb eines 4-wöchigen Zeitraums erstellt werden.

12.3.5 Fördern Sie das Aufstellen und Prüfen von Hypothesen

Sobald ein Student zuerst ein Problem identifizierte und für sich darüber nachdachte sowie in seiner Gruppe darüber diskutierte, wurden bereits Hypothesen formuliert. Die Formulierung und Prüfung von Hypothesen lief also im allgemeinen in 3 Stufen ab: (1) Informationssicherung und Herleitung einer Prinzipienliste; (2) Demonstration eines oder mehrerer Prinzipien; (3) Anwendung im Schulpraktikum. Eine beträchtliche Anzahl von Hypothesen wurden akzeptiert, viele wurden verworfen, unter denen sich vielleicht einige brauchbare befanden. Jede Prinzipienliste war also in Wirklichkeit eine Liste von Hypothesen, die die Studenten zuerst in Diskussionen und später in Demonstrationen vor der Klasse auf ihre Brauchbarkeit überprüften. Die Demonstration bildete die erste Hauptprüfung eines oder mehrerer Prinzipien. Bis zum Zeitpunkt der Demonstrationsplanung hatten die Prinzipien noch nicht die Bedeutung, die sie haben sollten. Wenn die Studenten eine Entscheidung darüber fällen wollten, welches bzw. welche Prinzipien im Klassenzimmer demonstriert werden *könn-*

ten, nahm die Prüfung des Prinzips bzw. der Hypothese konkrete Form an.

Im vorliegenden Fall der Berücksichtigung von Lerndifferenzen in Geschicklichkeitsfächern wurde eine sehr fachkundige Demonstration in einem kaufmännischen Unterrichtslabor vorbereitet. Ein Student übernahm die Aufgabe des Lehrers und diktierte einem anderen Stenographie in mittlerem Tempo, während zwei weitere Studenten Diktate von Bandgeräten abnahmen, der eine in langsamem Tempo, der andere in schnellem. Durch die Demonstration konnte klar gezeigt werden, daß mit genügend technischem Gerät das Stenographiediktat mit mindestens 3 den verschiedenen Lerngruppen innerhalb einer Klasse angemessenen Tempi gegeben werden kann.

12.3.6 Fördern Sie selbständiges Entdecken und Beurteilen

Diese unterrichtspsychologische Situation förderte offensichtlich das selbständige Entdecken und Beurteilen. Es wurden nur solche Studenten zugelassen, die während des Semesters ihr Praktikum antreten konnten. Während der 5 Wochen vor und 4 Wochen nach der schulpraktischen Zeit wurden auch relativ wenig andere Kurse belegt. Die Einteilung erlaubte es jedem Studenten, Studium und Arbeitsplan effektiver zu gestalten als es beim herkömmlichen Studienplan von 5 oder 6 Kursen der Fall ist. Den Studenten stand auch außerhalb der Kurstreffen mehr Zeit zur selbständigen Informationsbeschaffung, sich mit anderen Gruppenmitgliedern zu treffen u. ä. zur Verfügung. Ihre Motivation zur Identifikation und Lösung von Problemen war sehr stark.

Die Lehrkraft behielt sich im allgemeinen eine direkte Beurteilung der Prinzipienaufstellungen und deren Demonstration durch die Studenten vor. Sie sagte den Studenten nicht, daß etwas ausgesprochen falsch oder richtig, vollständig oder unvollständig sei. Stattdessen stellte sie Fragen. Die Fragen und anschließenden Diskussionen darüber halfen den Studenten, selbständig zu Schlußfolgerungen zu gelangen. Darüber hinaus war und ist es ein *Hauptunterrichtsziel* der Lehrkraft, selbständiges Entdecken und Beurteilen durch die Studenten zu fördern, um zu verhindern, daß sie bei ihrer späteren Stellung als Lehrer monotonen Unterrichtsmethoden, oder gar einem monotonen Lebensstil verfallen. Das Ziel, falls es erreicht wird, führt die Studenten zur Erforschung besserer Problemlösungsfähigkeiten ihrer Schüler. Sie werden sich nicht damit zufrieden geben, von jemand anderem gesagt zu bekommen, was, wann und wie unterrichtet werden muß.

Auf der Grundlage der täglichen Beurteilung der Klassensituation durch die Lehrkraft erzielten die Studenten in ihrem selbständigen Entdecken und Beurteilen ausgezeichnete Ergebnisse.

Bei früheren Unterrichtsformen, bei denen die Studenten den Kurs ohne schulisches Praktikum machten, hatten sie sich die Prinzipien eingeprägt und versuchten, möglichst viel Bedeutung damit zu assoziieren. Bei der vorliegenden Situation mußte sich der Student die von ihm und seiner Gruppe entwickelten Prinzipien nicht merken, da sein gesamtes Muster bedeutungsvollen Lernens diese bereits enthielt. Auch die von den anderen Gruppen hergeleiteten Prinzipien wurden demonstriert und diskutiert. Sie zeigten sich als nützlich für die Ausrichtung der Unterrichtsverfahren während des Praktikums, wie auch die von der Lehrkraft für die beiden von ihm diskutierten Probleme vorgeschlagenen Prinzipien. Eine kleine Gruppe von Studenten gab ihrer Meinung Ausdruck, daß sie eine Behandlung aller Probleme seitens der Lehrkraft, bei der sie Informationen und Demonstrationen dargeboten und Diskussionen im gesamten Kurs sowie in kleinen geführt hätte, vorgezogen hätten. Mehr als 80 % der Studenten bekundeten, daß dies das erste Mal gewesen wäre, daß von ihnen die Übernahme der Verantwortung für ihr eigenes Lernen erwartet worden wäre. Dazu kommt, daß einige von ihnen zum ersten Mal die verschiedenen literarischen Hilfsmittel benutzten, die eigentlich stets zugänglich und während der ersten 3 1/2 Jahre nur auf ihre Benutzung gewartet hatten. Sie hatten den Eindruck, daß ihre Fähigkeit der Identifikation und Heranziehung von Informationsquellen von Bedeutung sei auch in Hinsicht auf ihre spätere Lehrtätigkeit.

12.12 Halten Sie die Prinzipien der Entwicklung von Problemlösungsfähigkeiten gleichermaßen anwendbar auf alle Unterrichtsfächer? Sollten sie es sein?

12.13 Nach einer Informationssuche kann es notwendig sein, das Problem neu aufzustellen. Wie könnte sich das auf die mit der Problemlösung beschäftigten Schüler auswirken?

12.14 Welche Arten von Entscheidungen sind bei der Verarbeitung von Informationen notwendig?

12.15 Halten Sie es für wichtig, daß jeder *Student das anstehende Problem löst? Zur selben Lösung kommt?*

12.4 Prinzipien der Förderung von Kreativität

Alle der auf die Problemlösung bezogenen Prinzipien sind auch auf die Entwicklung kreativer Fähigkeiten anwendbar. Zusätzlich wurden 3 Prinzipien aus der Erforschung und Entwicklung von Kreativität abgeleitet, wie an früherer Stelle dieses Kapitels beschrieben wurde. Die hier angegebenen Prinzipien und Anweisungen sind auf alle schulischen Ebenen anwendbar. Die Anweisungen sollen nun ausführlich besprochen werden.

PRINZIP	UNTERRICHTSANWEISUNG
1. Sich selbst durch figürliche, verbale oder physikalische Mittel auszudrücken ist wesentliche Voraussetzung für die Produktion neuer Formen und Ideen.	1. Fördern Sie divergentes Denken in vielen Medien.
2. Erfolgserlebnis bei kreativen Bemühungen ist verbunden mit einem hohen Grad an kreativem Ausdruck.	2. Belohnen Sie kreative Bemühungen.
3. Divergentes Denken und Verhalten und die Annahme und Anpassung einiger bestehenden Normen ist wesentliche Voraussetzung für Kreativität.	3. Fördern Sie eine kreative Persönlichkeit.

12.4.1 Fördern Sie divergentes Denken in vielen Medien

Wenn sich ursprünglicher Ausdruck in vielen Medienbereichen, in Schrift, Sprache, Rhythmus und Musik entwickeln soll, so muß der Unterricht im schulischen Alltag zu entsprechenden Gelegenheiten daraus ausgerichtet sein. *Jeder* einzelne Lehrer sollte versuchen, Kreativität zu fördern, und nicht annehmen, ein anderer Lehrer würde diese Aufgabe übernehmen. Im üblichen Lehrplan der Schule, der in erster Linie mit Aufgaben und anderen Tätigkeiten ausgefüllt ist, durch die die Schüler der Menschheit bereits bekanntes lernen und reproduzieren sollen, wird ursprünglicher Ausdruck nicht gefördert. Tatsächlich bleibt kreativer Ausdruck oft nicht nur ungefördert, er wird sogar unterdrückt, sodaß die Schüler mehr Zeit dem Lernen von Stoff widmen, der ihnen nicht gerecht wird.

Ideenfluß, sowie Originalität und Flexibilität beim Hervorbringen von Ideen und Formen sind 3 der wichtigsten Fähigkeiten divergenten Denkens (*Guilford*, 1967). Diese Fähigkeiten bilden sich über einen Zeitraum von mehreren Jahren aus. Ihre ursprüngliche Manifestation bei kleinen Kindern kann die Form eines freien Ausdrucks beim spontanen Spiel, beim Singen, Fingermalen und anderen Tätigkeiten haben. Hierbei sind dic Qualität des Ergebnisses und das Niveau der technischen Fertigkeit unbedeutend. Später, wenn der Grund- oder Oberschüler Aufsätze schreibt, tanzt, spricht oder malt sind Qualität und technisches Geschick von größerer Bedeutung. Bei der Tätigkeit des Erfinders oder Ingenieurs spielen Qualität und technische Fertigkeit sogar eine noch wichtigere Rolle, ohne jedoch eine Verminderung von Originalität und Flexibilität. Eine neue künstlerische Ausdrucksform, das Verfassen eines Romans, die Vorstellung eines neuen Wohndesigns oder einer neuen Theorie menschlichen Verhaltens, also kreative Ausdrucksarten, die nur von wenigen Erwachsenen einer großen Bevölkerung hervorgebracht werden, erfordern das Höchstmaß an Qualität und Fachkenntnis, zu der eine bestimmte Menschengeneration fähig ist.

In Anbetracht all dessen wird offensichtlich, daß der Lehrer die Schüler nicht einfach dazu auffordern kann, innerhalb eines gegebenen Zeitraums etwas zu »kreieren«. Er kann sich nicht vor die Klasse stellen und sagen, »Schreibt jetzt ein Gedicht« oder »Nehmt Eure Zeichenmaterialien heraus und produziert bis zum Ende der Stunde, also in 30 Minuten, etwas für die Wandtafeln«. Von der Idee bis zum endgültigen Produkt ist Zeit und Arbeit erforderlich. Anders ausgedrückt, während der Schuljahre muß ein kontinuierliches Programm zur Entwicklung kreativer Fähigkeiten ausgearbeitet werden – ein aktives Programm, das von *allen* Lehrkräften verfolgt wird.

In einer Reihe größerer Grund- und Oberschulen werden jetzt Jahresausstellungen von Schülerarbeiten gefördert und Programme ausgearbeitet die u. a. auch musikalische Kompositionen von Schülern berücksichtigen, kleine, von Schülern verfaßte Bände mit Gedichten und anderen literarischen Arbeiten herausgegeben, Gedichte, Kurzgeschichten und Aufsätze in der Schülerzeitung abgedruckt und eine Schülertheatergruppe gebildet. Dies sind einige der nützlichen Mittel, Kreativität bei Schülern zu wecken und zu fördern und ihnen die Gelegenheit zu geben, diese auch nach Abschluß der Schule weiter zu verfolgen. Solche Programme tragen natürlich auch wesentlich dazu bei, das Ziel der Kreativitätsförderung auf einer kontinuierlichen Ebene über das gesamte schulische Programm hinweg zu unterstützen.

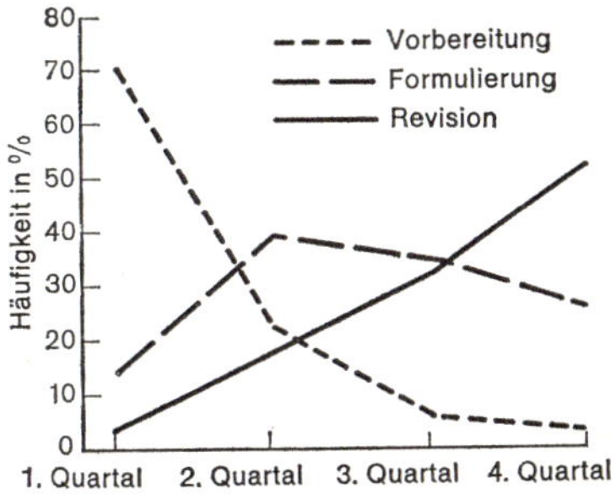

Abb. 12.4 Intellektuelle Tätigkeiten von Schriftstellern und Künstlern während 4 Quartale kreativen Schaffens.

Eine bessere Perspektive der zeitlichen Abfolge bei schöpferischer Tätigkeit ergibt sich aus der ursprünglichen Arbeit von *Wallas* (1926), interpretiert von *Johnson* (1955). *Wallas* untersuchte die intellektuellen Tätigkeiten von Künstlern und Schriftstellern; die bezogenen Zeitmuster sind in Abbildung 12.4 graphisch dargestellt. Beachten Sie, daß die Künstler und Schriftsteller einen Großteil der Zeit auf die anfängliche Vorbereitung verwendeten. Es erfolgte dann eine beachtliche Zunahme der für die die Formulierung der Idee aufgewendeten Zeit. Als die Vorbereitung von drittem zu viertem Quartal stark zurückging, nahm die Revisionsarbeit beträchtlich zu. Innerhalb des zur Fertigstellung eines Gedichts oder eines Bildes erforderlichen Zeitaufwands ergaben sich natürlich große Unterschiede. Einige Poeten und Künstler verwandten jahrelange Arbeit auf ein größeres Werk; weniger bedeutende und kürzere Arbeiten wurden in kürzerer Zeit erstellt. Bei einigen Romanschriftstellern dauerte es 5 und mehr Jahre von den ersten Ideen bis zur Vollendung; andere beenden einen Roman in weniger als einem Jahr.

12.4.2 Belohnen Sie kreative Bemühungen

An früherer Stelle dieses Kapitels wurden bereits 5 Prinzipien der Belohnung kreativen Verhaltens, wie sie von *Torrance* (1965) entwickelt wurden, besprochen. Auf sie soll an dieser Stelle nicht erneut eingegangen werden (der Leser sollte dies jedoch tun). Stattdessen werden wir ein Verfahren besprechen, das kreativen Bemühungen entgegenarbeitet.

Die Hemmung von Kreativität bei Schülern ist zum Großteil der Unterrichtung und Belohnung einer Methode als die einzig richtige zuzuschreiben. Als gutes analoges Beispiel bietet sich dazu die Geschichte der athletischen Rekorde an. Viele athletische Rekorde wurden jahrelang nicht erreicht aus dem einfachen Grunde, weil es nur eine passende und korrekte Form für etwa das Abschlagen des Basketballs, den Absprung beim Weitsprung und den 1000 Meter-Lauf gibt. Jahrzehntelang erwartete man relativ konstante Höchstleistungen — die allerdings nie überschritten wurden —. Plötzlich erfanden ein junger Mann und sein Trainer eine neue Art, die Kugel zu stoßen, und bald konnte die Rekordmarke erheblich überschritten werden. Als die Basketballspieler dazu aufgefordert wurden, den Ball mit einer Hand zu werfen, erzielten sie eine viel bessere Wurfgenauigkeit und die Torergebnisse lagen erheblich höher. Der 1000-Meter-Lauf unter einer Zeit von 4 Minuten, was man lange Zeit für praktisch unmöglich hielt, ist heute nicht mehr ungewöhnlich. Die Durchbrüche in der Kunst machen dieses Phänomen in Zusammenhang mit den meisten Unterrichtsverfahren vielleicht noch deutlicher. Lange Zeit wurde beispielsweise eine inhaltliche und methodologisch ziemlich eintönige Ölmalerei belohnt, bis sich eines Tages einige nonkonformistische Individualisten von dieser Tradition lösten. Bald darauf entwikkelten sich radikal verschiedene Formen der Malerei. In der Musik folgten die amerikanischen Komponisten lange Jahre dem Stil ihrer westeuropäischen Kollegen, bis eines Tages ein Durchbruch mit typisch amerikanischer Musik gelang.

12.4.3 Fördern Sie eine kreative Persönlichkeit

Bis jetzt legten wir in der Diskussion den Schwerpunkt auf kognitive Fähigkeiten. Diese Fähigkeiten entwickeln sich jedoch nicht in einem Vakuum; sondern in Wechselbeziehung mit der Persönlichkeit des Individuums. Da sich Kapitel 15 ausschließlich mit dem Problem der Persönlichkeitsintegration befaßt, werden wir hier nur auf einen Aspekt der Persönlichkeitsmerkmale aufmerksam machen, der uns einer besonderen Beachtung wert erscheint.

Adjektive wie »anpassend«, »konventionell« und »abhängig« tauchen in der Forschung nicht als Merkmale kreativer Individuen auf, so aber »impulsiv«, »sensibel«, »selbstbewußt«, »unabhängig« und »unkonventionell«. Lehrer und Eltern sollten ihre eigenen Haltungen gegenüber dem Verhalten der Kinder überprüfen und aufrichtig zu entscheiden versuchen, welche dieser typischen Merkmale bei Kindern mit warmem und freundlichem Verhalten von Seiten der Erwachsenen verbunden sind. Es ist auch klar, daß kreative Individuen keine Gesetzesbrecher sind, die danach trachten, Werte und Sitten zu zerstören, die Jahrzehnte oder Jahrhunderte des Aufbaus bedurften. Traditionen mehr in Frage stellend, neigen Sie weniger dazu, alle möglichen Ergebnisse vor dem Handeln in Betracht zu ziehen und sind weniger daran interessiert, wie andere sie sehen. Wenn sich dieser Typ von Schüler relativ wohl in der Schule fühlen soll, müssen wir ihm wahrscheinlich einem weiteren Bereich von Verhaltensmustern zubilligen als dies üblich ist, oder aber ihm diesen zumindest nicht verwehren.

12.16 Auf welche Weise könnte kreatives Problemlösen bei Schülern der Altersstufe entwickelt werden, an der Sie am meisten interessiert sind?

12.17 In welchen Situationen wünschten Sie, kreativ zu denken?

12.18 Hilft es Ihnen schon, die Fähigkeitsarten, die notwendig sind, um kreativ zu sein, zu kennen?

12.19 Welche Arten von Belohnungssituationen sind im schulischen Rahmen denkbar, um kreative Bemühungen zu fördern?

12.5 Zusammenfassung

Denken, Problemlösen und kreatives Schaffen tauchen immer in einer Situation oder in einem Kontext auf, nie als abstrakter Prozeß. Das Denken kreist um eine bestimmte Sache, das Problemlösen ist auf die Lösung eines Problems gerichtet und Kreativität bedeutet Ausdruck von etwas in einer bestimmten Form. Kognitive Prozesse, die auf das Zustandekommen einer bereits gültigen oder logischen Schlußfolgerung gerichtet sind, werden im allgemeinen als *konvergentes Denken, logisches Denken* und *kritisches Denken* bezeichnet. Die Denkweise, die auf das Finden neuer oder neuartiger Schlußfolgerungen, Methoden oder Ausdrucksformen gerichtet ist, nennt man *divergentes Denken, kreatives Denken* und *imaginatives Denken*. Manchmal spielt konvergentes Denken auch bei divergentem Denken eine Rolle und umgekehrt.

Problemlösen erfordert zielgerichtetes Handeln. Die Lösung auf bestimmte Probleme taucht plötzlich unter Einsicht auf; bei anderen Problemen findet ein kontinuierlicher Prozeß der Aufstellung und Verwerfung möglicher Lösungen statt, bis schließlich eine als die am besten geeignete und allein richtige bestätigt wird. Folgende Anweisungen dienen der Verbesserung der Problemlösefähigkeiten bei Kindern und Jugendlichen: (1) Identifizieren Sie zu lösende Probleme, (2) helfen Sie den Schülern beim Aufstellen und Eingrenzen von Problemen, (3) helfen Sie den Schülern bei der Informationssuche, (4) helfen Sie den Schülern bei der Verarbeitung von Informationen, (5) fördern Sie das Aufstellen und Prüfen von Hypothesen, und (6) fördern Sie selbständiges Entdecken und Bewerten.

Zur Entwicklung neuerer und besserer Methoden des Problemlösens und Entdeckung neuer und besserer Formen des Ausdrucks menschlicher Erfahrungen ist divergentes Denken notwendig. Die Schule und Gesellschaft im allgemeinen muß kreative Fähigkeiten von Kindern und Jugendlichen erfolgreicher unterstützen. Da bislang auf diesem Sektor wenig getan wurde, insbesondere in sozialen Angelegenheiten, können Anweisungen zur Verbesserung kreativer Fähigkeiten notgedrungen nur als provisorisch angesehen werden: (1) Fördern Sie divergentes Denken in vielen Medien, (2) belohnen Sie kreative Bemühungen, und (3) fördern Sie eine kreative Persönlichkeit.

12.6 Weiterführende Literatur

Barron, F.: Creative person and creative process. New York: Holt, Rinehart and Winston, 1969.

In diesem 212 Seiten umfassenden Taschenbuch gibt Barron einen Bericht von seiner sich über mehrere Jahrzehnte erstreckenden Arbeit an Kreativität bei Erwachsenen. Dabei legt er auch seine Vorstellungen über Erfahrungen im Unterricht zur Verbesserung von Kreativität dar.

Davis, G. A.: The current status of research and theory in human problem-solving. In: *Ripple, R. E.: ed.:* Readings in learning and human abilities. New York: Harper & Row, 1971².

Dieser Überblick über die Forschung auf dem Gebiet der Problemlösung enthält sowohl traditionelle als auch moderne Gesichtspunkte.

Gowan, J. C., Demos G. O., & Torrance, E. P., ed. Creativity: Its educational implications. New York: Wiley, 1967.

Dieses 36 Vorlesungen umfassende Buch vereinigt viele der früheren Aufsätze, Besprechungen und Forschungsberichte über Kreativität. 8 ausgewählte Werke von Torrance enthalten eine Vielzahl konkreter Hinweise führ Lehrer.

MacKinnon, D. W.: The nature and nurture of creative talent. In: *Ripple, R. E.. ed.:* Readings in learning and human abilities. New York: Harper & Row, 1971².

In diesem Aufsatz berichtet MacKinnon über seine umfangreichen Forschungsergebnisse und Beobachtungen, die er über einen Zeitraum von mehreren Jahren durchführte.

Ripple, R. E., May, F. B.: Caution in comparing creativity and IQ. In *Ripple, R. E., ed.:* Readings in learning and human abilities. New York. Harper & Row, 1971².

Es wird über positive Wechselbeziehungen zwischen IQ und Kreativitätswerten innerhalb einer Gruppe von Schülern berichtet, die sich in ihren IQ-Werten erheblich voneinander unterscheiden.

Torrance, E. P.: Applying principles for rewarding creative thinking. In: *Torrance, E. P.:* Rewarding creative behavior. Englewood Cliffs, N. J.: Prentice-Hall, 1965, 41—74.

Es werden einige Prinzipien klar aufgestellt und der Versuch des Lehrers, diese in die Praxis umzusetzen, beschrieben. In anekdotenreichen Berichten werden Fragen von Lehrern und Schülern, Reaktionen und Arbeiten erläutert.

Wallach, M.: A., Kogan, N. A.: A new look at the creativity-intellegence distinction. *In: Ripple, R. E., ed.:* Readings in learning and human abilities. New York: Harper & Row, 1971².

Die Autoren beschreiben die erkennbaren Merkmale bei Kindern, deren Kreativitäts- bzw. IQ-Werte hoch/hoch, niedrig/hoch und niedrig/niedrig waren.

Heinelt, G.: Kreative Lehrer — kreative Schüler. Herder Bücherei 9018, Herder, Freiburg, 1974.

Krause, R.: Kreativität. Goldmann, München 1972.

Seiffge-Krenke, I.: Probleme und Ereignisse der Kreativitätsforschung. H. Huber, Bern/Stuttgart/Wien, 1974.

Ulmann, G.: Kreativität. J. Beltz, Weinheim/Berlin, 1968.

. . . (Hrsg.): Kreativitätsforschung. Kiepenheuer & Witsch, Köln, 1973.

13. Psychomotorische Fähigkeiten und Fertigkeiten

13.1 Fertigkeiten

Die in der Schule erlernten Fertigkeiten unterscheiden sich in dem Maß ihres motorischen oder perzeptiven Anteils: (1) Zu den Fertigkeiten mit hohem motorischen und niedrigem perzeptiven gehören u.a. das Gehen, Tanzen, Laufen, Schwimmen, Radfahren und die Gymnastik. (2) Zu den Fertigkeiten mit gleichstarker motorischer wie perzeptiver Beteiligung zählen u.a. das Spielen eines Musikinstruments und das Stenographiediktat. Der einzelne hört und sieht dabei die Stimuli, die wiederum seine motorischen Reaktionen steuern. (3) Eine weitere Gruppe erlernter Fertigkeiten ist gekennzeichnet durch schwache motorische und starke perzeptive Beteiligung. Stilles Lesen hat eine schwache motorische Komponente, die Augen wandern scharf sehend von links nach rechts über die Seite, mit dem Lesen jeder einzelnen Zeile von oben nach unten, gruppieren Worte, um ein schnelles Lesetempo zu erreichen, usw. Die Hauptkomponente beim stillen Lesen ist jedoch kognitiv, d. h. das Erkennen der Worte und die Assoziierung von Bedeutungen. In diesem Kapitel werden wir uns mit Fertigkeiten mit relativ starker motorischer und mittlerer oder schwacher perzeptiver Komponente zuwenden.

Eine komplexe psychomotorische Fertigkeit zeichnet sich durch hoch entwickelte *Rezeptor-Effektor-Feedback*-Prozesse aus. Eine erlernte Fähigkeit wird also, verglichen mit einer weniger erlernten, ausgeführt bei (1) geringer Aufmerksamkeit auf die spezifischen Bewegungen, (2) besserer Differenzierung von Hinweisen, (3) schnellerem Feedback und Korrektur der Bewegungen, (4) größerer Geschwindigkeit und Koordinierung und (5) größerer Stabilität bei einer Vielfalt von äßeren Bedingungen.

Die ausgezeichnete Sekretärin schenkt den Bewegungen von Hand und Fingern, verglichen mit dem Anfänger, wenig oder überhaupt keine Aufmerksamkeit, hört oder sieht gleichzeitig relevantere Hinweise zur Steuerung der Bewegungsabläufe und mißachtet die irrelevanten, reagiert schneller auf interne wie externe, die Tippbewegungen betreffende Informationsquellen, bewegt sich schneller nach einem rhythmischen, ungebrochenen Muster und tippt kontinuierlich unter einer Vielfalt äußerer Umstände. Das vom einzelnen in einer bestimmten Tätigkeit wie Maschinenschreiben erreichte Leistungsniveau gibt die darin erreichte Fertigkeit an. Eine Fertigkeit können wir also operational als *das bei der Durchführung einer kontinuierlichen Tätigkeitsfolge erreichte Leistungsniveau* definieren. Die eben angeführten 5 Charakteristika einer Fachleistung sollen nun ausführlicher erläutert werden.

13.1.1 Willkürliche und unwillkürliche Steuerung

Miller u. a. (1960) bieten eine interessante Beschreibung der Veränderungen der kognitiven Steuerung von erlernten Fertigkeiten an. In der frühen Phase sind die Bewegungen langsam und unsicher, wobei jede einzelne von einem klaren, willkürlichen Plan gesteuert wird, der in verbalen Aussagen festgelegt ist. Der Anfänger im Golfspielen überlegt beispielsweise, wie er am besten den Schläger hält, also Finger und Daumen plaziert. Möglicherweise verbalisiert er für sich Aussagen wie: »Fasse den Schläger fest mit der rechten Hand, wobei beide Daumen nach unten in Richtung des Holmes zeigen, und lege den rechten kleinen Finger über den linken Zeigefinger.« In der späteren Phase sind die Aktionen schnell und präzise, laufen in einer Serie von Bewegungen ab, die nach einem unwillkürlichen, hierarchischen Plan gesteuert werden, der bei der Ausführung der Bewegungen nicht verbalisiert wird. Der geübte Golfspieler nimmt also den Schläger aus der Tasche und nimmt ihn in die Hand ohne entsprechende innere Verbalisation oder Gedanken. Intensive Praxis führte dazu, daß seine Greiftätigkeiten automatisch oder unwillkürlich vonstatten gehen. Den Plan zum Anstoßen eines Golfballs mag man sich als *Programm* vorstellen, das die Reihenfolge, nach dem die Bewegungen ausgeführt werden, steuert.

Ein Plattenspieler hat beispielsweise ein Programm zum automatischen Wechseln und Abspielen von Schallplatten eingebaut. Wenn der Tonarm nahe genug an den Mittelpunkt des Plattentellers herankommt, hebt er ab und bewegt sich in seine Ruhelage zurück, worauf eine neue Schallplatte freigegeben wird und auf den Teller fällt. Der Arm bewegt sich nun in Höhe der Einlaufrille zu, um aufzusetzen und die neue Schallplatte abzutasten. Das Programm wurde von Ingenieuren in das Gerät eingebaut.

Miller u. a. (1960) zeigen auf, inwiefern ein Programm oder Plan mit einem ganzen Kreislauf von Rezeptor-Mediator, Effektor und Feedback-Ereignissen in Beziehung steht: als *Rezeptor* empfängt es Sinneseindrücke, die es dann mental weiterverarbeitet oder *übermittelt;* diese werden dann angeregt und bewirken (*effect*) eine physische Aktion; geistige Tätigkeit nach den Ergebnissen der physischen Aktion zur Bestimmung ihrer Angemessenheit, dann Heranziehen dieses *Feedbacks* zur Entscheidung, ob die vorangegangene Aktion verändert, wiederholt oder abgebrochen werden soll. Der Plan steuert hierarchisch den gesamten Kreislauf.

Das Programm zur Ausübung einer geschulten Fertigkeit kann nicht von einem Außenstehenden in den menschlichen Organismus eingebaut werden. Der Lehrer kann jedoch dem Schüler einen Plan in Form von verbalen Anweisungen zur Nachvollziehung geben, oder er kann den Schüler mit einem Modell zur Observation und Imitation ausstatten. Die Durchführung des Plans muß der Schüler selbstverständlich durch die Praxis erlernen.

13.1.2 Differenzierung von Signalen

Stellen Sie sich vor, Sie gehen von einem Punkt zum andern. Beim Gehen sehen Sie Dinge wie den Randstein, eine Ziegelsteinmauer, ein Verkehrszeichen usw. Sie sehen jedoch nicht nur vor und seitlich von Ihnen liegende Dinge, Sie hören auch Geräusche, besonders von hinten kommend. Es handelt sich dabei um äußere visuelle und akustische Signale, die Ihr Gehen steuern. Auch kinästhetische Signale von den Muskeln und Gelenken spielen eine Rolle. Sie sagen Ihnen, daß Sie sich fortbewegen und in welche Richtung.

In den frühen Stadien der Fertigkeitsentwicklung lernt das Individuum, auf welche Weise es zu reagieren hat, sowie Reaktionen, die es vorher noch nicht gezeigt hat. Die offensichtlicheren Signale werden zuerst wahrgenommen und mit Reaktionen quittiert. Später werden die weniger offensichtlichen Reaktionen, die für eine hervorragende Leistung notwendig sind, bemerkt. Der beginnende Golfspieler dürfte demnach also beim Anlegen nur die Entfernung zwischen Ball und Loch, die Steigung oder Neigung der Wiese und den Griff an seinem Schläger wahrnehmen. Später wird er auch viele weniger offensichtlichere Signale beachten, wie die Länge des Grases, seine Mährichtung, die Härte des Grases, irgendwelche leichten Mulden oder Einbuchtungen und auch leichte Abweichungen in den Positionen seiner Hände, seines Körpers und seiner Füße.

Das geschultere Individuum reagiert auf mehrere, jedoch weniger offensichtliche Signale; außerdem kann er schon bei *weniger* Signalen als der Anfänger eine Bewegungsfolge ausführen. So muß zum Beispiel der Klavierschüler beim Spielen eines neuen Stückes noch fortwährend auf das Notenblatt schauen; nach einer gewissen Einstudierung muß er nur noch gelegentlich aufs Blatt schauen, und wenn er das Stück vollständig beherrscht, kommt er sogar ganz ohne Noten aus.

13.1.3 Feedback und Korrektur

Zur Ausführung einer Rolle von Bewegungen ist es notwendig, nach jeder konsekutiven Reaktion Informationen zu bekommen. So führt der Maschinenschreiber eine weitere Bewegung nur dann durch, wenn er eine Sinnesinformation oder ein Feedback darüber erhalten hat, daß die erste Bewegung angemessen, exakt oder richtig war. Der Schreibmaschinenschüler muß aufs Blatt schauen oder einen Augenblick unterbrechen, um sich zu überlegen, ob ein bestimmter Buchstabe bzw. ein Wort völlig richtig geschrieben wurde; der geübte Maschinenschreiber weiß jedoch ohne visuelle Aufnahme oder Verlangsamung des Schreibtempos, daß das Wort ausgeschrieben ist und das nächste auf seinen Abruf wartet. Trotzdem ist der geschulte Maschinenschreiber auf das Feedback zur Steuerung der konsekutiven Reaktionen angewiesen. Dasselbe gilt für das Fahren eines Wagens, eines Fahrrads, für das Handschreiben und eine Menge anderer Fertigkeiten.

Bei manchen Fertigkeiten, so beim Autofahren unter normalen Bedingungen, ist der einzelne in der Lage, relevantes Feedback direkt über seine Sinnesorgane zu sichern und somit die Angemessenheit seiner eigenen Reaktionen zu bestimmen. Bei anderen Fertigkeiten, wie z. B. beim Spielen eines Musikinstrumentes, kann der Schüler nicht selbständig beurteilen, ob er richtig gespielt hat. In solchen Fällen ist Feedback aus äußerer Quelle erforderlich.

Bilodeau (1966) faßt die Wirkungen einer Feedbackverzögerung, die im Labor untersucht wurden, zusammen. Bei jeder Fertigkeit mit kontinuierlichen Bewegungen, wie beim Sprechen, Handschreiben und Bedienen eines Gerätes, bei der das Individuum ohne Unterbrechung auf eine sich ständig ändernde Serie von Ereignissen reagiert, unterbricht jede zeitliche Verzögerung der Reaktions-Feedback-Folge das Verhalten. Ähnlich unterbrechend wirkt eine Verzögerung des Endfeedbacks das eher nach einer Serie von Bewegungen als unmittelbar nach jeder Bewegung erfolgt.

13.1.4 Koordinierte Bewegungsmuster

Der Wechsel von einem niedrigen Fertigkeitsniveau zu einer äußerst geschulten Handlung ist begleitet von einem Wechsel von langsamen und ungenauen Bewegungen oder Reaktionen hin zu schnellen und genauen. Außerdem treten bei der geschulten Tätigkeit schnelle und genaue Bewegungen zu den genau richtigen Zeitpunkten auf. Bei einer scheinbar so leichten Aufgabe wie dem deutliche Aufschreiben eines Satzes ist eine Vielzahl von Muskelbewegungen und mentalen Operationen notwendig. Der geübte Schreiber muß sich nicht überlegen, ob Worte groß oder klein geschrieben werden, wie zu interpunktieren ist, wie zu trennen ist oder wie Worte am Anfang oder am Ende geschrieben werden. Während er schreibt führt er schnelle Wechsel in vertikalen, horizontalen und kreisförmigen Bewegungen aus. Für den Beobachter erscheinen sie nur als fortlaufende Serie leichter und korrekter Bewegungen, die zu genau richtigen Zeitpunkten und kontinuierlich ohne Unterbrechungen erfolgen.

Der geübte Maschinenschreiber hat nicht nur Effektor- und

Feedback-Operationen zur schnellen Reproduktion einzelner Worte integriert, sondern er nimmt auch innerhalb einer visuellen Seitenfixierung lange Wortreihen wahr. Eine einzige Fixierung von 5 oder 6 Worten verschafft alle zur Reproduktion der Worte notwendigen Hinweise. So wird auch wenig oder überhaupt keine bewußte Überlegung solchen motorischen Handlungen gezollt wie dem Anschlagen der Buchstabentypen, der Abstandtaste oder der Großschreibungstaste. Für den professionellen Maschinenschreiber, der über ein Tonbandgerät übermitteltes Wortmaterial schreibt, stellen die auf akustischem Wege vermittelten Hinweise und die nachfolgenden Worte und Symbole die kontinuierlichen, gleichbleibenden Hinweise dar, die zur schnellen Produktion einer gleichmäßig getippten Kopie mit möglichst wenig Fehlern notwendig sind.

13.1.5 Stabilität

Crossman (1959) beobachtete im Rahmen einer Versuchsreihe, daß sich die Fertigkeit eines Zigarrendrehers im Laufe mehrerer Jahre erheblich verbesserte. Das bedeutet, daß sich die Fertigkeit unter einer Vielfalt von sich ändernden Bedingungen zunehmend stabilisierte, besser ausgeführt wurde. Stabilität wurde auch bei Leichtathletikwettbewerben und anderen Gruppensportarten beobachtet, die vor einer großen Zuschauermenge abgehalten wurden. Im Fernsehen und auf der Bühne zeigen Schauspieler und Musiker, auch jüngeren Alters, unter potentiell ablenkenden Bedingungen wie grellem Licht, Geräusch und nicht vorauszusehenden Zuschauerverhalten ausgezeichnete Darbietungen. Oftmals bringen sie sogar Spitzenleistungen trotz physischer Schwächen und psychologischer Probleme, die eine ungeübte Person leicht arbeitsunfähig machen würden.

13.1.6 Phasen des Lernens von Fertigkeiten

Fitts (1964, 1965) identifizierte 3 Phasen der Fertigkeitserlernung, die ohne Schwierigkeit auf 5 Charakteristika einer Fachleistung, die eben besprochen wurden, in bezug gesetzt werden können.

(1) Das Erlernen einer Fertigkeit beginnt mit der *kognitiven* Phase, die im allgemeinen von relativ kurzer Dauer ist. Während ihr übt der Schüler nur wenig praktische Tätigkeit aus, es gilt, das Wesen der Fertigkeit zu erfassen. Typisch für diese Anfangsphase ist, ein Modell zu beobachten, die Fertigkeit in bezug zu sich selbst zu setzen und richtig zu reagieren. Die Fertigkeit ist — verglichen mit einer Fachleistung — willkürlicher Kontrolle unterworfen, es werden nur die offensichtlicheren Hinweise differenziert, Feedback ist grundlegender Bestandteil, die Fehlerhäufigkeit

ist groß, Geschwindigkeit und Koordination sind niedrig und die Reaktionen sind nicht stabil.

(2) Während der Zwischen- oder *Aufbau*phase werden die Rezeptor-Effektor-Feedback-Operationen mit zunehmender Praxis zunehmend systematischer, bis die Fertigkeit am Ende automatisch abläuft. Dabei liegt das Schwergewicht weniger auf der kognitiven als auf der motorischen Seite. Spezifischen Handlungen wird weniger Aufmerksamkeit geschenkt, weniger offensichtliche Hinweise werden differenziert, Feedback erfolgt unverzüglich, Geschwindigkeit und Koordination werden besser und die Fertigkeit wird relativ stabil.

(3) Während der *End-* oder *Perfektionsphase* erfolgt über einen längeren Zeitraum kontinuierliche Verbesserung (wie bereits in Kp. 13.3 bemerkt). Größere Verhaltenseinheiten treten an die Stelle von einzelnen oder Zwischeneinheiten der früheren Phasen. Höchst komplexe Fertigkeiten werden jetzt automatisch ausgeführt. Die genaue Kombination motorischer, kognitiver und affektiver Merkmale, die zu dieser Stabilität und fortgesetzten Verbesserung führt ist noch nicht ausreichend erforscht.

13.1 Verbalisieren Sie Ihren Plan, den Sie beim Schreiben Ihres Namens, beim Studium eines Kapitels dieses Buches und beim Parken eines Wagens parallel zum Randstein entwerfen. Welcher der 3 Pläne ist am schwierigsten zu verbalisieren?

13.2 Beschreiben Sie die Wirkungsweise des Feedbacks beim Lesen einer Seite dieses Buches.

13.3 Worin besteht der Zusammenhang zwischen der Koordination von Bewegungen und einem willkürlichen oder unwillkürlichen Plan zur Durchführung dieser Bewegungen?

13.4 Welche der folgenden Fertigkeiten könnten Sie Ihrer Ansicht nach am wenigsten unter einer Vielfalt potentiell störender äußerer Voraussetzungen ausführen und warum: Eine Seite aus diesem Buch abschreiben; eine Prüfung ablegen; ein Imitationsmodell abgeben für kleine Kinder?

13.5 Welche Fertigkeiten haben Sie persönlich bis zur Zwischenphase entwickelt? Welche bis zur Endphase? Haben sich bereits einige davon verschlechtert, wie beispielsweise das Handschreiben?

13.2 Psychomotorische Fähigkeiten

In Kapitel 3 wurde kurz auf den Unterschied zwischen Fähigkeiten und Fertigkeiten hingewiesen. Eine Fähigkeit wurde als Mittler definiert, der sich aus den beachteten Konsequenzen, die sich aus getrennten Leistungen ergeben, herleitet. Wir gaben 5 Definitionsmerkmale für Fähigkeiten an, wovon eine beinhaltet, daß

Fähigkeiten umfassender als Fertigkeiten sind. Die Fertigkeiten, die bei einer so komplexen Aufgabe wie dem Führen eines Flugzeugs erforderlich sind, könnten demnach nach einer kleineren Anzahl grundlegenderer und umfassenderer Fähigkeiten beschrieben werden. Anders ausgedrückt, einige der grundlegenden, zum Flugzeugführen erforderlichen Fähigkeiten könnten auch bei der Bedienung anderer Maschinen, die den Gebrauch von Händen und Füßen erfordern, eine Rolle spielen. Die Unterscheidung zwischen Fähigkeit und Fertigkeit wird das weitere Studium der Fähigkeiten und der Beziehungen zwischen Fähigkeiten und Fertigkeiten klarer werden.

13.2.1 Körperliche Leistungsfähigkeiten

In Kapitel 3 wurde eine Matrix von Fähigkeiten im psychomotorischen Bereich und damit verbundene Lernergebnisse skizziert. Wir besprachen auch die von *Fleishman* (1964) entdeckten physischen Leistungsfähigkeiten, die als Grundlage einer ganzen Serie von körperlichen Leistungstests dienten, denen sich Jungen und Mädchen im Alter von 14 bis 18 Jahren unterzogen. Die 8 Fähigkeiten waren: Statische Körperkraft, dynamische Körperkraft, Rumpfstärke, Streckungsgelenkigkeit, dynamische Gelenkigkeit, Halten des Gleichgewichts, Körperkoordination und Ausdauer. *Fleishman* (1964) betrachtet sie als die Hauptfähigkeiten körperlicher Leistung (Kap. 3). Die meisten neueren körperlichen Fitnessprogramme sind darauf ausgerichtet, diese Fähigkeiten zu stärken, was als weiterer Beweis für ihre Wichtigkeit gewertet werden kann.

13.2.2. Wahrnehmungsmotorische Fähigkeiten

Fleishman (1964) berichtete auch über wahrnehmungsmotorische Fähigkeiten, die er mit seinen Mitarbeitern identifizierte oder zwischen 1954 und 1964 aufstellte. 1954 stellten sie 400 jungen Männern 40 verschiedene Tests. Die Ergebnisse wurden analysiert, um alle vorher identifizierten psychomotorischen Fähigkeiten zu bestätigen. Im Laufe der folgenden Jahre wurden mehr als 150 Nachfolgetests an mehreren tausend Versuchspersonen durchgeführt, um alle Fähigkeiten systematisch zu identifizieren und die besten Tests zu Messung jeder einzelnen festgestellten Fähigkeit zu identifizieren. Neben der Identifizierung 11 wahrnehmungsmotorischer Fähigkeiten, die besprochen werden sollen, resultierten die Forschungsarbeiten in einem wichtigen Resümee: Es gibt keine allgemeine körperliche Leistungsfähigkeit; stattdessen gibt es eine Anzahl bestimmter Einzelfähigkeiten. Diese Folgerung deckt sich mit der Ansicht vieler Psychologen wie *Guilford* (1967), daß es keine allgemeine intellektuelle Fähigkeit gibt.

Die 11 wahrnehmungsmotorischen Fähigkeiten, die durch diese Untersuchungen identifiziert werden konnten, sollen nun kurz beschrieben werden. Es gibt Fähigkeiten von der Art, wie sie beim Bedienen von Maschinen und Behandlung von Gegenständen erforderlich sind. Diese sind relativ unabhängig von körperlichen Leistungsfähigkeiten. Die meisten dieser Fähigkeiten wurden aus der Forschung im Rahmen von Laboraufgaben, die auf Spezialgeräten durchgeführt wurden, hergeleitet. Die bei den Forschungsarbeiten benutzten Geräte stellen eine der umfangreichsten Sammlungen von Meßapparaten dar, die jemals zum Zwecke des systematischen Studiums menschlicher Fähigkeiten entwickelt wurden. Eine vollständigere Beschreibung der Fähigkeiten sowie Zitatstellen weiterführender Studien finden sich bei *Fleishman* (1964).

1. Kontrollgenauigkeit. Diese Fähigkeit findet sich bei all den Aufgaben, die sehr kontrollierte Bewegungen und Einstellungen der Hand- oder Fußmuskulatur erfordern. Sie ist von besonderer Bedeutung bei der Bedienung von Maschinen, die eine genaue, schnell wechselnde Haltung von Händen und Füßen erfordern.

2. Gliedmaßenkoordination. Dies ist die Fähigkeit der Koordination der Bewegungen beider Hände, beider Füße oder von Händen und Füßen zusammen. Sie ist ebenfalls bei der Bedienung von Maschinen erforderlich.

3. Reaktionsorientierung. Die Fähigkeit, korrekte Bewegungen in bezug zum korrekten Stimulus auszuführen, insbesondere unter hohen Geschwindigkeitsbedingungen. Sie beinhaltet im wesentlichen die *Auswahl* der angemessenen, auszuführenden Reaktionen, im Gegensatz zur Kontrollgenauigkeit, die eine gewisse Geübtheit in der Koordination von Bewegungen darstellt.

4. Reaktionszeit. Die Fähigkeit, beim Auftauchen eines Stimulus möglichst schnell zu reagieren. Die Reaktionszeit ist unabhängig von der Art des dargebotenen, seh- oder hörbaren Reizes und der Art der erforderlichen Reaktion. Wenn jedoch entweder die Reizsituation oder die Reaktionssituation komplizierte Möglichkeiten beinhaltet, muß eine weitere Fähigkeit ins Spiel gebracht werden.

5. Geschwindigkeit der Armbewegung. Die Fähigkeit, schnelle, grobe und feine Armbewegungen auszuführen, die nicht unbedingt akkurat sein müssen. Sie ist unabhängig von der Reaktionszeit und wird mit Hilfe von Geräten, die ein wechselndes, schnelles Antippen zweier metallischer Kontaktplatten erfordern, gemessen.

6. Taxierungskontrolle ist die Fähigkeit, kontinuierliche, vorwegnehmende motorische Einstellungen in bezug auf Geschwindigkeits- und Richtungsveränderungen eines sich ständig bewe-

genden Zieles vorzunehmen. Dabei scheint ein Element der Verfolgung oder Voraussicht eine Rolle zu spielen.

7. Manuelle Geschicklichkeit. Diese Fähigkeit betrifft die Ausführung geschickter, gezielter Arm-Hand-Bewegungen bei der schnellen Behandlung relativ großer Gegenstände. Zu den Aufgaben, die eine manuelle Geschicklichkeit erfordern, zählen beispielsweise das Arbeiten mit Werkzeugen, der Zusammenbau größerer Komponenten und Verpackungsarbeiten.

8. Fingergeschicklichkeit. Die Fähigkeit, kleinere Gegenstände mit den Fingern geschickt und kontrolliert zu behandeln. Es zeigte sich, daß die Fingergeschicklichkeit eine bedeutende Fähigkeit bei der Verdrahtung elektrischer Stromkreise, beim Zusammenbau kleinerer Teile zu größeren Einheiten, beim Uhrenbau sowie bei allen anderen Arbeiten ist, die geschickte Fingerbewegungen voraussetzen. Diese Fähigkeit kann, wie alle anderen vorher erläuterten, speziell gemessen werden.

9. Arm-Hand-Beständigkeit. Diese Fähigkeit bezieht sich auf genaue Einstellungsbewegungen von Arm und Hand bei einem Minimum an Kraftaufwand und Geschwindigkeit. Arm-Hand-Beständigkeit erstreckt sich auf Arbeiten, wie z. B. das Einfädeln eines Fadens und die Schießkunst. Zu ihrer Messung werden Bildtafeln verwendet, die exakt angetippt werden müssen.

11. Treffsicherheit. Diese Fähigkeit beinhaltet die Kontrolle über die Bewegungen der Hand bei Plazierung kleiner Punkte auf Kreisen. Sie wird auch als Auge-Hand-Koordination bezeichnet. Die Treffsicherheit wird ebenfalls mit Bildtafeln gemessen.

Mit dem Fortgang der Forschungsarbeiten dürften zusätzlich zu den eben beschriebenen 11 Fähigkeiten noch weitere identifiziert werden. Diese anderen Fähigkeiten glaubt man zum Teil auf die individuell unterschiedliche fachliche Leistung bei vielen schulischen, industriellen und militärischen Aufgaben zurückzuführen. Unterschiede, die nicht vollkommen in den Unterschieden der 11 manuellen Fähigkeiten erfaßt werden. Auf jeden Fall wurden die genauen perzeptiven und manuellen Fähigkeiten, die einer Vielzahl von Arbeiten zugrundeliegen, noch nicht genau eingeordnet. Außerdem besteht immer noch die Tendenz, die von den typischen Merkmalen eines Individuums ausgehenden Erfordernisse *sowohl* in den kognitiven wie auch den psychomotorischen Bereichen zu untersuchen, anstatt getrennt im psychomotorischen Bereich anzusetzen.

Offensichtlich muß noch viel Forschungsarbeit auf diesem Gebiet geleistet werden. Man denke an die Auswirkungen, die die umfangreichen und intensiven Schulungsprogramme auf die Astronauten hatten. Programme, die sich schwerpunktmäßig auf die Kenntnisse und Praktiken vieler Bereiche bezogen. Wenn wir noch bedenken, was von der Astronautik erreicht wurde und uns auch der Grenzen, die unserem Wissen gesetzt sind, bewußt sind, so dürfte in uns doch weiterer Wissensdrang zumindest erklärlich sein. Langsam spüren wir den Anreiz, den eine Laufbahn in Forschung, Entwicklung und Erziehung bietet, eine Karriere, die sich ganz in den Dienst der Identifizierung und großartigen Erweiterung der Fähigkeiten aller Menschen stellt.

13.2.3 Fähigkeitsveränderungen bei verbesserter Leistung

Woodrow (1938) berichtete über die ersten systematischen Untersuchungen in bezug auf praxisbedingte Veränderungen von Fähigkeiten. Er befaßte sich insbesondere mit dem Zusammenhang von verschiedenen Lernhinweisen und allgemeiner intellektueller Fähigkeit. Seine Versuchspersonen bearbeiteten täglich ca. 10 Minuten jeweils eine von 7 Aufgaben, und zwar für einen Zeitraum von 39 Tagen. Aus jeder Aufgabe wurde ein Anfangswert, ein Endwert und ein Zuwachswert gezogen, also insgesamt 21 Aufgabenwertungen. Zusätzlich erhielt man 2 Intelligenztestwerte sowie weitere Testwerte über spezifischere kognitive Fähigkeiten. Die von *Woodrow* angewandten Methoden der Datenanalyse konnten die Fragen bezüglich der mit verbesserter Leistung auftretenden Fähigkeitsveränderungen nicht völlig befriedigend beantworten. *Anderson* (1967) analysierte *Woodrows* Daten mit Hilfe einer geeigneteren faktoranalytischen Methode und gelangte in 2 Punkten zu denselben Hauptfolgerungen wie *Woodrow*. Erstens, die relative Gewichtigkeit oder Bedeutung verschiedener Fähigkeiten änderte sich von der Anfangs- zur Endleistung; zweitens, allgemeine intellektuelle Fähigkeit stand in keiner engen Beziehung zu der Leistungsänderung bei der Mehrzahl der 7 Aufgaben.

Fleishman und *Hempel* (1955) wiesen darauf hin, daß die relative Bedeutung von Fähigkeiten mit der Leistungsveränderung variierte. Der linke Teil von Abbildung 13.1 stellt die Lernkurven von 2 Gruppen bei einer Diskriminations-Reaktions-Zeitaufgabe: die eine Gruppe wies eine gute, die andere eine schwache Wortkenntnis auf. Die Leistungsdifferenz zwischen den beiden Gruppen verminderte sich mit zunehmender Geübtheit in der Aufgabenbearbeitung. Der andere Teil der Abbildung zeigt die Lernkurven zwei weiterer Gruppen bei derselben Aufgabe, von denen die eine bei einem Sehreaktionstest hohe Werte und die andere niedrige Werte erzielte. In diesem Fall vergrößerte sich die Leistungsdifferenz zwischen den beiden Gruppen mit zunehmender Geübtheit in der Aufgabenbearbeitung.

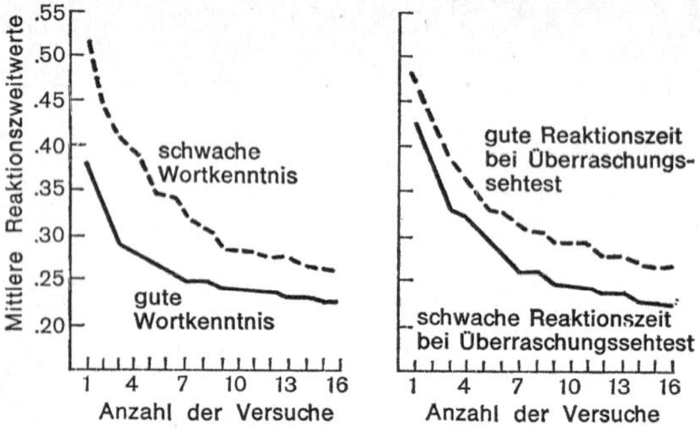

Abb. 13.1 Kurvenvergleich bezüglich des Diskriminations-Reaktionszeiterwerbs bei Gruppen, die nach verschiedenen Fähigkeitstestsvariablen eingestellt waren, während verschiedener Übungsstufen. (Nach *Fleischman & Hempel*, 1955)

Abbildung 13.2 veranschaulicht die Änderung der relativen Gewichtigkeit oder Bedeutung 8 weiterer Fähigkeiten bei einer Verbesserung der Diskriminations-Reaktionszeit. Aufgrund der abgelesenen Daten kann man einschätzen, daß etwa 20 % der Wertabweichungen auf die *Diskriminations-Reaktions*zeit auf Versuch 1, 35 % jedoch auf Versuch 15 zurückzuführen waren; etwa 30 % der Abweichung konnte den zeitlichen *Relationen* beim Anfangstest, jedoch nur 8 % beim letzten Versuch zugeschrieben werden. Änderungen bezüglich des Grads der Beeinflussung der anderen Fähigkeiten dürften ähnlich eingeschätzt werden. *Fleishman* faßt seine Untersuchungen folgendermaßen zusammen:

Diese Untersuchungen, bei denen eine breite Vielfalt praktischer Aufgaben verwendet wurde, zeigen, daß a) sich die besondere Kombination von Fähigkeiten, die Anteil an der Leistung hatten, im Laufe der Praxis verändert, b) diese Veränderung progressiv und systematisch vor sich gehen und sich schließlich stabilisieren, c) sich der Anteil »nonmotorischer« Fähigkeiten (z. B. verbal, räumlich), die beim anfänglichen Lernen eine Rolle spielen können, systematisch mit zunehmender Praxis verringert, und zwar relativ zu den »motorischen« Fähigkeiten, und daß d) auch eine Zunahme des der Aufgabe spezifischen Faktors auftritt. (*Fleishman*, 1967, S. 179)

Diese Informationen deuten bezüglich ihrer Anwendung auf das psychomotorische Lernen in Unterrichtssituationen darauf hin, daß sich eine verläßliche Voraussage der Leistung eines Schülers am Ende eines Schuljahres oder Semesters nicht aus den Leistungen des ersten Monats ableiten läßt. Auch wenn wir die Leistungen beginnender Klavierschüler oder von Anfängern in anderen

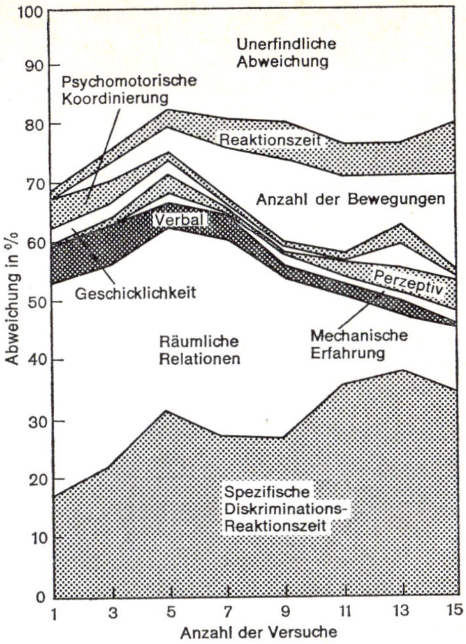

Abb. 13.2 Abweichung in % jedes einzelnen Faktors während verschiedener Übungsstufen bei der Diskriminations-Reaktionszeitaufgabe. (Prozent der Abweichung dargestellt durch den schraffierten Bereich für jeden Faktor.) Nach *Fleischman & Hempel*, 1955)

Fertigkeiten messen und die Faktoren identifizieren, die die Fähigkeiten des Schülers bestimmen, werden wir Nachfolgeuntersuchungen durchführen müssen, um das Ausmaß festzustellen, in welchem sich diese Fähigkeiten mit zunehmender Praxis und verbesserter Leistung verändern. Eine weitere Folgerung ist, daß sich die Qualität einer Fachleistung von einem beginnenden zu einem höheren Niveau hin verändert. Anders ausgedrückt, die Bewegungsfolge wird nicht nur schneller und genauer ausgeführt; vielmehr kommen alle vorher besprochenen Merkmale einer geschulteren Leistung zu einer qualitativ *unterschiedlichen* Fertigkeit zusammen.

13.2.4 Die Entwicklung von Bedingungen, die die Fähigkeiten beeinflussen

Durch die erblich bedingten biologischen und physiologischen Voraussetzungen sind den Fähigkeiten des einzelnen Grenzen gesetzt. Eine konisch unterentwickelte Retina des Auges mindert die visuelle Diskriminationsfähigkeit des einzelnen; die Sensibilität der Sinnesorgane in Muskeln, Gelenken und Muskelgewebe steht in Zusammenhang mit den individuellen Unterschieden bezüglich verschiedener psychomotorischer Fähigkeiten. (*Fleishman*, 1964, S. 10). Größerer und muskulöserer Körperbau steht einfach in Beziehung zu größerer Körperkraft, während verminderte Hör- oder Sehfähigkeit mit geringeren muskulösen Fähigkeiten zusammenhängt. *Fleishman* (1964) zufolge setzen genetische Faktoren zwar die oberen Grenzen fest, aber innerhalb dieser Obergrenzen, die für den einzelnen sehr schwierig abzuschätzen sind, spielen Umweltfaktoren eine bedeutende Rolle.

Die Wirkungen des Unterrichts, z. B. angeleitete Aktivität und Praxis, auf die Entwicklung psychomotorischer Fähigkeiten und Fertigkeiten sind klar herausgearbeitet. In einer Umwelt, in der den Kindern nicht Lesen und Schreiben beigebracht wird, bleiben die Menschen Analphabeten, d. h. sie können weder lesen noch schreiben. Ganze Staaten bleiben sozial und ökonomisch unterentwickelt, wenn den Kindern keine gute Erziehung ermöglicht wird. Die Stadtkerne und ländlichen Gebiete bringen durch die Mißachtung von Umweltfaktoren und Deprivation benachteiligte Kinder hervor.

Die Auswirkungen von Deprivation auf physische Eigenschaften wie Körpergröße konnten eingeschätzt werden (*Bloom*, 1964). Abbildung 13.3 zeigt die körperliche Wachstumsrate bei Jungen unter drei unterschiedlichen Umweltbedingungen. Die von *Tuddenham* und *Snyder* (1954) erstellten Daten beziehen sich auf Kinder mit überdurchschnittlichem sozio-ökonomischem Status, die in Oakland, Californien, aufgewachsen waren. Die Messungen waren zwischen 1920 und 1940 durchgeführt worden. Die Kinder des Forscherteams *Dreizen* (1953) waren in Alabama aufgewachsen; die Messungen, die an der Versuchsgruppe (Gruppe mit mangelnder Ernährung) wie an der Kontrollgruppe vorgenommen wurden, fanden in den Jahren ab 1941 statt. Die beiden in Alabama aufgewachsenen Gruppen von Kindern entstammten identischen ethnischen und geographischen Regionen. Es ergibt sich die zwingende Folgerung, daß mangelhafte Ernährung eine permanente entwicklungshemmende Wirkung hat. Ähnliche negative Effekte auf das Wachstum wurden von *Keys* u. a. (1950) bei Kindern festgestellt, die im Waisenhaus aufgewachsen waren. Während der frühen Lebensjahre, wenn die Entwicklung am schnellsten fortschreitet, sind die negativen Wirkungen einer sozioökonomisch verarmten Umwelt am stärksten (*Bloom*, 1964).

13.6 In der Leibeserziehung wird u. U. der Schwerpunkt zu sehr auf körperliche Übungen gelegt, die die Entwicklung der Bein- und Unter-

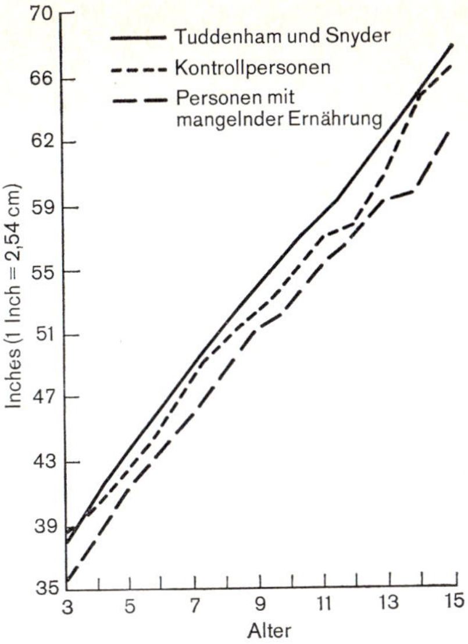

Abb. 13.3 Größenwachstum bei Männern unter unterschiedlichen Umweltbedingungen. (Übernommen aus *Bloom*, 1964, S. 39)

leibsmuskulatur einseitig fördern und die Arm- und Oberkörpermuskulatur vernachlässigen. Wenn dies der Fall ist, welchen Fähigkeiten sollte dann nach Fleishman mehr Aufmerksamkeit im Leibeserziehungsunterricht geschenkt werden? Welche Spiele, Sportarten und Tätigkeiten könnten die Entwicklung dieser Fähigkeiten unterstützen?

13.7 Welche der folgenden Aussagen treffen auf eine Fähigkeit, jedoch nicht auf eine Fertigkeit zu?

a) Sie ist ein Produkt von Reifung und Lernen.
b) Einmal entwickelt bleibt sie im späteren Alter stabil.
c) Sie läßt sich auf eine größere Vielfalt anderer spezifischerer Leistungen übertragen.
d) Sie ist allgemeiner und umfassender.

13.8 In welcher Hinsicht ändern sich Fähigkeiten mit zunehmender Praxis und verbesserter Leistung? Welche Konsequenzen ergeben sich aus diesen, aus früheren Fähigkeitsmessungen hergeleiteten Folgerungen in bezug auf die Voraussage späteren Erfolges?

13.9 Können Sie Ihren Beobachtungen zufolge beurteilen, ob in unseren Innenstädten größere Fehlentwicklungen mehr in den allgemeinen körperlichen Fähigkeiten oder in den komplexeren perzeptiven motorischen Fähigkeiten auftreten?

13.3 Entwicklungstendenzen

Das neugeborene Kind zeigt noch keine entwickelten Fertigkeiten. Diese entwickeln sich erst mit zunehmendem Alter, wenn sich auch seine Körperformen ändern. Veränderungen treten z. B. bezüglich der Körpergröße, des Gewichts, der Proportionen, des Muskelgewebes, der Knochenstruktur und des Zentralnervensystems auf. Mit diesen Veränderungen, die durch das Wachstum und die damit verbundene zunehmende Aktivität auftreten, ändern sich auch die mit diesen Strukturen verbundenen Fähigkeiten. Wie bereits in Kapitel 3 darauf hingewiesen wurde, konnte der altersmäßige Verlauf der psychomotorischen Fähigkeiten nicht systematisch aufgezeichnet werden; es ist jedoch bekannt, daß sich die verschiedenen Fähigkeiten innerhalb desselben Individuums wie auch bei Individuen allgemein unterschiedlich schnell entwikkeln. Im Alter von 21 Jahren und auch schon früher sind die meisten Fähigkeiten ziemlich stabil ausgebildet.

Zum Zwecke der richtigen Einschätzung der Veränderungen, die in den psychomotorischen Leistungen auftreten sowie der Unterschiede bei Kindern etwa gleichen Alters empfehlen wir die Beobachtung von 4 Personengruppen mit großen Altersunterschieden innerhalb derselben Woche bzw. Monats. Suchen Sie die Neugeborenenstation eines großen Krankenhauses auf und beobachten Sie die Verhaltensweisen der Säuglinge. Beobachten Sie Kinder zwischen 6 und 9 Jahren im Gymnasium oder auf dem Sportplatz einer Grundschule. Besuchen Sie in einer Realschule einen fortgeschrittenen Schreibmaschinenunterricht, einen Instrumental- oder Vokalmusikunterricht, eine Kunst- oder Kunstgewerbeklasse oder ein Leichtathletikteam beim Training. Beobachten Sie schließlich einen Facharzt, einen Tänzer, Musiker oder Athleten. Obgleich Sie nur jeweils eine kleine Stichprobe der verschiedenen Altersgruppen sehen werden, die ungeheuren Veränderungen psychomotorischer Leistungen von der Kindheit bis zur Reife werden unmittelbarer vor Augen treten als dies durch das Studium möglich ist. Angesichts dieser Tatsachen sollen hier nur einige wenige altersbedingte Veränderungen der Fähigkeiten und Fertigkeiten beschrieben werden.

13.3.1 Stärke

Die Stärke des Zugriffs der Hand, ein Maß für die statische Stärke, steht in Wechselbeziehung zur Vitalität. Kinder gleichen Alters, die einen stärkeren Zugriff haben, sind in der Lage, ihre Stärke effektiver zu mobilisieren als ihre Altersgenossen mit schwächerem Griff. Dieser Unterschied scheint auch auf geistige Aufgaben überzugreifen: Geistig zurückgebliebene Kinder scheinen nicht in der Lage zu sein, ihre Energien für physische wie für geistige Aufgaben zu mobilisieren, wie dies intelligentere Kinder können (*Klausmeier* u. a., 1959). Die Stärke des Griffs steht in stärkerer Wechselbeziehung zu anderen Anzeichen von Stärke als irgendein anderer Einzelmeßfaktor: sie läßt sich außerdem ohne Schwierigkeit mit einem Handdynamometer messen. Aus diesen Gründen verspricht sie eine vielversprechendere und nützlichere Informationsquelle für den Lehrer zu sein als etwa Messungen von Körpergröße und Gewicht.

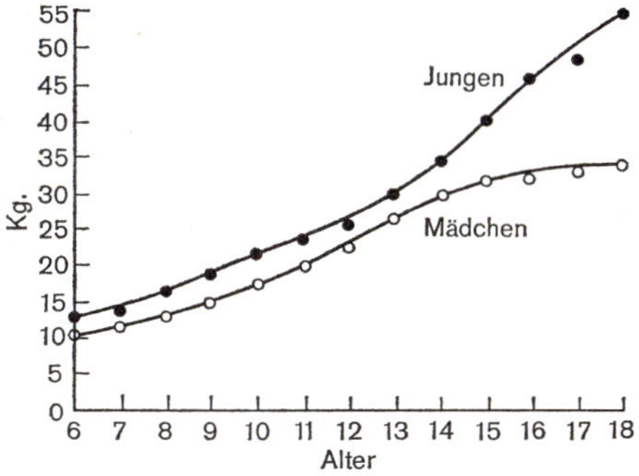

Abb. 13.4 Wachstumskurve der Griffsstärke. (Aus Jones, 1944, S. 103)

Abbildung 13.16 zeigt die Wachstumskurven der Griffsstärke bei Jungen und Mädchen im Alter von 6 bis 18 Jahren. Mit zunehmendem Alter nimmt die Stärke ziemlich kontinuierlich zu, während die Zuwachsrate bei Jungen und Mädchen unter 13 etwa gleich ist. Ab diesem Alter steigt die Kurve bei den Jungen sehr stark an; die der Mädchen nimmt nur langsam und um abnehmende Beträge zu, dennoch ansteigend. Diese Kurven gründen sich auf den Durchschnittswerten einer Vielzahl von Individuen; die Kurve jedes Individuums verläuft jedoch nicht so gleichmäßig, sie wurde also nivelliert. Ebenso verhält es sich mit den anderen in diesem Abschnitt abgebildeten Kurven.

Der Einfluß kultureller Faktoren auf diesen Unterschied zwischen beiden Geschlechtern in einem Alter, nach dem die Stärke nicht mehr zunimmt, ist nicht bekannt. Jungen werden hingegen weitaus häufiger zu körperlich anstrengenderen Tätigkeiten aufgefordert als Mädchen. Außerdem hat Stärke im allgemeinen bei den Jungen einen geltungsfördernden Charakter, während sich viele Mädchen während der Pubertät den Eindruck des Zierlichen und Femininen geben wollen. Bei Mädchen mit außergewöhnlichen sportlichen Leistungen wie im Schwimmen oder in der Gymnastik nimmt die Stärke offensichtlich bis über das Alter von 20 Jahren zu.

13.3.2 Reaktionszeit

Die Reaktionszeit spielt bei vielen Tätigkeiten eine wichtige Rolle. Notsituationen wie die Vollbremsung eines Autos, die Navigation eines Flugzeugs unter bestimmten Bedingungen, das Reagieren auf das Startsignal bei einem sportlichen Wettbewerb erfordern eine schnelle motorische Reaktion. Als weitere Arbeiten, die schnelle Reaktionen auf nachfolgende Stimuli erfordern, sind unter anderem das Spielen eines Musikinstruments, Maschinenschreiben, Tanzen u. ä. zu zählen.

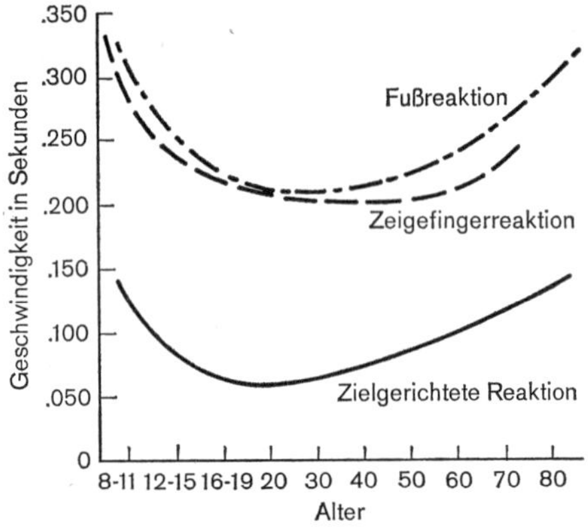

Abb. 13.5 Veränderungen in der Reaktionszeit mit zunehmendem Alter. (Aus Miles, 1931, S. 631)

Abbildung 13.17 zeigt verschiedene Reaktionsmessungen je nach Altersstufe. Alle Reaktionen der Testpersonen wurden durch einen akustischen Reiz hervorgerufen. Die Messungen beziehen sich im einzelnen auf zielgerichtete Reaktion der Hände, digitale Reaktion des Zeigefingers und Fußreaktion. Die Geschwindigkeit der zielgerichteten Bewegungen erhöht sich gleichmäßig bis zum Alter von etwa 18 Jahren und bleibt dann bis zum Alter von 30 Jahren auf einem ziemlich gleichbleibenden Niveau; danach setzt eine Abnahme ein, die im Alter von 70 Jahren sehr stark wird. Obwohl sich die Kurven leicht voneinander unterscheiden, ist das allgemeine Muster einer Zeigefinger- und Fußreaktion ein Anstieg bis zum Alter von 20 Jahren und darüber, eine Tendenz der Abnahme bis zum Alter von 60 Jahren, wonach letztere dann stark zunimmt. Die Abbildung zeigt, daß dieser Anstieg während der Schuljahre die Reaktionszeit erheblich verbessert. In welchem Maße auf den Unterricht und wie einfach auf die Reifung zurückzuführen ist, ist noch nicht erforscht. Sportstrainer und ähnliche Fachleute glauben jedenfalls, daß man die Reaktionszeit verbessern kann, und sie müßten es ja wissen.

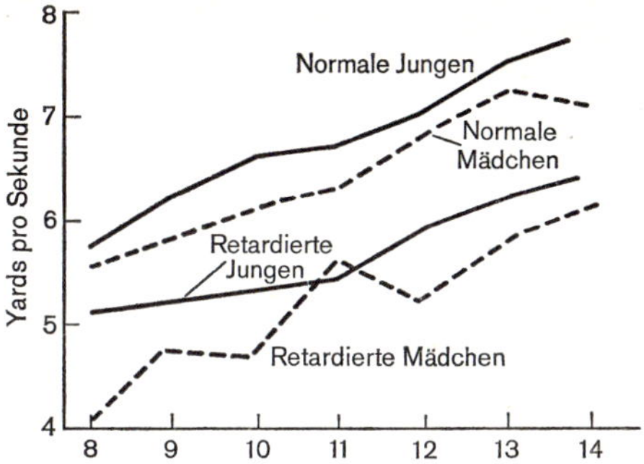

Abb. 13.6 Laufgeschwindigkeiten bei normalen und geistig zurückgebliebenen Kindern. (Nach *Francis & Rarick*, 1959, S. 806. Copyright 1959, American Association of Deficiency. Nachdruck mit Genehmigung der *American Journal of Mental Deficiency.)*

13.3.3 Geschwindigkeit

Abbildung 13.18 zeigt die Laufgeschwindigkeit beim 100-Meter-Lauf von sich normal entwickelnden und geistig retardierten Kindern im Alter von 8 bis 14 Jahren. Die Kurve für normale Jungen weist einen ziemlich kontinuierlichen Anstieg vom 9. bis zum 15. Lebensjahr und darüber auf. Bei normalen Mädchen setzt ein Tempoabfall im Alter von etwa 13 Jahren ein. (Hier ist fast immer ein kultureller Faktor mit im Spiel.) Beachten Sie, daß die geistig zurückgebliebenen Jungen bei allen Altersstufen schwächere Leistungen zeigten als die normalen Mädchen; die Kurve zeigt jedoch ein altersbedingtes Ansteigen bei retardierten Jungen auf und im Alter von 14 Jahren schließen sie die Lücke zwischen sich selbst und normalen Mädchen. Die ungleichmäßige Kurve bei den retardierten Mädchen ist teilweise auf die kleine bei der Untersuchung verwendete Mustergruppe zurückzuführen. Ob die relativ besseren Leistungen von retardierten Mädchen im Alter von 13 bis 14 Jahren fortbestehen, ist noch nicht erforscht.

13.3.4 Balance

Wir wissen, daß kleine Kinder beim Laufenlernen Schwierigkeiten haben, die Balance zu halten. Was geschieht nun mit zunehmendem Alter? Tabelle 13.1 zeigt ein gleichmäßiges Ansteigen der mittleren oder Durchschnittsbalancewerte bei Jungen wie Mädchen im Alter zwischen 4–6 und 11–12 Jahren. Der allmähliche Abfall von diesem Alter an tritt bei den Mädchen etwas deutlicher hervor als bei den Jungen. Bei dieser Untersuchung jedoch erschienen Mädchen mit 13 Jahren und darüber bei der Durchführung der geforderten Aufgaben selbstbewußter als jüngere Mädchen oder alle Jungen. Aus diesem Grunde sind die Ergebnisse der älteren Mädchen fraglich. Es ist jedoch interessant, daß die Mädchen bis zum Alter von 8 Jahren höhere Balancewerte erreichten als die Jungen; danach schnitten die Jungen durchweg besser ab als die Mädchen.

13.3.5 Flexibilität

Streckungsgelenkigkeit ist die Fähigkeit, den gesamten Körper oder Teile davon so weit wie möglich in verschiedene Richtungen zu dehnen oder zu strecken. Dynamische Gelenkigkeit erfordert auch die Fähigkeit des Dehnens und Streckens; das Kriterium ist jedoch nicht das Ausmaß oder die Entfernung der größten Bewegung sondern die schnelle Aufeinanderfolge der Bewegungen. Tests, mit denen Bauch- und Rückendehnung gemessen wurden, dienen als Indikatoren oder Streckungsgelenkigkeit: mit schnelleren Krümmungen und Drehungen werden »Kreiswerte« dynamischer Flexibilität gewonnen. Abbildung 13.19 zeigt die Wachstumskurven der beiden Fähigkeiten bei Jungen und Mädchen (*Fleishman*, 1964).

Diese Kurven sind ein interessantes Phänomen. Die Streckungsgelenkigkeit nimmt bei Jungen zwischen 12 und 15 Jahren rapide zu, wonach sich aber die Zunahmerate zwischen 16. und 19. Lebensjahr verlangsamt. Ein gegenteiliges Pattern ergibt sich bei

Tabelle 13.1 *Gleichgewichtswerte nach Geschlecht und Alter.*

Altersgruppen	n	Werte der Jungen 0	1	2	3	4	5	6	Durchschnitt	Werte der Mädchen 0	1	2	3	4	5	6	Durchschnitt	Gesamtdurchschnitt
13-15	54	3	2	2	8	11	2	7	3.7	1	7	4	5	2	0	0	2.0	3.1
12-13	57	2	1	7	4	12	6	4	3.6	2	6	2	7	3	0	1	2.3	3.1
11-12	52	0	3	4	8	7	6	6	3.8	2	3	3	5	3	2	0	2.5	3.3
10-11	62	3	9	6	5	7	8	3	3.0	2	5	4	6	0	4	0	2.4	2.8
9-10	64	2	8	7	7	5	4	3	2.8	5	4	7	7	4	1	0	2.1	2.5
8- 9	80	7	11	8	9	11	2	2	2.5	7	6	6	5	4	2	0	2.0	2.3
7- 8	61	12	10	9	7	0	4	0	1.6	5	3	3	3	3	2	0	2.1	1.8
6- 7	48	17	11	7	1	0	1	0	0.9	3	2	3	2	1	0	0	1.6	1.1
4- 6	23	10	1	0	0	0	0	0	0.1	9	1	2	0	0	0	0	0.5	0.3

Quelle: Cron & Pronko, 1957, S. 35.

den Mädchen, die eine tatsächliche Zunahme zwischen 14 und 17 Jahren aufweisen. Von ca. 25 Fähigkeiten stellt die dynamische Gelenkigkeit die einzige dar, die dieses abnehmende Muster bei Jungen unter 18 Jahren aufweist. Die Leistungen der Mädchen während der höheren Gymnasialjahre verschlechtern sich jedoch bei einer Reihe von psychomotorischen Fähigkeiten, wahrscheinlich aufgrund mangelnder Übung oder Praxis.

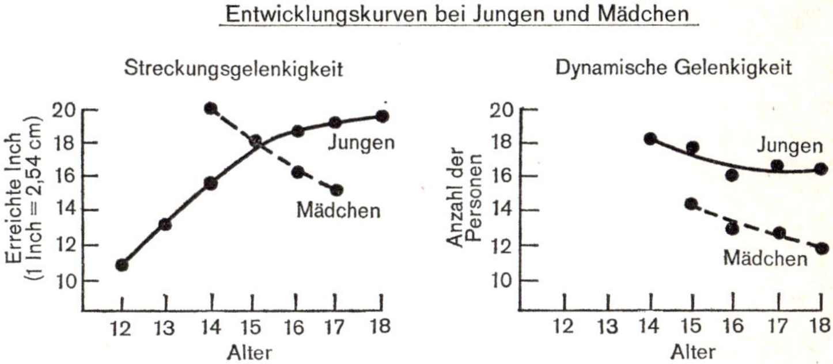

Abb. 13.7 Entwicklungskurven der Streckungsgelenkigkeit und dynamischen Gelenkigkeit bei Jungen und Mädchen. (Nach *Fleishman*, 1964, S. 122, 124. © 1964. Nachdruck mit Genehmigung der Prentice-Hall Inc.)

13.3.6 Schreibfertigkeit

Schreiben ist eine der wenigen Tätigkeiten, die in höchstem Maße von den motorischen Fähigkeiten abhängig ist, in welchen die Kinder formalen Unterricht bekommen. Aus diesem Grunde sollte sie sehr viel sorgfältiger als bisher erforscht werden. *Ames* und *Ilg* (1951) berichteten über Entwicklungstendenzen im Schreibverhalten kleinerer Kinder. Im anschließenden sollen einige genannt werden:

6 Jahre

Der *Kreis* wird jetzt im entgegengesetzten Uhrzeigersinn und von oben nach unten gezeichnet.

Buchstaben werden meist groß und etwas unregelmäßig in Druckform geschrieben.

Manche Kinder dieses Alters schreiben *Worte* in Druckbuchstaben. Auch können Umkehrungen hinsichtlich der Form wie der Reihenfolge der Buchstaben im Satz auftauchen.

Namen werden in großen Druckbuchstaben geschrieben.

Zahlen von 1 bis 20 und darüber werden geschrieben; gelegentlich Umkehrungen der 3, der 7 und der 9.

7 Jahre

Worte: Die Mehrzahl kann jetzt schreiben, obwohl eine Reihe von Schülern noch Druckbuchstaben vorzieht, die jetzt jedoch kleiner und ebenmäßiger sind.

Name: Die Mehrzahl kann jetzt ihre Vor- und Zunamen schreiben, meist jedoch noch in Druckbuchstaben.

Zahlen: Die Mehrzahl kann sie von 1—20 schreiben, wobei die Ziffern aber kleiner und in Reihen geschrieben werden.

8 Jahre

Worte: Die Mehrzahl kann einzelne Worte schreiben, Druckbuchstaben werden nur noch selten verwendet. Wichtige individuelle Unterschiede bezüglich der Schreibfertigkeit lassen sich feststellen. Umkehrungen tauchen nur noch selten auf.

Name: Fast alle können jetzt ihre Namen mit gutem Abstand und Groß- sowie Kleinbuchstaben schreiben. Wichtige Unterschiede im Schreibstil lassen sich jetzt erkennen.

Zahlen: Die Ziffern sind wesentlich kleiner und mit besseren Abständen geschrieben; nur noch wenige Fehler werden gemacht.

9 Jahre

Worte: Die Schrift ist kleiner, hübscher, leichter, ebenmäßiger und geschwungener, obgleich einige immer noch sehr eckig schreiben und etwa ein Drittel immer noch sehr unregelmäßige Buchstaben produziert. Die Buchstaben sind jetzt viel besser proportioniert.

Name: Anfänge individueller Schreibweisen, auch zwischen Mädchen und Jungen. Die Buchstaben sind noch gleichmäßiger und korrekter proportioniert.

Zahlen: Sie sind jetzt klein und gut ausgebildet. (*Ames & Ilg*, 1951, S. 32—34).

Diese Gradienten zeigen ähnlich wie die in diesem Abschnitt abgebildeten Kurven die Entwicklung verschiedener psychomotorischer Fähigkeiten, verdecken jedoch individuelle Unterschiede bei Kindern verschiedener Altersstufen und sagen auch nichts über die Überschneidungen bei den Schülern mit besten und schlechtesten Leistungen auf verschiedenen Altersstufen aus. Aus der Tabelle 13.1 läßt sich beispielsweise entnehmen, daß die Werte zwischen 0 und 6 von allen Jungen zwischen 8 und 15 Jahren erzielt wurden, mit der Ausnahme, daß niemand zwischen 11 und 12 Jahren den Wert 0 erreichte.

13.10 Im allgemeinen weisen Oberschüler, verglichen mit Oberschülerinnen, eine kontinuierlich schnelle Zunahme der Zugriffstärke, der Laufgeschwindigkeit, und eine ebensolche Verbesserung der Gleichgewichtshaltung etwa 3 Jahre länger als die Mädchen auf. Dies ist charakteristisch für die geschlechtlichen Unterschiede bei den körper-

lichen Meßwerten. Welche 2 oder 3 wichtigsten Folgerungen ergeben sich daraus Ihrer Meinung nach aus dieser Geschlechtsabweichung für Erziehungsprogramme, die die volle Entwicklung der psychomotorischen Fähigkeiten bei allen Schülern zum Inhalt haben?

13.11 Tabelle 13.1 zeigt, daß 2 Jungen im Alter zwischen 8 und 9 Jahren und 7 zwischen 13 und 15 den bestmöglichen Gleichgewichtswert erreichten. Ähnlich große Unterschiede finden sich bei Schülern gleichen Geschlechts in allen psychomotorischen Fertigkeiten und Fähigkeiten. Welche sind Ihrer Meinung nach die 2 oder 3 wichtigsten Folgerungen aus den Geschlechterunterschieden für Erziehungsprogramme?

13.12 Manche Kritiker sind der Meinung, daß es eher nachteiliger als nützlich für einen Lehrer ist, die mittlere oder typische Leistung einer Gruppe, wie beispielsweise die Stärke von Jungen und Mädchen im Alter von 13 Jahren, oder die Einzelwerte jedes einzelnen Klassenmitglieds zu kennen. Unter welchen Umständen könnte diese Information sich als schädlich für den Schüler erweisen und unter welchen als nützlich?

13.4 Prinzipien der Verbesserung von Fertigkeiten

Das Erlernen einer Fertigkeit besteht zum größten Teil aus dem Erlernen neuer Reaktionen oder Bewegungen. Darin ähnelt das Lernen motorischer Fertigkeiten sehr dem Lernen einer Sprache. Beide erfordern zunächst ziemlich spezifische Reaktionen, die der einzelne vorher noch nicht ausgeführt hat und die anschließende Zusammenstellung dieser getrennten Reaktionen zu bestimmten größeren einer Einheit. Worte werden zu Phrasen und Sätzen und Schritte zu Gehen und Laufen. Praxis mit Feedback ist wesentliche Voraussetzung für das Lernen einer Sprache und von Fertigkeiten aller Art.

Die Schüler können in allen Schulstufen lernen, motorische Reaktionen auszuführen, die sie vorher noch nicht gezeigt hatten. Die hier angegebenen Prinzipien sind so aufgestellt, daß sie dem Schüler beim Lernen von Fertigkeiten nützlich sein können: die parallel dazu angegebenen Unterrichtsanweisungen beschreiben die äußeren Voraussetzungen, die das Lernen von Fertigkeiten erleichtern. Ehe Sie sich diesen Prinzipien und Anweisungen zuwenden, sollten Sie sich die Folge zielgerichteten Lernens in Kapitel 3 nochmals vor Augen führen. Sie werden dabei eine große Übereinstimmung zwischen den hier angegebenen Prinzipien und dieser Sequenz feststellen. Die Prinzipien zur Verbesserung des Fertigkeitslernens erwiesen sich als am wirksamsten, wenn sich der Schüler ein realistisches Zielniveau setzt, das er in bezug auf eine bestimmte Fertigkeit erreichen will und dann versucht, dieses zu erreichen. Wir wollen die Anweisungen jetzt ausführlich besprechen:

PRINZIP	UNTERRICHTSANWEISUNG
1. Die Beachtung der typischen Merkmale einer Fertigkeit und die Bestimmung der eigenen darauf bezogenen Fähigkeiten erleichtert das Fertigkeitslernen.	1. Analysieren Sie die Fertigkeit aufgrund von Fähigkeiten und der Entwicklungsstufe des Schülers.
2. Das Beobachten und Imitieren eines Modells erleichtert das anfängliche Lernen geschickter Bewegungen.	2. Demonstrieren Sie die korrekte Reaktion.
3. Die Verbalisation einer Instruktionsreihe oder eines Plans zur Ausführung einer Tätigkeitsfolge fördert die frühe Phase des Fertigkeitslernens.	3. Lenken Sie die anfänglichen Reaktionen verbal und physisch.
4. Die Einübung unter wünschenswerten Voraussetzungen erleichtert das Lernen von Fertigkeiten durch die Ausschaltung von Fehlern und die Stärkung und Verfeinerung der richtigen Reaktionen und Formen.	4. Sorgen Sie für angemessenes Üben.
5. Die Sicherung von Feedback erleichtert das Fertigkeitslernen dadurch, daß Kenntnis über die Ergebnisse ermöglicht werden.	5. Sorgen Sie für Informationsfeedback und verbessern Sie inadäquate Reaktionen.
6. Die Bewertung der eigenen Leistungen ermöglicht die fortgesetzte Verbesserung von Fertigkeiten.	6. Fördern Sie selbständige Evaluation.

13.4.1 Analysieren Sie die Fertigkeit nach Fähigkeiten und Entwicklungsstufe des Schülers

Jede Lehrtätigkeit erfordert Kenntnisse über zu lernende Fertigkeiten, über Fähigkeiten des Schülers und Unterrichtsprinzipien. Gleichzeitig erfordert sie ständiges Feedback und Korrektur. Die Lehrer können nicht alle für die verschiedenen, in der Schule gelehrten Fertigkeiten erforderlichen Fähigkeiten messen, einfach weil niemand das notwendige Wissen über Fähigkeiten besitzt.

So viel ist jedoch bekannt, daß grobe Verletzungen dieser Anweisungen ausgeschaltet werden können, wie aus den folgenden Diskussionen über die Handschrift bei links- und rechtshändigen Kindern und den Gesang von Jungen, dessen Stimmen sich verändern, deutlich wird.

Handschrift

Inwiefern unterscheidet sich die Handschrift rechtshändiger von der linkshändiger Kinder? Meistens werden im Unterricht die Stühle oder Pulte so angeordnet, daß das Licht von links einfällt, was ideal für die Rechtshänder, jedoch nicht für die Linkshänder ist. Aufgrund der »links-nach-rechts Schreibrichtung« verdeckt das linkshändige Kind ständig das eben Geschriebene, während dem Rechtshänder dies sofort sichtbar wird. Gedruckte Handschriftmodelle sind für Rechtshänder bestimmt. Der Abstrich ist nach rechts geneigt, was nur für Rechtshänder zutrifft, da bei linkshändigen Kindern der Abstrich meist gerade nach unten gezogen ist oder nach links geneigt ist, damit sie vor dem Abdecken durch die nachziehende Hand das Geschriebene verdeckt. Nehmen wir also an, ein Lehrer hat ein linkshändiges Kind in seiner Klasse. Welche Art von Fertigkeitsanalyse sollte nun bezüglich der Schreibfähigkeit des Linkshänders vor dem Unterricht durchgeführt werden? Ohne sorgfältige Analyse ist es möglich, daß der Lehrer darauf besteht, daß die Linkshänder genau denselben Abstrich und Buchstabenabstand einhalten wie die Rechtshänder und nichts zur Verbesserung ihrer Sitz- und Lichtverhältnisse unternehmen.

Gesang bei heranwachsenden Jungen

Eine kürzlich erstellte Übersicht über die Teilnahme von Oberschülern und Oberschülerinnen in Chorgruppen ergab ein Verhältnis von ungefähr 4 Mädchen auf einen Jungen. (*Swanson*, 1959). Ein Hauptgrund für dieses Mißverhältnis liegt in der Tatsache, daß die Musiklehrer den Sinn der Gesangsarbeit für Jungen, die eben die Phase des Stimmbruchs durchmachen, nicht genügend erkennen. Die Musiklehrer der Unterstufe des Gymnasiums geben im allgemeinen den Grundton beim Singen zu hoch an, wählen Lieder aus, deren Tonumfang zu groß für heranwachsende Jungen ist und an deren Thematik Jungen dieses Alters kein Interesse haben. *Swanson*, ein erfolgreicher Musiklehrer, der mit seiner Chorgruppe der Oberschule auch öffentliche Auftritte hat, vertritt die Ansicht, daß eine Einschätzung des physischen Entwicklungsniveaus die Identifizierung der Stimmbruchphase erleichtert. Nach Einschätzung der physischen Entwicklungsstufe der Jungen, bildete er neue Gruppen für den Gesangsunterricht. Als er für die Jungen angemessene Stimmübungen zusammenstellte, interessante Lieder auswählte, viele Melodien neu arrangierte und sie weiterhin in Gruppen unterrichtete, die die Stimmveränderung berücksichtigten, so zeigten sie ebenso viel Freude am Musikunterricht und an den Chorveranstaltungen wie die Mädchen.

Wir wissen nicht, in welchem Maße direkter Schaden der Stimme zugefügt wird, weil die Lehrer die Singfähigkeit der Jungen der 5.–9. Klassen nicht verstehen. Der Musiklehrer, der darauf besteht, daß Jungen dieselben Lieder wie Mädchen behandeln, bedient sich weder genauer Informationen noch vorhandenen Feedbacks, was die Situation verbessern könnte.

13.4.2 Demonstrieren Sie die richtige Reaktion

Wie in Kapitel 3 bereits darauf hingewiesen wurde, haben *Bandura* und *Walters* (1963) aufgezeigt, daß neue Reaktionen durch Observation und Imitation eines Modells gelernt werden können. Wenn eine Demonstration effektiv sein soll, so muß der Lehrer selbstverständlich in der Lage sein, die vollständige Fertigkeit und ihre Komponenten gut auszuführen. Andererseits ist es nicht unbedingt notwendig, daß der Schüler sich genau an die Demonstration hält, selbst wenn er dazu in der Lage ist. Wie schon bemerkt wurde, kann das linkshändige Kind beispielsweise dem rechtshändigen Lehrer nicht exakt folgen. Bei Demonstrationen körperlicher Bewegungen sollte der Lehrer also nicht erwarten, daß jeder Schüler die Demonstration genau duplizieren wird; vielmehr sollte davon ausgegangen werden, daß sich jeder Schüler entsprechend seinen eigenen Merkmalen soweit als notwendig anpaßt. Der Lehrer muß natürlich nicht immer selbst das Modell darstellen. Zusätzlich dazu oder anstelle dessen können Modelle in Druckform, Tonfilmen, Video-Bändern, Bandaufnahmen u. ä. angeboten werden. Oft eignen sich auch andere Kinder gut als Modelle.

In manchen Fällen ist es angebracht, den Schülern gegenüber klar zum Ausdruck zu bringen, daß es sich bei dem dargebotenen Modell um ein *Beispiel* und nicht um ein Endergebnis handelt. Lehrer für kreativen Tanz und Lehrer für kreatives Schreiben demonstrieren ihren Schülern, was sie unter Kreativität verstehen. Eine derartige Demonstration verdeutlicht den Schülern einfach, was Kreativität oder angemessener Ausdruck dem Demonstrator bedeutet. Beim künstlerischen Unterricht kann durch Demonstration bestimmter technischer Fertigkeiten den Schülern dabei geholfen werden, diese Fertigkeiten zu erlernen. Wenn der Schüler jedoch sein eigenes Kunstwerk entwickeln soll, sollte der Lehrer nicht versuchen, dieses Endprodukt zu demonstrieren. Anders ausgedrückt, der Lehrer sollte den Schülern beim Erlernen technischer Fertigkeiten soweit als notwendig helfen, Ideen, Komposition und Farbwahl den Schülern überlassen.

13.4.3 Lenken Sie die anfänglichen Reaktionen verbal und physisch

Verbal dargebotene Informationen können ebenso wie bei einer wirklichkeitsnahen Demonstration zur näheren Beschreibung der erwünschten Endleistung nützlich sein, wie in der vorangegangenen Demonstration bereits angedeutet wurde. An früherer Stelle wiesen wir darauf hin, daß *Miller* u. a. (1960) aufgezeigt haben, wie verbale Instruktionen erfolgreich bei der Planung einer Strategie oder Vorgehensmethode zur Entwicklung einer Fertigkeit verwendet werden können. *Parker* und *Fleishman* (1961) fanden heraus, daß durch die Übermittlung von Informationen, über die an einer Arbeitsausführung beteiligten Fähigkeiten als auch über die Beziehung zwischen spezifischen Komponenten und der gesamten Arbeit an Schüler die Leistungen verbessert werden konnten. Diese Arten nützlicher verbaler Anleitung werden frühzeitig und vor der eigentlichen Praxis im Laufe des Unterrichts gegeben.

In einem interessanten Experiment zeigte *Davis* (1945) den Wert der Unterweisung von Schülern im Bogenschießen auf. Sie unterteilte ihre Schüler — durchweg Frauen — in zwei Gruppen auf: (1) Der Versuchsgruppe, genannt *Tutorengruppe,* wurde während der gesamten Kursdauer Unterricht im Bogenschießen gegeben. Dabei erklärte der Versuchsleiter den Frauen, was er zum Verständnis der Fertigkeit und des Fortschritts darin für notwendig erachtete. (2) Der ebenfalls nur aus Frauen bestehenden *Kontrollgruppe* wurden nur die notwendige Ausrüstung und Sicherheitsvorschriften gegeben; damit sollte sie allein versuchen, voranzukommen. Jede Gruppe traf sich für eine Dauer von 3 Monaten zu insgesamt 18 Kurssitzungen. Bereits am Anfang des Semesters tauchten Unterschiede zugunsten der Tutorengruppe auf und vergrößerten sich dann mit zunehmender Praxis. Am Ende des Semesters war diese Gruppe dann definitiv besser als die andere. Die Mitglieder der Kontrollgruppe neigten dazu, wenig effiziente Methoden zu erlernen, und gaben diese Methoden dann auch nicht während der nachfolgenden Kursdauer auf, obwohl sie nur geringen Fortschritt erzielten.

Davis schloß daraus, daß der Lehrer durch verbale Anleitung dem Schüler hilft, sein Lernverhalten in zumindest 3 Arten zu variieren und zu verbessern: (1) Durch Lenkung der Aufmerksamkeit des Schülers auf angemessenere Techniken als die von ihm erlernten und angewendeten; (2) durch Förderung des Verständnisses des Schülers für die an seinem Erfolg beteiligten Faktoren; (3) durch Vermittlung eines Gefühls der Sicherheit und des Vertrauens, indem eine vertraute Verhaltensweise zu Gunsten einer besseren aufgegeben wird. Auch physische Führung der Handlungen der Schüler erwies sich in einigen Fällen als erfolgreich, wo außergewöhnliche Schwierigkeiten bei der ursprünglichen Ausführung der richtigen Reaktionen vorlag.

Auch sind verbale Instruktionen zur geistigen Einübung einer Fertigkeit wirkungsvoll, wie *Waterland* (1956) aufzeigen konnte, als er seinen Schülern Unterricht im Ballwerfen gab. Beim alten System wurden bestimmte verbale und manuelle Anweisungen gegeben. In diesem Experiment wurden jedoch den folgenden 3 Schülergruppen Anweisungen zur geistigen Übung der Aufgabe gegeben: (1) Die ersten Anweisungen bestanden aus einer Art geistiger Übung, die nur in Verbindung mit dem Pendeln des Armes ausgeführt wurde. Vor jedem Versuch wurden die Schüler angewiesen, über Dinge nachzudenken wie »Passen Sie den Arm dem Gewicht des Balls an; leisten Sie dem Gewicht des Balls während dem Rückwärtspendeln Widerstand, indem Sie sich am Knöchelgelenk nach vorne beugen; ziehen Sie den Arm in der gewünschten Flugrichtung des Balles nach.« Diese Art geistiger Übung erbrachte nicht das gewünschte lockere, gleichmäßige Bewegungsmuster. (2) Bei der nächsten Gruppe wurden die Instruktionen erweitert, indem man die vorangegangene mit folgenden Worten einleitete: »Stellen Sie sich vor oder konzentrieren Sie sich auf ein kontinuierliches Bewegungsmuster.« (3) Der dritten Gruppe wurden dieselben Anweisungen zur geistigen Übung gegeben. Zusätzlich dazu wurden jedoch die Wurfkegel während der zweiten Instruktionswoche an das Ende der Gasse plaziert (bei den ersten beiden Gruppen wurde dies nicht getan). Die Plazierung der Kegel in der richtigen Stellung schien den bedeutenden psychologischen Effekt mit sich zu bringen, die Übung zielbewußt weiterverfolgen zu können. Obwohl von den dritten und vierten Gruppen keine Zeit mehr auf die Übung verwendet wurde, erhöhte sich bei beiden Gruppen die Wurfeffiziösität um etwa ein Drittel gegenüber der Gruppe, die nach der ursprünglichen Methode unterrichtet worden war.

13.4.4 Sorgen Sie für angemessenes Üben

Üben ist natürlich wesentliche Voraussetzung für die Verbesserung von Fertigkeiten. Das Üben muß jedoch unter wünschenswerten Bedingungen durchgeführt werden. Die bedeutenderen Bedingungen im Zusammenhang mit effektiver Praxis sind ganzheitliche Anordnungen, das Milieu, unter welchem geübt wird sowie die Dauer und zeitliche Aufeinanderfolge der Übungssitzungen. Feedback ist dabei auch von Wichtigkeit, soll jedoch im nachfolgenden als getrennte Anweisung besprochen werden.

1. Ganzheitliche Anordnungen. Als nützlicher Ansatzpunkt für die Betrachtungen der ganzheitlichen Dimension von Fertigkeiten bietet sich der Aufbau der Fertigkeit als solche an. Manche Fertigkeiten sind eng zusammengefügt, andere nur lose aufgebaut. Tauchen beispielsweise ist eine eng zusammengefügte Fertigkeit, die als ganzes ausgeübt wird. Fußball und Basketball sind lose aufgebaute Fertigkeiten, Zusammenballungen von Teilfertigkeiten. Jede Teilfertigkeit muß intensiv geübt werden. Die im Anschluß besprochenen 3 Beispiele stellen die besten Verfahrensweisen für frühe Praxis dar.

(1) Beim Jonglieren von 3 Bällen wurden die besten Erfolge erzielt, wenn die Übung als ganze Tätigkeit ausgeführt wurde, also alle drei Bälle zusammen jongliert wurden und nicht erst einer, dann zwei und schließlich drei Bälle (*Knapp & Dixon*, 1952). Durch die Übung als Ganztätigkeit verringerte sich die Zeit zum Erreichen des Zieles bei 100 aufeinanderfolgenden Fangübungen um etwa 20 %.

(2) Beim Gewehrschießen führte die Übung auf die gesamte Folge von 7 untergeordneten Aufgaben zu besseren Erfolgen als die Übung, die erst die Ausführung der ersten untergeordneten Aufgabe, dann die der 1. und 2., dann die der 1., 2. und 3. und so fort, vorsah. Es ist interessant, daß, obwohl durch die Ganzheitsmethode bei Übungsteilnehmern mit IQ's von 100 und darüber weit bessere Ergebnisse erzielt wurden, sich bei Übungsteilnehmern mit IQ's von 99 und darunter nur geringe Unterschiede zwischen den beiden Methoden zeigten.

(3) Die Ergebnisse aus Experimenten, die zwischen 1890 und 1952 durchgeführt wurden und das Erlernen des internationalen Morsecodes zum Inhalt hatten sind eindeutig (*Woodworth & Schlosberg*, 1954). Von den verschiedenen Grundzügen der Lehrmethoden scheinen 4 für die gegenwärtige Diskussion der Fertigkeitserlernung passend zu sein: Die Ganzheitslehrmethode, die sofortige Stärkung der richtigen Reaktion, eine geschwindigkeitsgenormte Darbietung von Signalen und die Übungsverteilung. Bei der Ganzheitsmethode wurden sämtliche 36 Codesymbole (26 Buchstaben und 10 Ziffern) während der ersten Übungssitzung eingeführt. Diese Methode unterschied sich stark von den vorangegangenen, bei denen die frühe Instruktion der ausführlichen Einübung getrennter Symbole gewidmet war, ähnlich wie bei der progressiven Teil-Methode, die beim Gewehrschießen angewendet wurde). Die Hinzuziehung der besten Informationen über das Fertigkeitslernen führte in diesem Falle zu folgenden überraschenden Ergebnissen:

Die Schüler verbrachten 8 Wochen in der Code-Schulung. Normalerweise übten sie während der ersten 5 Wochen 7 Stunden pro Tag und widmeten die verbleibenden 3 Wochen anderen Lerngegenständen. Keller vertrat die Meinung, eine derart massierte Übung sei verschwenderisch und versuchte, den Codeunterricht über die gesamten 8 Wochen zu verteilen, wobei täglich 4 Stunden mt der Codierung und die übrige Zeit mit anderen Themen verbracht wurde. Es stellte sich heraus, daß die 4-Stunden-Gruppe nach 5 Wochen so gut wie die herkömmliche 7-Stunden-Gruppe war, trotz der kürzeren Übungszeiten. Natürlich verblieben ihnen noch 3 weitere Übungswochen, da sie ja die anderen Themen gleichzeitig mit der Codierung behandelt hatten; am Ende waren sie erheblich besser als die Gruppe mit massierter Übung. (*Woodworth & Schlosberg*, 1954, S. 812)

Die Einübung der letzten beiden Fertigkeiten, die aus komplexen Teilfertigkeiten bestanden, konnte also im Rahmen einzelner Übungssitzungen stattfinden. Komplexe Fertigkeiten dieser Art lassen sich besser erlernen, wenn jede einzelne Übungssitzung teilweise oder ganz auf die Einübung der Gesamtfertigkeit oder die gesamte Fertigkeitsfolge ausgerichtet ist. Dies bedeutet jedoch nicht, daß überaus geschickte Schüler die Zeit für die Einübung der Teilfertigkeiten ausnützen. Falls ein Teilgebiet schlecht ausgeführt wird und die Gesamtleistung negativ beeinflußt, so befaßt man sich intensiv mit dieser Teilfertigkeit zum Zwecke einer besseren Beherrschung.

2. *Der Übungskontext.* Je mehr sich die Übungsbedingungen mit den Bedingungen, unter welchen die Fertigkeit tatsächlich angewandt werden wird, decken, desto wirksamer erweisen sich die Übungen. Diese Tatsache, bezogen auf die Diskussion über das Erlernen des Morsecodes, soll nun für das Maschinenschreiben erläutert werden. Zum Zwecke einer konsequenten Darstellung sollen auch andere Prinzipien für den Maschinenschreibunterricht vorgestellt werden.

West (1969) gelangte in seiner Zusammenfassung der während des letzten Jahrzehnts durchgeführten Forschungsarbeiten über den Maschinenschreibunterricht und andere bürotechnische Fächer zu bestimmten eindeutigen Folgerungen über die Art des Übungsmaterials, das Lernen einer normalen Anschlagfertigkeit beim Maschinenschreiben und die Anwendung der Anschlagfertigkeit auf die tatsächliche Schreibtätigkeit während der Arbeit. In bezug auf das Übungsmaterial für das Tastenlernen beim Anfangsunterricht eignete sich einfache Prosa, die dem Schüler verständlich war, besser als Nonsense-Aneinanderreihungen (»jum«, »frv«, etc.). In späteren Stadien führt einfache Deutsche Prosa zu besseren Ergebnissen als ausgewählte, bekannte Wörter oder eigens zusammengestelltes Übungsmaterial. Je wirklichkeitsgetreuer also das Übungsmaterial das tägliche Schreibpensum wiederspiegelt, desto besser sind die Ergebnisse.

Die Betonung des Tempos resultiert in größerem Können als die Betonung der Schreibgenauigkeit. Das Verhältnis von Geschwindigkeit in Worten pro Minute und Fehlerzahl betrug nur 0,14 bei einer Gruppe von Schülern, die Schreibgeschwindigkeiten zwischen 9 und 108 Worten pro Minute aufwies. Anders ausgedrückt, schnelle Schreiber machen nicht mehr Fehler als langsame. *West* (1969) empfahl, für den größten Teil der Übungszeit das Schwergewicht auf das Tempo zu legen; wenn jedoch eine gute Gesamtleistung mit weniger Fehlern angestrebt wird, so sollte die Betonung des Tempos während der kürzeren Übungssitzungen vermindert werden. Auch sollte Fehlern keine allzu große Bedeutung bei der Beurteilung der durchschnittlichen Schreibfertigkeit beigemessen werden.

West stellte auch fest, daß durch die folgenden traditionellen Verfahrensweisen, die von ihm gründlich erforscht worden waren, *keine* größere Genauigkeit erreicht wurde: Wiederholen falsch getippter Worte, Gebrauch speziellen, auf bestimmte Fehler zugeschnittenen Übungsmaterials, der Versuch, eine fehlerlose Abschrift zu liefern, rhythmische Übungen sowie das Schreiben mit Musik. Genauigkeit scheint in erster Linie von der *für den einzelnen passenden* Anschlaggeschwindigkeit abhängig zu sein. Für die Entwicklung der Schreibgenauigkeit empfehlen sich also kurze Übungssitzungen mit einem Schreibtempo, das ein weng unter dem für das Individuum Normalen liegt.

West hält Maschinenschreiben für nicht übermäßig ermüdend. Als Schreibschüler mit Tempi zwischen 9 und 108 Worten pro Minute für eine Dauer von 30 Minuten kontinuierlich tippten, stellte sich lediglich eine leichte Zunahme der Fehlerquote (während der 26. und 30. Minute 4 mehr Fehler als zwischen der 1. und 5.), jedoch keine Abnahme des Tempos ein. Aus diesem Grunde sollte von dem traditionellen »Schneckentempo-Muster« mit 5-minütiger intensiver Übung und anschließender Ruhepause für immer abgegangen werden. *West* wies auch darauf hin, daß wiederholtes Einüben desselben Materials gegenüber der nicht-wiederholenden Praxis bei einem umfangreicheren, breiter gefächerten Material keinen Vorteil biete. Dagegen können durch selbstbestimmte Übungstempi, bei denen sich die nachfolgenden Ziele nur wenig über den letzten Leistungsniveaus ansetzt, ausgezeichnete Erfolge erzielt werden.

Schließlich ist *West* (1967) zufolge beim Erlernen einer normalen Anschlaggeschicklichkeit die ausschließliche Betonung der Tastenberührung, die es dem Schüler nicht erlaubt, die Stellung seiner Finger oder Hände oder des zu beschreibenden Blattes zu beobachten, falsch. Unter einer Schreibgeschwindigkeit von 30 Worten pro Minute erwiesen sich kinästhetische und Muskelempfindungen als unerläßlich. Die freie Einsichtnahme des Tastenfeldes und des Schriftstückes während der ersten Unterrichtswochen gibt dem Schüler visuelle Hinweise zur Durchführung der korrekten Reaktionen, zur Stärkung korrekter Reaktionen und zur Identifikation unrichtiger Reaktionen.

Aus den wichtigsten Schlußfolgerungen zahlreicher Untersuchungen ergibt sich für das professionelle Maschinenschreiben im Büro, daß sich direktes Einüben auf tatsächliche oder simulierte Arbeitsaufgaben (Schreibarbeiten, die später tatsächlich ausgeführt werden müssen) überaus bezahlt macht. *Crawford* (1956) berichtete aus einer Forschungsstudie, daß ein ausschließlich auf professionelles Schreiben ausgerichteter Unterricht im dritten Semester eines Schuljahres zu wesentlich besseren Leistungen führte als ein auf saubere Kopien abzielender Unterricht. *West* faßte die überaus zahlreichen Forschungsarbeiten über die Vorbereitung auf professionelles Schreiben folgendermaßen zusammen:

> Diese verschiedenen experimentellen wie vergleichenden Beweisketten zeigen in überwältigender Weise die Nachteile der traditionellen Betonung einer normalen Maschinenschreibfertigkeit und der Tippfehler beim Schreiben einer sauberen Kopie, sowie die Vorzüge einer frühen und späteren kontinuierlichen Betonung des »Problem«- oder Arbeitsschreibens realistischeren Aufgaben unter realistischen Bedingungen. (*West*, 1969, S. 109)

Obwohl sich diese Diskussion des Übungskontexts ausschließlich auf den Maschinenschreibunterricht bezog, scheint es wahrscheinlich, daß die Ergebnisse dieser Untersuchungen stark verallgemeinert auch auf andere Bereiche übertragen werden können. Beispielsweise setzt sich immer stärker die Meinung durch, daß ein wesentlicher Bestandteil der Ausbildungsprogramme für Lehrer darin besteht, Möglichkeiten der praktischen Lehrtätigkeit zur Unterrichtung von Fertigkeiten in realen oder zumindest simulierten Unterrichtskontexten zu schaffen.

3. Dauer und Aufeinanderfolge der Übungssitzungen. Die überraschenden Ergebnisse beim Erlernen des Morsecodes, die zum Teil durch gestreute Praxis erreicht wurden, wurden bereits besprochen. *West* (1969) zeigte auf, daß durch kontinuierliches Üben für die Dauer von 30 Minuten gute Erfolge erzielt werden können. Ähnlich bezeichnende Ergebnisse einer gestreuten Praxis erhielt man auch bei anderen Fertigkeiten. Jonglieren konnte beispielsweise wirksamer gelernt werden, wenn es täglich 5 Minuten geübt wurde anstatt jeden zweiten Tag 15 Minuten (*Knapp & Dixon*, 1950). In der Tat war die gestreute Praxis doppelt so wirksam. Ähnliche Ergebnisse erhielt man bei perzeptiv-motorischen Aufgaben, die ein hohes Tempo erforderten (*Mackworth*, 1964) sowie bei einfachen Fertigkeiten (*Ammons*, 1950; *Duncan*, 1951).

Es könnten noch zahlreiche weitere Studien zitiert werden, die aufzeigen, daß einer höheren Leistung die richtige Länge und zeitliche Aufeinanderfolge der Übungszeiten zugrundeliegt. Sowohl richtige Länge wie angemessene Pausenintervalle zwischen den aktiven Übungssitzungen sind abhängig von der Art der Fertigkeit und den charakteristischen Merkmalen des Schülers. Die Folgerung daraus ist klar: Gestreute Praxis führt zu hervorragenden Ergebnissen, wenn die Dauer der Übungssitzungen lange genug bemessen ist, daß sich Verbesserungen einstellen können, und wenn die Zeit zwischen den Sitzungen lange genug ist, daß Müdigkeit überwunden werden kann und kein Vergessen eintritt. Der wichtigste Faktor beim Wiedererreichen einer Fertigkeit von einer Sitzung zur nächsten nach einer angemessenen Zeitdauer ist das während früherer Versuche erreichte Geschicklichkeitsniveau (*Fleishman & Parker*, 1962).

13.4.5 Sorgen Sie für Informationsfeedback und verbessern Sie inadäquate Reaktionen

Die Kenntnis der Wirkungen ist eine der stärksten Variablen bei der Erlernung von Fertigkeiten. Ohne Kenntnis der Wirkungen findet keine Verbesserung statt; nach deren Zurückweisung wird eine Verschlechterung eintreten (*Bilodeau & Bilodeau,* 1961). Selbstverständlich ist Feedback in Form einer Information erforderlich, die den Schüler in Kenntnis über die Wirkungen setzt. Bei vielen Fertigkeiten kann der Schüler natürlich selbst die Wirkungen seiner Handlungen beobachten. Bei anderen ist ihm das nicht möglich, und hier sollte der Lehrer Informationen geben.

Fortschritt läßt sich bei vielen Fertigkeiten ohne Schwierigkeit messen; des weiteren stehen dem Lehrer zahlreiche Möglichkeiten offen, dem Schüler Kenntnis über seinen Fortschritt zu geben. Informationen können verbal in so einfachen Feststellungen wie »richtig« oder »unrichtig« gegeben werden; eine verbale Analyse kann von allem, was der Schüler hervorbringt, gegeben werden; und die Ergebnisse von Leistungstests aller Arten kann in Tabellen eingegliedert werden oder dem Schüler direkt übermittelt werden. Verbale Darbietungen sind jedoch nur begrenzt möglich. Bei manchen Fertigkeiten können die Tätigkeiten nicht verbal erklärt werden oder die Genauigkeit oder Geschwindigkeit nicht immer gemessen werden. In diesem Fall sollte der Lehrer selbst demonstrieren, damit der Schüler durch Beobachtung seine Leistung mit der des Lehrers vergleichen kann. Wie bereits im Zusammenhang mit mehreren Studien vorgeschlagen wurde, kann der Schüler auch dazu ermuntert werden, sich mit einer gedanklichen Einübung der Aufgabe zu beschäftigen, und zwar sowohl vor als auch nach deren Ausführung. Diese gedankliche Einstudierung ist manchmal nützlich, wenn es darum geht, dem Schüler bei der Intellektualisierung seiner Kenntnis der Wirkungen zu helfen, wobei man ihm Gewißheit darüber verschafft, was er richtig und worin er möglicherweise einen Fehler gemacht hat.

Unrichtige Reaktionen oder schwache Bewegungen sollten korrigiert werden. Eine hauptsächliche Determinante der Wirksamkeit, mit der die Schüler irgendeine Fertigkeit erwerben, ist die Qualität der angebotenen Hilfe, wenn *unrichtige* Bewegungen oder Reaktionen ausgeführt werden. Wenn das Individuum eine Körperbewegung unrichtig ausführt und kein Feedback über das Gegenteil erfährt, neigt es zur Wiederholung. In manchen Fällen überwinden die einzelnen ihre Schwächen selbständig. In vielen Fällen findet ein Lernfortschritt nur dann statt, wenn die Mangelhaftigkeit erkannt wird und angemessene Korrekturmethoden vom Lehrer angewendet werden.

13.4.6 Fördern Sie selbständige Evaluation

Diese Anweisung, bezogen auf das Fertigkeitserlernen, hat dieselbe Bedeutung wie wenn angewendet auf andere Lernergebnisse, die in den Kapiteln 10, 11, 12 sowie in diesem behandelt wurden. Unter Führung des Lehrers hat der Schüler die Möglichkeit, von der dargebotenen Anleitung zu profitieren. Die meisten Fertigkeiten werden jedoch letztlich selbständig ausgeführt; aus diesem Grunde werden Fertigkeiten in der Schule so vermittelt, daß die Schüler sie selbständig und bei vielen Tätigkeiten anwenden können. Zusätzlich zur Lenkung und Überwachung aktiver Praxis in der Schule kann der Lehrer die Diskussion und Analyse fördern, bei der jeder Schüler die Fertigkeit erwirbt, seine Leistungen selbständig auszuwerten und zu verbessern. Es ist in der Tat sehr wahrscheinlich, daß niemand einen hohen Geschicklichkeitsgrad erwerben kann, solange er von einer anderen Person abhängig ist, die seine Tätigkeiten lenkt und überwacht.

13.13 Wie sollten Demonstrationen und begleitende verbale Instruktionen in jedem der folgenden Fälle durchgeführt werden?
a) Ein linkshändiges Kind lernt Schreiben.
b) Eine Oberschülerin lernt einen Kleiderschnitt anzufertigen.
c) Ein Schüler der Oberstufe lernt töpfern.

13.14 Erinnern Sie sich in Ihrer eigenen Vergangenheit an die Erlernung einer Fertigkeit, die mit einer gewissen Frustration verbunden war, wie beispielsweise Golfspielen, Skifahren oder Einparken.
a) Identifizieren Sie die Komponente(n), die Ihnen außergewöhnlich schwierig zu beherrschen schienen.
b) Welche beiden Prinzipien — richtig angewendet — würden Ihnen am meisten bei der Überwindung der Schwierigkeit geholfen haben?

13.15 Zur Evaluntion der Gültigkeit eines Prinzips gelten folgende

Kriterien: Es gründet sich auf klar dargestellte Theorie und Forschung; es läßt sich eine Unterrichtsanweisung daraus ableiten. Beurteilen Sie die Gültigkeit der 6 Prinzipien zur Verbesserung von Fertigkeiten. Berücksichtigen Sie dabei die in diesem Kapitel sowie in Kapitel 3 den Prinzipien vorangehende relevante Information.

13.5 Zusammenfassung

Psychomotorische Fähigkeiten wie Stärke, Geschwindigkeit, Genauigkeit, Koordination und Flexibilität bilden die Grundlage für Fachleistungen im Maschinenschreiben, beim Spielen eines Musikinstrumentes, beim Zeichnen und vielen anderen Tätigkeiten. Der Wechsel von einem niedrigen auf ein höheres Fertigkeitsniveau ist begleitet von freiwilliger und unfreiwilliger Kontrolle der Bewegungen, besserer Differenzierung der Hinweise, besserem Feedback und besserer Korrektur, schnelleren und genaueren Bewegungen und besserer Koordination der Bewegungen und Reaktionen. Fertigkeiten unterscheiden sich hinsichtlich des Grades der motorischen und perzeptiven Beteiligung, gehen beispielsweise vereinigt eine starke motorische und eine schwache perzeptive Komponente, wogegen Lesen eine starke perzeptive und eine schwache motorische Komponente hat.

Psychologische Kenntnisse und Theorie gestatten die Angabe von Unterrichtsanweisungen, die auf die Erlernung aller Fertigkeiten angewendet werden können: (1) Analysieren Sie die Fertigkeit in bezug auf die Fähigkeiten und die Entwicklungsstufe des Schülers, (2) demonstrieren Sie die korrekte Reaktion, (3) lenken Sie die anfänglichen Reaktionen verbal und physisch, (4) sorgen Sie für angemessene Praxis, (5) sorgen Sie für Informationsfeedback und verbessern Sie inadäquate Reaktionen und (6) fördern Sie selbständige Evaluation.

Die Entwicklung von Fertigkeiten mit hohem Niveau in allen Kindern ist notwendig für die Erreichung entsprechender beruflicher und nicht-beruflicher Möglichkeiten sowie für körperliche Gesundheit.

13.6 Weiterführende Literatur

Ebel, R. L., ed: Enzyclopedia of educational research. New York: Macmollan, 1969.

Fleishman, E. A.: The structure and measurement of physical fitness. Englewood Cliffs, N. J.: Prentice-Hall, 1964.

Kapitel 2, »Fähigkeiten und motorische Fertigkeiten«, dürfte nicht nur für Leibeserzieher interessant sein, sondern für jeden an der Messung und Unterrichtung von Fertigkeiten interessierten.

Fleishman, E. A.: Individuelle Unterschiede und motorisches Lernen. In: Cagné, R. M., ed.: *Learning and individual differences.* Columbus, Ohio: Merrill, 1967, 165—191.

Fleishman bietet hier in sehr verständlichem Stil eine Einschätzung motorischer Fähigkeiten, setzt Fähigkeiten in bezug zu Fertigkeiten und faßt seine zahlreichen produktiven Forschungsarbeiten zusammen.

Kuhlen, R. G., ed.: Studies in educational psychologie. Waltham, Mass.: Blaisdell, 1968.

Kapitel 12 enthält auf den Seiten 383—419 eine kurze Einführung und 3 Arbeiten über Fertigkeiten: *Gagné, R. M.:* »Skill Training and Principles of Learning«; *Fitts, P. M.:* »Factors in Complex Skill Training«; *Gibson, E. J.:* »Learning to Read«.

National Society for the Study of Education: Learning and Instruction. 49. Jahrbuch. Chicago: University of Chicago Press, Teil 1, 1950.

C. E. Ragsdale beschrieb in Kapitel 3 auf den S. 69—91, »Wie Kinder die motorischen Tätigkeitsarten lernen« bereits vor 20 Jahren sehr gut die Voraussetzungen zur Förderung motorischen Lernens.

14. Einstellungen und Werte

14.1 Einstellungen und Werte

Einstellungen sind erlernte, emotional verstärkte Prädispositionen, auf konsequente Weise angenehm oder unangenehm auf Personen, Gegenstände, Situationen oder Ideen zu reagieren. Die Einstellungen eines Individuums leiten sich aus seinem Verhalten ab und können nicht so direkt wie Fertigkeiten, Fakten und Begriffe gemessen werden. Der Hauptunterschied zwischen Begriffen (nach der Definition in Kapitel 11) und Einstellungen liegt in dem Ein-

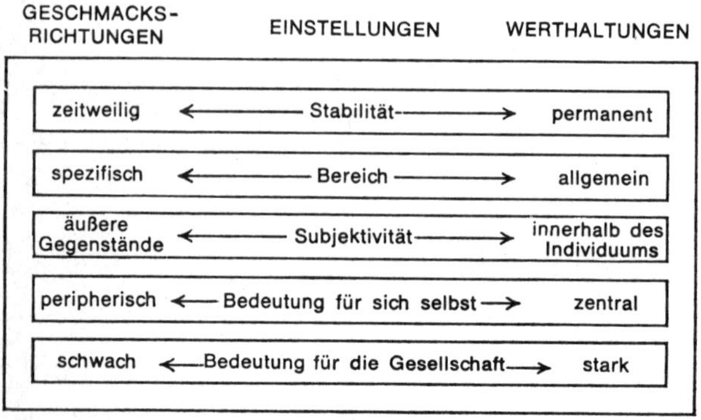

Abb. 14.1 Schematischer Aufbau von Geschmacksrichtungen, Einstellungen und Werthaltungen.

fluß, den Einstellungen auf des einzelnen Akzeptierung, oder Ablehnung von Personen, Gegenständen, Situationen und Vorstellungen, bezeichnet als Einstellungsobjekte, haben. Enstellungen haben ebenso wie Begriffe eine Bedeutung für das Individuum.

Wie aus Abbildung 14.1 ersichtlich wird, gibt es hinsichtlich der 5 bedeutenden Kriterien keine scharfen Unterschiede zwischen Geschmacksrichtungen, Einstellungen und Werthaltungen. (1) Hinsichtlich der *Stabilität* sind die Geschmacksrichtungen am meisten temporal und Werthaltungen am stabilsten, während die Einstellungen irgendwo dazwischen liegen. Die Geschmacksrichtungen können sich ohne weiteres von einem Tag auf den anderen oder von Woche zu Woche verschieben. (2) In ihren *Bereichen* beziehen sich die Geschmacksrichtungen auf etwas spezifisches, wie die Vorliebe oder Abneigung gegenüber einem bestimmten Tier bzw. einer bestimmten Farbe; Werthaltungen sind allgemeiner und umfassen größere Erfahrungsbereiche. Geschmack könnten wir beispielsweise auch auf ein bestimmtes Arrangement einer musikalischen Komposition beziehen; eine Einstellung als Annahme oder Abneigung bestimmter Musikkategorien wie der Klassik oder des Jazz, und eine Werthaltung als den gesamten Bereich der Musik im Leben des einzelnen. (3) In bezug auf die Dimension der Subjektivität könnte man sich Geschmack allgemein als die individuelle Wahrnehmung der Attraktivität oder Unttraktivität eines äußeren Objekts vorstellen, während Werthaltungen vom Individuum in stärkerem Maße verinnerlicht sind. (4) Bezüglich der Bedeutung für sich selbst können sich die individuellen Geschmacksrichtungen ohne wesentliche Veränderung der gesamten Persönlichkeit bzw. deren Struktur ändern. Ebenso können sich Einstellungen ändern; treten jedoch zahlreiche Einstellungsänderungen auf, so kommt es notwendigerweise auch zu einer Veränderung des Selbst. Treten größere und bedeutende Veränderungen im Wertsystem des Individuums auf, so kommt es auch zu einer grundlegenden Veränderung der Persönlichkeit. (5) In der letzten Dimension — der *Bedeutung für die Gesellschaft* — spielen Geschmäcker keine wichtige Rolle, da sie Individuen innerhalb der größeren sozialen Gruppe angehören. Werthaltungen jedoch sind von großer Bedeutung für organisierte Teile der Gesellschaft, wie die Kommune, das Land oder den Staat. Größere Unterschiede in den Werthaltungen bzw. den Mitteln zum Erreichen derselben Werthaltungen innerhalb von Untergruppen sind auf Konflikte und Desorganisationen der größeren Gesellschaft zurückzuführen.

Diese Differenzierungen bei Geschmacksrichtungen, Einstellungen und Werthaltungen sind wichtig. Im allgemeinen Gebrauch werden die Begriffe allerdings oft vertauscht. Einige Autoren definieren beispielsweise Einstellungen als Gefühle oder Auffassungen gegenüber einem bestimmten Objekt oder einer Vorstellung, andere wiederum bezeichnen Einstellungen als andauernde und stabile Werthaltungen. Ungeachtet dessen werden jedoch 2 wichtige Tatsachen über Einstellungen allgemein anerkannt: (1) Die Aktionen des Individuums werden in hohem Maße von seinen Einstellungen gesteuert; (2) eine Einstellung ist ein System dreier Komponenten, die in bezug zueinander stehen — einer kognitiven Komponente, einer affektiven Komponente und einer Aktionstendenz-Komponente (*Krech, Crutchfield Q Ballachey,* 1962). Die kognitive Komponente bezieht sich auf den Informationsinhalt, die affektive Komponente auf die Gefühle und die Aktionstendenz-Komponente auf die Prädisposition, Tätigkeiten in Hinsicht auf das Einstellungsobjekt aufzunehmen. Es herrscht auch allgemeine Übereinstimmung darüber, daß Aspekte des Individuums und der Gruppe wichtige Determinanten des Erwerbs und der Entwicklung von Einstellungen sind.

14.1.1 Komponenten von Einstellungen

Individuen haben zahlreiche Eigenschaften; die meisten sind in Gruppen miteinander verbunden, einige sind jedoch relativ isoliert. Gelegentlich werden Eigenschaften durch eine bestimmte traumatische Gefühlserfahrung erworben, wobei nur wenig Information über das Eigenschaftsobjekt vorhanden ist. In den meisten Fällen werden sie durch eine Serie weniger emotionaler Erfahrungen mit reichhaltigerer Information erworben. Einige erwirbt man sich unter sehr wenig Gefühl oder Emotion und einem erheblichen Informationsgehalt über das Eigenschaftsobjekt.

Die kritischste *kognitive* Komponente von Eigenschaften ist der Informationsgehalt — das Faktenwissen, das man beispielsweise über die protestantische Reformation, John F. Kennedy oder Mitglieder eines demokratischen Studentenbundes hat. Die *affektive* Komponente einer Eigenschaft bezieht sich auf die Emotionen, die man mit dem Eigenschaftsobjekt assoziiert, also das Objekt als angenehm oder unangenehm empfindet, mag oder nicht mag. Abbildung 14.2 zeigt die relativen Gewichtigkeiten der affektiven (Gefühl, Emotion) und kognitiven (Informationen) Komponenten. Wie aus der Skizze hervorgeht, kann die Gewichtigkeit der affektiven wie der kognitiven Komponenten von sehr hoch bis sehr niedrig reichen. Betrachten Sie die 3 in der Abbildung benannten Beispiele für Eigenschaftsobjekte. Ein und dasselbe Individuum kann Einstellungen gegenüber den Objekten (A, B, C) haben. (In diesem Kontext sind die Einstellungen entweder freundlich oder unfreundlich.) Einstellung A gründet sich hauptsächlich auf emotionalen Erfahrungen und in nur geringem Maße auf informativen Erfahrungen mit konfessionellen Religionen. Einstellung B gründet etwa zu gleichen Teilen auf emotionalen und informativen Erfahrungen mit der Gruppenarbeit. Einstellung C rührt weitgehend aus informativen Erfahrungen und relativ wenig emotionaler Erfahrung her.

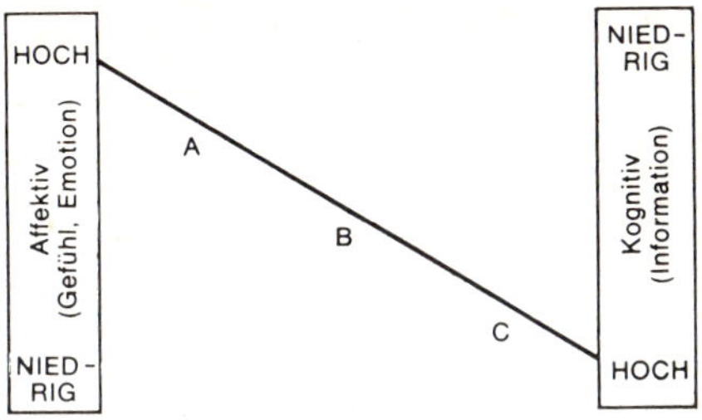

A Einstellung gegenüber einer konfessionellen Religion

B Einstellung gegenüber Gruppenarbeit

C Einstellung gegenüber der Erforschung der Ursachen und der Heilmittel von Krankheiten

Abb. 14.2 Relative Gewichtigkeit der affektiven und kognitiven Komponenten von Einstellungen.

In der Werbung wird im allgemeinen nach der Methode A verfahren, in den Schulen nach B. Der Werbefachmann möchte natürlich, daß das Individuum eine freundliche Einstellung gegenüber einem Produkt einnimmt und bietet sie in einer dementsprechend ansprechenden Aufmachung mit einer angenehmen Informationsauswahl an. Wünscht ein Lehrer dagegen, daß Individuen eine Einstellung annehmen, ohne die Annahme-Ablehnungs-, freundlich-unfreundliche Dimension beeinflussen zu wollen, so bietet er vollständige Informationen an, angenehme, unangenehme und neutrale.

Gleichgültig auf welche Weise eine Einstellung erworben wird, sie steuert das Verhalten konsequent als *Aktions-Tendenz*-Komponente der Einstellung. Wenn ein Individuum eine freundliche Einstellung gegenüber einem bestimmten Einstellungsobjekt einnimmt, so wird es sich konsequent auf eine für das Objekt förderliche Art und Weise verhalten; wenn es eine widrige Einstellung hat, wird es sich konsequent negativ für das Objekt verhalten. Wenn ein Individuum beispielsweise eine starke negative Einstellung gegenüber einer Religion hat, wird es wahrscheinlich die Kirche nicht regelmäßig besuchen; tut es dies, so aus denselben Gründen wie Kirchenmitglieder mit starken positiven Einstellungen gegenüber der Religion. Hat es eine starke positive Einstellung gegenüber der Erforschung der Ursachen und Heilmittel von Krankheiten, so wird es sich wahrscheinlich an den verschiedenen Spendenaktionen zur Intensivierung der medizinischen Forschung beteiligen.

Man kann natürlich auch Einstellungen haben, die zu Zeiten zu widersprüchlichen Handlungen und Konflikten führen. Eine Person kann eine starke negative Einstellung gegenüber der ärztlichen Behandlung von Krankheiten haben und eine starke positive Haltung gegenüber den heilenden Kräften des Glaubens. Wenn sie jedoch eine Blinddarmreizung oder einen gebrochenen Fuß hat, muß sie sich in ärztliche Behandlung begeben. Desgleichen müssen sich zwei oder mehrere Individuen, die eine freundliche Einstellung gegenüber einem bestimmten Einstellungsobjekt haben, nicht notwendigerweise identisch gegenüber verwandten Einstellungsobjekten verhalten. Eine gemeinsame starke positive Einstellung gegenüber der Idee der individuellen Freiheit muß nicht automatisch zu ähnlichen positiven Aktionen beispielsweise in den Gewerkschaften führen.

14.1.2 Grundlagen von Einstellungen

Ein Individuum entwickelt manche Einstellungen durch die Auseinandersetzung mit den verschiedenen Problemen, auf die er bei der Befriedigung seiner Bedürfnisse trifft. Geneigte Einstellungen bilden sich gegenüber Einstellungsobjekten heraus, die Bedürfnisse befriedigen, und widrige Einstellungen gegenüber denjenigen Einstellungsobjekten, die die individuelle Bedürfnisbefriedigung behindern oder blockieren. So, wie das Individuum seine eigenen Informationen und Begriffe erwirbt, nimmt es auch seine persönlichen Einstellungen an.

Die Zugehörigkeit eines Individuums zu einer Gruppe spielt jedoch auch eine wichtige Rolle bei der Entwicklung seiner Einstellungen. Ein Großteil der Einstellungen des einzelnen haben ihren Ursprung und ihre Entwicklung in den Gruppen, denen er seine Treue und Zugehörigkeit zeigt. Die Mitgliedschaft in Gruppen übt einen stärkeren Einfluß auf die Einstellungen aus als auf die Begriffe und Fertigkeiten. Da die Einstellungen des einzelnen für gewöhnlich seine Glaubensvorstellungen, Wertschätzungen und Normen seiner Gruppe wiederspiegeln, muß zum Verständnis der Entwicklung seiner Einstellungen erst die Art seiner Mitgliedschaft und Identifikationen innerhalb der Gruppe untersucht werden.

Jedes Individuum in einer Gesellschaft ist ein Mitglied einer kleinen Gruppe mit direktem Kontakt, einer *Primärgruppe.* Eine Primärgruppe wie z. B. die Familie, eine religiöse Gruppe oder ein Freundeskreis besitzt im allgemeinen einen Stamm gemeinsamer Einstellungen, die ihre Mitglieder zusammenhalten. Die Mitglieder dieser Primärgruppen neigen dazu, gemeinsame Einstellungen zu haben. Auch beeinflussen die *Bezugsgruppen* eines Individuums – Gruppen mit denen es sich identifiziert, sei es, weil es ihnen angehört oder nicht – in bedeutendem Maße seine Einstellungsentwicklung. Die Bezugsgruppe dient dem Individuum als Richtmaß zur Beurteilung der Angemessenheit seines Verhaltens.

Es gibt eine Reihe von Gründen dafür, warum Mitglieder von Primärgruppen leicht einen gemeinsamen Stamm ähnlicher Einstellungen haben: (1) Konformitätszwänge innerhalb der Gruppe führen zu einer Einstellungshomogenität unter den einzelnen als Preis für die Erhaltung der Mitgliedschaft; (2) Individuen neigen dazu, Gruppen aufzusuchen und sich ihnen anzuschließen, die ähnliche Einstellungen wie sie selbst haben; (3) Mitglieder von Primärgruppen haben einen gemeinsamen kulturellen Hintergrund, sind also den gleichen Informationen ausgesetzt; (4) neue Mitglieder einer Gruppe nehmen die Einstellungen der Gruppe an um dadurch Anerkennung durch die Gruppe zu bekommen.

Folgendes ist wichtig: Die primären Mitgliedschaftsgruppen eines Individuums beeinflussen die Entwicklung seiner Einstellungen nur bis zu dem Grad, als er sie als Bezugsgruppen benutzt – als Gruppen, die er zur Einschätzung der Angemessenheit seines eigenen Verhaltens braucht. Wie bemerkt können auch Nicht-Mitgliedschaftsgruppen dem Individuum als Bezugsgruppen dienen und seine Einstellungsentwicklung beeinflussen. Wie wir bald sehen werden, ändert sich der Typ der Bezugsgruppen eines Individuums mit seiner persönlichen Entwicklung.

Die gegebenen Erklärungen bedeuten nicht, daß verschiedene Einstellungen niemals von Mitgliedern derselben Gruppe angenommen werden. Der Einfluß von Gruppen auf die Einstellungen eines Individuums ist oft fein, indirekt und komplex. Obwohl ein Stamm gemeinsamer Einstellungen eine kleine nachbarliche Freundesgruppe stärkt, können die einzelnen Mitglieder auffallend unterschiedliche Einstellungen gegenüber Lebensbereichen einnehmen, die außerhalb der Freundesgruppe liegen. Gegensätzliche Gruppenbindungen und gegensätzliche individuelle Bedürfnisse können ebenfalls die Ausbildung unterschiedlicher Einstellungen zur Folge haben. Faktoren wie die Ziele oder Funktionen der Gruppe, die der Mitglieder untereinander, der Grad der Enge der Verbindungen der Mitglieder untereinander, die Bedeutung der Gruppenmitgliedschaft für das Individuum und die Art der Gruppenführung beeinflussen das Ausmaß, in welchem gemeinsame *oder* unterschiedliche Einstellungen entstehen.

Übertragen wir beispielsweise diese Gruppenmerkmale auf eine große Oberschulklasse. Häufig haben die Schüler in einer derartigen Gruppe ein gemeinsames, jedoch vages Ziel – das Lernen eines bestimmten Stoffgebietes. Starke Vorlieben oder Abneigungen gibt es unter den Mitgliedern der Klasse nicht, einige enge Verbindungen werden während der regulären Unterrichtszeiten geknüpft, die Bedeutung des Studiengangs ist von Schüler zu Schüler unterschiedlich, und die Führung hat eine einzelne Person – der Lehrer – inne. Von einer solchen Klasse kann man keinen Stamm gemeinsamer Einstellungen erwarten. Stattdessen hat jedes Individuum einzigartige persönliche Einstellungen gegenüber den meisten Lebensbereichen; die bestehenden gemeinsamen Eigenschaften erstrecken sich nur auf den kleinen Bereich der bestimmten Klasse. Trotzdem kann eine solche Gruppe so aufgebaut und geführt werden, daß Einstellungen beeinflußt werden können. Bei einem Versuch mit Oberschülern (1) schwankten die Einstellungen der Individuen mit ihren wahrgenommenen Einschätzungen darüber, auf welche Weise die meisten Mitglieder der Gruppe auf ein bestimmtes Bezugsobjekt reagierten, (2) bildete sich bei Klassen, die nach einer gruppenbezogenen Methode unterrichtet wurden, mehr Freundschaften aus als bei führerbezogenen Klassen, (3) erwies sich eine Gruppenentscheidungs-Methode als wirksamer als eine Vorlesung zur Erreichung eines Konsens über ein bestimmtes Einstellungsobjekt, (4) veränderten Individuen in den Gruppen und die Gruppen selbst nicht alle ihre Einstellungen in derselben Weise – bestimmte Einstellungen waren offensichtlich widerstandsfähiger gegenüber einer Modifizierung als andere (*MacKeachie*, 1954).

Es trifft ebenso zu, daß sich das Bild des Schülers von sich selbst wesentlich verbessern kann, wenn große Klassen in kleine Gruppenabteilungen unterteilt werden und versucht wird, das Klassenzimmer persönlicher und humaner zu gestalten. *Trowbridge* (1969) beispielsweise, der eine Selbsteinschätzungsskala verwendete, stellte eine derartige Verbesserung der Selbsteinschätzung bei Schülern fest, die in kleinen Gruppen unterrichtet wurden, verglichen mit Schülern, die in den traditionellen Großgruppen unterrichtet wurden.

14.1.3 Imitation und Konditionierung beim Erwerb von Einstellungen

An früherer Stelle (in Kapitel 2) wiesen wir darauf hin, daß ein Großteil sozialen Lernens durch Imitation von Modellen erreicht wird (*Bandura & Walters*, 1963). Eine kurze Übersicht über die Hauptbegriffe der Imitation, unter spezifischer Berücksichtigung des Erwerbs von Einstellungen soll die Grundlage bilden für einige der Prinzipien und Unterrichtsanweisungen, die an späterer Stelle dieses Kapitels besprochen werden sollen.

Imitation arbeitet auf drei Arten zur Erhöhung der Anzahl, des Bereiches und der Intensität der Anpassungsreaktionen des Beobachters. (1) Die Beobachtung eines Modells versetzt den Beobachter in die Lage, neues Verhalten anzunehmen, das er vorher noch nicht gezeigt hat. Ein Kind beobachtet beispielsweise ein Modell und trägt daraufhin ein neues Verhalten zur Schau, das dem des Modells ähnlich ist. (2) Die Beobachtung eines Modells kann die hemmenden Reaktionen des Beobachters stärken oder schwächen. In diesem Fall hat der Beobachter das Verhalten bereits in seinem Repertoire, es war jedoch gehemmt worden. Gehemmtes Verhalten bei einem Modell, das bestraft wird, wird weiter gehemmt oder geschwächt, ebenso bei einem Modell, das belohnt wird, gehemmt oder gestärkt. (3) Das Beobachten eines Modells kann die Wirkung haben, daß vorher gelerntes Verhalten entlockt wird, das längere Zeit nicht mehr gezeigt wurde. Der Unterschied zwischen den enthemmenden Wirkungen der Imitation und den entlockenden Wirkungen kann nur durch genaue Kenntnis der Vergangenheit des Beobachters bestimmt werden. In welchem Maße ein Individuum imitiert, wird beeinflußt durch die Belohnungen und Bestrafungen, die das Modell erhält. Der Beobachter wird dazu neigen, das Modell nicht zu imitieren, wenn es für sein Verhalten bestraft wird; wenn jedoch ein bestimmtes Verhalten zu einer Belohnung führt, ist es wahrscheinlicher, daß der Beobachter imitiert. Individuelle Merkmale und Umstände spielen ebenfalls eine beeinflussende Rolle. Imitation tritt überwiegender bei einer Person auf, die über ein mangelndes Selbstwertgefühl oder mangelnde Befähigung verfügt oder glaubt, daß sie dem Modell sehr ähnlich ist. Größere Neigung zur Imitation ist auch dann gegeben, wenn sie in der Vergangenheit bereits einmal für die Nachahmung eines Verhaltens einer anderen Person belohnt wurde.

Wir sagten bereits, daß eine erstmalig ausgeführte Reaktion durch Stärkung gefestigt wird. Der Verstärkungsplan ist jedoch – außer im Versuchsrahmen – weniger systematisch als vielmehr partiell und ungenügend kontrolliert. Selbst wenn Verstärkung durch eine Autoritätsperson wie den Vater oder Lehrer nur partiell erfolgt, so hat sie dennoch eine festigende Wirkung. Andererseits werden Reaktionen, die sich bereits im Repertoire des Schülers befinden, durch Bestrafung oder nicht erfolgte Belohnung gehemmt. Wenn die Reaktionen eines Kindes als bedrohlich für es selbst und die Gesellschaft erachtet werden, so werden positive Verstärker zurückgenommen (ein Privileg entzogen) oder ein aversiver Stimulus wie z. B. Bestrafung angewandt. Obwohl diese aktiven Techniken zu einer Zurückhaltung unerwünschter Reaktionen führen, können ihre Wirkungen temporal sein, d. h. sie können keine permanente Auslöschung zur Folge haben. Wie in Kapitel 2 bemerkt, erweisen sich klassische Verfahrensweisen der Konditionierung wirksamer als Bestrafung oder nicht erfolgte Belohnung, da sie eine unerwünschte Reaktion dadurch ausschließen, indem sie sie durch eine erwünschte ersetzen.

Early (1968) berichtete in einer Untersuchung über die Wirkung klassischer Konditionierung auf das Einstellungsverhalten. Er richtete mit Kindern der 4. und 5. Klasse eine klassische Konditionierungssituation ein. Als erstes wurden durch Beobachtung sozial isolierte Kinder identifiziert. Im Rahmen der experimentellen Behandlung mußten deren Klassenkameraden zusammengesetzte Wörter lernen, von denen das eine der Name des sozial isolierten Kindes war und das andere eine positiv einschätzende Bedeutung hatte (z. B. »Spaß«, »nett«). Eine Kontrollgruppe lernte den Namen des isolierten Kindes in Verbindung mit einem nicht-einschätzenden Wort (z. B. »Tisch«, »und«). Anfängliche Beobachtungen der isolierten Kinder hatten ergeben, daß sie dazu neigten, anderen gegenüber schwer ansprechbar zu sein. Sie beteiligten sich sehr wenig an den freien Neigungsfächern und sprachen nur selten mit anderen Kindern. Während des Behandlungszeitraums konnte man eine bemerkenswerte Veränderung der isolierten Kinder gegenüber der Versuchsgruppe feststellen. Sie wurden zunehmend lebhafter und nahmen an solchen gemeinsamen Spielen teil, denen sie früher ferngeblieben waren. Ihre Klassenkameraden reagierten auf diese Verhaltensweisen in sozial bestärkender Weise. Da die Klassenkameraden das Annäherungsverhalten stärkten, hielt es weiter an, obwohl es ohne Bestärkung vielleicht ausgelöscht worden wäre. Zu derartigen positiven Interaktionen kam es zwischen den isolierten Kindern und ihren Klassenkameraden in der Kontrollgruppe nicht.

Erhebliche Beweise für das Lernen von Einstellungen durch Imitation und Verstärkung erwünschter Reaktionen sowie Bestrafung unerwünschter Reaktionen finden sich in Untersuchungen über Einstellungen und Vorurteile bei kleinen Kindern. *Radke, Trager & Davis* (1949) fanden heraus, daß 250 Kinder des Kindergartens und der 1. und 2. Klassen stereotype Verhaltensweisen und Zurückweisung gegenüber anderen Menschengruppen wie Negern, den Weißen, Juden, Katholiken und Protestanten zeigten und wir beobachten, daß kleine Kinder den religiösen Glauben ihrer Eltern durch Imitation und Bestrafung annehmen können. Daraus sollte man jedoch nicht folgern, daß Einstellungen nur Imitation und anschließende Bestärkung oder Bestrafung erlernt werden können. Wie wir in der vorangegangenen Diskussion in diesem Kapitel anmerkten, wird die Entwicklung von Einstellungen beeinflußt durch Erkennen von Information über Einstellungsobjekte wie auch durch Interaktion in Gruppen.

14.1 Worin bestehen die Unterschiede zwischen Geschmacksrichtungen, Einstellungen und Werten? Übertragen Sie diese auf sich selbst, indem Sie jeweils für Sie charakteristische Beispiele anführen.

14.2 Identifizieren Sie einige Ihrer stärksten Einstellungen und Werte. Können Sie ihre affektiven und kognitiven Komponenten voneinander trennen? Inwiefern haben Sie Aktionstendenz-Komponenten Ihre Einstellungen und Werte, Ihr eigenes Verhalten gesteuert?

14.3 Denken Sie an all die Gruppen, mit denen Sie Kontakt haben. Welche stellen für Sie Bezugsgruppen dar? Haben sich Ihre Bezugsgruppen in Ihrem bisherigen Leben geändert? Erwarten Sie, daß sich mit zunehmendem Alter auch die Art Ihrer Bezugsgruppen ändert? Inwieweit hat die Geschichte Ihrer Bezugsgruppen Ihre eigenen Einstellungen und Wertschätzungen beeinflußt? Wie werden Sie sich Ihrer Meinung nach in Ihren Einstellungen und Werten hinsichtlich evtl. zukünftiger Bezugspersonen ändern?

14.4 Auf welche Weise haben Imitation und Konditionierung eine wichtige Rolle bei der Ausbildung Ihrer eigenen Einstellungen und Werte gespielt?

14.2 Entwicklungstendenzen

Individuen erwerben und ändern ihre Einstellungen von der Kindheit bis ins Erwachsenenalter. Manche Einstellungen werden scheinbar bereits in früher Kindheit angenommen und bleiben danach relativ stabil; andere werden erst sehr viel später in der Jugend erworben und sind leichten Modifizierungen unterworfen.

Eine entwicklungsbedingte Aufeinanderfolge beim Lernen von Einstellungen erfordert (1) die Bewußtmachung und Aufnahme von Stimuli, (2) die Reaktion auf Stimuli in einer Art und Weise, die sich von bloßer Übernahme über die Empfindung einer Befriedigung über die Reaktion erstreckt, (3) die Bildung von Werten in einem Folgemuster von der ersten Annahme bis hin zur Bindung, (4) die Organisation von Werten in ein Verstandessystem und (5) den Aufbau einer Lebensphilosophie, die das Individuum als einzigartige Persönlichkeit kennzeichnet. Diese Entwicklungsfolge ist in Abbildung 14.3 schematisch dargestellt.

Zur Würdigung spezifischer Entwicklungstendenzen können wir damit beginnen, das Lernen von Einstellungen mit dem Lernen von Begriffen zu vergleichen. Wie wir in einer Darstellung der Begriffslernfolge in Kapitel 11 aufzeigten, werden nur die elementarsten Begriffe während der frühen Lebensjahre gelernt. Ebenso scheint es wahrscheinlich, daß es vor dem Schulalter zu keiner

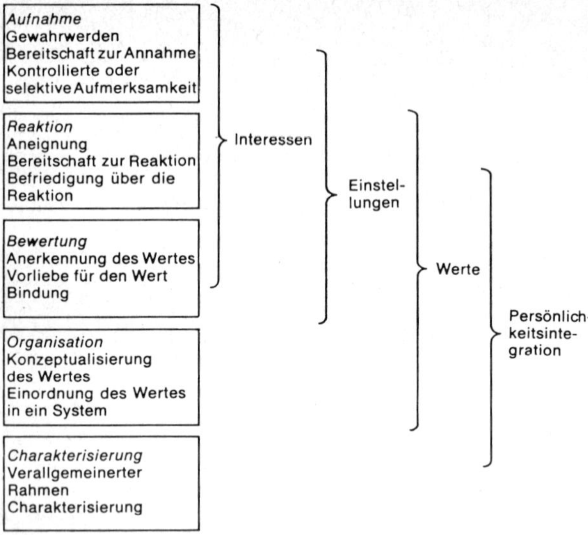

Abb. 14.3 Eine theoretische Reihenfolge in der Entwicklung von Einstellungen. (Nach *Krathwohl, Bloom & Masia*, 1964).

Konzeptualisierung positiver oder negativer Einstellungen kommt, es sei denn auf einer sehr elementaren Ebene. Dennoch sind emotionelle Reaktionen – angenehme wie unangenehme – bereits im 2. Lebensjahr präsent (*Bridges*, 1932). Von Eltern wird auch berichtet, daß ihre Kinder positive Einstellungen gegenüber der Schule ausdrücken, bevor sie in die erste Klasse kommen (*Stendler*, 1951). Offensichtlich sind sich kleine Kinder der Stimuli bewußt und reagieren darauf im Alter vor dem Schuleintritt, obwohl Einschätzung, Organisierung und Charakterisierung erst später auftreten. Aus der folgenden Diskussion über die Grundschul-, Oberschul- und Studienjahre lassen sich spezifischere Schlüsse über eine Entwicklungsfolge und das Lernen von Einstellungen ziehen.

14.2.1 Grundschuljahre

Während der Grundschuljahre sind die Einstellungen der Kinder im allgemeinen starke Anlehnungen an die Einstellungen, die von den in ihrer Welt maßgebenden Erwachsenen, insbesondere von ihren Eltern, der Familie und den Lehrern, hochgehalten werden. Unterschiede bei den Einstellungen der Kinder sind somit eine Funktion der Unterschiede zwischen den Erwachsenen-Bezugsgruppen. In manchen Beziehungen sind die Einstellungen der Kinder stabil, in anderen wiederum ändern sie sich während der Grundschuljahre. Soziale Einstellungen beispielsweise, die sich auf andere als die eigene soziale Gruppe beziehen, beginnen sich erst im Alter von 5 Jahren herauszubilden. Obwohl sie aufgrund einer Vielzahl von Einflüssen Modifikationen unterworfen sind, haben sich im Alter von 14 Jahren diese Einstellungen beim weitaus größten Teil der Kinder klar herausgebildet (*Harding* u. a. 1954).

Unter Berücksichtigung der Komplexität der Einstellungen der Kinder gegenüber der Schule besprach *Jackson* (1968) verschiedene Untersuchungen, bei denen die Kinder der Grundschulklassen eine allgemein positive Einstellung gegenüber der Schule aufweisen. Obgleich die Verhältnisse bei Jungen und Mädchen unterschiedlich waren — mehr Mädchen hatten positive Einstellungen — wiesen etwa 80 % der Schüler positive Einstellungen gegenüber der Schule auf. Mit höherer Klassenstufe tendieren die positiven Einstellungen zu einer Abnahme. Die gleichen fortschreitend negativeren Einstellungen gegenüber der Schule mit zunehmendem Alter wurden auch von *Neale* und *Proshek* (1967) festgestellt. Dennoch fanden die Wissenschaftler im Widerspruch zu den Ergebnissen früherer Forschungen heraus, daß benachteiligte Grundschulkinder *nicht* negativ gegenüber der Schule eingestellt sind im Sinne, als sie die Schule und schulbezogene Tätigkeiten nicht abwerten.

Zwei Studien von *Flanders, Morrison* und *Brode* (1968) erbrachten den Nachweis für bedeutende Veränderungen in den Einstellungen der Kinder gegenüber der Schule im Laufe eines 4-monatigen Zeitraums (Oktober—Januar). Sie stellten eine Schwächung der positiven Einstellungen der Schüler in 4 Unterbereichen fest: (1) In bezug auf die Attraktivität des Lehrers, (2) die gerechte Verteilung von Belohnungen und Strafen, (3) die Befähigung des Lehrers und (4) das Interesse an der schulischen Arbeit. Die Forschungen erbrachten für die beobachteten Einstellungsveränderungen 2 Faktoren. Schüler, die als *extern* identifiziert wurden (d. h. die zu dem Glauben neigten, daß Erfolge und Mißerfolge durch Kräfte verursacht werden, die außerhalb der eigenen Kontrolle liegen) wiesen größere Schwankungen in ihren Einstellungen auf als Kinder mit *internem* Charakter (d. h. mit der Überzeugung, daß Erfolge und Mißerfolge selbstbestimmt und Produkte des eigenen Verhaltens sind). Ebenso konnte in Klassen mit Lehrern, die weniger Lob und Ermunterung spendeten, größere Verluste an positiven Einstellungen beobachtet werden als bei Klassen mit Lehrern, die mehr Lob und Ermunterung brachten.

Estvan und *Estvan* (1959) leiteten eine Untersuchung, die weitere Aufschlüsse über die Stabilität bzw. Änderung der Einstellung in verschiedener Hinsicht gegenüber einer Reihe vorherrschender und bedeutender Objekte von der ersten bis zur 6. Klasse ergab. Negative Einstellungen gegenüber einem Leben in sozial schwachem Status nahmen die Kinder beispielsweise vor dem Eintritt in die erste Klasse an, von wo ab sie dann relativ unverändert bis zur 6. Klasse andauerten. Während der ersten 6 Schuljahre nahmen die Kinder auch positive Einstellungen gegenüber einem Leben in sozial hochgestelltem Status an. Die 6-Klaßler wiesen mehr positive und weniger negative Einstellungen gegenüber einem Leben in sozial hohem Status auf als die Erstklaßler. Obwohl Jungen und Mädchen ähnliche Einstellungen gegenüber sozial schwachen Stellungen hatten waren mehr Mädchen als Jungen von sozial hohen Stellungen angezogen. Die *Estvans* interpretierten dies damit, daß die Mädchen sozial aufgeschlossener als die Jungen waren und bereits in jüngerem Alter verinnerlichte Einstellungen hatten.

Aus diesen Untersuchungstypen kann geschlossen werden, daß manche Einstellungen von Kindern im Grundschulalter — z. B. gegenüber sozialem Status und sozialen Gruppen, denen sie selbst nicht angehören — relativ früh im Leben angenommen werden und mit weiterem Lernen relativ gefestigt werden. Andere Einstellungen, wie beispielsweise die gegenüber der Schule, erscheinen weniger stabil zu sein und verändern sich in ihrer Richtung. Im allgemeinen spiegeln die Einstellungen der Kinder die Einstellungen ihrer Erwachsenen-Bezugsgruppen wieder.

14.2.2 Oberschuljahre

Vor weniger als 10 Jahren noch wurden Jugendliche von Forschern als gutmütig, unkompliziert und sanft in ihren Einstellungen und Wertschätzungen beschrieben (*Ginzberg*, 1961; *Remmers*, 1963). Man glaubte, daß sie die meiste Zeit mit sich selbst beschäftigt wären und »offiziell« als sozial wünschenswert anerkannte Einstellungen und Wertschätzungen vertreten würden. Ihr Eintreten dafür jedoch reichte nicht bis zum konzertierten Kampf gegen die bürgerlichen Rechte oder für individuelle Freiheit, auch nicht angesichts des Drucks der Regierung. Dies hat sich, wie wir alle wissen, in den 70er Jahren geändert. Durch die Beteiligung der Studenten an Demonstrationen gegen den Krieg, für größere Freiheiten und eine stärkere politische Rolle der Studentenschaft, gegen die Umweltverschmutzung, die Rassendiskriminierung und andere Mißstände hat sich das Blatt gewendet. Wovon eine Vielzahl besorgter Erwachsener jetzt verwirrt wird, ist die Heftigkeit und verantwortungslose Art und Weise, mit der die jungen Leute soziale Probleme ihrer Zeit angehen.

Während der Jugend findet eine wachsende Verschiebung des Einflusses von der Familie hin zu Gleichaltrigen als Bezugsgruppe statt. Persönliche und soziale Faktoren erlangen zunehmend größere Bedeutung; ihren größten Einfluß haben sie in der Oberschule. Eben auf dieser Stufe haben die jungen Menschen unserer Gesellschaft die größten Konflikte darüber, wer sie sind und wo ihr Platz in der Welt ist. Das Jugendalter stellt somit eine entscheidende Phase in bezug auf die Entwicklung der Einstellungen dar. Der Heranwachsene wird in einen Konflikt verwickelt zwischen der Identifikation mit der Rolle des Kindes (aus der er jetzt herauswächst) und der Rolle des Erwachsenen (die er langsam annimmt). Diesen Konflikt löst er durch größere Miteinbeziehung in die Gleichaltrigengruppe. Die Unsicherheit und Zweideutigkeit, der Jugendliche gegenüber den Verhaltenserwartungen der Erwachsenen findet und die scheinbare Klarheit der Normen in der Gleichaltrigengruppe führen dazu, daß er letztere zur Beurteilung der Angemessenheit seines Verhaltens heranzieht.

Die Differenzen zwischen den Gefühlen des Heranwachsenden und seiner Meinung von den Gefühlen der *Erwachsenen* lassen sich aus einer Studie von *Hess* und *Goldblatt* (1957) ableiten. Jugendliche beurteilen (1) den durchschnittlichen Teenager, (2) den durchschnittlichen Erwachsenen, (3) die Teenager aus der Sicht eines Erwachsenen und (4) Erwachsene aus der Sicht eines Erwachsenen. Ebenso beurteilten die Eltern dieser Jugendlichen (1) den Durchschnitts-Teenager, (2) den Durchschnitts-Erwachsenen, (3) die Teenager aus der Sicht eines Teenagers und (4) die Erwachsenen aus der Sicht eines Teenagers. Daraus ergaben sich Übereinstimmungen und Abweichungen darüber, wie sich Jugendliche und Erwachsene sehen. Es folgen nun einige der Ergebnisse:

1. Jugendliche und Erwachsene stimmen darin überein, leicht positive Meinungen von Teenagern zu haben.
2. Teenager neigen zur Idealisierung der Erwachsenen — d. h., sie haben wesentlich höhere Meinungen von den Erwachsenen als die Eltern.
3. Die Jugendlichen sehen einen relativ größeren Statusunterschied zwischen den Teenagern und den Erwachsenen als die Eltern.
4. Jugendliche glauben, daß der Durchschnitts-Erwachsene allgemein zur Geringschätzung der Teenager neigt. Sie glauben, daß Teenager unter einem allgemein schwachen Ansehen bei den Erwachsenen leiden.
5. Eltern glauben, daß Teenager die vereinzelte Neigung zur Unterbewertung der Erwachsenen haben. Sie meinen, daß die Erwachsenen von den Teenagern niedrige Bewertungen in bezug auf persönliche Beziehungen bekämen, jedoch genau beurteilt

werden in bezug auf nicht-zwischenmenschliche Aspekte der charakterlichen Reife.
6. Jugendliche glauben, daß sie von den Erwachsenen relativ genau eingeschätzt werden.
7. Eltern glauben, daß Teenager unrealistisch hohe Meinungen von sich selbst haben.
8. Jugendliche wie Eltern glauben, daß der Statusunterschied zwischen Teenagern und Erwachsenen von der anderen Gruppe in ungefähr demselben Maße verzerrt wird.

Typische Einstellungen von Jugendlichen sollten mit Vorsicht interpretiert werden. Zum einen werden die individuellen Unterschiede in allen Entwicklungsaspekten während der Oberschuljahre ausgesprochen. Dazu kommt, daß sich die Gelegenheiten und Methoden zum Ausdruck von Einstellungen erheblich unterscheiden können, selbst wenn die einzelnen gleiche oder ähnliche Einstellungen haben. Anders ausgedrückt und aus der Sicht des Lehrers heißt dies, daß das breite Bild typischer Jugendeinstellungen wahrscheinlich weniger wichtig ist als die bestimmten Einstellungen irgendeines Jugendlichen.

Wir besprachen bereits die Verschiebung des Einflusses auf Jugendliche von Erwachsenengruppen bis zu Gleichaltrigengruppen sowie die Vorbehalte, mit denen die typischen Jugendeinstellungen beurteilt werden sollten. Wichtig ist auch die Berücksichtigung des beträchtlichen Einflusses anderer Zeiten auf die Annehmbarkeit verschiedener Einstellungen. Von Generation zu Generation werden unterschiedliche Einstellungen möglich, annehmbar und evtl. sogar erwartet. Jugendlichen, die innerhalb ihrer Gleichaltrigengruppe den Erwartungen ihrer Generation ausgesetzt sind, fällt es schwer, die Ansichten der Erwachsenen, deren Bezüge bei einer früheren Generation liegen, anzuerkennen. In dieser Hinsicht dürften die Heranwachsenden tatsächlich zeitgemäßer sein als die Erwachsenen. Dafür gibt es zahllose Beispiele, von der Länge des Männerhaares, der Erwünschtheit rauchender Frauen, der Bekleidungsmode und dem Gebrauch von Kosmetika bis hin zu Einstellungen gegenüber Schwindel, Krieg, Regierung und Religion.

Andere Aspekte der Jugendeinstellungen betreffen die Konformität und den Idealismus. Die Gesellschaft erwartet von ihren Mitgliedern Konformität als Mittel zur Erhaltung der Stabilität und der Ordnung. Die Jugendlichen-Gleichaltrigengruppe neigt eher als die Erwachsenengruppe zu Intoleranz gegenüber Nonkonformismus. Das bedeutet, daß es dem Heranwachsenden schwer fällt, die Erwünschtheit von Einstellungen, die seine Gleichaltrigengruppe vertritt, zu leugnen. Sobald diese Einstellungen mit denen bedeutsamer Erwachsener, wie der Eltern oder

Lehrer aufeinanderprallen, dürfte der Heranwachsende Anpassungsschwierigkeiten und gestörte Einstellungen haben. Gleichzeitig neigt der Jugendliche dazu, sehr idealistisch zu sein. Er nimmt sehr leicht für sich selbst und andere hohe Ideale in Anspruch, so auch von seinen Eltern und Lehrern. Dabei ist es nicht ungewöhnlich, daß ein Heranwachsender intolerant gegenüber denjenigen ist, die seinen idealen Standpunkt nicht teilen.

In Anbetracht aller vorangegangenen Überlegungen kann man sagen, daß sich während der Jugend, wie in den Grundschuljahren, einige Einstellungen festigen und andere ändern. Eine Reihe von Repräsentativuntersuchungen über sich ausbildende Werte, Vorurteile, Religionsdogmatik und Schwindelei geben uns mehr Einblick in die Einstellungen der Jugendlichen. *Thompson* (1965) stellte einen Gegensatz zwischen traditionellen und aufkommenden Werten fest. Traditionelle Wertvorstellungen manifestierten sich als Erfolg bei der Arbeit, als Zukunftspläne, Unabhängigkeit von sozialen Zwängen und puritanischer Moral. Neu entstehende Wertvorstellungen wurden beschrieben als eine mehr auf die Gegenwart als auf die Zukunft ausgerichtete Lebensweise, soziale Bindungen, Konformität und weniger starre Moralbegriffe. Die Untersuchung umfaßte die Unter- und Oberstufe der Oberschule. Während eines Jahres konnte man nur geringe *Veränderungen* bei den einzelnen Schülern feststellen, bezüglich folgender Faktoren jedoch unterscheiden sich Schüler mit diesen gegensätzlichen Wertgruppen:

1. Mädchen erreichten in bezug auf Moral und soziales Verhalten bedeutend höhere Punktezahlen als Jungen, niedrigere jedoch bei Wertbegriffen des Erfolgs, der Konformität und der Konzentration auf die Gegenwart.
2. Schüler, die die Kirche besuchten, gleichgültig welchen Geschlechts, zeigten höhere Wertungspunkte bei der Moral und Unabhängigkeit als Schüler, die die Kirche nicht regelmäßig besuchten. Die Betonung der Zukunft war bei den Kirchgängern sehr stark; die Betonung auf die Gegenwart erhöhte sich mit abnehmendem Interesse der Schüler an der Kirche.
3. Oberschüler mit guten Noten neigten dazu, traditionelle Wertvorstellungen hochzuhalten und das Schwergewicht auf Erfolg in der Zukunft sowie Unabhängigkeit zu legen.
4. Schüler der Vorbereitungskurse für die Hochschule hatten traditionelle Werte.

Eine Untersuchung über die ethnischen Einstellungen während der Oberschuljahre zeigt Entwicklungen zwischen dem Alter von 13 und 14 sowie 17 und 18 Jahren (*Wilson*, 1963). Tabelle 14.1 zeigt das durchschnittliche Niveau der Einstellungen dreier Altersgruppen, die eine Vorortsschule nahe der amerikanischen Stadt Boston besuchten. Ein niedriger Wert weist auf eine positivere Einstellung hin, ein hoher Wert auf eine mehr negative Einstellung. Die Einstellungen gegenüber Juden und Negern verbesserten sich mit zunehmendem Alter. Die Einstellungen gegenüber den Südstaatlern hingegen verschlechterten sich; diese Veränderung hing offensichtlich mit den Ereignissen in den Südstaaten in den frühen 60er Jahren zusammen. Die Einstellungen unter den Jungen (in der Tabelle nicht aufgeführt) schwankten in jungem Alter mehr als in hohem. Die von allen Gruppen und Altersstufen erreichten Durchschnittswerte waren weder überaus positv noch überaus negativ in bezug auf die Einstellungen gegenüber ethnischen Gruppen.

Tabelle 14.1 *Durchschnittliches Einstellungsniveau bei verschiedenen Altersgruppen.*

	Alter		
	13—14 (h = 317)	15—16 (h = 150)	17—18 (h = 150)
Meinung über Juden	31,4	31,7	29,9
Meinung über Neger	32,7	32,5	31,7
Meinung über Südstaatler	31,7	33,4	33,7

Hebron und *Ridley* (1965) stellten die Einstellungen von Jungen aller Altersstufen, die in Tests über Vorurteile hohe Punktezahlen erreichten, denen, die niedrige Punktezahlen erreichten, gegenüber. Zwei Faktoren wurden dabei als überaus bezeichnend für die Unterschiede dieser beiden Gruppen erachtet. Die Jungen mit starken Vorurteilen zeigten eine übertrieben hohe Einschätzung von sich selbst, von ihren Freunden und ihrem sozialen Status. Ihre Ansichten über sich selbst waren unrealistisch, verzerrt und stützten sich nicht auf objektive Tatsachen. Auch waren sie äußerst ängstlich und unsicher. Die Jungen mit den geringsten Vorurteilen hatten auch ein Selbstbild von sich, die mit ihrer sozialen Stellung übereinstimmte. Sie waren relativ sicher und lebensfroh.

Die Religion spielt im Leben des Heranwachsenden bei der Formulierung von Wertvorstellungen und Verhaltensweisen fortgesetzt eine überaus wichtige Rolle. Ein verstärktes religiöses Interesse mit einer Auflehnung gegen traditionelle Dogmen ist eng mit dem Jugendalter verknüpft. Eine Untersuchung über Dogmatismus in der Religion und in anderen Bereichen (*Anderson*, 1962) bei den 8., 10., 12. und 13. Klassen ließ mit zunehmendem Alter zunehmend dogmatischere Einstellungen erkennen. Außerdem ergaben sich Anhaltspunkte dafür, daß der Vorzug einer persönlichen Religion gegenüber einer institutionalisierten charakteristisch für die heutige Jugend ist (*Shepherd*, 1966).

Die Einstellungen gegenüber der Schwindelei bei den Schularbeiten waren bei Schülern mit hohem Schulalter unterschiedlich (*Eames* u. a., 1965). Die Mehrheit (60 %) verurteilte das Abschreiben von Schulaufgaben, 36 % sanktionierten Abschreiben als Ausgleich für schlechten Unterricht, 33 % hielten es für richtig, solange man nicht erwischt werde, und 33 % hielten Noten für wichtiger als Ehrlichkeit. Es scheint, als ob sich das Schuldempfinden beim Abschreiben verringert, obwohl die Mehrzahl der Heranwachsenden heutzutage das Abschreiben in der Schule im Prinzip verurteilt. Bei einer 1966 durchgeführten Untersuchung an Oberschülern und Studenten ließen 96 % das Abschreiben bei Schulaufgaben zu (*Shepherd*, 1966).

14.2.3 Studienjahre

Durch die hohe Zahl an Studierenden wird es immer wichtiger, die Entwicklung der Einstellungen vom Studienbeginn bis zum Studienabschluß zu erkennen und zu berücksichtigen. Während der Studienjahre verläuft die Entwicklung der Einstellungen ähnlich wie in den Oberschuljahren, lediglich die Trends treten stärker zu Tage. Veränderungen in den Einstellungen der Studenten sind immer noch mehr auf Einflüsse von Gleichaltrigen-Bezugsgruppen zurückzuführen als auf Einflüsse der Fakultäten und Institutionen. Die Studenten zeigen größeres Interesse daran, was sie als wichtig für ihre Altersgenossen und Kommilitonen erachten als daran, was für die Institution nützlich ist. Tatsächlich haben zahlreiche studentische Aktivisten die Institutionen direkt angegriffen durch Demonstrationen, Proteste, Hausbesetzungen und andere Versuche, die Institutionen zu zerschlagen, zum Zwecke der Aufklärung über Probleme der Umweltverschmutzung, des Krieges, der Disziplin, der Farbigen-Studienprogramme, der Fakultätsernennungen und -Entlassungen, des Militärdienstes und der allgemeinen Führungspolitik der Universität. Unter erheblichem persönlichen Risiko scheinen diese Studenten fest entschlossen zu sein, die Institutionen aufgeschlossener gegenüber neuen und unterschiedlichen Auffassungen und Werten zu machen. Wahrscheinlich repräsentieren die studentischen Aktivisten die Hochschulstudenten allgemein. Tabelle 14.2 bietet einige Zahlen, die dieser Ansicht Nachdruck verleihen (zumindest im Zusammenhang mit kognitiven Fähigkeiten).

Wenn man bedenkt, daß es bei Hochschülern und Studenten individuelle Unterschiede hinsichtlich der Konformität, des Idealismus und des Einflusses der Gleichaltrigen als Bezugsgruppen gibt, so müssen wir einige Repräsentativuntersuchungen über Einstellungen und Wertbegriffe bei Hochschülern hinzuziehen.

Lehmann (1963) testete mehr als 1 000 Hochschüler im ersten Semester und später im Abschlußsemester in bezug auf ihre Fähigkeit zu kritischem Denken, ihre Neigung zu Dogmatismus, ihre Akzeptierung traditioneller Moralbegriffe und ihre religiö-

Tabelle 14.2 *Verteilung der Punktezahlen für wissenschaftliche Befähigung.*

	Verbal		Quantitativ	
Punktezahl	Aktivisten (%)	Gesamt (%)	Aktivisten (%)	Gesamt (%)
750—800	11	13	15	13
700—749	33	26	22	24
650—699	30	25	28	24
600—649	13	18	22	19
550—599	11	12	4	12
500—549	2	4,5	9	5
unter 500	0	1,5	0	3

Anmerkung: Für die gesamte Gruppe (Gesamt) war n = 700; für die Aktivisten war n = 46.
Quelle: Schwab, 1969, S. 32. Copyright c 1969 The University of Chicago.

sen, sozialen und politischen Ansichten. Während der 4jährigen Dauer der Untersuchungen verbesserten sich männliche wie weibliche Testteilnehmer in ihrer Fähigkeit zu kritischem Denken und ihrer Bereitschaft zur Annahme neuer Vorstellungen. Sie wurden zunehmend weniger dogmatisch und neigten weniger zu stereotypen Denkschemen. Sie maßen traditionellen Moralbegriffen nicht mehr so viel Wert bei. Die Abweichungsquote in den Einstellungen war am Ende des Jahres größer als zu Beginn des ersten. Es scheint wahrscheinlich, daß diese verstärkten Schwankungen aus dem Grunde auftraten, da doch manche Studenten an ihren Einstellungen festgehalten hatten, obwohl sich andere wiederum von ihren früheren Einstellungen gelöst hatten.

Huntley (1965) beschäftigte sich mit Veränderungen in den Werten während der ersten 4 Studienjahre; seine Untersuchung deckte mehr als 1 000 männliche Studenten ab. Einstellungen und Interessen wurden an allgemeinen theoretischen Problemen, an Problemen der Wirtschaft, der Ästhetik, der sozialen Bindungen, der Politik und der Religion gemessen. Studierende der Geisteswissenschaften erreichten als Studienanfänger überdurchschnittlich hohe Bewertungen in Wertbegriffen der Theorie, der Ästhetik und der Religion sowie unterdurchschnittliche Bewertungen in der Wirtschaft und den sozialen und politischen Wertbegriffen. Als Studenten der höheren Semester erreichten sie die höchstmöglichen Bewertungszahlen in der Ästhetik und verbesserten sich in der Politik. In den anderen Gebieten schnitten sie schlechter ab, insbesondere in Wirtschaft und Religion. Studierende der Sozialwissenschaften veränderten sich nur in zwei Hinsichten: Sie maßen der Ästhetik größeren Wert und der Religion geringeren Wert bei.

Studenten an der Hochschule weisen eine weniger ethnozentrische Ideologie, d. h. Neigung zur Verherrlichung der angehörenden Gruppe auf, als Oberschüler. Während der 4jährigen Hochschulzeit veränderten sich die Männer weniger als die Frauen bezüglich dieser Neigung. Am Ende der ersten zwei Hochschuljahre wiesen die Frauen in geringerem Maße ethnozentrische Einstellungen als die Männer auf. Dabei spielt auch die Mitgliedschaft bei einer Studentenschaft keine Rolle. Außerdem steht Intelligenz in keinem Zusammenhang mit Ethnozentrismus (*Plant*, 1958 a, b).

In einer weiteren Studie wurden die Einstellungsveränderungen während der Hochschuljahre, die Einstellungen der Studenten im ersten sowie im letzten Semester gegenüber der Religion gemessen (*Hites*, 1965). Die Veränderungen zeigten im großen und ganzen einen Trend von Akzeptierung bis geringfügige Akzeptierung; beispielsweise die Anzahl der Antworten mit »richtig« auf Aufgaben wie »Für ein sinnvolles Leben ist der Glaube an Gott notwendig«. Darüber hinaus konnte man einen Trend von einer mehr oder weniger schriftgetreuen Religionsinterpretation hin zur Erkenntnis der Notwendigkeit der Religion, sich ständig zu ändern, wenn sie eine echte Hilfe für die Lösung der Generationsprobleme sein soll, erkennen. Schließlich gab es eine Veränderung in Richtung einer naturalistischeren (und psychologischen) Interpretation der Welt, und, obgleich die Vorstellung von der Unsterblichkeit nicht vollkommen aufgegeben wurde, nahm der Glaube daran zu. Selbstverständlich haben die Veränderungen eine liberalistische Tendenz.

Dieser Überblick über Repräsentativuntersuchungen zeigt ganz folgerichtig auf, daß im Laufe der Studienjahre Veränderungen in den Einstellungen auftreten. Im allgemeinen zeichnen sich die Veränderungen durch große Verschiebungen in den Einstellungen und einer Bewegung in Richtung freiheitlicher Einstellungen aus.

14.5 Haben sich einige Ihrer stärksten Einstellungen und Wertauffassungen seit Ihrem Eintritt in die Oberschule verändert? Wie kam es dazu? Welche blieben unverändert und warum?

14.6 Glauben Sie, daß die Einstellungen und Werte der Oberschü-

ler heutzutage denen ähnlich sind, die von Ihnen und Ihren Klassenkameraden in der selben Situation vertreten wurden? Wenn nicht, in welcher Hinsicht unterscheiden sie sich dann von ihnen?

14.7 Was ist mit einem »Generationskonflikt« in bezug auf Einstellungen und Werte gemeint? Kann man gültig behaupten, daß es einen solchen gibt und in welchem Sinne? Kann er überbrückt werden und auf welche Weise?

14.8 Können Sie allgemeine Angaben über die Einstellungen und Werte der heutigen Studenten machen? Wenn ja, wie würden Sie sie beschreiben? Paßt diese Beschreibung auch auf Sie?

14.9 In welcher Beziehung haben Sie sich während Ihrer Studienzeit Ihren Kommilitonen angeglichen? In welcher Hinsicht sind Sie anders geworden?

14.3 Prinzipien für die Vermittlung von Einstellungen

7 Prinzipien und Unterrichtsanweisungen werden nun in derselben Art und Weise dargestellt wie in den vorangegangenen 5 Kapiteln. Diese Prinzipien und Anweisungen sind nicht nur auf die Klasse der affektiven Ergebnisse, die wir besprachen, — Geschmacksrichtungen, Einstellungen und Werte —, anwendbar, sondern auch auf andere Ergebnisse mit einer starken affektiven Komponente — Interessen und Motive. Wir könnten den Begriff »Einstellungen« durch jeden dieser 4 weiteren Begriffe ersetzen.

Die Prinzipien und Unterrichtsanweisungen implizieren nicht, daß ein Lehrer äußerst direktiv vorgehen sollte und die gesamte Verantwortung der Entscheidungen über das Lernen von Einstellungen auf sich nehmen sollte. Vielmehr kann der Lehrer auch sehr effektiv sein, wenn er als Leiter und Organisator wirkt. Tatsache ist, daß sich die Schüler in vielen Situationen, beginnend im Kindergarten bis zur Hochschule bei der Anwendung der Prinzipien beteiligen sollten.

Das gründliche Studium der Prinzipien läßt erkennen, daß die mittleren 5 einer Lern- und Instruktionssequenz folgen, die sich von anfänglicher Aneignung bis hin zur Anwendung erstreckt. Das erste Prinzip wurde deshalb mitaufgenommen, weil die Schulen bis jetzt noch keine angemessene Rolle bei der Erziehung in Einstellungen übernommen haben. Die meisten Schulen haben festgelegte Programme in Mathematik, Fremdsprachen und anderen Fächern, jedoch keine annähernd ähnlichen Programme für die Entwicklung von Einstellungen. Das letzte Prinzip wurde aufgenommen, um den einzelnen bei der Modifizierung ihrer eigenen Einstellungen zu helfen. Die Anweisungen sollen nun im Detail besprochen werden.

PRINZIP	UNTERRICHTSANWEISUNG
1. Vermittlung und Lernen von Einstellungen beginnt — wie andere Lernergebnisse — mit klaren Lernzielen.	1. Identifizieren Sie die zu unterrichtenden Einstellungen.
2. Verinnerlichung von Modellverhalten erfolgt bei einem aufgeschlossenen, reagierenden Beobachter durch Imitation.	2. Stellen Sie exemplarische Modelle dar.
3. Die Festigung der Einstellungen durch positive Verstärker erfordert die Kontiguität von Reaktion und Stärkung und die Verknüpfung von angenehmen Erfahrungen mit der verstärkten Reaktion.	3. Sorgen Sie für angenehme emotionale Erfahrungen mit Einstellungsobjekten.
4. Das Erkennen von Informationen und produktives Denken modifiziert Einstellungen unterschiedlich und der Stärke der Einstellung entsprechend.	4. Erweitern Sie informative Erfahrungen.
5. Die Interaktion in Gruppen bietet die Möglichkeit zur Prüfung und Zustimmung gegenüber Verhaltensweisen, die in Einklang mit den Vorstellungen der Gruppe stehen.	5. Wenden Sie Gruppenverfahren zur Erleichterung der Aufnahme an.
6. Die praktische Anwendung einer Einstellung in relevanten Situationen unterstützt einen stabilen Aufbau.	6. Sorgen Sie für angemessenes Üben.
7. Der Erwerb und Modifizierung persönlicher Einstellungen kann von einem Individuum durch zielgerichtetes Lernen aufgenommen werden.	7. Fördern Sie das selbständige Kultivieren von Einstellungen.

14.3.1 Identifizieren Sie die zu vermittelnden Einstellungen

Unsere Gesellschaft enthält zu jeder Zeit eine Vielfalt von Einstellungen und Werten; die schnell ändernden Zeiten produzieren außerdem ständig Einstellungen und Werte, die zu anderen Zeiten unannehmbar waren und nun allgemein anerkannt werden. (Bedenken Sie beispielsweise die veränderten Einstellungen gegenüber in der Öffentlichkeit rauchenden Frauen oder die während des II. Weltkriegs und kurz danach vorherrschenden Gefühle gegenüber Deutschland und Japan.) Aus diesem Grunde ist es nicht überraschend, daß soviel Verwirrung herrscht, *welche* Einstellungen gelehrt werden sollen.

Ein weiteres Problem der Identifizierung der in den Schulen zu unterrichtenden Einstellungen und Werte stellt sich im folgenden so dar:

> Was die Menschen schwieriger verstehen und bewältigen können ist die Wertlücke zwischen der Schule und dem Schüler. Das liegt zum einen Teil daran, daß die Werte, die der Schüler lernen sollte, im Curriculum der Schule nicht so klar herausgearbeitet und festgelegt sind wie das lernende Wissen und die Fertigkeiten, und zum anderen, weil es zwischen den Eltern und der Schule feine und weniger feine Wertunterschiede gibt. In den Bereichen, wo sich Eltern und Schulen voneinander unterscheiden, findet eine Konkurrenz zwischen den Eltern und dem Lehrer statt, die andererseits in den Bereichen des Wissens und der Fertigkeiten nicht existiert. Der weniger gebildete Elternteil erkennt, daß der Lehrer besser lesen, buchstabieren und die Arithemtik und Geschichte beherrschen kann und erwartet, daß der Lehrer dem Kind dabei hilft, eine bessere Bildung als er selbst zu erlangen. So ganz klar erkennt er dabei jedoch nicht, daß sein Kind mit Hilse der Schule ihm in bestimmten Werten überlegen werden könnte. (Havighurst, 1966, S. 47)

Tatsächlich werden unsere Schulen oft kritisiert, Werte der Mittelklasse auf Kosten anderer Wertorientierungen zu unterstützen. Allerdings herrscht keine allgemeine Übereinstimmung darüber, was Werte der Mittelklasse überhaupt sind. *Havighurst* (1960) beispielsweise behauptet, daß bestimmte Werte, die die amerikanischen Schulen unterrichten müssen, um bei den Schülern Erfolg zu haben, keine sozialen Klassenwerte, sondern Werte darstellen, die für das Funktionieren einer urbanen, demokratischen Industriegesellschaft erforderlich sind. Diese Werte (ausführlicher in Kapitel 6 besprochen) sind: Pünktlichkeit, Ordnungsliebe, Konformität gegenüber Gruppennormen, Streben nach beruflicher Karriere auf der Grundlage von Fachkenntnissen und Wissen, Wunsch nach stabilem Familienleben, Zurückhaltung aggressiver Impulse, rationales Angehen einer Problemsituation, Freude am Studium und Wunsch nach Freiheit für sich selbst und andere.

Die Schulen verfügen weder über eine zusammenhängende und effektive Zusammenstellung von Werten, noch führen sie eine geeignete Mittlerrolle bei der Unterstützung wünschenswerter Einstellungen und Werte aus. Viele werden *Havighurst* beipflichten, wenn er behauptet, daß die meisten Leute die Schule unterstützen würden, wenn sie ein explizites Erziehungsprogramm in einer bestimmten Reihe von Werten vorlegen würde und sich selbst für die Aufgabe organisieren würde. Die Identifizierung der zu unterrichtenden Einstellungen ist zwar schwierig, jedoch keine »Missionsarbeit in einem wertfeindlichen Gebiet«. Vielmehr gilt es, diejenigen Einstellungen und Werte zu identifizieren, die den jungen Menschen umfassend auf das Leben in einer urbanen, demokratischen Industriegesellschaft vorbereiten – Werte, die den Menschen aller sozioökonomischen Schichten gemeinsam sind. Obwohl dies Probleme mit sich bringt, können die Schulen zur expliziten und positiven Unterrichtung dieser Werte organisiert werden, und zwar vom Kindergarten ab bis hin zu den höheren Hochschulsemestern.

Betrachten wir die von *Havighurst* angeführten Werte. Wenn eine Gruppe von Lehrern, Assistenten und Eltern sie diskutieren würde mit dem Ziel, ein Programm zu ihrer Unterrichtung zu entwickeln, so würden sofort Definitionsprobleme auftauchen. Auch nach einer Bedeutungserklärung würde zweifellos Uneinigkeit über die *Anwendung* der Werte auf tägliche Situationen sowie über Verhaltenskriterien herrschen, die zur Beurteilung der Wirksamkeit ihrer Aneignung verwendet werden könnten. Diese Arbeit ist jedoch notwendig, wenn die Schule ein zusammenhängendes und organisiertes Programm auf dem Gebiet der Werterziehung aufbauen möchte.

Ist man sich über die Werte einmal im klaren, wie sollen sie dann unterrichtet werden? Zur Diskussion dieser Frage beschreibt *Havinghurst* zwei Kulturen der Schule. Die *instrumentale* Kultur umfaßt die Aktivitäten, die zu den Kenntnissen, Fertigkeiten und Werten führen, die als Erziehungslernziele erachtet werden. Die expressive Kultur meint die Aktivitäten, an denen Schüler und Lehrer zum Zwecke der Tätigkeit als solcher teilnehmen, wie z.B. Freizeitspiele, Mittagessen usw. Die expressive Kultur ist besonders wichtig für die

Unterrichtung von Werten, da die meisten Schüler in der expressiven Kultur erfolgreich sein können und kein expliziter Wettbewerb wie bei der instrumentalen Kultur herrscht. Ein Schüler kann so lernen, die Schule zu mögen und Pünktlichkeit und anpassendes Verhalten durch erfolgreiche Teilnahme an der expressiven wie an der instrumentalen Kultur hochzuhalten. Auch können die Eltern im allgemeinen in die expressive Kultur miteinbezogen werden und somit einige der schulischen Werte lernen. (Havighurst, 1966, S. 52)

Zusammenfassend kann gesagt werden, daß es nicht Aufgabe der Schulen ist, eine Serie feindlicher Werte zu überwinden, sondern diejenigen Werte zu identifizieren, die wünschenswert sind, und Schülern mit wirren und unentwickelten Werten dabei zu helfen, ihre eigenen Werte zu klären und wirksam auf die Realisierung der erwünschten Werte hinzuarbeiten. Dies muß für die Schulen und Lehrer keineswegs ein negativer Kampf sein; vielmehr sollte es eine positive Kooperation sein. Die folgenden 6 Prinzipien und Anweisungen dürften bei der Erreichung dieser positiven Ergebnisse hilfreich sein.

14.3.2 Stellen Sie exemplarische Modelle dar

Die psychologischen Erklärungen hinsichtlich der Frage, auf welche Weise ein Beobachter sozial positive oder negative Verhaltensweisen und Einstellungen durch Modellverhalten annimmt, wurden in Kapitel 2 in Zusammenhang mit den Wirkungen der Imitation diskutiert. Wir wiesen darauf hin, daß die in den Schulen dargebotenen (oder nicht dargebotenen) wirklichkeitsnahen, symbolischen und repräsentativen Modelle auf die Schüler einen bemerkenswerten Effekt haben.

Die Bedeutung modellhafter oder exemplarisch identifizierender Charakter und ihr Einfluß auf das Verhalten lassen sich gut an der modernen Werbung, insbesondere im Fernsehen erkennen. Eine beliebte Methode ist, wenn das Produkt von einer Person gepriesen wird, die auf breite Schichten eine sympathische Ausstrahlung hat und so als Identifikationsperson dient. Andere Methoden assoziieren Prestige mit dem Produkt: »Wissenschaftler haben herausgefunden ...«, »vier von fünf Ärzten empfehlen ...«, »Wer denkt, kauft ...«. Der Aufruf ist so persönlich und impliziert, daß es dem Käufer besser gehen wird, wenn er das Produkt kauft, weil er dann so wie der Anpreisende oder Empfehlende sein wird.

Bevor wir uns mit den Implikationen für die Schule befassen, wollen wir darauf hinweisen, daß auch das Gegenteil einer Identifikation, nämlich eine *Ablehnung*, erfolgen kann. Das Modell, mit dem man sich identifiziert, muß dem Beobachter oder Individuum Befriedigung, Belohnung, gute Gefühle und eine bessere Sachlage verschaffen. Ein Kind kann sich beispielsweise gegen einen Elternteil oder einen Lehrer verweigern, wenn es fühlt, daß ihm der Erwachsene keine Befriedigung, d. h. Hilfe bei der Überwindung von Schwierigkeiten sowie Liebe und Verständnis bietet.

In Anbetracht der vorangegangenen Diskussion scheint es ziemlich selbstverständlich, daß die Schule die Effektivität zweier überaus wichtiger Aspekte seiner Programme zur Schaffung exemplarischer Modelle, nämlich der Lehrer selbst und der Unterrichtsmaterialien, bestimmt. Leider waren die Schulen bis jetzt bei der Schaffung von Modellen auf eine der beiden Arten nicht sehr erfolgreich.

Den Lehrern ist es allzu oft nicht gelungen, sich selbst als mögliche Identitätsperson für die Schüler zu betrachten. Besonders an der Grundschule (aber auch auf allen Stufen der Oberschule), verfügen die Lehrer über kein bedeutendes Identitätspotential. In Wirklichkeit wird der Lehrer zu Hause als Autorität betrachtet und vom Kind in Gesprächen mit den Eltern zitiert. Die Jungen hingegen haben besondere Schwierigkeiten, in der Grundschule Modelle zu finden, da sie hauptsächlich von weiblichen Lehrkräften unterrichtet werden; etwa 85 % der Grundschullehrer sind Frauen (N.E.A., 1967). Zum Glück ist das Verhältnis in den weiterführenden Schulen besser; hier sind etwa 54 % der Lehrkräfte Männer und 46 % Frauen (N.E.A., 1967). Außer einem gleichmäßigeren Geschlechterverhältnis würde ein größeres Spektrum an Lehrerpersönlichkeiten, verschiedene Persönlichkeitstypen repräsentierend, die Möglichkeit für die Schüler erhöhen, einige Lehrer zu finden, mit denen sie sich identifizieren können. Natürlich spricht jeder Lehrer bestimmte Schüler mehr an als andere.

Das Geschlecht des Lehrers ist ein objektives Attribut, das bei der Auswahl des Lehrkörpers ohne weiteres in Betracht gezogen werden kann. Andere, nicht greifbare Attribute sind zwar ebenso bedeutend, jedoch schwieriger vorauszusagen oder zu bestimmen. In Kapitel 7 führten wir einige der Bezeichnungen an, mit denen die erfolgreichsten und am meisten bewunderten Lehrer versehen wurden. Darunter zählt warm, strebsam, freundlich, fröhlich, umgänglich, interessant, gescheit, geschäftig usw. Erinnern Sie sich an die Lehrer, die Sie am meisten bewunderten. In welchem Maße bewunderten Sie sie aufgrund der eben erwähnten Charakteristika? Es ist sehr wahrscheinlich, daß Lehrer mit diesen Charakteristika ein größeres Potential als Identitätspersonen haben und so in der Lage sind, die Einstellungen der Schüler in gesunde, wünschenswerte Richtungen zu lenken. Ebenso wahrscheinlich ist es, daß ein Lehrer, dem diese Eigenschaften fehlen, vom Schüler abgelehnt wird. Der Schüler wehrt sich damt nicht nur gegen den Lehrer, sondern auch gegen die mit dem Lehrer und der Schule assoziierten Einstellungen und Werte.

Auch die in der Schule verwendeten Unterrichtsmaterialien bedürfen einer sorgfältigen Prüfung. Ebenso wie ein ungenügend weites Spektrum an Lehrerpersönlichkeiten können auch Unterrichtsmaterialien u. U. keinen adäquaten Bereich an Identitätsmodellen schaffen. Die hauptsächlichen Lehr- und Bibliotheksbücher, einschließlich der Literatur und Biographien, sind oft für viele Schüler unangemessen, da die möglichen Identitätscharakter zu unrealistisch gezeichnet sind, um als exemplarisches Modell zu dienen. Außerdem beschreibt ein verhältnismäßig großer Teil der Schulliteratur die Lebensweisen eines nur kleinen Ausschnitts der Gesamtbevölkerung. Sie ist also nicht repräsentativ für die familiäre und häusliche Situation, aus der die Kinder kommen, oder die Berufe und Erfolge, die sie als Erwachsene haben werden. Zu oft wird auch die Leistung überbetont. In vielen Büchern ist der Held so großartig und erfolgreich und die äußeren Umstände so verschieden vom Alltagsleben, daß ihn viele Jungen nicht imitieren können und werden. Heldinnen werden im allgemeinen als 2 Typen gezeichnet – äußerst strebsam und überaus erfolgreich oder äußerst gutmütig und liebevoll und weniger fleißig. Viele Mädchen werden keinen der beiden Typen imitieren.

Das Lesematerial sollte gründlich geprüft werden im Hinblick auf die dargebotenen Einstellungen und Werte. Wieviele Geschichten oder Biographien sind beispielsweise von Männern vorhanden, die durch Siege im Krieg berühmt geworden sind im Vergleich zu Männern, die beharrlich für den Frieden gearbeitet haben? Wieviele gibt es von Männern, die Leiter von Arbeiterverbänden, Lehrer oder Minister waren? Wieviele sind von Männern vorhanden, die Größe erlangt haben und aus einem wohlhabenden sozialen Milieu stammen verglichen mit solchen aus armem Milieu? Und wieviele gibt es von Frauen, die auf dem Gebiet des Theaters, der Literatur und der Musik Berühmtheit erlangt haben verglichen mit solchen, die eine erfolgreiche Karriere als Lehrerinnen, Stenographinnen oder Heimarbeiterinnen gemacht haben?

14.3.3 Sorgen Sie für angenehme emotionale Erfahrungen mit Einstellungsobjekten

Das Prinzip, das Freude machen soll, kommt besonders stark beim Lernen von Einstellungen zum Tragen. Wünscht ein Lehrer, daß die Kinder eine positive Einstellung gegenüber der Schule entwickeln, so wird er das Klassenzimmer zu einer angenehmen, attraktiven und gemütlichen Stätte machen. Gutes persönliches Auftreten, d. h. wenn er Wärme und guten Willen gegenüber den Schülern zeigt, Interesse am Lehrfach selbst zeigt und es jedem Schüler ermöglicht, Erfolg mit einigen schulischen Lernaufgaben zu erfahren, trägt alles dazu bei, daß die Schule und der Schultag für die Schüler zu einer angenehmen emotionalen Erfahrung wird. Erinnern Sie sich, daß in Klassen mit Lehrern, die weniger Lob und Ermunterung spenden, ein größerer Abfall positiver Einstellungen zu verzeichnen ist als in Klassen mit Lehrern, die den Schülern mehr Lob und Ermunterung zollen (*Flanders, Morrison & Brode,* 1968). Die Einstellungen der Schüler gegenüber dem Lehrer und den Lernveranstaltungen stehen mit dem Verhalten des Lehrers in Beziehung. Die Komplexität unterschiedlicher Schüleraktionen auf Lehrer wird wahrscheinlich durch zugrundeliegende Zusatzfaktoren verursacht. *Goldberg* (1968) weist darauf hin, daß diese Zusatzfaktoren die Wahrnehmungen der Schüler in bezug auf die Verhaltensweisen der Lehrer und ihr darauf folgendes Lernverhalten in der Schule beeinflussen. In dieser Untersuchung nahmen Schüler, die als »sehr zwanghaft« klassifiziert worden waren, Lehrer als weniger autoritär wahr als »weniger zwanghafte« Schüler. Die stark zwanghaften Schüler leisteten weniger, wenn der Lehrer als nicht-autoritär empfunden wurde. Die weniger zwanghaften Schüler leisteten mehr, wenn der Lehrer als nicht-autoritär empfunden wurde.

Da die Aneignung und Veränderung von Einstellungen auch Veränderungen der Gefühle mit sich bringt, sollten sich die Lehrer und alle übrigen, die die Entwicklung positiver Einstellungen erleichtern möchten, angenehmer emotionaler Anreize bedienen. Jede emotionale Erfahrung eines Individuums hat mit großer Wahrscheinlichkeit auch Wirkungen auf sein Einstellungsverhalten. Emotionale Anreize durch lebensnahe Situationen, Filme und Lesematerialien produzieren die Identifikationsreaktionen in einem Beobachter, die er haben würde, wenn er selbst die Emotion erfahren würde. Eine Person zuckt beispielsweise, wenn sie jemand dabei beobachtet, wie sie ihre Zehe anstößt oder sich schneidet.

Es sei jedoch zu einer gewissen Vorsicht geraten. Ein zu starker emotionaler Anreiz kann zu unvorhergesehenen und unerwünschten Wirkungen führen – insbesondere dann, wenn Angstdrohungen oder starke negative emotionale Anreize erfolgen. Beispielsweise versuchte man, Oberschüler durch Hinweise auf die schädigenden Wirkungen schlechter Zahnpflege positiv in diese Richtung zu beeinflussen. Zwei Vergleichsgruppen wurden ähnliche Informationen gegeben, jedoch mit abgestuften emotionalen Angstanreizen. Die anschließende Befragung der Schüler über ihre Zahnputzgewohnheiten ergab abnehmend gute Gewohnheiten bei Schülern, denen wenig emotionaler Anreiz gegeben wurde, bis hin zu solchen, bei denen ein starker emotionaler Anreiz angewendet wurde.

Ein zu starker emotionaler Anreiz verursacht offensichtlich beim Individuum eine Ablehnung des Versuches, seine Einstellungen zu ändern. Die Faktoren, die mit den Eigenschaften von Individuen mit mehr oder weniger großer Neigung, intensive, anhaltende emotionale Anreize anzunehmen und sich ihnen anzupassen, in Beziehung stehen, sind noch unbekannt. Es scheint jedoch, daß der Gebrauch leicht angenehmer emotionaler Erfahrungen und Anreize in Verbindung mit Einstellungsobjekten zu einer wünschenswerten Einstellungsannahme und Modifizierung führt.

14.3.4 Erweitern Sie informative Erfahrungen

Lassen Sie uns die Rolle der Informationen bei der anfänglichen Annahme von Einstellungen betrachten. Der Begriff *Information* umfaßt alle Erfahrungsquellen mit einem Einstellungsobjekt. Informationsquellen gibt es viele; sie umfassen direkte Erfahrungen mit Personen, Vorstellungen und Objekten, das Lesen von Büchern und anderem Druckmaterial, Radiohören, Fernsehen, das Betrachten von Filmen usw. Auch wenn Informationen bei der anfänglichen Aneignung von Einstellungen überaus nützlich sind, sollte man nicht vergessen, daß sie nicht völlig determinierend sind. Neue Einstellungen auf der Grundlage von Informationen werden im allgemeinen im Zusammenhang mit anderen schon existierenden Einstellungen gebildet, und zwar so, daß sie mit diesen schon existierenden Einstellungen vereinbar sind.

Die Wirkung informativer Erfahrungen auf die Entwicklung von Einstellungen hängt davon ab, ob das Individuum bereits eine Einstellung gegenüber dem Einstellungsobjekt hatte. Es ist nicht überraschend, daß informative Erfahrungen am wirksamsten sind, wenn das Individuum keine fest begründete Einstellung hat. In einem solchen Fall wird die Einstellung des Individuums von der Information, der es ausgesetzt ist, geformt und die anfängliche Aneignung erleichtert. Wenn das Individuum bereits eine fest begründete Einstellung besitzt, ist die Rolle der Information auf die Einstellungsmodifizierung komplexer. Der Einfluß zusätzlicher Informationen auf die Richtung und den Grad der Einstellungsveränderung ist eine Funktion der Situationsfaktoren und der Quelle, des Mediums, der Form und des Inhalts der Information (*Krech* u. a., 1962).

Direkte Erfahrungen mit Einstellungsobjekten als Informationsquelle erweisen sich als höchst wirksam bei der anfänglichen Einstellungsaneignung wie auch bei der Einstellungsmodifikation. Eine mögliche Schwierigkeit bei der Vorbereitung solcher direkter Erfahrungen besteht darin, daß unangenehme Emotionen gefördert und unerfreuliche Informationen gesammelt werden können. Direktere Kontakte zwischen Schwarzen und Weißen können entweder positive Einstellungen oder stärkere Vorurteile zur Folge haben.

Bezüglich des Einflusses zusätzlicher Informationen auf bereits bestehende Einstellungen ist zu beachten, daß situationsbedingte Faktoren, Quelle, Medium, Form und Inhalt der neuen Information alle die Richtung und den Grad der Einstellungsveränderung beeinflussen. Die Mehrzahl der *Situationsfaktoren* beziehen sich auf informative Erfahrungen innerhalb der Gruppe, im Gegensatz zu individuellen. Diese Faktoren sollen im folgenden Abschnitt diskutiert werden. Es soll jedoch schon hier darauf hingewiesen werden, daß die Bereitschaft zur Einstellungsänderung ein höchst effektiver Situationsfaktor ist. Wenn sich eine Person öffentlich zur Änderung einer Einstellung verpflichtet, wird sie weniger wahrscheinlich zu der Einstellung zurückkehren, die sie vor der Informationsdarbietung innehatte. Allgemein erwies sich öffentliche Verpflichtung als ein effektives Einstellungsänderungsverfahren. Eine nicht öffentlich erfolgte Entscheidung zur Einstellungsänderung hingegen erwies sich als unwirksam (*Hovland, Harvey & Sherif*, 1957).

Wie im Falle der anfänglichen Aneignung ist die *Quelle* der Information wesentliche Determinante der Effektivität der Einstellungsänderung. Entscheidend ist, wer was sagt. Zu den hinreichenden Merkmalen einer effektiven Information zählen die Wahrnehmungen des Individuums über ihre Attraktivität und Glaubwürdigkeit. Handelt es sich bei der Informationsquelle um eine Person, so sind auch deren Gruppenbindungen von Bedeutung. Ein Individuum wird eher dazu neigen, seine Einstellungen als Ergebnis neuer Informationen zu ändern, wenn es die Informationsquelle für vertrauens- und glaubwürdig hält, wenn die Quelle für das Individuum attraktiv ist, wenn sich die Quelle mit der bereits bestehenden Einstellung vereinbaren läßt, und wenn die Gruppenbindungen der Quelle denen des Individuums ähnlich sind. Der vorher erwähnte Generationskonflikt, an dem junge Leute festhalten wenn sie behaupten, man könne keinem über 30 Jahre alten Menschen trauen, gründet sich auf der Vorstellung, daß über 30 Jahre alte Personen nicht glaubwürdig und attraktiv sind und keine Gruppenbindungen hätten, die mit Jugendgruppen in Beziehung stünden. Ebenso werden demonstrierende Schüler und Studenten leichter von Studentenführern beeinflußt als von Etablierten.

Die Effektivität einer Einstellungsveränderung wird auch von dem Informationsmedium beeinflußt. Radio, Fernsehen, Filme, Zeitungen, Zeitschriften und das persönliche Gespräch stellen allesamt Kommunikationsmedien dar, die Informationen mit einem Einstellungs-Modifikationspotential für den Empfänger überbringen. In der Tat werden die in den letzten Jahren immens verbesserten Mittel schneller Informationsvermittlung von einigen als die Verursacher einer ausgesprochenen Kommunikationsimplosion angesehen (*McLucan*, 1967). Trotz der Verbesserungen der Reichweiten und der sofortigen Reportagemöglichkeiten der Massenmedien herrscht jedoch allgemeine Übereinstimmung darüber, daß persönlicher Einfluß und mündliche Kommunikation effektiver die Einstellungen verändern (*Krech* u. a., 1962). Die Massenkommunikationsmedien können direkt durch mündliche Kommunikation beeinflussen, wodurch das Medium ein enormes Potential zur Bewirkung einer Veränderung der individuellen Einstellungen gewinnt. Der kluge Lehrer zieht Nutzen aus der Effektivität der Massenmedien in Form graphischer und ansprechender Informationsdarbietungen. Fernsehen und Radio spielen tatsächlich bereits eine bedeutende Rolle in der modernen Schule. Zugleich bieten die Diskussionen mit Lehrern über Darbietungen der Massenmedien außerhalb der Schulen, die sich zum Teil auch auf das

Lernfach oder andere Unterrichtslernziele beziehen, erweiterte Möglichkeiten für eine effektive Veränderung der Einstellungen der Schüler.

Form und *Inhalt* sind weitere, wichtige Einflüsse auf die Einstellungsveränderung. Durch neue Informationen werden Einstellungen manchmal in der vom Inhalt angedeuteten Richtung verändert. Wenn der Abstand zwischen der bereits vorhandenen Einstellung eines Individuums und dem Informationsinhalt gering ist, so beurteilt es die Information als klar und sachlich und neigt dazu, seine Einstellung in Richtung auf den Inhalt zu verändern. Mit zunehmender Distanz zwischen der Einstellung des Individuums und dem Informationsinhalt geht die positive Beurteilung merklich zurück, die Information wird als propagandistisch und unklar wahrgenommen, was das Individuum dazu veranlaßt, seine vorherige Einstellung zu festigen (*Hovland & Pritzger*, 1957).

Es ergeben sich für die Lehrer eine Vielzahl von Folgerungen zur Anwendung der Unterrichtsanweisung »Erweitern Sie die informativen Erfahrungen« bei der anfänglichen Aneignung von Einstellungen wie der Einstellungsmodifizierung. Der Leser kann nun selbst einige Folgerungen über Quelle und Art informativer Erfahrungen ableiten. Zur Abrundung des Bildes soll jedoch an späterer Stelle ein Curriculum aufgestellt werden.

14.3.5 Wenden Sie Gruppenverfahren zur Förderung der Bereitschaft zu Einstellungsänderungen an

Drei Gruppenverfahren der Einstellungsmodifikation, die von fast allen Lehrern angewendet werden können, lauten: (1) Aufnahme von Informationen und Diskussion darüber in Gruppen; (2) Herbeiführung von Gruppenentscheidungen; (3) Rollenspiel.

Aufnahme von Informationen und Diskussionen in Gruppen

Fernsehen, Radiohören, oder der Empfang von Informationen über eine Vorlesung sind bei weitem wirksamer, wenn sie nicht individuell, sondern im Gruppenrahmen stattfinden. Eine Untersuchung von *Kelly* und *Woodruff* (1956) unterstützt diese These mit Beweisen. Eine Experimentiergruppe, bestehend aus Hochschülern, hörten zu, als angesehene Mitglieder ihrer Hochschulgruppe einer Rede applaudierten, die im Gegensatz zu ihren bestehenden Werten und Einstellungen lag. Daraufhin veränderten sie ihre Einstellungen mehr in Richtung der Rede als die eine Kontrollgruppe tat, der gesagt worden war, daß es sich bei den Applaudierenden um eine Gruppe von Städtern handle. Aufschluß über die Praktiken öffentlich Auftretender unterstützt diesen Punkt mit weiteren Beweisen. Produzenten von Veranstaltungen bedienen sich nicht selten sog. Claquere, die unter der

Zuhörerschaft sitzen und den Darstellern sichtbare Zeichen der Anerkennung zollen, um somit allgemeinen Applaus zu erzeugen. In gewissem Maße soll »konserviertes« Gelächter und Klatschen im Radio und Fernsehen den selben Zweck erfüllen.

In einem persönlicheren Rahmen unterscheidet sich das Erlebnis des Radiohörens oder Fernsehens in Gruppen wesentlich von dem individuell durchgeführten. Gruppenhören ist weitaus wirksamer als alleiniges Zuhören, insbesondere wenn die Mehrzahl der Gruppe dem Dargebotenen positiv gegenübersteht; es ist weniger wirksam, wenn die Mehrzahl der Gruppe eine Abneigung gegen den Inhalt der Darbietung hat. Einige Ergebnisse einer von *Mitnick* und *McGinnies* (1958) durchgeführten Studie belegt diese Behauptung und schafft eine Verbindung zwischen individueller und Gruppen*wahrnehmung* einer Kommunikation und einer durch die *Diskussion* herbeigeführten Entscheidungsfällung. Die Forscher maßen die Wirkungen eines Films über Rassentoleranz auf Gruppen von Oberschülern. Sie identifizierten die Schüler mit hohem, mittleren und niedrigen Werten in bezug auf Ethnozentrismus und wiesen sie willkürlich einer von 3 Gruppen zu. Eine Gruppe sah einen Film, der negativ dem Ethnozentrismus gegenüberstand, diskutierte jedoch nicht darüber; eine weitere Gruppe sah und diskutierte den Film; die Kontrollgruppe sah weder den Film, noch diskutierte sie darüber. Durch den Film wurden Vorurteile bei stark voreingenommenen Schülern der »Nur-Film« Kondition sichtbar abgebaut. Bei der »Film-Diskussions-Kondition« waren die Wirkungen des Films auf diese Schüler weitaus geringer. Offensichtlich trug die Diskussion dazu bei, die Wirkungen des Films auf die Schüler zu neutralisieren. Eine Prüfung der Diskussionsprotokolle ergab, daß die mit starken Vorurteilen behafteten Schüler den meisten Teil der Diskussion damit verbrachten, ihre negerfeindlichen Einstellungen zum Ausdruck zu bringen, wodurch sie ihre Einstellungen gegenseitig nur stärkten und so dem Film entgegenwirkten. Demgegenüber neigten die wenig voreingenommenen Gruppen dazu, das gesamte vom Film angesprochene Problem der Gruppenvorurteile zu überprüfen und stärkten somit ihre Einstellungen und die Wirkungen des Films. Die Stabilität der Einstellungsänderung nach einem Monat war bei den Film-Diskussions-Gruppen größer als bei den »Nur-Film« Gruppen. Letztere war merklich zu ihren ursprünglichen Einstellungen zurückgekehrt.

Gruppenentscheidungen

Wenn ein Individuum eine Entscheidung nicht alleine herbeiführt neigt es eher dazu, sich nach der Entscheidung zu verhalten, als wenn es bei der Entscheidung keinen aktiven Anteil hatte. Kleine Gruppen erlauben eine relativ freie Diskussion. Einstellungen und Verhaltensweisen können geändert werden durch das Für und Wider bei Diskussionen, durch Stärkung und Negierung von Äußerungen durch Mitglieder und durch die emotionale Beipflichtung bei der Entscheidungsherbeiführung. Verständlicherweise wollen Schüler an der Herbeiführung von Entscheidungen beteiligt sein — ihre Forderungen nach Selbstkontrolle (besonders an der Hochschule, aber auch an der Oberschule) nehmen an Häufigkeit und Eindringlichkeit zu. Wahre Selbstkontrolle kann für alle von Vorteil sein. Beispielsweise könnte in den Schulen auf allen Stufen die Möglichkeit geschaffen werden, daß die Mehrzahl der Schüler, organisiert in kleinen Gruppen, unter sich Einigung über bestimmte Verhaltensweisen erzielen, die sich aus Einstellungen, die für wünschenswert befunden wurden, ableiten. Sie könnten sich über Dinge wie pünktliches Eintreffen in der Schule, Sauberhaltung der Schule und ähnliche Verhaltensweisen einigen. Das Ergebnis dieser Gruppenübereinkünfte wäre eine Gruppenbereitschaft mit der weiteren Konsequenz, daß weniger Bedarf an strengen Regeln und Verordnungen wäre, die heute für notwendig angesehen werden. In den Schulen wie auch in anderen Bereichen der Gemeinschaft bedarf es dringend einer Bereitschaft gegenüber sozial anerkannten Einstellungen.

Rollenspiel

Die Technik des Rollenspiels, bei der eine Person öffentlich Einstellungen zum Ausdruck bringt, die ihren privaten Einstellungen entgegengesetzt sind, ist ebenfalls ein erfolgversprechendes Gruppenverfahren zur Förderung wünschenswerter Einstellungsänderungen. Oft nimmt der einzelne die Einstellungen, die er öffentlich unterstützt, an. Tatsächlich finden sich die Menschen im wirklichen Leben oft in Situationen wieder, in denen sie durch Verhaltensnormen dazu gezwungen werden, gegen Mitglieder einer Minderheit oder gegen andere Einstellungsobjekte auf eine Art und Weise zu handeln, die ihren privaten Einstellungen widersprechen. Es scheint, daß Rollenspiel zu einer Einstellungsänderung führt, wenn für eine derartige Veränderung soziale Unterstützung angeboten wird.

Im schulischen Rahmen werden viele Arten des Rollenspiels angewendet, doch handelt es sich bei den gewählten Verfahren meist um unerprobte Dramatisierungen eines sozialen oder psychologischen Problems. Bei den meisten Rollenspielsituationen ziehen die Schüler nur Informationen heran, über die sie bereits verfügen; zuweilen werden ihnen auch Informationen gegeben. Es finden keine Proben, kein Einprägen von Richtlinien oder ein Training statt wie es bei normalen schauspielerischen Darbietungen der Fall ist. Rollenspiel in der Klasse gründet sich im allgemeinen auf Klassendiskussionen über eine breite Vielfalt von Themen.

Zwanglos dramatisieren die Schüler Verhaltenscharakteristika wie Schüchternheit, Aggressivität, gute Manieren, Vorurteile, Höflichkeit und Unehrlichkeit. Sie können aber auch Novellen, Kurzgeschichten, Zeitungsartikeln und Schauspielen, die die Klasse gelesen hat, entnommene Rollen ausführen. Mit der Darstellung dieser Rollen drücken die Schüler ihre Gefühle zusammen mit der vorhandenen Information aus und verbinden so emotionale mit informationalen Erfahrungen in bezug auf die zugrundeliegenden Einstellungen.

Einstellungsänderungen durch Rollenspiel können dadurch zustande kommen, weil der Rollenspieler von seinen eigenen Argumenten und Illustrationen und dem überzeugenden Auftreten, dessen er sich bedient, um die andern zu überzeugen, beeindruckt ist. Vielleicht interpretiert der Rollenspieler auch seinen Auftritt als eine nützliche Erfahrung, die ihm Befriedigung verschafft. Eine andere mögliche Erklärung für die Einstellungsänderung durch Rollenspiel ergibt sich aus Festingers Theorie über *kognitive Dissonanz* (*Festinger*, 1957). Dissonanz wird als Zustand gegensätzlicher Kognitionen-Einstellungen oder Meinungen — zur selben Zeit. Ein derartiger Zustand dürfte psychologisch unangenehm sein und das Individuum dazu motivieren, einen Versuch zu dessen Abschwächung zu machen und sich um Konsonanz zu bemühen. Ein Weg, die Dissonanz zu reduzieren führt über die die Veränderung der persönlichen Einstellung, so daß diese mit der beim Rollenspiel zum Ausdruck gebrachten Einstellung vereinbar wird.

Welcher Erklärung man auch immer den Vorzug geben mag, bei den zur Untersuchung herangezogenen Hochschülern scheint das Rollenspiel beträchtliche Wirkungen auf die Einstellungsänderung zu haben. Seine Wirkungen bei Kindern und Oberschülern sind noch nicht so genau erforscht. Es scheint jedoch wahrscheinlich, daß wirksamer ist, diesen jüngeren Schülern bei der Aneignung neuer Einstellungen zu helfen als bei der Veränderung von bereits gefestigten Einstellungen. Es bietet sich auch die Hypothese an, daß Rollenspiel im allgemeinen bei Kindern im Schulalter wirksamer ist als bei Erwachsenen.

Im Rollenspiel liegen jedoch auch einige Gefahren. Ein Lehrer sollte einen Schüler nicht in eine Rollensituation versetzen, in der er sich äußerst unwohl fühlen würde. Sehr unangebracht wäre es beispielsweise, ein schüchternes, zurückgezogenes Kind vor seinen Klassenkameraden die Rolle eines ausgelassenen, aggressiven Kindes spielen zu lassen. Das beste Verfahren für einen Lehrer, der die Kinder gut kennt, ist die Diskussion der Rollenspielsituation und der Charaktere und Rollen mit der gesamten Frage und die anschließende Frage nach Freiwilligen (Unnötig zu sagen, daß der Lehrer vor dem Rollenspiel die Kinder gut kennen *muß*).

14.3.6 Sorgen Sie für angemessenes Üben

Diese Unterrichtsanweisung hat hier die selbe Bedeutung wie in früheren Kapiteln. Einstellungen werden nicht durch Einprägen oder verbale Aussagen angenommen. Vielmehr integriert das Individuum aus einer Vielzahl spezifischer Erfahrungen die Bedeutungs- und Gefühlskomponenten in zunehmend größere und stabilere Verhaltensmuster. Mit zunehmendem Alter werden Einstellungen allmählich verinnerlicht und das Individuum zeichnet sich durch Verhaltensmuster aus, die diese verinnerlichten Einstellungen und Werte wiederspiegeln.

Schulen mit der Absicht, die Einstellungen der Schüler zu beeinflussen, müssen für angemessene praktische Kontexte innerhalb der Klasse, des Schulgebäudes und der schulischen Umgebung sorgen. Wenn gewünscht wird, daß die Schüler freundlich zueinander sind, welche praktischen Möglichkeiten sollten dann geschaffen werden? Als erstes vergewissert sich der Lehrer, der für sich die Möglichkeit als exemplarisches Modell entdeckt, daß er den Schülern sein echtes, lebendiges Interesse an ihnen zeigt. Wenn sich die Schüler ihre gegenseitigen Sympathien zeigen, bestätigt oder bestärkt der Lehrer diese Reaktionen mit verbalen Feststellungen, positiven Bemerkungen über das Verhalten guter Freunde, einem zustimmenden Nicken, einem Lächeln oder anderen Gesten. Der Lehrer lehnt kein Kind ab, entschuldigt aber auch keine Ablehnung. Oft ist eine erhebliche Führung durch die Lehrer erforderlich, um manche Kinder daran zu hindern, andere abzulehnen. Das Kind, das schmutzig zur Schule kommt, wird bei seinem Eintreffen in den Waschraum geschickt; für das langsam lernende Kind muß eine passende Aufgabe gefunden werden; das überaus aggressive Kind wird Gelegenheit zur Äußerung seiner aggressiven Gefühle an unzerstörbaren Gegenständen gegeben, oder durch andere Arten; das schüchterne Kind wird bei der allmählichen Entwicklung einer bestimmten Fertigkeit oder eines Interesses unterstützt, sodann in kleinere Gruppen von 2 oder 3 Schülern eingegliedert und schließlich in die gesamte Klasse.

Die Lehrer der Grundschule wissen im allgemeinen, daß es notwendig ist, den meisten Kindern dabei zu helfen, mindestens ein oder zwei gute Freunde zu gewinnen, und die meisten haben auch mit ihrer Hilfe Erfolg. Oberschul- und Hochschullehrer akzeptieren häufig nicht die Tatsache, daß der freundliche Umgang der Schüler ein echtes Lernziel ist; so mögen sie sich nicht bewußt sein oder sich nicht darum kümmern, daß einige Kinder von der übrigen Klasse völlig abgelehnt werden. Es gibt Jungen und Mädchen, die dieses Erlebnis, das ihnen täglich 4–5 Stunden in der Oberschule widerfährt, nämlich keinen einzigen Freund zu haben, nie mehr vergessen können.

Bedenken wir einen anderen positiven Wert – den Beitrag zur Gemeinschaft. Die Gemeinschaft des Kindes ist in der Schule die Klasse. Jedem Schüler kann dabei geholfen werden, etwas für ihn einmaliges zu identifizieren, womit er innerhalb und für die Klassengruppe beitragen kann. In den Unterstufen wird dies durch verschiedene Veranstaltungen erreicht, während derer die Schüler von Erfahrungen, die sie außerhalb der Schule gemacht haben, berichten und/oder Gegenstände in die Schule mitbringen. Jedes Kind hat dabei Gelegenheit, etwas, was für es von hohem Interesse ist, mitzubringen. In der Mittelstufe können durch das gemeinsame Errichten einer Mauer, das Ausschmücken des Raumes, durch mündliche Berichte oder durch das Zusammenstellen verschiedener Sammlungen praktische Möglichkeiten geschaffen werden. In den Oberschul- und Hochschulklassen finden derartige Teilaktionen im allgemeinen im regulären Rahmen der Klasse statt. Die Schüler leisten ihren individuellen Beitrag für die Gruppe in besonderen Veranstaltungen, die auch außerhalb des Stundenplans liegen können, wie bei einer Musikgruppe, dem Schultheater, der Schülerzeitung, bei Leichtathletikwettbewerben und einer Vielzahl von Clubveranstaltungen.

Eine weitere Reihe von Einstellungen – Rücksicht gegenüber anderen, Respekt vor Eigentum und Ehrlichkeit – kann ebenfalls in den Schulen praktiziert werden, wenn den Schülern Gelegenheit dazu gegeben wird. Oberschüler können diese Einstellungen im Rahmen von Veranstaltungen des Schülerrats oder der Schülermitverwaltung praktizieren. Eine andere Methode, Möglichkeiten zur Ausübung und Anwendung dieser Einstellungen zu schaffen, erfolgt dadurch, daß man die Schrankfächer der Schüler unverschlossen läßt. Wenn die Schüler die Einstellungen annehmen, werden sie keine Gegenstände aus den Schränken ihrer Schulkameraden entwenden. Wenn diese Einstellungsarten nicht im Rahmen praktischer Möglichkeiten, die vom Lehrer und anderen Schulautoritäten geschaffen werden, in der Schule ausgeübt werden können, kann von den Schülern nicht erwartet werden, daß sie sie auf die größere Gemeinschaft außerhalb der Schule übertragen.

Die Mehrzahl der für Möglichkeiten zur Ausübung von Verhalten, das sich an Einstellungen anknüpft, gegebenen Beispiele behandelt Bereiche, die außerhalb der Unterrichtsfächer liegen. Durch Arbeit in kleinen Gruppen, Rollenspiel u. ä. sollten die Lehrer versuchen, angemessene Gelegenheiten zur Praxis innerhalb grundlegend kognitiver Unterrichtsfachbereiche zu schaffen. Ein Beispiel für solche Möglichkeiten soll im Anschluß an eine kurze Betrachtung der letzten Unterrichtsanweisung gegeben werden.

14.3.7 Fördern Sie das selbständige Kultivieren von Einstellungen

Der Prozeß der Aneignung einer neuen Einstellung ähnelt im wesentlichen jeder beliebigen neuen, gewohnheitsmäßigen Verhaltensweise, wie beispielsweise dem Putzen der Zähne nach der Mahlzeit, dem Bemühen um eine klarere Handschrift, oder dem rücksichtsvolleren Verhalten im Straßenverkehr. Man beginnt mit dem Vorsatz und schreitet dann zur Übung. Sorgsame Beachtung der Bedeutung der Einstellung im eigenen Leben, der Entschluß, das Verhalten auszuführen und die Nutzung jeder Gelegenheit zur Arbeit an der neuen Verhaltensweise führen zu einer Stabilität und letzlichen Aufnahme der Einstellung ohne bewußte Anstrengung. Natürlich ist es einfacher, diese Worte zu lesen, als ihre Bedeutung auszuführen. Jedermann mit einer tief eingewurzelten Gewohnheit zum Zigarettenrauchen, der bereits versucht hat, aufzuhören, kann die Wahrheit dieser Behauptung bestätigen. Für individuelle Bemühungen benötigt man manchmal soziale Unterstützung.

Obgleich dem Vorsatz des einzelnen ein Versuch folgen muß, können die Lehrer die Schüler doch bei der Entwicklung positiver Eigenschaften unterstützen, indem sie auf vielfältige Art das selbständige Kultivieren von Einstellungen fördern. Zum einen können sie die Bemühungen um eine Selbstverbesserung der Einstellungen durch persönliche Gespräche mit den Schülern erleichtern. Erfolgreiche Versuche, Verhalten in Richtung auf positive Einstellungen zu ändern, sollten anerkannt und belohnt werden. Die Anlage eines Notizbuches kann dazu recht hilfreich sein. Beachten Sie beispielsweise den Schüler, der in den Pausen Unruhe zu verursachen oder das Klassenleben durch Äußerungen offener, aggressiver Verhaltensweisen zu stören scheint. Es ist ganz richtig, wenn der Lehrer in solchen Fällen nach nicht-aggressiven Pausenzeiten oder längeren Zeiträumen guten Verhaltens in der Klasse Lob spendet. Auf diese Weise kann ein Vorsatz zu nichtstörendem und nicht-aggressivem Verhalten gefördert werden.

Eine tief verwurzelte Gewohnheit, wie das Rauchen oder eine unleserliche Handschrift, läßt sich nicht ohne Schwierigkeit beenden. Eine fest begründete Einstellung, wie ein Vorurteil im Bereich der Religion, der Rasse oder der Politik ist ebenso schwierig zu verändern. Die hier gegebenen Vorschläge sind eher anwendbar auf die Aneignung und Festigung *neuer* Einstellungen als auf die Beseitigung bereits fest etablierter Einstellungen. Diese Aussage hat ernste Konsequenzen für die Lehrer und den Unterricht. Wenn ein zukünftiger Lehrer aus irgendeinem Grunde nicht in der Lage zu sein scheint, eine Neigung gegenüber einem Unterrichtsfach, für die Unterrichtspflichten im allgemeinen oder für das alltägliche Leben in der Klasse mit den Schülern aufzubringen, oder wenn er seine persönlichen Einstellungen nicht bewußt ändern kann, sollte er an eine andere Laufbahn denken. Aus diesem Grunde sollte ein zukünftiger Lehrer erkennen, wie wichtig seine Erfahrungen im Unterricht mit Schülern sind, nicht nur den Schüler in die Lage zu versetzen, die Anwendung tatsächlicher Techniken und Methoden zu lernen, sondern ihn auch bei der Beurteilung seiner eigenen Einstellungen und Gefühle gegenüber dem Unterricht zu beurteilen.

14.10 Worin liegt die Bedeutung der Aussage, die Erziehung sollte die Bedeutungen der Einstellungen klären und informative Erfahrungen über sie bereitstellen und weniger indoktrinieren? Können Sie Lehrer aus Ihrer Ausbildungszeit identifizieren, die indoktrinierten? Wie werden Sie sich unter diesem Unterrichtsaspekt als Lehrer verhalten?

14.11 Wer sollte die in der Schule zu unterrichtenden Einstellungen identifizieren? Welche Einstellungen sollten Ihrer Meinung nach in der Schule unterrichtet werden?

14.12 Mit wem identifizieren Sie sich? Haben diese Charaktere Ihre Einstellungen beeinflußt? Betrachten Sie sich als guten Identifikationscharakter für die Schüler, die sie unterrichten (werden) und warum?

14.13 Aus welchem Grunde sind angenehme emotionale Erfahrungen für das Modifizieren von Eigenschaften besonders wichtig?

14.14 Welche Faktoren sollten im Zusammenhang mit Einstellungen bei der Erweiterung informativer Erfahrungen im schulischen Rahmen bedacht werden?

14.15 Wie kann das Rollenspiel, die Herbeiführung von Gruppenentscheidungen und der Erhalt und die Diskussion von Informationen in Gruppen in schulischen Situationen zur Beeinflussung der Einstellungen von Schülern herangezogen werden? Unter welchen Bedingungen könnte jedes dieser Verfahren Einstellungen produzieren, die den beabsichtigten entgegengesetzt sind?

14.16 Wählen Sie irgendeine beliebige Einstellung! Wie könnte ein Lehrer angemessene Möglichkeiten zur praktischen Einübung dieser Einstellung schaffen?

14.17 Glauben Sie, daß Sie Ihre persönlichen Einstellungen bewußt kultivieren und/oder ändern können?

14.4 Zusammenfassung

Einstellungen und Werte zählen zu den wichtigsten Lernzielen der Schule, da sie bedeutende Determinanten darüber sind, wie das Individuum auf Situationen reagiert und was es im Leben sucht. Einstellungen und Werte dienen somit als Übermittler von Reaktionen und als Motivationskräfte. Eine Einstellung ist ein

System dreier miteinander in Beziehung stehender Komponenten — einer kognitiven Komponente (Information), einer affektiven Komponente (Gefühle) und einer Aktions-Neigungs-Komponente (Verhaltensprädisposition). Der Hauptunterschied zwischen einer Einstellung und einem Begriff liegt darin, daß erstere direkt die Annahme oder Ablehnung von Einstellungsobjekten beeinflußt — von Ideen, Personen, Dingen und Situationen. In größerem Maße als Begriffe und psychomotorische Fähigkeiten werden Einstellungen durch Imitation und Konditionierung erworben. Einstellungen von Individuen und Gruppen, denen diese angehören, sind wichtige Determinanten des Einstellungserwerbs und der Einstellungsentwicklung. Von besonderer Bedeutung sind Primärgruppen und Bezugsgruppen — Gruppen, derer sich das Individuum als Norm zum Vergleich der Angemessenheit seines Verhaltens bedient.

Einige Einstellungen werden bereits früh erlernt und werden zunehmend gefestigter mit weiteren Erfahrungen; andere wiederum ändern sich. Wir zeigten das Lernen und Modifizieren von Einstellungen an allen Schulstufen auf. Angenehme Gefühle, Erfolg und Belohnungen führen zu positiven und dauerhaften Einstellungen; unangenehme Gefühle, Mißerfolg, und Bestrafungen führen zu negativen Einstellungen und in manchen Fällen zur Beseitigung ehemals positiver Einstellungen.

Wenn die Einstellungen, die die Kinder und Jugendlichen in der Schule lernen *sollten,* identifiziert wurden und Übereinstimmung darüber herrscht, kann ein Unterrichtsprogramm erstellt werden, das das effektive Lernen dieser Einstellungen zum Inhalt hat. Das Lernen von Einstellungen wird erleichtert durch (1) die Bereitstellung exemplarischer Modelle, (2) die Erweiterung informativer Erfahrungen, (3) die Ermöglichung angenehmer emotionaler Erfahrungen, (4) die Anwendung von Gruppentechniken, (5) die Schaffung angemessener Möglichkeiten zum praktischen Einüben und (6) die Förderung selbständigen Kultivierens von Einstellungen. Diese Prinzipien und Leitfäden sind, wie aus den Diskussionen im Kapitel hervorgeht, auf alle Lernergebnisse im affektiven Bereich, also auf Geschmacksrichtungen, Einstellungen, Vorlieben, Werte, Interessen und Motive übertragbar.

14.5 Weiterführende Literatur

Borgatta, E. F., ed.: Social Psychology: Readings and perspective. Chicago: Rand McNally, 1969.
Die Arbeit *W. H. Sewells:* „Neuere Entwicklungen und Forschungen der Sozialisationstheorie“ führt auf den Seiten 213—222 aus, wie das Studium der Rollen, sozialen Klassen und der sozialen Struktur zu einem besseren Verständnis der Sozialisation beiträgt. In *M. Ro-*

keachs: „Definition der Einstellung", S. 404—410, wird eine Einstellung als dauerhafte Organisation von Prädispositionen behandelt.

Eron, L. D.: Zusammenhang zwischen Fernsehgewohnheiten und aggressivem Verhalten bei Kindern. In: *Sarason, I. G., ed.: Neuere Persönlichkeitsforschung. Princeton, N. J.:* Van Nostrand, 1969, 189—192.

Ungefähr 700 Kinder beteiligten sich an dieser Untersuchung, die einen positiven Zusammenhang zwischen aggressiven Verhaltensweisen bei Jungen und dem Grad der im Fernsehprogramm dargebotenen, von den Jungen betrachteten Gewalt ergab.

Hamachek, D. I., ed.: Human dynamics in psychology and education: Selected readings. Boston: Allyn & Bacon, 1968.

Drei von 5 Aufsätzen sind hilfreich für das Verständnis der Einstellungen von Kindern, Jugendlichen und Lehrern. *Redl, F.:* „Our troubles with Defiant Youth", 451—458; *Haimowitz, M. L.:* „Criminals are made, not born", 459—476; „Teacher's and Clinician's Attitudes Toward the Behavior Problems of Children: Eine kritische Würdigung, 477—490.

Kuhlen, R. G., Houlman, N.: Heterosexuelles Interesse 1963. In: *Grinder, R. E., ed.: Studies in Adolescence: A book of readings in adolescence development.* New York: Mc Millan, 1969, 184—187.

Heterosexuelles Interesse ist bei Heranwachsenden zwar stärker vorhanden, beginnt jedoch nicht notwendigerweise in einem früheren Alter. (Die meisten anderen Vorlesungen in diesem Buch befassen sich mit Sozialisation und bieten einen nützlichen Einblick in das Verständnis des Verhaltens von Heranwachsenden.)

Mussen, P. H., Conger, J. J., Kagan, J.: Child development and personality. New York: Harper & Row, 1969[3].

Dieses Werk bietet die vollständigsten, am besten verständlichen integrierten Informationen über Einstellungs- und Persönlichkeitsentwicklung. Lehrer aller Schulstufen dürften Nutzen aus dem Studium des entsprechenden Teiles ziehen: die Vorschuljahre, 282—483; mittlere Kindheit, 427—601; Jugendalter, 605—759.

Neale, D. C., Proshek, J. M.: Schulverwandte Einstellungen kulturell benachteiligter Grundschulkinder. In: *Ripple, R. E., ed.: Readings in learning and human abilities.* New York: Harper & Row, 1971[2].

In dieser Arbeit werden die schulbezogenen Einstellungen benachteiligter Kinder identifiziert und diskutiert.

15. Persönlichkeitsintegration und Disziplin

In diesem Kapitel soll die Rolle der Schule und des Klassenlehrers bei der Förderung der Persönlichkeitsintegration überprüft werden, und zwar durch eine Betrachtung (1) der Persönlichkeitsintegration allgemein, (2) der Grundlagen der Persönlichkeitsintegration, (3) von Enwicklungsfolgen, (4) von Prinzipien und Unterrichtsanweisungen zur Förderung von Persönlichkeitsintegration und (5) von Persönlichkeitsintegration und Disziplin.

15.1 Persönlichkeitsintegration

Es gibt eine Vielzahl organisierter Theorien über Art, Struktur und Entwicklung von Persönlichkeit. Diese unterschiedlichen Ansichten haben sich deshalb entwickelt, da sie sich auf eine Vielfalt von Ideen, Methoden und Annahmen gründen. Hier jedoch sei unser Hauptprinzip, nach dem die folgenden Betrachtungen ausgerichtet sind, folgende Tatsache: Jedes Individuum ist eine Einzelperson ohne völlige Gemeinsamkeiten mit einer anderen Person. *Persönlichkeit* ist der Begriff oder die Wortfügung, die diese Einzigartigkeit und Totalität eines Individuums als soziales Wesen beschreibt. Interessant scheint uns der Hinweis zu sein, daß sich das Wort »Persönlichkeit« vom Lateinischen *persona* ableitet, womit im alten Rom eine Schauspielermaske oder die dargestellte Rolle bezeichnet wurde. Von daher stammt die Vorstellung vom Individuum als gesellschaftlich verstandene Wesenseinheit (*Horrocks*, 1969).

Betrachten wir eine Definition des Wortes Persönlichkeit von einem führenden Theoretiker, *Gordon Allport*. Er definiert Persönlichkeit als »die dynamische Organisation innerhalb des Individuums dieser psycho-physikalischen Systeme, die seine einzigartige Einstellung gegenüber seiner Umwelt determinieren« (*Allport*, 1955, S. 48). Eine etwas unterschiedliche Definition wird von *Johnson* und *Medinus* (1955, S. 444) angeboten, die Persönlichkeit als »die selbständige und einzigartige Organisation von Merkmalen in einem Individuum, die sich in seinen Reaktionen gegenüber sich selbst und anderen und denen anderer auf es selbst wiederspiegelt, wie auch in der Art und Weise, in der er Konflikten und Frustrationen begegnet, d. h. wie er sich seinen Umweltbedingungen anpaßt«. Genaues Studium dieser beiden Definitionen führt zu dem Schluß, daß Persönlichkeit mehr als zwei Merkmale besitzt. Das wesentliche Merkmal einer Persönlichkeit ist die Organisation des Wissens und der Kenntnisse des Individuums, seine Werte und seine Motive. Weitere begleitende Merkmale sind die Reaktionen des Individuums auf andere, die Reaktionen anderer auf ihn und seine Methoden der Anpassung an die Umwelt. Wenn die Schule also einem Individuum dabei helfen soll, menschliche Erfüllung und Selbstverwirklichung zu erreichen, so muß sie sich bemühen, die Entwicklung eines Individuums, dessen Wissen, Fertigkeiten, Wertsysteme und Motive ein integriertes Ganzes darstellen, zu erleichtern.

Ein Modell einer derartigen integrativen Anpassung wurde folgendermaßen zusammengefaßt:

Dieses Modell integrativer Anpassung zeichnet sich durch Selbstkontrolle, persönliche Verantwortung, soziale Verantwortung und de-

mokratisches Gesellschaftsinteresse aus und sollte nur als Provisorium betrachtet werden. Trotzdem scheint es einige realistische Erwägungen zu enthalten. Sie vermeidet die untragbare Vorstellung von einer normalen Person als einer, die immer glücklich, ohne Konflikte und andere Probleme ist. Sie weist vielmehr darauf hin, daß man diese Ideale oft nicht erreichen kann: Und aufgrund der geistigen und räumlichen Begrenztheit, unter der ein Individuum in einer komplexen Welt leben muß, oder kraft unmittelbarer Zwänge kann er zuweilen kurzsichtige und selbstverteidigende Verhaltensweisen zeigen. Demzufolge kennt er manmal auch die Erfahrung einer Schuldigkeit, und da er versucht, sich der Risiken, die er auf sich nimmt, voll bewußt zu sein, kann er kaum jemals völlig frei von Angst und Sorge sein. Andererseits neigt eine Person, die mit dem Modell übereinstimmt, dazu, ein relativ beständiges und hohes Maß an Selbsteinschätzung zu haben und eine überwiegend positive und freundliche Reaktion bei anderen hervorzurufen. Ja, sie zählt zu denjenigen, die aus den Ursachen ihrer Leiden und Enttäuschungen eher Weisheit als feindselige Verbitterung oder pathologisch angsterfülltes Zurückziehen zu lernen scheinen . . . (Shoben, S. 188—189)

Beachten Sie, daß man bei der Einschätzung der Anpassung auch die Selbstkontrolle, persönliche und soziale Verantwortung, demokratisches Gesellschaftsinteresse und Ideale beurteilen muß. Dies bedeutet beispielsweise, daß der Dieb oder Delinquent nicht als gut angepaßte Persönlichkeit betrachtet werden kann, gleichgültig, wie gut er seine eigenen Bedürfnisse befriedigen kann, wie rational sein Verhalten ihm selbst erscheinen mag. Ethische Werte und auch das, was im allgemeinen als Charakter bezeichnet wird, kann nicht getrennt von der Persönlichkeitsintegration oder integrativen Anpassung behandelt werden.

Charakterentwicklung bedeutet im allgemeinen die Verinnerlichung ethischer Werte. Charakterentwicklung von Persönlichkeitsintegration zu trennen, erweist sich zu Hause und in der Schule als unpraktisch. Unterrichtsethik, die keinen Bezug zu der sich entwickelnden Persönlichkeit des Schülers hat, ist dasselbe, wie wenn man sich mit den Handlungen eines Schülers befaßt, jedoch nicht mit seinen Motiven und Zielen. Die Ermunterung der Schüler zur Annahme ethischer Werte stellt ein äußerst berechtigtes Erziehungsziel dar. Es ist Teil des breiter gefaßten Lernziels der Beeinflussung seiner Persönlichkeit.

15.2 Die Grundlagen der Persönlichkeitsintegration

Erziehungslernziel bei der Persönlichkeitsintegration ist es, Individuen heranzubilden, die mit sich selbst gut zurechtkommen und ein beträchtliches Maß an Verantwortung für das Wohlergehen der anderen übernehmen. Das Erreichen dieses Lernziels würde schwungvolle, produktive Individuen zur Folge haben mit viel Lerneifer und Sinn für das Leben – voll einsatzfähige, sich selbst verwirklichende Personen, die die Bedeutung menschlicher Erfüllung erkennen (*Maslow*, 1968; *A. S. C. D.*, 1962).

Bevor wir die Bedingungen im Individuum selbst und in der Umwelt, welche Grundlagen für die Persönlichkeitsingration sind, behandeln, soll eine kurze Diskussion über das Ethos der »modernen« Jugend Aufschluß über die Richtungen geben, in welche zur Erreichung des Lernziels der Persönlichkeitsintegration gearbeitet werden muß. Eine Menge besorgter Erwachsener deuten mit anklagendem Finger auf Desorganisation, fehlende Verantwortung und Selbstkontrolle usw., die sie bei den jungen Menschen sehen. Betrachten Sie das folgende Zitat:

Unsere Jugend liebt heute den Luxus. Sie hat schlechte Manieren, verachtet Autoritäten und alte Menschen. Unsere Kinder sind Tyrannen. Sie stehen nicht mehr auf, wenn ihre Eltern den Raum betreten. Sie widersprechen ihren Eltern, schwatzen in Gesellschaft, schlingen ihr Essen hinunter und tyrannisieren ihre Lehrer.

Interesse für die Jugend ist mit Sicherheit nicht nur bei unserer Erwachsenengeneration zu finden. Die erste Zitatstelle stammt von *Sokrates*, ungefähr im Jahre 399 v. Ch. (*Cole & Hall*, 1970).

Dennoch gibt es einige Gelehrte, die leugnen, daß das gegenwärtige Bild nur eine Intensivierung oder Wiederkehr der Vergangenheit ist. *Mead* (1970) behauptet beispielsweise, daß wir uns in Wahrheit am Beginn einer neuen Phase kultureller Entwicklung befinden. Ihre Ansicht, daß wir am Rande einer neuen Kultur stünden, stützt sich auf Analysen folgender Art:

Heutzutage findet man in der Welt keine älteren Leute, die wüßten, was die Kinder wissen, gleichgültig, wie abgelegen und einfach die Gesellschaften sind, in denen die Kinder leben. Früher gab es immer einige Alte, die in bezug auf die Erfahrungen mit einem kulturellen System, in dem sie aufwuchsen, mehr als jedes Kind wußten. Heute ist das anders. Nicht daß die Eltern keine Respektspersonen mehr darstellten, sondern daß es überhaupt keine Leitbilder mehr gibt, sei es, man sucht sie im eigenen Land oder woanders. Es gibt keine alten Menschen mehr, die wissen, was die innerhalb der letzten 20 Jahre aufgewachsenen über die Welt, in die sie hineingeboren wurden, wissen. (Mead, 1970, S. 25)

Es besteht kein Zweifel darüber, daß unsere Schüler mehr wissen und gesellschaftlich bewußter sind als jede frühere Generation. Oft nimmt ihr Idealismus sogar Formen der Verachtung gegenüber der Scheinheiligkeit der älteren Generation an, ihrem Unvermögen, sich von institutionalen Zwängen zu lösen und ihre erklärten Ideale im persönlichen Leben zu leben. Die Folgereaktionen sind zahlreich – Zeichen der Unzufriedenheit und Spaltung auf beiden Seiten.

Die Aktionen der Studenten an der Hochschule in Hinsicht auf die Bürgerrechte, die Schulleitung, den Vietnamkrieg, Umweltverschmutzung, den Wehrdienst, die Notstandsgesetze und Berufsverbote und andere explosive Themen zeugen von sozialem und persönlichem Idealismus. Viele betrachten die Gesellschaft als absurd und das »Establishment» als Feind. Sie beschäftigen sich mit der fehlenden Relevanz der Institutionen, insbesondere im Bereich der Erziehung. Es lassen sich Zeichen einer humanistischen Revolte zugunsten altruistischer Vorstellungen vom Dienst am Nächsten und einer Rückkehr zu vereinfachten Lebensformen erkennen; man darf annehmen, daß diejenigen, die diese Ansichten vertreten, gegen Technisierung, Wissenschaft und Entpersönlichung sind. Der soziale und politische Aktivismus unserer zahlreichen studentischen Gruppen manifestiert sich in solchen Formen wie Massendemonstrationen, Hausbesetzungen und anderen Aktionen. Diese Verhaltensweisen und Reaktionen beschränken sich nicht auf Hochschüler des radikalen und revolutionären Flügels. Auch unter den eher konservativen Studenten und Oberschülern finden sich Zeichen einer Spannung und Unruhe. In einem Bericht heißt es, daß »die Welle studentischer Aktionen, die die Universitäten in den späten 60er Jahren überschwemmte, jetzt in vollem Ausmaß auf die Oberschulen übergreift ...« Dies ruft uns wiederum das in Kapitel 1 gegebene Beispiel des »Protests« an der Grundschule in Erinnerung.

Weitere Aspekte der Jugendkultur im Zusammenhang mit Erwachsenen stellen die zunehmende Vorliebe für langes Haar bei Jungen, Miniröcke bei Mädchen, der Hippie-Kult und der Gebrauch von Drogen dar. Drogen haben sich in der Tat in den letzten paar Jahren zu einem ernsten gesellschaftlichen und juristischem Problem entwickelt. Schätzungsweise 30–50 % aller amerikanischen Oberschüler (ca. 14,5 Mio.) haben mehrere Drogen versucht, insbesondere Marihuana.

Natürlich paßt die eben gegebene Beschreibung nicht auf alle, vielleicht nicht einmal auf die Mehrzahl der jungen Leute. Die Zahl derer, auf die diese Merkmale zutreffen, ist jedoch groß genug, um die Notwendigkeit hervorzuheben, daß die Schule als ein Gemeinschaftsorgan zur Intensivierung der Bemühungen um eine Persönlichkeitsintegration der Schüler wirkt. Mit dieser Betrachtung über die heutige Jugend als Kontext wollen wir uns mit den 5 Voraussetzungen im Individuum und der Umwelt befassen, die die Grundlage der Persönlichkeitsintegration darstellen: Körperliche Gesundheit, psychomotorische Fertigkeiten, kognitive

Fähigkeiten, adäquate Mittel der Anpassung, adäquates Selbstbild.

15.2.1 Gesundheit und psychomotorische Fertigkeiten

Außergewöhnliche Schwäche in einer oder mehreren psychomotorischen Fertigkeiten, die bei anderen Kindern etwa desselben Alters durchaus normal sind, können ein ernsthaftes Hemmnis der Persönlichkeitsintegration darstellen. Das Unvermögen, Geltung verschaffende physische Fertigkeiten auszuüben, kann beim Kind dazu führen, sich auf unangenehme Weise wahrzunehmen, was wiederum später zurückziehendes oder aggressives Verhalten zur Folge haben kann. Ebenso kann es dadurch beim Spiel und anderen Freizeitgestaltungen in seinen normalen sozialen »Gib-und-nimm«-Beziehungen behindert werden. So wie das behinderte Kind lernen kann, sich in eine Reihe häuslicher und schulischer Situationen einzufügen, kann auch das in Aufgaben wie Schreiben, Singen und Fußball sehr viel weniger geschickte Kind sich anzupassen lernen, wozu es allerdings eine beträchtliche Hilfe durch den Lehrer benötigt.

Chronisch schwache Gesundheit oder physische Behinderung kann die gesamten Wahrnehmungen des Individuums von sich selbst und seines Lebensraums negativ überschatten. Auf diese Weise kann das Kind darin behindert werden, adäquate Mittel der Anpassung zu erlernen. Sie kann seine Aneignung oder Anwendung psychomotorischer und kognitiver Fertigkeiten beeinträchtigen oder zumindest einschränken. Natürlich ist nicht jeder chronisch Kranke oder physisch Gehandikapte ungenügend angepaßt. Manche Menschen mit erheblichen körperlichen Behinderungen, wie Blindheit, Taub- oder Stummheit, Verkrüppelung oder langer Bettlägerigkeit konnten sich ausgezeichnet wiedereinfügen. Diese Menschen haben für sich trotz ihres Handikaps oder ihrer Krankheit adäquate Mittel zur Anpassung gefunden. Im allgemeinen wird in der Schule und im Elternhaus jedoch versucht, den Kindern zu guter physischer Gesundheit zu verhelfen und Dinge wie ausreichende Ernährung, adäquate Möglichkeiten für Ruhe und Entspannung, Schutz vor Krankheit und körperlichen Verletzungen und Heilung oder Korrektur einer Vielzahl von Krankheiten und anderer physischer Schäden genügend zu beachten. Aus den Statistiken über Drogenmißbrauch an den Oberschulen geht beispielsweise hervor, daß die Schule sowohl eine *informative* als auch eine regulative Verantwortung trägt.

15.2.2 Kognitive Fähigkeiten

Außer Gesundheit und psychomotorischen Fertigkeiten beeinflussen Intelligenz und kognitive Fähigkeiten die Persönlichkeitsintegration. Kinder und Jugendliche von geringer Intelligenz und theoretischen Leistungen werden oft in der Klasse weniger akzeptiert als solche mit schwachen psychomotorischen Fähigkeiten. Aufgrund negativer Reaktionen von anderen und geringerer Begabung für symbolhaftes Lernen kann das Kind mit geringer Intelligenz u. U. schwerwiegende Anpassungsprobleme erfahren. Es kann Schwierigkeiten haben, sich selbst zu akzeptieren, insbesondere dann, wenn es spürt, daß es der Lehrer und seine Klassenkameraden nicht anerkennen. So ist es nicht überraschend, daß Angst und Gefühlsstörungen bei Kindern mit schwachen und durchschnittlichen Fähigkeiten stärker ausgeprägt sind als bei Kindern mit hohen Fähigkeiten (*Feldhusen & Klausmeier*, 1962). Durch angemessenen Einzelunterricht und möglichst enge Anpassung der Lernaufgaben auf das Lernvermögen des Schülers können negative Wirkungen in bezug auf die Persönlichkeit auf ein Mindestmaß beschränkt werden.

15.2.3 Adäquate Mittel der Anpassung

Leben erfordert fortlaufend Anpassungen zwischen Befriedigung individueller Bedürfnisse und Erfordernissen der Umwelt, einschließlich der Forderungen anderer Menschen in Gruppen und in der Gesellschaft. Sich anpassen bedeutet eine Veränderung in einer gewissen Weise, die bestimmten Erfordernissen Rechnung trägt. Es sollte beachtet werden, daß psychologische Anpassung *nicht* einfach die Akzeptierung des Status quo oder die Anerkennung bestehender Bedingungen und Gruppenforderungen ohne den Versuch der Veränderung bedeutet (*Maslow*, 1968, S. 8). Das Studium der Anpassung befaßt sich demnach mit den Vorkehrungen, die wir in bezug auf die Anpassung an bestimmte Anforderungen unserer Umwelt treffen. Anpassung ist die Summe der Prozesse zur Handhabung dieser Anforderungen. Entsprechend unserem Ansatz bezieht sich das Lernen adäquater Mittel psychologischer Anpassung mehr auf intrapersonelle und interpersonelle Beziehungen, insbesondere bei frustrierenden Situationen, wenn ein Konflikt zwischen den Anforderungen besteht.

Die Anpassung einer Person hängt von ihrem Erfolg bei der Lösung von Konflikten ab. Angemessene oder nicht angemessene Anpassung ist also weniger eine Sache des Konfliktmaßes, in dem eine Person diesem ausgesetzt ist, als des Grades, in dem sie über adäquate Mittel oder Methoden verfügt, die eine befriedigende *Lösung* des Konflikts gestatten. Der entscheidende Faktor ist die Verfügbarkeit über eine bestimmte Reaktion zur erfolgreichen Behandlung des Konflikts.

Lazarus (1963) hat 2 fundamentale Lösungen für Konfliktsituationen konzeptualisiert — Assimilation und Akkomodation.

Assimilition bedeutet die Beherrschung, Ausschaltung oder Zurückweisung einer von mehreren konflikthaften Anforderungen. Die zielgerichtete Bemühung um Meisterung eines Anspruchs erfordert beispielsweise die Änderung oder Verbesserung einer Reaktion. Dies wiederum bedarf zusätzlicher Informationen oder weiterer Einübung einer bestimmten Fertigkeit. An diesem Punkt kann der Versuch zur Lösung sozialer oder emotionaler Probleme ebenso produktiv sein wie wenn übertragen auf rein intellektuellere Probleme, wie sie in der Wissenschaft, in der Mathematik und in anderen Fachbereichen auftreten. Lösungsversuche sind zu fördern. Zielorientiertes Bemühen in Richtung auf erreichbare Ziele der Konfliktlösung – entwickelt bei Kindern – dürfte sich als nützlich im gesamten Leben erweisen.

Eine Schwierigkeit bei der Übertragung von Problemlösungs-Verfahren auf frustrierende interpersonelle Probleme besteht darin, daß sich die Selbstwertschätzung schwierig aufrechterhalten läßt, während der einzelne Informationen sichert oder die höhere Fertigkeit entwickelt. Der Jugendliche, der Hemmungen hat, ein Gesellschaftsprogramm anzusagen, getraut sich nicht, Hilfe vom Lehrer oder seinen Klassenkameraden zu erbitten, da dies seinen Status in den Augen derer, die ausgewählt haben, mindern würde. Schon in den Grundschulklassen stehen viele Kinder von dem Versuch zurück, neue Initiativen oder Aktivitäten in Gruppensituationen aufzunehmen, aus Angst, eine negative Leistung oder ein solches Erscheinungsbild vor den anderen darzubringen. In zahlreichen derartigen Situationen besteht ein Mittel der Anpassung darin, den Schülern zu einem besseren Verständnis ihrer selbst und der Situation zu verhelfen. Wenn die Klasse den solidarisch-erzieherischen Rahmen bietet, den sie eigentlich darstellen sollte, werden die Schüler erkennen, daß der Lehrer und die Klassenkameraden helfen können. Der Lehrer kann ein Großteil dazu beitragen, diesen Rahmen zu schaffen und ein besseres Verständnis zu erleichtern.

Akkomodation, die andere grundlegende Lösungsmöglichkeit für Konfliktsituationen erfordert die Unterordnung einer der widersprüchlichen Anforderungen und die Befriedigung der anderen. Einige Schüler beispielsweise, die für die Leichtathletik-Mannschaft, das Schultheater, den Musikabend oder die Kunstaustellung proben, können u. U. nicht akzeptiert werden. Schüler, die nach Anerkennung streben, jedoch abgelehnt werden, können unter starkem Konflikt stehen. Wenn andererseits ein bestimmtes Ziel unerreichbar ist, kann es durch ein erreichbares ersetzt werden. Bei der Unterstützung der Schüler auf der Suche nach angemessenen Ersatzzielen sollten die Lehrer versuchen, jeden einzelnen Schüler dazu zu bringen, sein ursprüngliches Ziel nicht aufzugeben, wenn eine zumutbare Erfolgsmöglichkeit besteht.

Wenn ein Ersatziel anzuraten ist, so sollte dies soweit wie möglich dem Schüler dabei helfen, dieselben Bedürfnisse wie das ursprüngliche Ziel zu befriedigen. Ein Abiturient, der beispielsweise Naturwissenschaft studieren möchte, aber Schwierigkeiten in Chemie hat, sollte nicht dazu ermuntert werden, ein Ersatzziel aufzunehmen, wenn Gründe dafür vorhanden sind, daß er mit größerem und ausdauernderem Feiß in diesen oder jenen naturwissenschaftlichen Kursen erfolgreicher sein dürfte. Wenn der Schüler bei großem Fleiß in früheren mathematischen und naturwissenschaftlichen Fächern nur mittelmäßige Leistungen gezeigt hat, könnte sein Interesse vielleicht im technischen Zeichen oder der Anzeigengestaltung liegen.

Unter dem Begriff Akkomodation werden verschiedene Arten unbewußter Bemühungen zur Konfliktlösung klassifiziert. Es handelt sich dabei im Grunde um Ich-Abwehrmechanismen, bei denen sich Individuen in mehr oder weniger starkem Maße über die tatsächlichen Umstände hinwegtäuschen oder diese ableugnen, ohne sich darüber bewußt zu sein. Über Ich-Abwehrmechanismen gibt es zwar keine allgemein anerkannte Liste, eine zusammenfassende Aufstellung darüber wie Tabelle 15.1 dürfte jedoch nützlich sein (diese wurde für eine Arbeit über Klinische Psychologie vorbereitet). Die in der Tabelle beschriebenen Abwehrmechanismen sind gleich anderen Anpassungstechniken als solche weder wünschenswert noch unerwünscht. Sie werden jedoch über längere Zeit bei einer großen Anzahl von Situationen angewendet und führen meist zu Schäden der geistigen Gesundheit.

15.2.4 Adäquates Selbstbild

In der psychologischen Fachliteratur findet sich eine Vielzahl von Definitionen über das Selbst (*Patterson*, 1966). Das Selbst ist die Person, wie sie sich für sie selbst darstellt. Sie ist die persönliche Vorstellung von der eigenen Persönlichkeit. *Selbstbild* ist das, worauf sich das Individuum beim »Ich« oder »Mich« bezieht; es stellt die Summe der Bedeutungen, Einstellungen und Gefühle dar, die das Individuum seinem gegenwärtigen Selbst geben könnte. Das Selbstbild entwickelt sich, sobald das Kleinkind nach und nach die Fähigkeit erwirbt, die Existenz einer von ihm getrennten Welt zu erkennen. Mit dem Heranwachsen und Lernen des Individuums intensiviert und erweitert sich seine Selbst-Bewußtheit zu immer vollständigeren Interpretationen hin, teils durch Konditionierung, Identifikation oder Imitation. Während sich das Selbst im Laufe seiner Entwicklung ständig verändert, ist es höchst flexibel und beeinflußbar durch Bedingungen der Umwelt. In diesem Sinne kommt das Selbstbild einer Person mit zunehmendem Alter einer zunehmendem Stabilität näher; das

Individuum ändert im Laufe der Zeit in nur unerheblichem Maße seine Einstellungen, Gefühle und Vorstellungen über sich selbst.

Tabelle: 15.1 Eine typische Liste von Ich-Abwehrmechanismen.

Mechanismus	Funktion
Verleugnung der Realität	Selbstschutz vor unangenehmer Realität mittels Wahrnehmungsweigerung.
Phantasie	Befriedigung frustrierter Wünsche in imaginären Leistungen.
Kompensation	Überdeckung von Schwächen in einem Bereich durch Überbefriedigung eines anderen.
Identifikation	Stärkung der Selbstwertgefühle durch Identifikation mit angesehenen Personen oder Institutionen.
Verinnerlichung	Verinnerlichung äußerlicher Werte und Normen in die Ich-Struktur, so daß das Individuum sie nicht mehr als äußere Bedrohung empfindet.
Projektion	Suche von Ursache oder Schuld von Schwierigkeiten bei anderen oder Übertragung seiner eigenen ethischen Wünsche auf andere.
Rationalisation	Versuch, das eigene Verhalten als »rational« und gerechtfertigt hinzustellen und somit wert der Selbst- und gesellschaftlichen Anerkennung.
Repression	Hinderung schmerzlicher und gefahrvoller Gedanken vor dem Bewußtwerden.
Reaktionsbildung	Versuch, gefährliche Bedürfnisse durch entgegengesetzte, übertriebene Einstellungen und Verhaltensweisen, die man als Barrieren benutzt, am Ausbruch zu hindern.
Transportation	Verschiebung angestauter Gefühle, im allgemeinen feindlicher, auf Objekte, die weniger gefahrvoll als diejenigen sind, die ursprünglich die Emotionen verursachten.

Emotionale Isolation	Zurückziehen in die Passivität, um das Selbst vor Schaden zu schützen.
Isolation	Abtrennen affektiver Belastung von schmerzhaften Situationen oder Trennung inkompatibler Einstellungen durch logisch getrennte Teile.
Regression	Zurückziehen auf frühere Entwicklungsstufen, die weniger reife Reaktionen und gewöhnlich ein niedrigeres Anspruchsniveau fordern.
Sublimation	Befriedigung frustrierter sexueller Bedürfnisse durch ersatzweise nichtsexuelle Tätigkeiten.

Quelle: Coleman, 1950, S. 95. Copyright 1950 by Scott, Foresman and Company.

Das Selbstbild eines Individuums ist sogar während unruhiger Jugendzeiten relativ stabil. Eine Forschungsarbeit von *Engel* (1959) erbrachte beispielsweise Veränderungen des Selbstbildes innerhalb eines Zeitraums von 2 Jahren bei Schülern der 8. und 10. Klassen. Die relative Stabilität des Selbst zeigte sich an einer allgemeinen Wechselbeziehung von 0,53 zwischen den im Abstand von 2 Jahren vorgelegten Tests. Erhöhte Stabilität und Tendenz in Richtung eines positiven Selbst mit zunehmendem Alter ergab sich aus Vergleichen zwischen der Gruppe der 8—10-Kläßler und den 10—12-Kläßlern. Auch besaßen Schüler, deren Selbst beim ersten Test negativ war, ein bedeutend weniger stabiles Selbst als Schüler, deren Selbst anfänglich positiv war.

Es scheint, daß ein positives und stabiles Selbst mit zunehmendem Alter positiver und stabiler wird. Personen mit stabilen und positiven Selbstbildern zeichnen sich durch gewisse Haltungen aus, sich selbst wahrzunehmen, auf sich selbst und andere emotional zu reagieren und über sich selbst und die gemachten Erfahrungen zu denken. Ein zukünftiger Lehrer mit einem stabilen, positiven Selbst beispielsweise glaubt, daß er als Person attraktiv ist, annehmbare soziale Einstellungen und Ziele hat und sympathisch ist, aber genügend Selbständigkeit zur Aufrechterhaltung seines Selbstwertgefühls und seiner Individualität im Denken und im Handeln hat. Er sieht sich selbst als gesunde Person, dessen Selbstbild nicht weit von seinem idealen Selbst abweicht.

Das *ideale Selbst* ist das erstrebenswerte Selbst — das Bild dessen, wie eine Person gern sein möchte. Bei Personen mit einem positiven, stabilen Selbstbild besteht eine ausreichende Differenz zwischen dem realen Selbst und dem idealen Selbst als Motivation zur Selbstverbesserung; gleichzeitig fühlt die Person aber, daß sie ein erstrebenswerter Mensch ist. Eine zunehmende Diskrepanz zwischen dem realen und dem idealen Selbst führt zu einer Fehlanpassung. Soziale Anpassung, ein Gefühl des persönlichen Wertes, und Gefühle der Zugehörigkeit stehen alle in Wechselbeziehung mit dem Grad der des realen und des idealen Selbst. Diese Behauptung wurde durch verschiedene Forschungsarbeiten erhärtet. *Mitchell* (1959) beispielsweise berichtet über eine Untersuchung mit dem Ergebnis, daß Jugendliche mit einem niedrigen Grad an Selbst-Befriedigung (hohe Diskrepanz zwischen realem und idealem Selbst) sich als unfähig betrachteten, die elterlichen Erwartungen zu erfüllen. Sie waren angespannt, leicht abzulenken, furchtsam und unruhig, unglücklich und übersensibel. Eine relativ gut integrierte Persönlichkeit bedeutet auch, gleichgültig in welchem Alter, die Annahme des gegenwärtigen Selbst, angenehme Gefühle in einer Vielzahl von Situationen und Selbstwahrnehmungen, die so stabil sind, daß die meisten der Situationen, mit denen sich die Person auseinandersetzen muß, nicht deren Selbstwertgefühl bedrohen.

Die Akzeptierung des eigenen Selbst steht in positivem Zusammenhang mit Toleranz und der Bereitschaft, andere zu akzeptieren. Positive Wechselbeziehungen von 0,36 bis 0,70 fanden sich zwischen den Werten von Selbstannahme und der Akzeptierung anderer (*Berger*, 1952). *Fey* (1957) stellte auch fest, daß verschiedene Kombinationen von Selbstannahme und Akzeptierung anderer in folgendem Bezug zur Persönlichkeitsintegration stehen:

1. Schüler mit einem hohen Grad an Selbstannahme, jedoch mit einer niedrigen Akzeptierung anderer überschätzten ihre persönliche Akzeptierbarkeit gegenüber anderen, wobei sie mindere Motivation gegenüber anderen ihnen selbst zuschreiben.
2. Schüler mit starker Selbstbilligung und solcher gegenüber anderen waren am gesündesten in ihrem positiven Vertrauen auf sich selbst und die anderen bewiesen beachtenswerte Selbstbestimmung und Annahme persönlicher Verantwortung für Verhalten und Handlungen.
3. Schüler mit schwacher Selbstbilligung und starker Billigung anderer wichen einer Führerschaft so weit wie möglich aus.
4. Schüler mit schwacher Billigung des eigenen Selbst und der anderen zeigten starke Angst, Impulsivität, schwache Moral, Überabhängigkeit und eine beachtenswerte Neigung, sich anderen anzupassen.

15.1 Welche Rolle spielt die Schule in bezug auf die Persönlichkeitsintegration?

15.2 Welche Argumente sprechen für bzw. gegen eine Einzigartigkeit der »modernen« Jugend? Welche Argumente erscheinen Ihnen überzeugend?

15.3 Inwiefern kann der Gebrauch von Problemlöseverfahren zur Persönlichkeitsintegration beitragen? Wo sind dabei die Grenzen?

15.4 Können Sie Beispiele für Assimilation und Akkomodation (im Sinne des Texts) bei Ihren eigenen Bemühungen zur Bewältigung von Konfliktsituationen angeben?

15.5 Identifizieren Sie die Grundlagen der Persönlichkeitsintegration und beziehen Sie sie auf Ihr eigenes Leben. Welche sind im Zusammenhang mit Situationen der Schule für den Lehrer weniger relevant als für den Schüler und warum?

15.3 Entwicklungstendenzen

Abbildung 14.3 zeigte bereits eine allgemeine Tendenz der Persönlichkeitsentwicklung auf. In diesem Abschnitt soll die allgemeine Tendenz eingehender behandelt werden, indem aus 2 Fallgeschichten zitiert werden soll, die aus einem längeren Studium der psychologischen Entwicklung herausgearbeitet wurden, und eine Auffassung über die Entwicklung des Ego als ein fundamentaler Persönlichkeitsbegriff dargelegt werden soll.

15.3.1 Altersbedingte Veränderungen von Persönlichkeitsvariablen

Abbildung 15.1 zeigt Korrelationen zwischen den Beurteilungen einer Anzahl von Persönlichkeitsvariablen in verschiedenen Lebensstufen von Kindern und jungen Erwachsenen. Das Verhalten der Kinder wurde in Wirklichkeit bereits in den ersten 3 Lebensjahren taxiert, jedoch erst während des in der Abbildung angegebenen Alters ließ sich eine beträchtliche Stabilität bei ähnlichem Verhalten bei jungen Erwachsenen beobachten. Die folgende Ausführung über die Implikationen der Bezeichnungen dürfte der Interpretation der Resultate dienlich sein:

Passivität bedeutet das Hinnehmen oder Zurückziehen angesichts eines Angriffs oder frustrierender Situationen. *Affektive Abhängigkeit* bedingt die Suche nach Zuneigung, Anerkennung und emotionaler Bestätigung von seiten Erwachsener. *Verhaltensdisorganisation* bedeutet unkontrolliertes Verhalten, wie zorniges Schreien und Wutanfälle während der frühen Jahre und destruktives Handeln, Wut- und Zornausbrüche während der Schuljahre. *Heterosexualität* im Alter von 10–14 meint Wechselbeziehungen mit Personen des anderen Geschlechts, bei besonderer Betonung des Verabredungsverhaltens. *Intellektuelle Leistung* bezeichnet die Meisterung schulischer Aufgaben, einschließlich des Erwerbs von

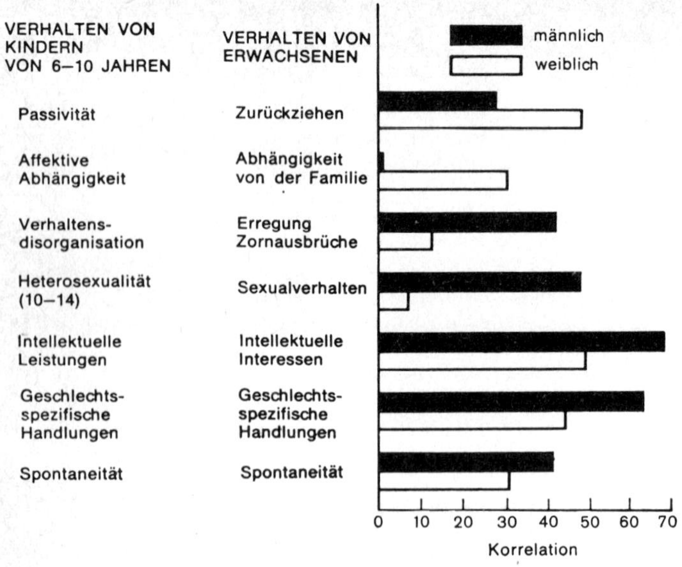

Abb. 15.1 Korrelation zwischen ausgewählten Verhaltensweisen bei Kindern (im Alter von 6—10 Jahren) und phänotypisch ähnlichen Verhaltensweisen von Erwachsenen. *(Kagan & Moss,* 1962, S. 267)

Kenntnissen, der auf das Lesen verwendeten Zeit und des Interesses an wissenschaftlichen Arbeiten. *Geschlechtsspezifische Aktivität* bezieht sich auf Handlungen während der Kindheit im Sinne einer spezifischen Geschlechterrolle. *Spontaneität* ist das Gegenteil von Gehemmtheit; eine spontane Person steht in freier Interaktion mit ihren Altersgenossen, ohne Spannungen und Unbehagen in sozialen Situationen.

Eine kurze Untersuchung der Abbildung 15.2 zeigt bei vielen Variablen starke geschlechtliche Unterschiede, besonders bezüglich der Abhängigkeit, der Verhaltensdisorganisation und der Heterosexualität. Aus diesem Grunde sollten bei den beiden Geschlechtern keine Verallgemeinerungen getroffen werden. Ausgehend von heterosexuellen Handlungen im Alter von 10—14 läßt sich beispielsweise mit bestimmter Sicherheit sexuelles Verhalten von Erwachsenen voraussagen; bei weiblichen Personen wäre allerdings eine Voraussage reiner Zufall. Intellektuelle Leistung und Spontaneität zwischen Kindheit und jungem Erwachsenenalter weisen etwa gleiche Bezugswerte für beide Geschlechter auf. Insofern als die Korrelationen zwischen den jüngeren Altersgruppen und den Erwachsenen sogar unter denen in Figur 15.1

lagen, liegt die zuverlässigste Schlußfolgerung, die sich aus all diesen Informationen ziehen läßt, darin, daß es ungeschickt wäre, Voraussagen über die Persönlichkeit von Oberschülern anzustellen, auch wenn verläßliche Informationen über ihre frühe Kindheit vorliegen. Der Lehrer sollte also unter der Voraussetzung arbeiten, daß Veränderungen in wünschenswerte Richtungen möglich sind.

15.3.2 Ich-Entwicklung

Loevinger und *Wessler* (1970) bieten eine Auffassung über die Entwicklung des Ego als einen fundamentalen Persönlichkeitsbegriff an, zusammengefaßt in Tabelle 15.2. In der Tabelle sind nicht alle Altersstufen angeführt, da in dem Schema nur Gemeinsamkeiten einer bestimmten Entwicklungs*sequenz* verdeutlicht sowie die Annahme vermieden werden soll, daß sich jede Person derselben Altersstufe auch auf derselben Ich-Stufe befindet. Die Tabelle stellt jedoch ein hierarchisches Modell auf der Grundlage einer Ordnungssequenz, d. h., jede Stufe baut auf der vorangegangenen auf und bezieht diese manchmal auch mit ein. (Die Frage eines Übergangs zwischen den Stufen bei typischen Altersgruppen ist in den Daten der Tabelle nicht berücksichtigt.) Eine Diskussion der in Tabelle 15.2 gezeigten Stufen soll weitere Klarheit in den Entwicklungsablauf bringen.

1. Die erste Stufe unterteilt sich in *präsoziale* und *symbiotische* Stufen. Während der präsozialen Stufe werden belebte und unbelebte Teile der Umwelt nicht unterschieden, auf der symbolischen Stufe jedoch ist das Kind in der Lage, »Mutter« von der Umwelt zu unterscheiden. Die Schwierigkeit dieser ersten Stufe ist die Unterscheidung des Selbst vom Nicht-Selbst und der Aufbau einer stabilen Gegenstandswelt. Vor dem Ende dieser Stufe kann man genau genommen von einer Existenz des Ichs überhaupt noch nicht sprechen. Jedenfalls kann es mit den Mitteln der verbalen Tests nicht untersucht werden. Das Auftauchen der Sprache schließt diese Periode ab.

2. Die nächste Stufe wird als *impulsive* beschrieben. Das Kind hat seine Existenz unabhängig von der Mutter bestätigt, doch fehlt ihm noch die Kontrolle des Antriebs, wie auch keine Regeln als solche erkannt werden. Handlungen werden nur dann als schlecht betrachtet, wenn sie bestraft werden. Obwohl die Menschen als Versorgungsquellen betrachtet werden, kann die Abhängigkeit an sich nicht erkannt werden. Bewußte Beschäftigung erfolgt mit aggressiven und sexuellen Trieben. Manche Verhaltensmanifestationen dieser Stufe wie Gemütsausbrüche sind jedoch nicht altersspezifisch (d. h. sie bleiben

Tabelle 15.2 *Einige Hauptstufen der Ich-Entwicklung*

Stufe	Impulskontrolle, Charakterentwicklung	Zwischenmenschlicher Stil	Bewußte Besetzungen
Präsozial		Autistisch	Selbst versus Nicht-Selbst
Symbiotisch		Symbiotisch	
Impulsiv	Impulsiv, Angst vor Vergeltung	Empfangend, abhängig, erforschend	Körperliche Gefühle, insbes. sexuelle und aggressive
Selbstschützend	Angst vor dem Ertapptwerden, Äußerungen von Vorwürfen, opportunistisch	Argwöhnisch, manipulativ, forschend	Selbstschutz, Wünsche, Dinge, Überlegenheit, Kontrolle
Konformistisch	Konformität gegenüber äußeren Regeln, Scham, Schuld bei deren Übertretung	Zärtlichkeit, Hilfsbereitschaft, oberflächliche Nettheit	Äußeres Auftreten, soziale Erwünschtheit, banale Gefühle, Verhalten
Bewußt	Selbstbeurteilte Normen, Schuld für Konsequenzen, Ziele und Ideale	Intensiv, verantwortlich, gegenseitig, Interesse an Kommunikation	Differenzierte Gefühle, Motive für Verhalten, Selbstachtung, Leistungen, Charakterzüge, Ausdruck
Autonom	Und: Meisterung innerer gegensätzlicher Bedürfnisse, Toleranz	Und: Autonomiestreben	Lebhaft übermittelte Gefühle, physiologische und psychologische Integration, Psychologische Verhaltensbegründung, Entwicklung, Rollenauffassung, Selbsterfüllung, Selbst in sozialem Kontext
Integriert	Und: Beilegung innerer Konflikte, Verzicht auf Unerreichbares	Und: Bewahrung der Individualität	Und: Identität

Anmerkung: »Und« bedeutet zusätzlich zum Inhalt der vorangegangenen Stufe. Quelle: Aus *Loevinger & Wessler*, 1970, S. 10–11.

konstant während des ganzen Lebens); andere, wie z. B. die Beschäftigung mit Körperfunktionen, nehmen zu verschiedenen Altersstufen verschiedene Formen an.

3. Auf der nächsten Stufe entwickelt sich vornehmlich das moralische Empfinden; Regeln werden anerkannt, jedoch nur befolgt, wenn sich daraus ein Vorteil ergibt. Diese Phase wird somit als die *selbstschützende* bezeichnet. Verhalten wird immer noch nicht als schlecht betrachtet, es sei denn, man wird dabei ertappt oder zur Rede gestellt. Trotz einer geringeren Abhängigkeit zeichnen sich zwischenmenschliche Beziehungen als manipulativ und erforschend aus. So wie der Darsteller der Fernsehwerbung sagt, »Ich mache es lieber selbst«, frägt der Jugendliche auf dieser Stufe verbittert, »Wer braucht sie?« Das Leben wird als Schaukelspiel im Sinne von »Was Du gewinnst, verliere ich« betrachtet. Bewußt beschäftigt sich die Person auf dieser Stufe mit der Erlangung einer Kontrolle und Überlegenheit gegenüber Dingen und Menschen.

4. Im *konformistischen* Stadium werden Regeln teilweise verinnerlicht und nur deshalb befolgt, weil es Regeln sind. Schande ist die Strafe für Nonkonformität; obwohl es ein stereotypes Vorurteil gegenüber Außenseitergruppen gibt, wird die goldene Regel nur bei »Ingroups« beobachtet. Merkmale der zwischenmenschlichen Wesensart des Individuums ergeben sich eher aus seinen Handlungen als aus seinen Gefühlen und Motiven. Bewußte Beschäftigung richtet sich auf Anerkennung, oberflächliche Erscheinung von Dingen und auf materielle Dinge. Bezugnahmen auf innere Gefühle sind stereotypisch sanft und oft moralistisch.

5. Im Laufe des *bewußten* Stadiums wird das Moralempfinden verinnerlicht; d. h. innere Moralimperative ersetzen gruppen-sanktionierte Regeln als Grundlagen für Verhaltensweisen, und Schande wird ersetzt durch Schuldgefühle als Gefühlsreaktion auf die Verletzung solcher verinnerlichter Regeln. Zwischenmenschliche Beziehungen werden intensiver und bedeutsamer und werden mehr im Sinne von Gefühlen als von Handlungen angesehen. Innere Gefühle werden differenziert und dienen als Normen bei der Einhaltung von Verpflichtungen, beim Vergleich mit Idealen und bei der Erfüllung von Beiträgen und Leistungen. Diese Stufe zeichnet sich auch durch die Fähigkeit zur Selbstkritik aus, was als Hauptunterscheidungsmerkmal gegenüber der konformistischen Phase anzusehen ist.

6. Es folgt die *autonome* Stufe. Impulskontrolle weicht der Auseinandersetzung mit Konflikten – inneren Konflikten, gegensätzlichen Bedürfnissen und Pflichten. Diese Konflikte wer-

den offen in der Auseinandersetzung behandelt. Obwohl sich die bewußten und konformistischen Stufen dadurch auszeichnen, daß Personen, die andere Konfliktlösungen als die eigenen vorschlagen, mißbilligt werden, kommt es in der autonomen Phase zu einer größeren Toleranz. Zwischenmenschliche Beziehungen schließen jetzt die Anerkennung der Autonomität anderer Personen mit ein, abgesehen von der wechselseitigen Interdependenz. *Loevinger* gibt dazu folgende Beispiele: Eine typisch gewissenhafte Mutter fühlt sich dazu verpflichtet, ihr Kind vor Fehlern zu bewahren; eine typisch autonome Mutter erkennt die Notwendigkeit, daß ihre Kinder aus den eigenen Fehlern lernen müssen. Gewissenhafte Beschäftigungen: Konzeptualisierung der Rollendifferenzierung, individuelle Entwicklung und Selbsterfüllung.

7. Die letzte und höchste Stufe wird als *integriertes* Stadium bezeichnet. Die Person transzendiert die Konfliktbewältigung und erreicht den Ausgleich widersprüchlicher Anforderungen. Dies kann auch Verzicht auf unerreichbare Ziele bedeuten. Individuelle Unterschiede werden nicht nur toleriert, sondern auch eingeschätzt. Rollendifferenzierung wird erfolgreich vollzogen im Sinne einer integrierten Identität. Personen, die diese Stufe erreichen, werden nach *Maslow* (1968) als selbstverwirklichende Menschen bezeichnet und stellen die höchsten Intgrationsstufen der Reifung dar.

Loevinger weist darauf hin, daß jedes Stadium ein Potential sowohl für Fehlanpassung als auch für Wachstum besitzt. Das Beschreibungsschema (Art der Impulskontrolle, zwischenmenschliche Wesensart und bewußte Beschäftigung) ist nicht altersbezogen. Trotzdem stellt es ein hierarchisches Modell dar. Anders ausgedrückt, die Stufen stellen eine invariable Reihenfolge dar und dürfen nicht übersprungen werden. Jede Stufe baut sich auf der vorhergehenden auf, ist komplexer als diese und schafft die Voraussetzungen für die nachfolgende. Obwohl es für jede Person ein charakteristisches Niveau gibt, kann die Person, was auch manchmal der Fall ist, für kürzere Zeit auf mehreren Stufen gleichzeitig agieren.

Den Lehrern mag es sehr nützlich erscheinen, für Entwicklungsfolgen der Persönlichkeit ein zusammenhängendes Gedankenmodell von der Art des in Tabelle 15.2 angebotenen vorzufinden. Es stellt nicht nur einen Rahmen oder eine Struktur dar, das zur Interpretation individuellen und zwischenmenschlichen Verhaltens in der Klasse herangezogen werden kann, vielmehr erlaubt die Ordnung der eigenen Gedanken nach einem solchen Modell auch ein besseres introspektives Verständnis des eigenen Verhaltens.

Darüber hinaus mag sich eine bessere Perspektive ergeben für das kollektive Verhalten der modernen Jugend in einer Gesellschaft ständiger schneller Veränderungen.

15.6 Welche allgemeinen Aussagen können Sie über die Stabilität der Persönlichkeit machen? Welche Folgerungen ergeben sich daraus für die Erziehung?

15.7 Ist das Alter ein guter Indikator für die gegenwärtige Stufe der Ich-Entwicklung? Warum bzw. warum nicht? In welchem Sinne ist die Auffassung Loevingers von der Ich-Entwicklung ein hierarchisches Modell?

15.8 Wie würden Sie Ihr eigenes Ich-Entwicklungsniveau umschreiben?

15.9 Was bedeutet die Aussage, daß jede Stufe ein Potential für Fehlentwicklung wie auch für Wachstum besitzt?

15.10 Inwiefern kann die Vorstellung von Entwicklungsfolgen in der Persönlichkeit dem Lehrer bei der Arbeit mit Schülern nützlich sein?

15.4 Prinzipien der Förderung der Persönlichkeitsintegration

Die Prinzipien und Unterrichtsanweisungen in Kapitel 14 in Zusammenhang mit Einstellungen und Werten sind auch für die Persönlichkeitsintegration relevant. Die Bereitstellung exemplarischer Modelle für Schüler und Ermöglichung angenehmer emotionaler Erfahrungen, die Erweiterung informativer Erfahrungen über Einstellungen und Werte, die Anwendung von Gruppenverfahren zur Erleichterung der Bereitschaft gegenüber sozial anerkannten Einstellungen und Werten, die Schaffung angemessener praktischer Möglichkeiten zum Aufbau eines stabileren Wertsystems und die Förderung selbständiger und überlegter Kultivierung von Einstellungen und Werten beziehen sich ebenso auf die Persönlichkeitsintegration.

An dieser Stelle sollen 4 zusätzliche Prinzipien und Unterrichtsanweisungen zur Förderung der Persönlichkeitsintegration dargestellt werden. Diese Prinzipien und Anweisungen sind als hilfreiche Hypothesen zur Verhaltenssteuerung im Unterricht und in anderen Situationen zu betrachten und weniger als unumstößliche Gesetze. Es soll darauf hingewiesen werden, daß sich Personen mit unterschiedlichen Persönlichkeitsauffassungen bei der Analyse desselben großen Forschungsbereiches einer unterschiedlichen Terminologie bedienen dürften. Die Anweisungen folgen nun im Detail:

PRINZIP	UNTERRICHTSANWEISUNG
1. Eine sichere emotionale Umwelt erleichtert die Entwicklung einer stabilen Persönlichkeitsorganisation. (Hoher Stress und chronische Angst haben ineffizientes Lernen und letztlich eine Desorganisation der Persönlichkeit zur Folge.)	1. Entwickeln Sie eine emotional sichere Umgebung.
2. Die Akzeptierung des eigenen Selbst (adäquates Selbstbild) und die Anerkennung durch andere sind voneinander abhängig und für die Persönlichkeitsintegration notwendig.	2. Fördern Sie das Selbstverständnis und die Selbstannahme.
3. Das Erlangen von Selbständigkeit und eines Sinnes für Leistung sind wesentlich für die Persönlichkeitsintegration.	3. Helfen Sie den Schülern bei der Erreichung realistischer Ziele.
4. Die Aneignung rationaler Methoden der Anpassung an frustrierende Situationen durch Lernen kann die übermäßige Verwendung von Abwehrmechanismen vermindern.	4. Schaffen Sie praktische Möglichkeiten zur Bewältigung von Konfliktsituationen.

15.4.1 Entwickeln Sie eine emotional sichere Umwelt

Gefühle der Anerkennung und Zugehörigkeit sind ein wichtiger Faktor zur Entwicklung eines emotional sicheren Klassenbereiches. Die positive Reaktion auf den Schüler und die Sicherheit, daß jedes Kind in der Klasse mehrere Freunde hat, verstärkt diese Gefühle. Ein Überblick über die Forschung läßt erkennen, daß emotional sichere Klassenzimmer eher gegeben sind, wenn Klassenräume folgende affektiven Charakteristika aufweisen: ein Gefühl allgemeiner Wärme; die Förderung angemessener Emotionsäußerungen durch die Schüler; demokratische Herbeiführung von Entscheidungen als Anreiz für gemeinsame Tätigkeiten; die Anwendung straffreier Kontrollverfahren von großer Klarheit und Bestimmtheit; verminderte Frustration und Angst in Lernsituationen, und wechselnde Ordnungszustände (intensive Gespräche, dann völlige Ruhe usw.) auf der Grundlage der Emotionsorganisation zur Erreichung von Zielen (*Ripple*, 1965).

Die Angst spielt bei Lernsituationen eine überaus komplexe Rolle; in der Tat scheint jedoch ein *mildes* Maß an Angst das Lernen zu erleichtern. Trotzdem sollten die Lehrer nicht absichtlich Gefühle der Unsicherheit und Angst in den Schülern wecken. Die Mehrzahl der Lernsituationen in der Schule ist an sich schon angstproduzierend und es scheint angebrachter zu sein, Angst zu reduzieren. Diese Empfehlung deckt sich mit den Ergebnissen von *Sarason* und seinen Mitarbeitern; ausgehend von mehreren Jahren der Forschungsarbeit über Angst bei Schulkindern, schrieben sie:

> Aus unseren Beobachtungen konnten wir schließen, daß eine der wichtigsten Größen, in der sich Lehrer voneinander unterscheiden, das Maß ist, in dem sie eine Atmosphäre schaffen, in welcher das Sicherheitsgefühl des Kindes und sein Selbstwertgefühl wesentlich von der Angemessenheit seiner Leistung bestimmt werden ... Im Fall des ängstlichen Kindes glauben wir, daß die Reaktion des Lehrers auf eine unangemessene Leistung unbedingt verhindern muß, daß die Einstellung des Kindes dahingehend gestärkt wird, daß Mißerfolg und persönlich gemocht und akzeptiert zu werden in bestimmtem Zusammenhang stehen. (*Sarason* u. a., S. 273)

Schüler fühlen sich emotional sehr sicher, wenn die Verhaltensnormen allgemein bekannt sind und konsequent verfolgt werden. Vernünftige Regeln und Vorschriften nehmen sie im allgemeinen nicht übel; im Gegenteil, es ist ihnen lieber, wenn sie über die Verhaltensweisen, die der Lehrer konsequent billigen bzw. mißbilligen wird, Bescheid wissen. Oft wird ein neuer Lehrer dahingehend getestet, um herauszufinden, wo bei ihm die Grenzen sind. Insbesondere in den höheren Klassen und in der Oberschule kann eine wirksame Klärung und Annahme von Verhaltensnormen durch die Schüler dadurch erreicht werden, indem man sie an deren Formulierung teilhaben läßt.

Angenehme Gefühle werden in zahlreichen Klassensituationen vom Lehrer oder von den Schülern zu selten geäußert und möglicherweise kann man allgemein von einer übermäßigen Gefühlsunterdrückung sprechen (*Jones*, 1968). Im Kindergarten und den ersten Klassen neigt der Lehrer tatsächlich im allgemeinen aber dazu, seine bzw. ihre eigenen angenehmen Gefühle relativ frei auszudrücken und bei den Schülern freundliche emotionale Äußerungen zu fördern. Da kleine Kinder alle möglichen Fragen über sich selbst und ihre Umwelt stellen, ist dies relativ einfach. Sie sind neugierig und wollen lernen. Bei vielen Kindern stumpft jedoch diese freie Äußerung und ihr Lerneifer im Laufe der späteren Grundschul- und Gymnasialjahre ab. Wenn die Anforderungen, systematischen fachlichen Lernstoff zu lernen und die Beschränkungen im Elternhaus, in der Nachbarschaft und in der Schule zunehmen, nehmen angenehme emotionale Äußerungen in der Schule ab. Aktivität und Entdeckungsdrang werden durch Zwang zur Eingliederung unterdrückt. Äußert das Kind das Bedürfnis nach Lösung eines Problems, das für es von Wichtigkeit ist, so wird dies meist zurückgestellt, weil das Problem, das der Lehrer gelöst haben möchte, vordringlicher ist.

Schließlich erfährt der Schüler bei Lernsituationen in der Schule überhaupt keine angenehmen Emotionen oder Anforderungen mehr. Aus seinem früheren eifrigen Suchen nach Lösungen wird passive Toleranz oder sogar offener Widerstand. Wenn dies eintritt, kann es auch zu unerwünschten Abwehrmechanismen kommen (von der Art der Abwehrmechanismen, wie sie in Tabelle 15.1 aufgeführt sind). Die emotionale Atmosphäre der meisten Klassenräume würde sich verbessern, wenn das Unterrichtsprogramm mehr angenehme emotionale Reaktionen produzieren würde und Zeit dafür aufgewendet werden würde, den Schülern dabei zu helfen, effektiver mit ihren Emotionen umzugehen (*Mager*, 1968). Ein derartig verbessertes Gefühl oder emotionales Klima in der Klasse trägt wiederum zu einem wirksamen Erreichen kognitiver Ziele sowie zur Förderung der Persönlichkeitsintegration bei.

15.4.2 Fördern Sie das Selbstverständnis und die Selbstannahme

Wenn der Schüler die Oberschule verläßt, sollte er eine ziemlich realistische Einschätzung von sich selbst, seinen motorischen Fertigkeiten, seinem Wissen und seinen intellektuellen Fähigkeiten, seinen Interessen und seiner emotionalen Natur haben. Unser gesamtes Erziehungsprogramm leidet unter anderem daran, daß wir den Schülern nicht genügend Hilfe zum Verständnis ihrer Stärken und Schwächen geben. In vielen Fällen gibt der Schulberater eine ziemlich angemessene Beurteilung über die Begabungen und Grenzen des Schülers ab, nach der der Schüler in verschiedene Klassen und Kurse eingeteilt wird. Die Information, auf die sich die Beurteilung gründet, wird jedoch nicht dem Schüler vermittelt, so daß er selbst seine Stärken, die er gezielt verfolgen sollte, seine Schwächen, die er durch Fleiß und Arbeit überwinden könnte und seine möglichen Grenzen, die er nicht überwinden, sondern akzeptieren muß, verstehen kann.

Außer einigen Unzulänglichkeiten bei der Förderung des Selbstverständnisses zeigen sich sogar noch weniger Ansätze zur Förderung der Selbst-Akzeptierung. Anstatt die Schüler darin zu unterstützen, ihr spezielles individuelles Selbst anzuerkennen, ermuntern wir sie zu unrealistischem Streben: »Jeder kann Präsident der U.S.A. werden.« »Jeder muß bei dieser Prüfung eine gute Note erzielen«. »Jeder muß innerhalb von 10 Minuten fertig sein«. Unser Notensystem neigt eher dazu, mangelnde Selbstanerkennung zu fördern mit Ausnahme bei denjenigen, die gute Noten haben. Das Erteilen von schlechten Noten kann zwar eine realistische Einschätzung fördern, zu einer Selbstanerkennung führt es allerdings nicht, insbesondere wenn noch die Vorstellung zum Ausdruck kommt, daß man mit schlechten Noten nicht zufrieden sein sollte, auch wenn man sein Bestes getan habe.

Durch wohlerwogene Ansätze, im Unterricht eine Verbesserung des Selbstbilds zu erreichen – sowohl innerhalb als auch außerhalb des regulären Klassenraums, doch noch innerhalb der Schule, konnten gute Ergebnisse erzielt werden (*Staines*, 1958). Ebenso berichtete *Bruce* (1958) über Unterrichtsformen bei Schülern der 6. und 8. Klasse, die darauf ausgelegt waren, den Kindern zu einem besseren Verständnis und analytischen Haltung gegenüber ihrem eigenen Verhalten und dem anderer zu verhelfen; der Unterricht bewirkte eine bei den Kindern stärkere Selbstanerkennung und verminderte Gefühle der Angst und Unsicherheit. *Caplan* (1967) berichtet über ein Versuchsbeispiel zur Verbesserung des Selbstbildes bei Schülern der Unterstufe der Oberschule außerhalb des normalen Klassenrahmens. Jungen mit Verhaltensproblemen trafen in kleinen Gruppen zu 10 Beratungsgesprächen von jeweils 50 Minuten Dauer mit ihren normalen Oberschulberatern zusammen. Bei den früheren Treffen, die in relativ ungezwungenem Rahmen stattfanden, verbrachten die Jungen eine beträchtliche Zeit damit, unheimliche Geschichten über ihre wahren und erfundenen Missetaten zu erzählen. Sobald sie sich sicher waren, daß der Berater vertrauenswürdig war, äußerten sie eine Menge gewalttätiger und aggressiver Gefühle, manche gegen die Schule, einige gegen die Lehrer, andere gegen die Eltern. Bei den späteren Sitzungen diskutierten sie mit dem Berater ungezwungen über ihr Verhalten in der Schule, über von der Schule aufgestellte Regeln und Verhaltensvorschriften und andere an sie gestellte Anforderungen. Das Selbstverständnis der Jungen als vollwertige Individuen verbesserte sich von Beginn bis Ende der Gruppenberatungen stetig. Zuerst traten wünschenswerte Veränderungen im Verhalten und in den Einstellungen auf, gefolgt von einer Änderung der Einstellung gegenüber anderen.

Selbstannahme ist die Grundbedingung für ein adäquates Selbstbild. Zudem steht die Annahme durch andere und Anerkennung von anderen in positivem Zusammenhang mit der Selbstannahme. Unbestimmbar bleibt, was die Ursache und was die Wirkung ist. So tut man gut daran, beides gleichzeitig zu behandeln. Lehnt ein Lehrer ein Kind ab oder duldet er die Ablehnung eines Schülers durch Klassenkameraden, so erschwert dies nur eine Selbstannahme. Oder sieht man es mit an, wie ein Kind durch Tyrannisierung anderer versucht, ein besseres Bild von sich zu bekommen, so kann daraus kein gesundes Selbstbild entstehen.

Der folgende Aspekt über die Mitglieder einer Familie läßt sich ebenso gut auf die Schule übertragen:

Wir möchten hier 3 psychologische Erkenntnisse niederbringen, die sich so fest begründet haben, daß wir sie psychologische Axiome nennen möchten. Das eine lautet, daß ein Mensch niemals sein bestes Selbst werden kann, wenn er stets versucht, jemand anderer als er selbst zu sein. Das zweite ist, daß er nicht sein bestes Selbst sein kann, bevor er nicht eine angemessene Selbstachtung und ein Selbstwertgefühl besitzt. Das dritte Axiom bezieht sich besonders auf die Kindheit, in mancher Hinsicht aber auch auf das gesamte Leben: Seine Selbsteinschätzung spiegelt die Behandlung wider, die er von den Schlüsselpersonen seiner Umwelt erfährt. Dabei handelt es sich nicht um etwas aus nichts Geschaffenes, sondern um das Produkt der Reaktionen seiner Mitmenschen auf ihn. So wie ihn die anderen sehen, beginnt er langsam sich selbst zu sehen. (*Overstrett*, 1955, S. 81)

15.4.3 Helfen Sie den Schülern beim Erreichen realistischer Ziele

Manche Erwachsene sind immer noch der Ansicht, der Schüler müßte sozusagen als Vorbereitung für die Bewältigung von Mißerfolgen im späteren Leben in der Schule Mißerfolge erfahren. Es gibt jedoch konkrete Beweise dafür, daß höchst produktive und glückliche Erwachsene ein Polster früherer Erfolge von Kindheit an haben, und daß wiederholter Erfolg nicht notgedrungen zu einer überhöhten Selbstbeurteilung oder Ich-Bezogenheit führen muß. Unsere Nervenheil- und Strafanstalten befassen sich überwiegend mit Personen, die wiederholt Mißerfolge erfahren haben.

Wie wir bereits im vorangegangenen Abschnitt besprachen, ist es wichtig, daß Schüler nicht nur lernen, sich selbst zu verstehen, sondern auch Erfahrung im Setzen und Erreichen realistischer Ziele haben. Viele Schüler setzen ihre Vorstellungen bei Lernaufgaben wie Buchstabieren, Mathematik, Naturkunde und anderen Fächern meist zu hoch an. Wenn bei einer späteren beruflichen Laufbahn als Ingenieur oder Naturwissenschaftler der Schwerpunkt auf Mathematik und Naturkunde als Vorbereitung dafür liegt, nehmen Oberschüler von relativ niedriger Befähigung in stärkerem Maße an den fortgeschrittenen Naturkunde- und Mathematikstunden teil. Ein Großteil von ihnen erfährt jedoch eher Mißerfolg als Erfolg. Und viele Abiturienten mit schwachen abstrakten Fähigkeiten sind beim Eintritt in die Hochschule enttäuscht und werden zuweilen ernsthaft verstört, wenn sie wegen akademischen Versagens die Hochschule verlassen müssen.

15.4.4 Sorgen Sie für eine praktische Übung in der Bewältigung von Konfliktsituationen

Zu Konfliktsituationen kommt es unvermeidlich in jeder Klasse. Die erste Reaktion auf solche Reaktionen ist oftmals emotional.

Erfahrungsgemäß reagieren kleinere Kinder in Konfliktsituationen mit relativ freien Emotionsäußerungen. Obschon diese freie emotionale Äußerung Spannungen lösen kann, löst sie nicht den Konflikt als solchen. Wenn wir Fortschritte in den menschlichen Angelegenheiten erzielen wollen, müssen mehr Konfliktsituationen, wie beispielsweise die zwischen Mehrheits- und Minderheitsgruppen, Arbeit und Management, der älteren Generation und der Jugend und zwischen Staaten auf eine mehr rationale und weniger emotionale Weise gelöst werden. Unsere Schuljugend benötigt praktische Möglichkeiten zur Meisterung der verschiedenen Konfliktsituationen, auf die sie treffen, mit rationalen und vernünftigen Methoden.

Konfliktsituationen in der Schule können die Grundlage für nützliche die Persönlichkeitsintegration fördernde Lernerfahrungen sein. Wie wir bereits im letzten Kapitel besprachen, fördern Rollenspiel, Gruppendiskussionen und Entscheidungsherbeiführung in Gruppen ein besseres Verständnis sozialer und ethischer Werte sowie deren Anerkennung. Uneinigkeiten unter den Schülern über Fragen wie Verantwortung für die Erledigung bestimmter Aufgaben, angemessenes Verhalten und die Ursache des Konflikts können eine Rollenspielsituation oder eine Gruppendiskussion einleiten, bei der man sich mehr um rationale Lösungsmittel bemüht als um Mittel des persönlichen Angriffs, der Beschuldigung und der Bestrafung.

15.11 Wie wurden die Prinzipien der Förderung der Persönlichkeitsintegration bei Ihren persönlichen Erfahrungen in der Schule angewendet? Glauben Sie, daß die Anwendung dieser Prinzipien auch bei verschiedenen Lernfächern unterschiedlich ist? Warum bzw. warum nicht?

15.12 Welche Rolle spielt die Angst bei Lernsituationen? Könnten Sie sich eine Situation vorstellen, in der es nützlich wäre, wenn der Lehrer vorsichtig Angst in Schülern erzeugt?

15.13 Können Sie ein Benotungssystem entwickeln, das das Selbstverständnis und die Selbstannahme fördern würde? Wie würde das aussehen?

15.14 Warum sollte der Lehrer praktische Möglichkeiten zur Bewältigung von Konfliktsituationen schaffen?

15.5 Persönlichkeitsintegration und Disziplin

In Kapitel 9 erläuterten wir, daß Motivation und Disziplin in innerem Zusammenhang zueinander stehen, und zitierten 4 Prinzipien demokratischer Disziplin, wie sie von *Sheviakov* und *Redl* (1944) aufgestellt wurden. Weiter wiesen wir darauf hin, daß sich Klassendisziplin nicht von den angewandten Motivationsverfahren oder dem übrigen Curriculum der Schule trennen läßt. Da von vielen zukünftigen Lehrern, wie auch von bereits diensttuenden Lehrern in Fragen der Disziplin der Ruf nach Hilfe und Rat kommt, enthält dieser Abschnitt eine zusätzliche Diskussion über Disziplin. Diese Diskussion, wie die anderen in diesem Buch enthaltene, sollten als inhaltlicher Rahmen und weniger als konkrete Richtlinie betrachtet werden.

Im allgemeinen Sinne bezeichnet Disziplin die Anerkennung bestimmter Ziele und der zu ihrer Erreichung notwendig befundenen Ordnung. Diese ist Teil des Lebens außerhalb der Schulen wie auch innerhalb der Schulen. Jedes soziale System, so auch die Schule und das Klassensystem, bedarf einer bestimmten Führung seiner Mitglieder, um effektiv zu funktionieren. In der Klasse bezieht sich Disziplin auf die Kontrolle der Klassenverfahren, um ein Erreichen der Unterrichtslernziele zu erleichtern. In den meisten Fällen übernehmen Klassenlehrer die Verantwortung für die Aufrechterhaltung einer solchen Kontrolle und die Behandlung der vielfältigen Störungsformen, die in der Schule auftreten können.

Mit einigen bemerkenswerten Ausnahmen haben sich die historisch charakteristischen Disziplinformen von der Gewaltanwendung zu Überzeugungsversuchen bis hin zu den gegenwärtigen Theorien über Selbstdisziplin verschoben. In früheren Zeiten wurde Ordnung durch Zwangsmittel geschaffen — Regeln wurden aufgestellt, verstärkt durch Strafen wie Arrest, körperliche Bestrafung und Dimission, je nach Schwere und Übertretung. Derartige Verfahren werden in der heutigen Schule weitaus seltener angewendet. Die neueren Auffassungen über Disziplin als Selbstkontrolle implizieren das Lernen eines Verantwortungsgefühls gegenüber sich selbst, seinen Klassenkameraden und der Schule. Wenn ein Programm zur Entwicklung von Selbstkontrolle erfolgreich ist, kann sich die Organisation und Operation der Schule und der Klassen dahin entwickeln, daß Situationen, die zu Störungen und Unordnung führen, weitgehend vermieden werden.

Bevor wir mit der Diskussion fortfahren, erinnern Sie sich bitte an Teile des Ich-Entwicklungsmodells (Tabelle 15.2), das der Impulskontrolle und ihrem entwicklungsmäßigen Charakter gewidmet ist. Erinnern Sie sich auch an die Diskussion an früherer Stelle dieses Kapitels über die sich rapide verändernde soziale Welt und die begleitenden Veränderungen im Verhalten der modernen Jugend. Besonders relevant sind hier die Probleme des Drogengebrauchs, der Modezwänge, der Länge des Haares und der Studentenunruhen, alles Zeichen einer zunehmenden Unsicherheit bei Jungen und Alten hinsichtlich der Frage, was gut oder richtig ist — man bedenke: »Nicht nur die Eltern sind keine

Leitbilder mehr, es gibt überhaupt keine Leitbilder mehr ...« (*Mead*, 1970).

Es ist ganz selbstverständlich, daß sich die Auffassungen über Disziplin verändern – sowohl in der Schule wie auch in der Gesellschaft außerhalb der Schule, die sich durch schnelle Veränderung und beträchtliche Mannigfaltigkeit und eine Vielzahl von Inkonsequenzen in Zielen und Werten auszeichnet. Solche Faktoren sollten bedacht werden, wenn wir jetzt (1) Klassifikationen von Störungs- und Verhaltensproblemen, (2) Ursachen von Störungs- und Verhaltensproblemen, (3) disziplinare Praktiken und (4) einige praktische Anmerkungen besprechen.

15.5.1 Klassifikation von Verhaltensproblemen

Die meisten Versuche, Verhaltensprobleme in der Klasse zu klassifizieren, endeten in beschreibenden Kategorien auf der Grundlage von Schwere und Häufigkeit des Auftretens (*Smith*, 1969). In den Arbeiten von *Kooi* und *Schutz* (1965) wird beispielsweise ein Schema mit 18 getrennten Arten von Klassenstörungen aufgestellt; diese werden in den folgenden 5 Kategorien zusammengezogen: *Physische Aggression* (z. B. Boxen, Schlagen, Stoßen, Piesacken); *enge Kameradenfreundschaft* (der Unterhalter, z. B. flüstern, versetzen ohne Erlaubnis); *Aufmerksamkeitssuche* (z.B. Weitergabe von Briefchen, witzige Bemerkungen machen); *Herausforderung der Autorität* (der Rebell, z. B. Ungehorsam, Protest gegen die Aufgabenmenge), und *kritische Meinungsverschiedenheit* (der Querulant, z. B. unkonstruktive Kritiken, Lachen, um die andern zu stören).

In der Oberschule waren die häufigsten Gründe für die Bestrafung von Schülern bis vor kurzem: Sprechen, wenn Schweigen erforderlich ist bei Mädchen und Unaufmerksamkeit und Stören der Klasse bei Jungen (*N. E. A.*, 1957). Sicherlich zählen heute zu ernsten Verhaltensproblemen bei Oberschülern auch verschiedene Formen der Unruhe und der Gebrauch von Drogen, wie sich aus den früheren Diskussionen in diesem Kapitel ergibt.

Bei Hochschülern treten vorwiegend Vergehen wie Diebstahl, Hasardspiel, Verletzungen der Hausordnungen, akademische Angriffe, Verkehrsdelikte und störendes Verhalten auf (*Prusok*, 1961). Dazu kommen wiederum die Massendemonstrationen sowie andere Manifestationen studentischer Unruhen im Laufe der letzten Jahre. Obwohl bei den Hochschülern Unterrichtsstörungen nicht als bedeutendes Problem erachtet wurden, zeigen sich Anzeichen für gegenläufige Entwicklungen.

Außer einer Aufzeichnung ihrer eigenen Klassifikationen der Verhaltensprobleme haben die Forscher die Wahrnehmung der *Lehrer* in bezug auf die Schwere der verschiedenen Arten von

Fehlverhalten untersucht. In einer klassischen Untersuchung, die heute noch relevant und von Bedeutung ist, ließ *Wickman* (1928) Lehrer und klinische Psychologen 51 verschiedene Verhaltensformen und persönliche Merkmale einordnen, die ein planmäßiges Vorgehen im Unterricht unmöglich machen. Die Korrelation zwischen den Einstufungen der beiden Gruppen lag bei 0,05. Nach den Einstufungen der Lehrer waren Charakterzüge wie Unmoral, Unehrlichkeit, Impertinenz und Grobheit am schlimmsten. Bei den klinischen Psychologen waren einige der ernstesten Merkmale Schüchternheit, Argwohn, Übersensibilität und Verträumtheit. Die Lehrer befaßten sich vorwiegend mit aggressiven Verhaltensweisen, die klinischen Psychologen mit Verdrängungsverhalten. Anders ausgedrückt, die Lehrer befaßten sich anscheinend mit Charakterzügen und Reaktionen über die *sie* sich aufregten, während die Psychologen auf die Persönlichkeitsintegration und Entwicklung der Schüler eingingen. Als *Tolor, Scarpetti* und *Lane* (1967) fast 40 Jahre später an der Wickman-Studie ansetzten und wiederum über unterschiedliche Angaben der Lehrer und Ärzte bei der Einordnung von aggressivem Verhalten, regressivem Verhalten und emotionaler Äußerung berichteten, betrachteten die Lehrer all diese mehr oder weniger rebellischen Verhaltensweisen als abnormaler als die Psychologen. Die Erfahrungsmenge eines Lehrers erwies sich als sehr unterschiedlich, wobei unerfahrene Lehrer in größerem Maße von den Ärzten abwichen und eine größere Zahl kindlicher Verhaltensweisen pathologischen Ursachen zuschrieben als erfahrene Lehrer. Einige Zeichen sprechen dafür, daß sich bei den Lehrern in den letzten Jahren das Interesse an der Aufrechterhaltung der Ordnung zu Gunsten der verstärkten Entwicklung der Persönlichkeitsintegration ihrer Schüler vermindert.

15.5.2 Ursachen von Verhaltensproblemen

Früher schrieb man Verhaltensprobleme und Störungen der Schüler bewußt bösen Absichten der Schüler zu. Wie jedoch aus den vorangegangenen Diskussionen ersichtlich werden mag, werden die Ursachen für Störungen und Verhaltensprobleme der Schüler gegenwärtig mit psychologischen und medizinischen Begriffen ausgedrückt — persönliche Fehlanpassung, häusliches Milieu, Spannungen und Angst, Frustration und Hemmungen, akademisches Versagen, usw. in Verbindung gebracht. *Sheviakov* und *Redl* (1944) beispielsweise führen Fehlverhalten der Schüler auf 6 Faktoren zurück: Unzufriedenheit bei der schulischen Arbeit, emotionale Unruhe in bezug auf andere, Störungen des Klassenklimas, ungleiches Verhältnis zwischen der Klassenführung und dem Bedürfnis jedes einzelnen Schülers nach Emanzipation, emotionale Anspannungen im Zusammenhang mit plötzlichen Veränderungen von einer Tätigkeit zur anderen und die Zusammensetzung der Klassengruppe.

Barnes (1963) berichtet über einige der Ursachen von Fehlverhalten der Schüler, die von *Lehrern der Grundschule* am häufigsten angeführt werden. Dazu zählen: Inkompetenz der Lehrer, unterschiedliche Interessen der Schüler, Bedürfnis nach Beachtung von seiten der Schüler, unterschiedliche familiäre Werte, ungenügendes Interesse der Eltern, beschränkte Intelligenz und häusliches Milieu. Eine Studie von *Williamson* (1956) führt Bedingungen auf, die Disziplinarfällen bei Hochschülern zugrunde lagen, wie repressive Vorschriften und Gebräuche, Fehlen eines günstigen Anstaltsklimas, Übergang von Beschränkungen im Elternhaus zu studentischer Freiheit, Kampf um Unabhängigkeit von den Eltern, übertragen auf Hochschulautoritäten, pathologischer Charakter und natürliche Neigung zu Streichen. Heute muß diese Liste natürlich auch Zwischengruppen-Beziehungen (insbesondere einen wahrgenommenen diskriminatorischen Rassismus) und das neuerliche Auftauchen militanter Ideologien berücksichtigen. Vielleicht sollte auch noch die Psychologie der Hilflosigkeit (an früherer Stelle dieses Kapitels besprochen), die letztlich zur Entfremdung führt, hinzugezogen werden.

15.5.3 Disziplinäre Maßnahmen

Wir wiesen bereits darauf hin, daß sich der Lehrer in erster Linie um die Schaffung eines Klassenklimas bemühen sollte, das einer gesunden Persönlichkeitsintegration förderlich ist und reich an Lernerfahrungen ist, die sich die Begeisterungsfähigkeit der Jugendlichen zunutze machen. Im modernen Klassenzimmer ist es nicht übermäßig ruhig — auf keinen Fall so leise, daß »man eine Stecknadel fallen hört«. Oft gleicht es in seiner Aktivität geradezu einem Bienenstock, wobei sich die meisten Schüler aktiv mit konstruktiven Lernsituationen auseinandersetzen. Auf diese Weise werden Situationen, die eine disziplinarische Beachtung erfordern, vermieden und auf einem Mindestmaß gehalten — durch eine Art von Präventativdisziplin. Mit der Entwicklung von Anleitungs- und Beratungsmöglichkeiten in den Schulen und einer größeren Kenntnis der Lehrer über die Ursachen von Fehlverhalten im Sinne einer persönlichen Fehlanpassung ist die Übergabe einiger Probleme an Schulpsychologen und Berater zum häufig angewandten Verfahren geworden.

Es liegt bereits ein Überblick über disziplinäre Maßnahmen an der Grundschule, der Oberschule und der Hochschule vor. *Barnes* (1963) beispielsweise berichtet über Methoden auf der Grundschulebene: Ignoration des Fehlverhaltens, Möglichkeiten zu bereichernden Tätigkeiten und besondere Unterstützung, Gespräch mit den Kindern und Individualisierung der Schularbeiten. Die an der Oberschule am häufigsten angewandten Verfahren der disziplinarischen Kontrolle sind: Maßregelung vor der Klasse und anschließender Verweis, Arrest, Übertragung besonderer Aufgaben, Zimmerverweis, Zuweisung eines besondern Platzes, Antritt beim Direktor, und Herabsetzung seiner Noten (*Garrison*, 1959). An der Hochschule ist die Behandlung von Disziplinarfällen komplexer. Viele Hochschulen und Universitäten haben eigene Disziplinarausschüsse bestehend aus Studenten und Fakultätsmitgliedern zur schiedsrichterlichen Beurteilung schwieriger Fälle studentischen Fehlverhaltens. Wer in den Büros der Dekane eine beratende Funktion ausübt wird von diesen Disziplinarausschüssen im allgemeinen ferngehalten und stellt sich nur für eine studienberatende Aufgabe zur Verfügung.

Die Verminderung des Gebrauchs körperlicher Bestrafung als Disziplinarmaßnahme wird begleitet von der allgemeinen Entwicklung von Zwangsmaßnahmen hin zu erzieherischen Formen der Selbstkontrolle. Obwohl die körperliche Bestrafung noch nicht völlig verschwunden ist (z. B. *Kozol*, 1967), wird sie doch in einigen Ländern gesetzlich verboten. In den meisten Ländern ist jedoch die grausame Behandlung von Kindern gesetzlich untersagt, und somit muß der Lehrer in Fällen übermäßiger körperlicher Bestrafung auch in solchen Ländern mit einer strafrechtlichen Verfolgung rechnen.

Durch Forschungsarbeiten im Klassenrahmen konnten die Ausmaße disziplinarischen Verhaltens enthüllt werden. *Kounin* und *Gump* (1958) untersuchten beispielsweise die Wirkungen disziplinarer Kontrollmaßnahmen auf Schüler, denen sie nicht zugedacht waren. Es stellte sich heraus, daß die Wirkungen solcher Techniken über das Ziel des disziplinarischen Vorgehens auf solche übergriffen, die der Situation nur beiwohnten. Solche Wirkungen sind vergleichbar mit den kleinen Wellen, die beim Eintauchen eines Steines in ein Wasser auftreten. Das Maß der Ausrichtung anderer Schüler auf das mißbilligte Verhalten sowie Klarheit, Festigkeit und Stärke der angewendeten Kontrollverfahren sind Faktoren, die die Reaktionen der anderen Schüler steuern. Die beobachtenden Schüler neigen weniger zu Fehlverhalten, wenn das Kontrollverfahren des Lehrers klar ist im Sinne einer Identifizierung des Zielschülers und seines Fehlverhaltens und wenn das Kontrollverfahren unbedrohlich und konstruktiv ist. Beobachter der vom Lehrer angewandten Kontrollverfahren neigen auch eher zu wünschenswerten Reaktionen, wenn das Verfahren nicht übermäßig grob ist. Grobheit verstärkt leicht die Angst der anderen Schüler, mit erwartungsgemäß schlimmen Wirkungen. Allgemein läßt sich sagen, daß klares und festes Lehrerverhalten positive Wirkungen auf die Verhaltensweisen anderer Schüler hat; Grobheit und bedrohliches Verhalten führt bei anderen Schülern zu zersetzendem Verhalten.

Neben den genannten Faktoren, die sich auf Dimensionen des Lehrerverhaltens im Zusammenhang mit dem Verhalten der Schüler in der Klasse beziehen, gibt es einen weiteren, von *Kounin, Friesen* und *Norton* als »sich beobachtet fühlen« bezeichneten Faktor. Damit ist die Kenntnis des Schülers gemeint, ob der Lehrer das Tun um ihn herum beobachtet. Ein Lehrer, der nicht »dabei ist», reagiert beispielsweise auf eine kleinere Entgleisung, während in Wirklichkeit eine größere im Gange ist (z. B. Beachtung zweier flüsternder Kinder, während sich 2 andere jagen) oder reagiert auf Fehlverhalten zu spät (z.B. wenn es sich in seiner Bedeutung verschlimmert hat oder auf andere Kinder übergegriffen hat). Je mehr der Lehrer in seinem Verhalten »dabei ist«, desto mehr beteiligen sich die Schüler an der Unterrichtsarbeit und desto weniger tritt Fehlverhalten auf.

15.5.4 Praktische Hinweise

In Kapitel 9 besprachen wir bereits die Anwendung von Belohnungen und Strafen. Dort, wie auch im vorstehenden Abschnitt gingen wir auf die negativen Wirkungen strafender Maßnahmen ein. Ferner wiesen wir darauf hin, daß durch Motivationsverfahren und ein reichhaltiges Unterrichtsprogramm Situationen, die einer disziplinarischen Beachtung bedürften, vermieden und auf ein Mindestmaß gehalten werden können. Diese Art präventativer Disziplin stellt das wirksamste Verfahren überhaupt dar.

Die Erziehungsliteratur enthält viele Vorschläge für spezifische Verhaltensweisen, die disziplinaren Ausnahmesituationen angebracht wären. — Erste-Hilfe-Techniken, Verhalten beim ersten Treffen mit der Klasse und ähnliches. Oftmals sind auch Hinweise darüber, wie man sich nicht verhalten sollte, ebenso nützlich wie darüber, wie man sich verhalten sollte.

Hier einige der typischen, nach Möglichkeit zu vermeidenden Verhaltensweisen:

- Sarkasmus
- Lieblingsschüler vorziehen
- Auf Entschuldigungen bestehen
- Drohungen aussprechen
- Erteilung überaus schwieriger Aufgaben
- Bestrafung der gesamten Klasse für das Fehlverhalten einiger weniger
- Mit Angstgefühlen spekulieren
- Immer am Pult sitzen

— durch irrelevante Fragen die Fassung verlieren
— sich streng an das Übungsbuch halten
— Gebrauch eines den Schülern nicht geläufigen Vokabulars
— Zu schnelles oder nervöses Sprechen
— Nichtbeachtung des physischen Wohlergehens der Schüler in der Klasse
— Wutausbrüche vor der Klasse

Nützlich ist es:

— die Namen aller Schüler zu kennen
— auf die Unterrichtsstunde gut vorbereitet zu sein
— Schüler mit schwankender Aufmerksamkeit aufzurufen
— sachlich zu sein
— bei der Aufstellung von Regeln die Normen der Gruppe heranzuziehen
— kleine Störungen zu unterbinden, ehe sie ernsthaft werden
— seine Stimme wirksam einzusetzen
— Pünktlichkeit, Vitalität und Enthusiasmus zu zeigen
— einen Sinn für Humor zu haben

Die Liste praktischer Vorschläge könnte fast endlos fortgesetzt werden. Grundsatz bleibt, daß gute Disziplin eine Funktion guten Unterrichts ist. Die Anwendung der oben angeführten Verfahren ist wirklich eine Frage des verständigen Erkennens der Wechselbeziehung zwischen Erfordernissen der Situation und dem persönlichen Stil des Lehrers.

15.15 Worin besteht die Beziehung zwischen Klassendisziplin und Motivationsverfahren?

15.16 Worin bestehen die Vorteile und Nachteile, Disziplin als Selbstkontrolle zu begreifen?

15.17 Welche disziplinarische Rolle sollte die Schule in bezug auf Drogen-, Kleidungs- und Haarprobleme einnehmen? Welche in bezug auf die Studentenproteste?

15.18 Welche Art von Fehlverhalten bei Schülern würden Sie als ernst oder nicht ernst betrachten und warum?

15.19 Welche Arten disziplinärer Maßnahmen würden Sie als Lehrer anwenden? In welchem Bezug stehen Sie mit Ihrer Vorstellung dessen, was gute Disziplin ausmacht?

15.6 Zusammenfassung

Im Laufe ihrer Entwicklung streben Individuen nach persönlicher Integration. Die Schulen haben eine gewisse Verpflichtung, den Schülern die Persönlichkeitsintegration zu erleichtern und ihnen bei der Verwirklichung eines erfüllten Lebens zu helfen. Es gibt zwar viele Definitionen über Persönlichkeit, im Grunde bezeichnet der Begriff jedoch die Einzigartigkeit und Totalität eines Individuums als soziales Wesen. Ein Modell integrativer Anpassung schließt Selbstkontrolle, persönliche Verantwortung, soziale Verantwortung, gesellschaftlich-soziales Interesse und Ideale ein. Charakterentwicklung sowie die Verinnerlichung ethischer Werte gehört zum weiter gefaßten Begriff der Persönlichkeitsintegration.

Einige Autoren behaupten, daß die rapiden Veränderungen in den Einstellungen und Werten unserer Gesellschaft sowie im Verhalten der modernen Jugend den Eintritt in eine völlig neue Phase kultureller Entwicklung markieren würden. Diese neue Kultur ergibt sich aus dem Fehlen von Leitbildern unter den Erwachsenen. Ob wir uns an der Schwelle zu einer neuen kulturellen Entwicklung befinden, sei dahingestellt, die Studentenunruhen (in vielen Fällen aus persönlichem und sozialen Idealismus entstanden), Aktivität, Entfremdung und andere Aspekte der modernen Jugend (Kleidung, Persönlichkeitspflege, Drogengebrauch usw.) sprechen jedoch klar dafür. Die Aufgabe der Schule, den Jugendlichen bei ihrer Suche nach Persönlichkeitsintegration auf der Grundlage von Gesundheit, psychomotorischen Fertigkeiten, kognitiven Fähigkeiten, adäquaten Anpassungsmitteln und adäquatem Selbstbild zu helfen, erhöht sich unter derart schnell ändernden Bedingungen. Obgleich die Schule nicht explizit versuchen kann, Persönlichkeit durch ein organisiertes Unterrichtsprogramm zu formen, so können die Kinder in der Schule doch Kenntnisse, Fähigkeiten, Einstellungen, Werte, Motive und Interessen erwerben, die den Grundstock einer Persönlichkeit darstellen.

Zwischen früher Kindheit und jungem Erwachsenenalter treten bei vielen Verhaltensweisen einschneidende Veränderungen auf. Obwohl dies verläßliche Voraussagen über die Persönlichkeit ausschließt, führt es doch zu der gleichzeitigen Schlußfolgerung, daß auf verschiedenen Entwicklungsstufen Veränderungen in wünschenswerte Richtungen möglich sind. Die Stadien der Entwicklung des Selbstbilds können identifiziert und zum Zwecke einer kontinuierlichen Interpretation konzeptualisiert werden. Ich-Entwicklung, ein fundamentaler Persönlichkeitsbegriff, wird im Sinne der Impulskontrolle, der zwischenmenschlichen Wesensart und der bewußten Beschäftigung beschrieben. Ein derartiges hierarchisches Modell bildet einen Rahmenbau zur Interpretation individuellen und zwischenmenschlichen Verhaltens und zur Erlangung einer besseren Perspektive hinsichtlich des kollektiven Verhaltens der modernen Jugend.

Insofern als Einstellungen und Werte wesentliche Komponenten der Persönlichkeit sind, lassen sich in Kapitel 14 dargebotenen Unterrichtsanweisungen zur Erleichterung des Erlernens von Einstellungen und Werten auch auf die Persönlichkeit übertragen.

Vier weitere Richtlinien, die sich mit der Rolle des Lehrers bei der Persönlichkeitsentwicklung befassen, sollten ebenfalls sorgfältig geprüft werden: (1) Schaffen Sie eine emotional sichere Umwelt. (2) Fördern Sie das Selbstverständnis und die Selbst-Anerkennung. (3) Helfen Sie den Schülern bei der Erreichung realistischer Ziele. (4) Sorgen Sie für praktische Möglichkeiten der Bewältigung von Konfliktsituationen.

Motivation, Disziplin und Persönlichkeitsintegration stehen in engem inneren Zusammenhang. Jedes gesellschaftliche System, so auch das System der Schule und der Klasse, erfordert eine gewisse Führung seiner Mitglieder, damit es effektiv arbeiten kann. Im schulischen Rahmen bedeutet Disziplin die Kontrolle von Maßnahmen, durch die die Erreichung von Unterrichtslernzielen erleichtert werden soll. Disziplinare Maßnahmen haben sich historisch von Zwangsmaßnahmen hin zu Selbst-Disziplin entwickelt. Die neueren Auffassungen über Disziplin begreifen Lernen als Verantwortungsgefühl gegenüber sich selbst, anderen Klassenkameraden und der Schule. Der Versuch der Anwendung dieser Auffassung erfordert die Reorganisation der Schulen und Klassen.

Klassifikationen von Störungen und Verhaltensproblemen ergeben beschreibende Kategorien, die sowohl traditionellen Charakter haben als auch bezeichnend sind für eine Gesellschaft rapider Veränderungen, bedeutender Unterschiede und einer Vielzahl widersprüchlicher Ziele und Werte. Die Ursachen solcher Störungen werden neuerlich psychologisch aufgefaßt. Gute Disziplin ist eine Funktion guten Unterrichts. Die Bemühungen des Lehrers sollten sich möglichst auf die Schaffung eines Klassenklimas richten, das einer gesunden Persönlichkeitsintegration förderlich und reich an Lernerfahrungen sind, die sich die Begeisterungsfähigkeit der Jugendlichen zunutze machen. Mit Hilfe solcher präventativ-disziplinarischer Ansätze lassen sich Situationen, die einer disziplinaren Aufmerksamkeit bedürften, vermeiden und auf ein Mindestmaß beschränken. Ein Überblick über disziplinare Maßnahmen an der Grund-, Ober- und Hochschule zeigen, daß sich eine Verschiebung von ernsten Strafmaßnahmen hin zu Formen der disziplinaren Selbstkontrolle vollzogen hat.

15.7 Weiterführende Literatur

Bugental, J. F. T.: Challenges of humanistic psychology. New York: McGraw-Hill, 1967.

Die 34 Vorlesungen in diesem Taschenbuch sind beispielhaft für den modernen Protest an einer eng gefaßten Verhaltenspsychologie, die ungenügend auf das Individuum als Gesamtperson eingeht.

Flavell, J. H.: Piaget's theory of moral judgment. In: *Wrightsman, L.*

S., ed.: Contemporary issues in social psychology. Belmont, Calif.: Wadsworth, 1968, 23—27.

Flavell beschreibt Piagets Vorstellungen über Entwicklungsstadien der moralischen Entwicklung bei Kindern.

Havighurst, R. J.: Overcoming value differences. In: *Strom, R. D., ed.:* The inner-city class-room: Teacher behaviors. Columbus, Ohio: Merrill, 41—56.

Dieser Aufsatz arbeitet besonders klar die Werte heraus, die für ein zivilisiertes Leben in einer urbanen Industriegesellschaft erforderlich sind.

Hobbs, N.: Helping disturbed children: Psychological and ecological strategies. In: *Sarason, I. G., ed.:* Contemporary research in personality. Princeton, N. J.: Van Nostrand, 1969, 352—362.

Es werden die Entwicklung von Internatsschulen und Maßnahmen zur Neuerziehung von emotional gestörten Kindern beschrieben.

Hoffmann, M. L., Saltzstein, H. D.: Parent discipline and the child's moral development. In: *Parke, R. D., ed.:* Readings in social development. New York: Holt, Rinehart and Winston, 1969, 541—561.

Häufige Anwendung von Gewalt seitens der Eltern und Liebesentzug hatten keinen Einfluß auf die moralische Entwicklung von Schülern der 7. Klasse; anders aber bei einem häufigen Gebrauch von Induktion — der Konzentration auf die Handlungen des Kindes gegenüber anderen.

Moskowitz, R.: Leaving the drug world behind. American education, 1970,*6, 3—6.*

Ein Kulturreporter der San Francisco Chronicle beschreibt die Erziehung jüngerer ehemaliger Drogenabhängiger und ihre Rollen in den »Bewußtheitsheimen«. Bewußtheitsheime wurden für jugendliche Drogenabhängige eingerichtet, die sich von der Droge befreien wollen und Kontakt zu anderen ehemaligen Süchtigen und anderen Personen finden können.

Ringness, T. R.: Mental health in the schools. New York: Random House, 1968.

Besonders interessante Kapitel, zum Teil auf Grund des anekdotischen Materials, sind »Commeon Sources of Stress in Schools,« 252—284; »Working with Individual Pupils-Learning Principles,« 317—341; und »Working with Individual Pupils-the Self«, 342—371.

Smith. M. B.: Eplorations in Competence: A srudy of Peace Corps teachers in Ghana. In: *Sarason, I. G., ed.:* Contemporary research in personality. *Princeton, N. J.:* Van Nostrand, 1969, 21—30.

Es werden die Eigenarten von Lehrern der Heilsarmee sowie die Methoden zur Identifizierung dieser Merkmale beschrieben.

Wattenberg, W. W.: Social deviancy among youth, National Society for the Study of Education, 65th yearbook. Chicago: University of Chicago Press, part 1, 1966.

Der Autor beschreibt Kriminalität, Schwangerschaft, emotionale Störungen und andere Formen unerwünschter Abweichungen bei Jugendlichen. In kurzem werden auch erzieherische Vorbeugemaßnahmen erläutert.

Literaturverzeichnis

Aebli, H.: Über die geistige Entwicklung des Kindes. E. Klett Verlag, Stuttgart 1968.

Allport, G. W. (1955): Becoming. New Haven: Yale University Press.

Allport, G. W., Vernon, P. E., Lindzey, G. (1960): Study of values. Boston: Hougthon Mifflin.

Almy, M. (1966): Young children's thinking: Studies of some aspects of Piaget's theory. New York: Columbia University, Teachers College Press.

Ames, L. B., Ilg, F. L. (1951): Developmental trends in writing behavior. Journal of genetic psychology, 79:29—46.

Ammons, R. B. (1950): Acquisition of a motor skill: III. Effects of initially distributed practice on rotary pursuit performance. Journal of experimental psychology, 40:777—787.

Anderson, C. C. (1962): Developmental study of dogmatism during adolescence. Journal of abnormal and social psychology, 65:132—135.

Archer, E. J. (1962): Concept identification as a function of obviousness of relevant and irrelevant information. Journal of experimental psychology, 63:616—620.

Archer, E. J. (1966): The psychological nature of concepts. In *Klausmeier, H. J., Harris, C. W.*, eds., Analyses of concept learning. New York: Academic Press. Pp. 37—49.

Archer, E. J., Bourne, L. E., Brown, F. G. (1955): Concept identification as a function of irrelevant information and instructions. Journal of experimental psychology, 49:153—164.

Association for Supervision and Curriculum Development. (1962); Perceiving, behaving, becoming. Washington, D. C.: Association for Supervision and Curriculum Development.

Association for Supervision and Curriculum Development. (1970): To nurture humaneness: Commitment for the 70's. Washington, D. C.: Association for Supervision and Curriculum Development.

Atkinson, J. W. (1965): The mainsprings of achievement oriented activity. In *Krumboltz, J. D.*, ed., Learning and the educational process. Chicago: Rand McNally. Pp. 25—66.

Ausubel, D. P. (1963): The psychology of meaningful verbal learning. New York: Grune & Stratton.

Ausubel, D. P., Fitzgerald, D. (1962): Organizer, general background, and antecedent learning variables in sequential verbal learning. Journal of educational psychology, 53:243—249.

Ausubel, D. P., Robinson, F. G. (1969): School learning: An introduction to educational psycholgy. New York: Holt, Rinehart and Winston.

Baldwin, A. L. (1967): Theories of child development. New York: Wiley.

Bandura, A., Ross, D., Ross, S. A. (1963): Imitation of film-mediated aggressive models. Journal of abnormal and social psychology, 66:3—11.

Bandura, A., Walters, R. H. (1963): Social learning and personality development. New York: Holt, Rinehart and Winston.

Barnes, D. (1963): An analysis of remedial activities used by elementary teachers in coping with classroom behavior problems. Journal of educational research, 56:544—547.

Barron, F. (1969): Creative person and creative process. New York: Holt, Rinehart and Winston.

Beberman, M. (1964): An emerging program of secondary school mathematics. In *Heath, R. W.*, ed., New curricula. New York: Harper & Row. Pp. 19—34.

Bellugi, U., Brown, R., eds. (1964): The acquisition of language. Monographs of the society for research in child development, 29:1—191.

Berger, E. (1952): Relation between expressed acceptance of self and expressed acceptance of others. Journal of abnormal and social psychology, 47:778—782.

Biemiller, A. (1970): The development of the use of graphic and contextual information as children learn to read. Mimeographed paper.

Bilodeau, E. A., Bilodeau, I. M. (1961): Motor-skills learning. In Annual review of psychology. Stanford, Cal.: Stanford University Press. Pp. 243—280.

Bilodeau, I. M. (1966): Information feedback. In *Bilodeau, E. A., ed.,* Acquisition of skill. New York: Academic Press. Pp. 255—296.

Birch, H. G., & Rabinowitz, H. S. (1951): The negative effect of previous experience on productive thinking. Journal of experimental psychology, 41:121—125.

Bloom, B. S. (1964): Stability and change in human characteristics. New York: Wiley.

Bloom, B. S. (1969): Some theoretical issues relating to educational evaluation. In *Tyler, R. W., ed.,* Educational evaluation new roles, new means, 68th yearbook. Part II. National Society for the Study of Education. Chicago: University of Chicago Press. Pp. 26—50.

Bloom, B. S., ed. (1966): Taxonomy of educational objectives. Handbook I: Cognitive domain. New York: McKay.

Blount, N. S., Klausmeier, H. J., Johnson, S. L., Fredrick, W. C., Ramsay, J. G. (1967): The effectiveness of programed materials in English syntax and the relationship of selected variables to the learning of concepts, technical report no. 17. Madison, Wisc.: Wisconsin Research and Development Center for Cognitive Learning.

Bonn, H., Rosmanith, K. (Hrsg.): Studien zur Entwicklung des Denkens im Kindesalter. Wiss. Buchgesellschaft, Darmstadt 1972.

Borgatta, E. F., ed. (1969): Social psychology: Readings and perspective. Chicago: Rand McNally.

Bourne, L. E. (1966): Human conceptual behavior. Boston: Allyn & Bacon.

Bridges, K. M. (1932): Emotional development in early infancy. Child development, 3:324—341.

Brownell, W. A., & Hendrickson, G. (1950): How children learn information, concepts, and generalizations. In Learning and instruction, 49th yearbook. Part I. National Society for the Study of Education. Chicago: University of Chicago Press. Pp. 92—128.

Brownell, W. A., & Moser, H. E. (1949): Meaningful versus mechanical learning: A study in grade III subtraction. Duke University studies in education, no. 8. Durham, N.C.: Duke University Press.

Bruce, P. (1958): Relationship of self-acceptance to other variables wiht sixth grade children oriented in self-understanding. Journal of educational psycholgy, 49:229—238.

Bruner, J. S., Goodnow, J. J., & Austin, G. A. (1956): A study of thinking. New York: Wiley.

Bruner, J. S., Olver, R. R., & Greenfield, P. M. (1966): Studies in cognitive growth. New York: Wiley.

Bruner, J. S.: Studien zur kognitiven Entwicklung. Klett Stuttgart 1971.

Bugental, J. F. T. (1967): Challenges of humanistic psychology. New York: McGraw-Hill.

Butler, R. A. (1953): Discrimination learning by rhesus monkeys to visual-exploration motivation. Journal of comparative and physiological psychology, 46:95—98.

Butler, R. A. (1954): Incentive conditions which influence visual exploration. Journal of experimental psychology, 48:19—23.

Butler, R. A. (1957): The effect of deprivation of visual incentives on visual exploration motivation in monkeys. Journal of comparative and physiological psychology, 50:177—179.

Butler, R. A., Harlow, H. F. (1954): Persistence of visual exploration in monkeys. Journal of comparative and physiological psychology, 47:258—263.

Byers, J. L. (1958): An investigation of the goal patterns of academically successful and unsuccessful children in a U.S. history class. Unpublished master's thesis. Madison, Wisc.: University of Wisconsin.

Byers, J. L. (1967): Verbal and concept learning. Review of educational research, 37:494—513.

Cahill, H., & Hovland, C. I. (1960): The role of memory in the acquisition of concepts. Journal of experimental psychology, 59:137—144.

Calfee, R., Venezky, R., & Chapman, R. (1969): Pronunciation of synthetic words with predictable and unpredictable letter-sound correspondences, technical report no. 71. Madison, Wisc.: Wisconsin Research and Development Center for Cognitive Learning.

Caplan, S. W. (1957): The effect of group counseling on junior high school boys' concepts of themselves in school. Journal of consulting psychology, 4:124—128.

Carroll, J. B. (1971a): The future of educational psychology. In *Ripple, R. E., ed.*, Readings in learning and human abilities. New York: Harper & Row, 2nd ed.

Carroll, J. D. (1971b): On learning from being told. In *Ripple, R. E., ed.*, Readings in learning and human abilities. New York: Harper & Row, 2nd ed.

Carroll, J. D. (1964): Words, meanings, and concepts. Harvard educational review, 34:178—202. Also in *Ripple, R. E., ed.*, Readings in learning and human abilities. New York: Harper & Row, 2nd ed.

Chapman, R., Venezky, R., & Calfee, R. (1970): Pronunciation of synthetic words with simple and complex letter-sound correspondences, technical report. Madison, Wisc.: Wisconsin Research and Development Center for Cognitive Learning.

Chapman, R., Venezky, R., & Calfee, R. (1970): Use of simple conditional lettersound correspondences in children's pronunciation of synthetic words. Madison, Wisc.: Wisconsin Research and Development Center for Cognitive Learning. Mimeographed paper.

Cole, L., & Hall, I. (1970): Psychology of adolescence. New York: Holt, Rinehart and Winston.

Coleman, E. G. (1964): Verbal concept learning as a function of instructions and dominance level. Journal of experimental psychology, 68:213—214.

Coleman, J. C. (1950): Abnormal psychology and modern life. Chicago: Scott, Foresman.

Coopersmith, S. (1967): Antecedents of self-esteem. San Francisco, Cal.: Freeman.

Crawford, T. J. (1956): The effect of emphasizing production typewriting contrasted with speed typewriting in developing production typewriting ability. Doctoral dissertation. Pittsburgh, Pa.: University of Pittsburgh.

Cron, G. W., & Pronko, N. H. (1957): Development of the sense of balance in school children. Journal of educational research, 51:33—37.

Crossman, E. R. (1959): A theory of the acquisition of speedskill. In Ergonomics. London: Taylor & Francis. Vol. 2, pp. 153—166.

Cunningham, B. F., Torrance, E. P. (1965): Imagi/cruft materials. Boston: Ginn.

Davies, D. R. (1945): The effect of tuition upon the process of learning a complex motor skill. Journal of educational psychology, 36:352—365.

Deese, J. (1967): Meaning and change of meaning. American psychologist, 22:641—651.

Deese, J., & Hulse, S. H. (1967): The psychology of learning. New York: McGraw-Hill, 3rd ed.

de Hirsch, K., Jansky, J. J., & Langford, W. S. (1966): Predicting reading failure. New York: Harper & Row.

Dewey, J. (1933): How we think: New York: Heath.

Dewey, J. (1973): Grundfragen der Erziehung, Hrsg. von Werner Correll. UTB 331 (E. Reinhardt) 1974.

Driezen, S. et al. (1953): The effects of nutritive failure on the growth patterns of white children in Alabama. Child development, 24:189—202.

Duncan, C. P. (1951): The effect of unequal amounts of practice on motor learning before and after rest. Journal of experimental psychology, 42:257—264.

Duncan, C. P. (1959): Recent research on human problem solving. Psychological bulletin, 56:397—429.

Eames, T. H., Douglas, H. B., Guston, G., & King, M. H. (1965): Attitudes and opinions of adolescents. Journal of education, 147:1—43.

Early, C. J. (1968): Attitude learning in children. Journal of educational psychology, 59:176—180.

Ebel, R. L., ed. (1969): Encyclopedia of educational research. New York: Macmillan.

Education Development Center. (1969): Man: A course of study: A brief review of evaluation findings. Cambridge, Mass.: Education Development Center.

Eichler, W., Hofer, A. (Hrsg.): Spracherwerb und linguistische Theorien-Texte zur Sprache des Kindes. R. Piper & Co München 1974.

Eisner, E. W. (1967): Educational objectives — Help or hindrance? School review, 75:250—260.

Eisner, E. W. (1969): Instructional and expressive educational objectives: Their formulation and use in curriculum. In American Educational Research Association, Instructional objectives. Chicago: Rand McNally. Pp. 1—19.

Engel, M. (1959): The stability of the self concept in adolescene. Journal of abnormal and social psychology, 58:211—215.

Eron, L. D. (1969): Relationship of TV viewing habits and aggressive behavior in children. In *Sarason, I. G., ed.*, Contemporary research in personality. Princetown, N.J.: Van Nostrand. Pp. 189—192.

Ervin-Tripp, S. (1966): Language development. In: *Hoffman, L., & Hoffman, M. L., eds.*, Review of child development. New York: Russell Sage Foundation. Pp. 55—105.

Estvan, F. J., & Estvan, E. W. (1959): The child's world: His social perception. New York: Putnam.

Fehr, H. F. (1966): The teaching of mathematics in the elementary school. In *Klausmeier, H. J., & Harris, C. W., eds.*, Analyses of concept learning. New York: Academic Press. Pp. 223—237.

Feldhusen, J. F. (1963): Taps for teaching machines. Phi delta kappan, 44:265—267.

Feldhusen, J. F., Klausmeier, H. J. (1962): Anxiety, intelligence and achievement in children of low, average, and high intelligence. Child development, 33:403—409.

Feldhusen, J. F., Treffinger, D. J., & Bahlke, S. J. (1970): Developing creative thinking. Journal of creative behavior, 4:85—90.

Feldhusen, J. F., Treffinger, D. J., & Elias, R. M. (1970): Prediction of academic achievement with divergent and convergent thinking and personality variables. Psychology in the schools.

Festinger, L. (1957): A theory of cognitive dissonance. Evanston, III.: Row, Peterson.

Fey, W. F. (1957): Correlates of certain subjective attitudes toward self and others.

Fitts, P. M. (1964): Perceptual motor skill learning. In *Melton, A. W.*, ed., Categories of human learning. New York: Academic Press. Pp. 177—197.

Flanders, N. A., Morrison, B., & Brode, E. (1968): Changes in pupil attitudes during the school year. Journal of educational psychology, 50:334—338.

Flavell, J. H. (1963): The developmenit psychology of Jean Piaget. Princeton, N.J.: Van Nostrand.

Flavell, J. H. (1968): Piaget's theory of moral judgment. In *Wrightsman, L. S., ed.*, Contemporary issues in social psychology. Belmont, Cal.: Wadsworth. Pp. 23—27.

Fleishman, E. A. (1964): The structure and measurement of physical fitness. Englewood Cliffs, N.J.: Prenitice-Hall.

Fleishman, E. A. (1967) Individual differences and motor learning. In *Gagné, R. M.*, ed., Learning and individual differences. Columbus, Ohio: Merrill. Pp. 165—191.

Fleishman, E. A., & Bartlett, C. J. (1969) Human abilities. In *Mussen, P. H., & Rosenzweig, M. R.*, eds. Annual review of psychology. Palo Alto, Cal.: Annual Reviews. Pp. 349—380.

Fleishman, E. A., & Hempel, W. E. (1955) The relation between abilities and improvement with practice in a visual discrimination task. Journal of experimental psychology, 49:301—310.

Fox, D. J., & Lorge, I. (1962): The relative quality of decisions written by individuals and by groups as the available time for problem solving is increased. Journal of social psychology, 57:227-242.

Francis, R. J., & Rarick, G. L. (1959): Motor characteristics of the mentally retarded. American journal on mental deficiency, 63:792-811.

Frayer, D. (1969): Effects of number of instances and emphasis of relevant attribute values on mastery of geometric concepts by fourth- and sixth-grade children. Unpublished doctoral dissertation. Madison, Wisc.: University of Wisconsin.

Frayer, D., Fredrick, W. C., & Klausmeier, H. J. (1969) A schema for testing the level of concept mastery, working paper no. 16. Madison, Wisc. Wisconsin Research and Development Center for Cognitive Learning.

Fredrick, W. C. (1966) How significant concepts are attained in high school subjects. North Central Association quarterly, 40:340—345.

Fredrick, W. C. (1968) Information processing and concept learning at grades 6, 8, and 10 as a function of cognitive style, technical report no. 44. Madison, Wisc.: Wisconsin Research and Development Center for Cognitive Learning.

French, E. G., & Thomas, F. H. (1958) The relation of achievement motivation to problem-solving effectiveness. Journal of abnormal and social psychology, 56:45—48.

Gagné, R. M. (1964) Problem solving. In *Melton, A. W.*, ed., Categories of human learning. New York: Academic Press. Pp. 293—317.

Gagné, R. M. (1965b) The conditions of learning. New York: *Holt, Rinehart* and *Winston*.

Gagné, R. M. (1966) The learning of principles. In *Klausmeier, H. J., & Harries, C. W.*, eds., Analyses of concept learning. New York: Academic Press. Pp. 81—95.

Gagné, R. M. (1967): Instruction and the conditions of learning. In *Siegel, L.*, ed., Instruction: Some contemporary viewpoints. San Francisco, Cal.: Chandler. Pp. 291—313.

Garrison, K. (1959) A study of student disciplinarian practices in two Georgia high schools. Journal of educational research, 53:153—156.

Getzels, J. W., & Jackson, P. W. (1962) Creativity and intelligence: Explorations with gifted students. New York: Wiley.

Ginzberg, E., ed. (1961) Values and ideals of American youth. New York: Columbia University Press.

Glaser, R., & Taber, J. I. (1961) Investigations of the characteristics of programed learning sequences. Pittsburgh, Pa.: Programed Learning Laboratory.

Goldberg, J. (1968) Influence of pupil's attitudes on perception of teacher's behaviors and on consequent school work. Journal of educational psychology, 59:1—5.

Goldner, R. H. (1957) Individual differences in whole-part approach and flexibility-rigidity in problem solving. Psychological monographs, 71, no. 21 (whole no. 450).

Goodman, K. (1965) A linguistic study of cues and miscues in reading. Elementary English, 42:639—643.

Gowan, J. C., Demos, G. O., & Torrance, E. P., eds. (1967) Creativity: Its educational implications. New York: Wiley.

Grinder, R. E. (1971) The growth of educational psychology as reflected in the history of Division 15. In *Ripple, R. E., ed.*, Readings in learning and human abilities. New York: Harper & Row, 2nd ed.

Guilford, J. P. (1958) A system of the psychomotor abilities. American journal of psychology, 71:161—174.

Guilford, J. P. (1959) Three faces of intellect. American psychologist, 14:469—479.

Guilford, J. P. (1967) The nature of human intelligence. New York: McGraw-Hill.

Guilford, J. P. (1968) Intelligence, creativity, and their educational implications. San Diego, Cal.: Knapp.

Hall, E. J., Mouton, .J S., & Blake, R. R. (1963) Group problem solving effectiveness under conditions of pooling vs. interaction. Journal of social psychology, 59:147—157.

Hall, J. F. (1955) Retroactive inhibition in meaningful material. Journal of educational psychology, 46:47—52.

Hamachek, D. E., ed. (1968) Human dynamics in psychology and education: Selected readings. Boston: Allyn and Bacon.

Hamachek, D. E. (1969) Characteristics of good teachers and implications for teacher education. Phi delta kappan, 50:341—344.

Harding, J., Kutner, B., Proshansky, H., & Chein, I. (1954) Prejudice and ethnic relations. In *Lindzey, G.*, ed., Handbook of social psychology. Reading, Mass.: Addison-Wesley. Pp. 1021—1061.

Harlow, H. F. (1949) The formation of learning sets. Psychological review, 56:51—65.

Harlow, H. F. (1953) Mice, monkeys, men, and motives. Psychological review, 60:23—32.

Harlow, H. F. (1959) Learning set and error factor theory. In *Koch, S.*, ed., Psychology: A study of a science. New York: McGraw-Hill. Vol. 2, pp. 492—537.

Haroctunian, B., & Tate, M. W. (1960) The relationship of certain selected variables to problem solving ability. Journal of educational psychology, 51:326—333.

Harris, F. L., Wolf, M. M., & Baer, D. M. (1969) Effects of adult social reinforcement on child behavior. In *Parke, R. D., ed.*, Readings in social development. New York: Holt, Rinehart and Winston. Pp. 124—134.

Harris, T. L. (1969) Reading. In *Ebel, R. L.*, ed., Encyclopedia of educational research. New York: Macmillan. Pp. 1069—1104.

Havighurst, R. J. (1966) Overcoming value differences. In *Strom, R.*

D., ed., The inner-city classroom: Teacher behavoirs. Columbus, Ohio: State University. Pp. 41—56.

Havighurst, R. J., & Moorefield, T. E. (1967) The disadvantaged in industrial cities. In *Witty, P. A.*, ed., The educationally retarded and disadvantaged, 66th yearbook. Part I. National Society for the Study of Education. Chicago: University of Chicago Press. Pp. 8—20.

Haygood, R. C., & Bourne, L. E. (1964) Forms of relevant stimulus redundancy in coicept identification. Journal of experimental psychology, 67:392—397.

Hebron, M., & Ridley, F. (1965) Characteristics associated with social prejudice in adolescent boys. British journal of social and clinical psychology, 4:92—97.

Heinelt, G.: Kreative Lehrer — kreative Schüler, Herder Bücherei 9018, Herder Freiburg, 1974.

Hendrickson, G., & Schroeder, W. H. (1941) Transfer of training in learning to hit a submerged target. Journal of educational psychology, 32:205—213.

Hess, R., & Goldblatt, I. (1957) The status of adolescents in American society: A problem in social identity. Child Development, 28: 459—468.

Hilgard, E. R., Irvine, R. P., & Whipple, J. E. (1953) Rote memorization, understanding, and transfer: An extension of Katona's cardtrick experiments. Journal of experimental psychology, 46:288—292.

Hites, R. W. (1965): Changes in religious attitudes during four years of college. Journal of social psychology, 66:51—63.

Hoepfner, R., Guilford, J. P., & Bradley, P. A. (1968) Identification of transformation abilities in the structure of intellect model. Los Angeles, Cal.: Psychological Laboratory, University of Southern California.

Hoffman, K. I., Guilford, J. P., Hoepfner, R., & Doherty, W. J. (1968): A factor analysis of the figural-cognition and figural-evaluation abilities. Los Angeles, Cal.: Psychological Laboratory, University of Southern California.

Hoffman, L. W., & Hoffman, M. L., eds. (1966) Review of child development research. New York: Russel Sage Foundation.

Hoffman, M. L., & Salzstein, H. D. (1969): Parent discipline and child's moral development. In *Parke, R. D.*, ed., Readings in social development. New York: Holt, Rinehart and Winston. Pp. 541—561.

Holland, J. L. (1959): Some limitations of teacher ratings as predictors of creativity. Journal of educational psychology, 50:219—223.

Holmes, C. C. (1959) An examination of goal-directed behavoir in terms of level of aspiration. Unpublished master's thesis. Madison, Wisc.: University of Wisconsin.

Horrocks, J. (1969) Psychology of adolescence. Boston: Houghton Mifflin.

Hovland, C. I., et al. (1957) The effects of commitment on opinion change following communication. In *Hovland, C. I., et al.*, The order of presentation in persuasion. New Haven, Conn.: Yale University Press.

Hovland, C. I., Harvey, O. J., & Sherif, M. (1957) Assimilation and contrast effects in reactions to communication and attitude change. Journal of abnormal and social psychology, 55:244—252.

Hovland, C. I., & Pritzker, H. A. (1957): Extent of opinion change as a function of amount of change advocated. Journal of abnormal and social psychology, 54:257—261.

Hudgins, B. B. (1960) Effects of group experience on individual problem solving. Journal of educational psychology, 51:37—42.

Hudgins, B. B., Smith, L. M., & Johnson, T. J. (1962) The child's perception of his classmates. Journal of genetic psychology, 101: 401—405.

Hunt, J. M. (1961): Intelligence and experience. New York: Ronald.

Huntley, C. W. (1965) Changes in value scores during the four years of college. General psychology monographs, 71:349—383.

Huttenlocher, J. (1962) Some effects of negative instances on the formation of simple concepts. Psychological report, 11:35—42.

Inhelder, B., & Piaget, J. (1958) The growth of logical thinking from childhood to adolescence. New York: Basic Books.

Jackson, P. (1968): Life in classrooms. New York: Holt, Rinehart and Winston.

Janis, I., & Feshback, S. (1953) Effects of fear-arousing communication. Journal of abnormal and social psychology, 48:78—92.

Jensen, A. R. (1962): Spelling errors and the serial-position effect. Journal of educational psychology, 53:105—109.

Jensen, A. R. (1968): Social class and verbal learning. In *Deutsch, M., Katz, I., & Jensen, A. R.*, eds., Social class, race and psychological development. New York: Holt, Rinehart and Winston.

Jensen, A. R. (1969) How much can we boost IQ and scholastic achievement? Harvard educational review, 39:1—123.

Johnson, D. M. (1955): The psychology of thought and judgment. New York: Harper & Row.

Johnson, D. M., & Stratton, R. P. (1966) Evaluation of five methods of teaching concepts. Journal of educational psychology, 57:48—53.

Johnson, D. M., & Stratton, R. P. (1971) Evaluation of five methods of teaching concepts. In *Ripple, R. E.*, ed., Readings in learning and human abilities. New York: Harper & Row, 2nd ed.

Johnson, R. C., & Medinus, G. R. (1965) Child psychology: Behavoir and development. New York: Wiley.

Jones, D. L. (1968) Relationships between concept learning and selected ability test variables for an adult population, technical report no. 51. Madison, Wisc.: Wisconsin Research and Development Center for Cognitive Learning.

Jones, H. E. (1944) The development of physical abilities. In *Henry, N. B.*, ed., Adolescence, 43rd yearbook. Part I. National Society for the Study of Education. Chicago: University of Chicago Press. Vol. 43, pp. 100—122.

Jones, R. (1968) Fantasy and feeling in education. New York: University Press.

Kagan, J., & Moss, H. A. (1962): Birth to maturity: A study in psychological development. New York: Wiley.

Kainz, F. Sprachentwicklung im Kindes- und Jugendalter. E. Reinhardt, München/Basel, 1975[4].

Kalish, P. W. (1966) Concept attainment as a function of monetary incentives, competition, and instructions, technical report no. 8. Madison, Wisc.: Wisconsin Research and Development Center for Cognitive Learning.

Kates, S. L., & Yudin, L. (1964) Concept attainment and memory. Journal of educational psychology, 55:103—109.

Kelly, H., & Woodruff, C. (1956): Members' reactions to apparent group approval of a counternorm communication. Journal of abnormal and social psychology, 52:67—74.

Kendler, H. H., & Kendler, T. S. (1956): Inferential behavior in preschool children. Journal of experimental psychology, 51:311—314.

Keniston, K. (1965): The uncommitted: Aliencted youth in American society. New York: Dell.

Kersh, B. Y., & Wittrock, M. C. (1962): Learning by discovery: An interpretation of recent research. Journal of teacher education, 13:461—469.

Keys, A., et al. (1950): The biology of human starvation. Minneapolis: University of Minnesota, 2 vols.

Kilpatrick, W. H. (1946): We learn what we live. New York State education, 33:535—537.

Kingsley, H. L., & Garry, R. (1957): The nature and conditions of learning. Englewood Cliffs, N.J.: Prentice-Hall.

Kittell, J. E. (1957): An experimental study of the effect of external direction during learning on transfer and retention of principles. Journal of educational psychology, 48:391—405.

Klausmeier, H. J., & Davis, J. K. (1969): Transfer of learning. In *Ebel, R. L., ed.*, Encyclopedia of Educational Research. New York: Macmillan. Pp. 1483—1493.

Klausmeier, H. J., & Feldhusen, J. (1959): Retention in arithmetic amorg children of low, average and high intelligence at 117 months of age. Journal of educational psychology, 50:88—92.

Klausmeier, H. J., Feldhusen, J., & Check, J. (1959): An analysis of learning efficiency in arithmetic of mentally retarded children in comparison with children of arerage and high intelligence. U.S. Office of Education, cooperative research project no. 153. Madison, Wisc.: University of Wisconsin.

Klausmeier, H. J., & Frayer, D. A. (1969): Cognitive operations in concept learning, working paper no. 36. Madison, Wisc.: Wisconsin Research and Development Center for Cognitive Learning.

Klausmeier, H. J., & Harris, C. W., eds. (1966): Analyses of concept learning. New York: Academic Press.

Klausmeir, H. J., Harris, C. W., Davis, J. K., Schwenn, E. A., & Frayer, D. (1968): Strategies and cognitive processes in concept learning, cooperative research project no. 2850. Madison, Wisc.: University of Wisconsin.

Klausmeier, H. J., Harris, C. W., & Ethnathios, Z. (1962): Relationships between divergent thinking abilities and teacher ratings of high school students. Journal of educational psychology, 53:72—75.

Klausmeier, H. J., Harris, C. W., & Wiersma, W. (1964): Strategies of learning and efficiency of concept attainment by individuals and groups. U.S. Office of Education, cooperative research project no. 1442. Madison, Wisc.: University of Wisconsin.

Klausmeier, H. J., & Loughlin, L. J. (1961): Behaviors during problem solving among children of low, average, and high intelligence. Journal of educational psychology, 52:148—152.

Klausmeier, H. J., & Meinke, D. L. (1968): Concept attainment as a function of instructions concerning the stimulus material, a strategy, and a principle for securing information. Journal of educational psychology, 59:215—222.

Klausmeier, H. J., Morrow, R., & Walter, J. E. (1968): Individually guided education in the multiunit elementary school: Guidelines for implementation. Madison, Wisc.: Wisconsin Research and Development Center for Cognitive Learning.

Klausmeier, H. J., & Wiersma, W. (1965): The effects of IQ level and sex on divergent thinking of seventh grade pupils of low, average, and high IQ. Journal of educational research, 58:300—302.

Klausmeier, H. J., Wiersma, W. W., & Harris, C. W. (1971): Efficiency of initial learning and transfer by individuals, pairs, and quads. In *Ripple, R. E., ed.*, Readings in learning and human abilities. New York: Harper & Row, 2nd ed.

Knapp, C. G., & Dixon, W. R. (1950): Learning to juggle: I. A study to determine the effect of two different distributions of practice on learning efficiency. Research quarterly of the American Association for Health, Physical Education and Recreallon, 21:331—336.

Knapp, C. G., & Dixon, W. R. (1952): Learning to juggle: II. A study of whole and part methods. Research quarterly of the American Association for Health, Physical Education and Recreation, 23:398—401.

König, G.: Strukturen kindlicher Sprache — Zum Schreibstil zehn- bis zwölfjähriger Schüler. Schwann, Düsseldorf 1972.

Kooi, B., & Schutz, R. (1965): A factor analysis of classroom disturbance intercorrelations. American educational research journal, 2:37—40.

Krathwohl, D. R. (1965): Stating objectives appropriately for program, for curriculum, and for instructional materials development. Journal of teacher education, 16:83—92.

Bloom, B. S., & Masia, B. B. (1964): Taxonomy of objectives: The classification of educational goals. Handbook II: Affective domain. New York: McKay.

Krech, D., Crutchfield, R., & Ballachey, E. (1962): Individual in society. New York: McGraw-Hill.

Kuhlen, R. G., ed. (1968): Studies in educational psychology. Waltham, Mass.: Blaisdell.

Kuhlen, R. G., & Houlihan, N. (1969): Adolescent heterosexual interest in 1942 and 1963. In *Grinder, R. E., ed.*, Studies in adolescence: A book of readings in adolescent development. New York: Macmillan. Pp. 184—187.

Lazarus, R. (1963): Personality and adjustment. Englewood Cliffs, N.J.: Prentice-Hall.

Lehmann, I. J. (1963): Changes in critical thinking, attitudes, and

values from freshman to senior years. Journal of educational psychology, 54:305—315.
Litwin, G. H. (1958): Motives and expectancies as determinants of preference for degrees of risk. Unpublished doctoral dissertation. Ann Arbor, Mich.: University of Michigan.
Loevinger, J. & Wessler, R. (1970): Measuring ego development: I. San Francisco: Jossey-Bass.
in problem solving related to previous exposure to problem, level of aspiration, and group size. Behavioral science, 5:28—38.
Lorge, I., & Solomon, H. (1960): Group and individual performance Intelligence Test, form 1, levels A-H. Boston, Mass.: Houghton Mifflin.
Lorge, I., Thorndike, R. L., & Hagen, E. (1964): Lorge-Thorndike
Luchins, A. S. (1942): Mechanization in problem solving: The effect of Einstellung. Psychological monograph, 54, no. 6 (whole no. 248).
Macht, K.: Problem: Unterrichtsmotivierung — intrinsisch contra extrinsisch. Jugend & Volk, Wien/München, 1973.
McCarthy, D. (1954): Language development in children. In *Carmichael, L., ed.*, Manual of child psychology. New York: Wiley, 2nd ed. Pp. 492—630.
McCielland, D. C. (1971): Toward a theory of motive acquisition. In *Ripple, R. E., ed.*, Readings in learning and human abilities. New York: Harper & Row, 2nd ed.
McCurdy, H. G., & Lambert, W. E. (1952): The efficiency of small human groups in the solution of problems requiring genuine cooperation. Journal of personality, 20:478—494.
McGuigan, F. J., & MacCaslin, E. F. (1955): Whole and part methods in learning a perceptual motor skill. American journal of psychology, 68:658—661.
McKeacnie, W. J. (1954): Individual conformite attitudes of classroom groups. Journal of abnormal and social psychology, 49:282—289.
MacKinnon, D. W. (1962): The nature and nurture of creative talent. American psychologist, 17:484—495. Also in *Ripple, R. E., ed.*, Readings in learning and human abilities. New York: Harper & Row, 2nd ed.
Mackworth, J. (1964): Performance decrement in vigilance, threshold and highspeed perceptual motor tasks. Canadian journal of psychology, 18:209—223.
McLuhan, M. (1967): The medium is the massage. New York: Random House.
Madsen, C. H., Becker, W. C., & Thomas, D. R. (1968): Rules, praise, and ignoring: Elements of elementary classroom control. Journal of applied behavoir analysis, 1:139—150.
Mager, R. F. (1962): Preparing instructional objectives. Palo Alto, Cal.: Fearon.
Mager, R. F. (1968): Developing attitude toward instruction. Palo Alto, Cal.: Fearon.
Mager, R. F., & Clark, C. (1963): Explorations in student-controlled instruction. Psychological reports, 13:71—76.
Marckwardt, A. H., ed. (1970): Linguistics in the schools, National

Society for the Study of Education, 69th yearbook. Part II. Chicago: University of Chicago Press.
Markle, S. M., & Tiemann, P. W. (1969): Really understanding concepts: Or in frumious pursuit of the jabberwock. Champaign. III, Stipes.
Maslow, A. H. (1943): A theory of human motivation. Psychological review, 50:370—396.
Maslow, A. H. (1968a): Toward a psychology of being. New York: Van Nostrand.
Maslow, A. H. (1968b): Self-actualization and beyond. In *Hamachek, D., ed.*, Human dynamics in psychology and education: Selected readings. Boston: Allyn and Bacon. Pp. 173—183.
Maw, W. H., & Maw, E. W. (1964): An exploratory invenstigation into the measurement of curiosity in elementary school children. U.S. Department of Health, Education and Welfare, Office of Education, cooperative research project no. 801. Washington, D.C.: U.S. Government Printing Office.
Maw, W. H., & Maw, E. W. (1965): Differences in preference for invenstigatory activities by school children who differ in curiosity level. Psychology in the schools, 2:263—266.
May, F. B. (1961): Creative thinking: A factorial study of seventh-grade children. Unpublished doctoral dissertation. Madison, Wisc.: University of Wisconsin.
Mead, M. (Jan. 10, 1970): Youth revolt: The future is now. Saturday Review, 23-25, 113.
Merrifield, P. R., Guilford, J. P., Christensen, P. R., & Frick, J. W. (1960): A factoranalytic study of problem-solving abilities. Report of the psychological laboratory, no. 22. Los Angeles, Cal.: University of Southern California Press.
Merrifield, P. R., Guilford, J. P., & Gershon, A. (1963): The differentiation of divergent-production abilities at the sixth-grade level. Report of the psychological laboratory, no. 27. Los Angeles, Cal.: University of Southern California Press.
Meyers, C. E., & Dingman, H. F. (1960): The structure of abilities at the preschool ages: Hypothesized domains. Psychological bulletin, 57:514—532.
Miles, D. T., Kibler, R. S. & Pettigrew, L. E. (1967): The effects of study questions on college students' test performances. Psychology in the schools, 4:25—26.
Miles, W. R. (1931): Measures of certain human abilities throughout the life span. Proceedings of the National Academy of Science, 17:627—633.
Miller, G. A., Galanter, E., & Pribram, K. (1960): Plans and the structure of behavoir. New York: Holt, Rinehart and Winston.
Miller, G. W., & Davis, J. K. (May 1968): Retention and concept identification as functions of concept complexity, method of presentation, stimulus exposure time, and conditions of recall, technical report no. 54. Madison, Wisc.: Wisconsin Research and Development Center for Cognitive Learning.
Mischel, W. (1969): Continuity and change in personality. American psychologist, 24:1012—1018.

Mitchell, J. (1959): Goal-setting behavoir as a function of self-acceptance, over- and under-achievement, and related personality veriables. Journal of educational psychology, 50:93—104.

Mitnick, L. L., & McGinnies, E. (1958): Influencing ethnocentrism in small discussion groups through a film communication. Journal of abnormal and social psychology, 56:82—90.

Moore, O. K., & Anderson, S. B. (1954): Search behavoir in individual and group problem solving. American sociological review, 19:702—714.

Moskowitz, R. (1970): Leaving the drug world behind. American education, 6:3—6.

Mussen, P. H., Conger, J. J., & Kagan, J. (1969): Child development and personality. New York: Harper & Row, 3rd ed.

Myers, R. E., & Torrance, E. P. (1965a): Can you imagine? A book of ideas for children of the primary grades. Boston, Mass.: Ginn.

Myers, R. E., & Torrance, E. P. (1965b): Invitations to speaking and writing creatively. Boston, Mass.: Ginn.

National Education Association. (1957): Discipline in the schools. Research bulletin, 35:152—155.

National Education Association. (1963): Schools for the sixties. New York: McGraw-Hill.

National Education Association. (March 1967): Research bulletin.

National Education Association. (1969a): Reporting pupil progress. Research bulletin, 75—76.

National Education Association. (1969b): Resolutions, 1969. Today's education, 58:42—46, 72, 76, 78—79.

National Education Association. (Oct. 24, 1969c): 17,000 Los Angeles teachers boycott classes to protest rapid deterioration of school system. National Education Association reporter. Pp. 1—6.

National Society for the Study of Education. (1950): Learning and instruction. 49th yearbook. Part. I. Chicago: University of Chicago Press.

Neale, D. C., & Proshek, J. M. (1967): School-related attitudes of culturally disadvantaged elementary school children. Journal of educational psychology, 58:238—244. Also in *Ripple, R. E., ed.,* Readings in learning and human abilities. New York: Harper & Row, 2nd ed.

Otto, W., Kamm, K., Peterson, J., Harris, M., & Miles, P. (1970): Wisconsin Tests of Reading Skill Development: Word attack, level A. Madison, Wisc.: Wisconsin Research and Development Center for Cognitive Learning.

Otto, W., & Peterson, J. (1969): A statement of skills and objectives for the Wisconsin prototypic system of reading skill development, working paper no. 23. Madison, Wisc.: Wisconsin Research and Development Center for Cognitive Learning.

Page, E. B. (1958): Teacher comments and student performance: A seventy-four classroom experiment in school motivation. Journal of educational psychology, 49:173—181.

Parker, J. F., Jr., & Fleishman, E. A. (1961): Use of analytical information concerning task requirements to increase the effectiveness of skill training. Journal of applied psychology, 45:295—302.

Patterson, C. H. (1966): Theories of counseling and psychotherapy. New York: Harper & Row.

Phillips. J. L. (1969): The origin of intellect: Piaget's theory. San Francisco: Freeman.

Piaget, J.: Das Erwachen der Intelligenz beim Kinde. Klett Verlag, Stuttgart 1969.

Piaget, J. (1971a): Development and learning. In *Ripple, R. E., ed.*, Readings in learning and human abilities. New York: Harper & Row, 2nd ed.

Piaget, J. (1971b): The development of mental imagery. In *Ripple, R. E., ed.*, Readings in learning and human abilities. New York: Harper & Row, 2nd ed.

Plant, W. T. (1958a) Changes in ethnocentrism associated with a four-year college education. Journal of educational psychology, 49:162—165.

Plant, W. T. (1958b): Sex, intelligence, and sorority or fraternity membership and changes in ethnocentrism over a two-year period. Journal of genetic psychology. 93:53—57.

Plowman, L., & Stroud, J. B. (1942): Effect of informing pupils of the correctness of their responses to objective test questions. Journal of educational research, 36:16—20.

Pollert, L. H., Feldhusen, J. F., Van Mondfrans, A. P., & Treffinger, D. J. (1969): Role of memory in divergent thinking. Psychological reports, 25:151—156.

Proshansky, H., & Newton, P. (1968): The nature and meaning of Negro self-identity. In *Deutsch, M., Katz, I., & Jensen, A., eds.*, Social class, race and psychological development. New York: Holt, Rinehart and Winston. Pp. 178—218

Prusok, R. (1961): Student, student personal worker, and parent attitudes toward student discipline. Personnel and guidance journal, 40:247—253.

Radke, M. J., Trager, H. G., & Davis, H. (1949): Social perceptions and attitudes of children. Genetic psychology monographs, 40:327—447.

Ranken, H. B. (1963): Effects of name learning on serial learning, position learning, and recognition learning with random shapes. Psychological reports, 13:663—678.

Rhine, R. J. (1957): The effect on problem solving of success or failure as a function of cue specificity. Journal of experimental psychology, 53:121—125.

Ripple, R. E. (1965): Affective factors influence classroom learning. Educational leadership, 22:476—532, 533.

Ripple, R .E. (1971): American cognitive studies: A review. In *Ripple, R. E., ed.*, Readings in learning and human abilities. New York: Harper & Row, 2nd ed.

Ripple, R. E., & May, F. B. (1962): Caution in comparing creativity and IQ. Psychological reports, 10:229—230. Also in *Ripple, R. E., ed.*, Readings in learning and human abilities. New York: Harper & Row, 2nd ed.

Romberg, T. A., & Steitz, J. (1970): Selection and analysis of mathematics concepts for inclusion in tests of concept attainment, working paper. Madison. Wisc.: Wisconsin Research and Development Center for Cognitive Learning.

Rossman, J. (1931): The psychology of the inventor. Washington, D. C.: Inventors.

Ruebush, B. E. (1963): Anxiety. In Child psychology, 62nd yearbook. Part. I. National Society for the Study of Education. Chicago: University of Chicago Press. Pp. 460—516.

Sarason, I. G. (1968): Verbal learning, modeling and juvenile delinquency. American psychologist, 23:254—266.

Schiefele, H.: Motivation im Unterricht — Beweggründe menschlichen Lernens und ihre Bedeutung für den Unterricht.

Schroder, H. M., & Rotter, J. B. (1953): Rigidity as learned behavior. Journal of experimental psychology, 4:141—150.

Schutz, R. E. (1968): Experimentation relating to formative evaluation. In *Klausmeier, H. J., Wardrop, J. L., Quilling, M. R., Romberg, T. A., & Schutz, R. E.*, Research and development strategies in theory refinement and educational improvement, theoretical paper no. 15. Madison, Wisc.: Wisconsin Research and Development Center for Cognitive Learning. Pp. 19—22.

Schwab, J. (1969): College curriculum and student protest. Chicago, III.: University of Chicago Press.

Schwenn, E. A., Sorenson, J. S., & Bavry, J. (1970): The effect of individual adultchild conferences in the independent reading of elementary school children, technical report no. 125. Madison, Wisc.: Wisconsin Research and Development Center for Cognitive Learning.

Sears, P. S. (1940): Levels of aspiration in academically successful and unsuccessful children. Journal of abnormal and social psychology, 35:498—536.

Sears, P. S., & Hilgard, E. R. (1964): The teacher's role in the motivation of the learner. In *Hilgard, E. R., ed.*, Theories of learning and instruction, 63rd yearbook. Part I. Chicago: University of Chicago Press. Pp. 182—209.

Shaw, M. C. (1967): Motivation in human learning. Review of educational research, 37:563—582.

Shaycoft, M. F. (1967): The high school years: Growth in cognitive skills. Pittsburgh, Pa.: American Institutes of Research.

Shepherd, J. (September 20, 1966): The Look youth survey. Look. Pp. 44—49.

Sheviakov, G. V., & Redl, F. (1944): Discipline for today's children and youth. Washington, D. C.: Association for Supervision and Curriculum Development. (Revised by Sybil Richardson, 1956.)

Shoben, E. J., Jr. (1957): Toward a concept of the normal personality. American psychologist, 12:183—189.

Skowronek, H.: Lernen und Lernfähigkeit. Juventa, München 1969.

Smith, B. O. (1969): Discipline. In *Ebel, R., ed.*, Encyylopedia of educational research. Toronto: Macmillan, 4th ed. Pp. 292—297.

Smith, F., & Miller, G., eds. (1966): The genesis of language. Cambridge: MIT Press.

Smith, I. M. (1964): Spatial ability: Its educational and social significance. London: University of London Press.

Smith, M. B. (1969): Explorations in competence: A study of Peace

Corps teachers in Ghana. In *Sarason, I. G., ed.*, Contemporary research in personality. Princeton, N. J.: Van Nostrand. Pp. 21—30.

Sorenson, J. S., Schwenn, E. A., & Bavry, J. (1970): The use of individual and group goal-setting conferences as a motivational device to improve student conduct and increase student self-direction: A preliminary study, technical report no. 123. Madison, Wisc.: Wisconsin Research and Development Center for Cognitive Learning.

Sorenson, J. S. Schwenn, E. A., & Klausmeier, H. J. (1969): The individual conference: A motivational device for increasing independent reading in the elementary grades, practical paper no. 8. Madison, Wisc.: Wisconsin Research and Development Center for Cognitive Learning.

Spanhel, D.: Die Sprache des Lehrers — Grundformen des didaktischen Sprechens. Schwann, Düsseldorf 1971.

Staats, A. W. (1968): Language, learning, and cognition. New York: Holt, Rinehart and Winston.

Stendler, C. B. (1951): Social class differences in parental attitudes toward school at grade I level. Child development, 22:36—46.

Stenhouse, L. (1967): Discipline in schools. London: Pergamon Press.

Strom, R. D., ed. (1966): The inner-city classroom: Teacher behaviors. Columbus, Ohio: Merrill.

Swanson, F. J. (1959): Voice mutation in the adolescent male: An experiment in guiding the voice development of adolescent boys in general music classes. Unpublished doctoral dissertation. Madison, Wisc.: University of Wisconsin.

Sweet, Roger C. (1966): Educational attainment and attitudes toward school as a function of feedback in the form of teachers' written comments, technical report no. 15. Madison, Wisc.: Wisconsin Research and Development Center for Cognitive Learning.

Taba, H. (1965): The teaching of thinking. In Elementary English. Champaign, III.: National Council of Teachers of English. Vol. 42, pp. 534—542.

Tabachnick, B. R., Weible, E. B., & Frayer, D. A. (1970): Selection and analysis of social studies concepts for inclusion in tests of concept attainment, working paper no. 53. Madison, Wisc.: Wisconsin Research and Development Center for Cognitive Learning.

Tagatz, G. E. (1967): Effects of strategy, sex, and age on conceptual behavior of elementary school children. Journal of educational psychology, 58:103—109.

Tagatz, G. E., Walsh, M. R., & Layman, J. A. (1969): Learning set and strategy interaction in concept learning. Journal of educational psychology, 60:488—493.

Taylor, C. W., & Holland, J. L. (1962): Development and application of tests of creativity. Review of educational research, 32:91—102.

Taylor, C. W., Smith, W. R., & Ghiselin, B. (1963): The creative and other contributions of one sample of research scientists. In *Taylor, C. W., & Barron, F., eds.*, Scientific creativity: Its recognition and development. New York: Wiley. Pp. 53—76.

Templin, M. (1957): Certain language skills in children: Their development and interrelationships, Institute of Child Welfare monograph no. 26. Minneapolis, Minn.: University of Minnesota Press.

Terman, L. M., & Merrill, M. A. (1937): Measuring intelligence Boston, Mass.: Houghton Mifflin.
Terman, L. M., & Merrill, M. A. (1960): Revised Stanford-Binet intelligence scales. Boston, Mass.: Houghton Mifflin.
Thomae, H., (Hrsg.): Handbuch der Psychologie, 2. Band: Motivation. Verlag für Psychologie C. J. Hogrefe, Göttingen 1965.
Thompson, O. (1965): High school students and their values. Casifornia journal of educational research, 16:217—227.
Thorndike, E. L. (1913): The psychology of learning: Educational psychology. New York: Teachers College Press. Vol. 2.
Thorndike, E. L. (1924): Mental discipline in high school studies. Journal of educational psychology, 15:1—22, 83—98.
Thorndike, R. L. (1950): How children leàrn the principles and techniques of problem solving. In Learning and instruction, 49th yearbook. Part I. National Society for the Study of Education. Chicago: University of Chicago Press. Pp. 192—216.
Tolor, A. Scarpetti, W. L., & Lane, P. A. (1967): Teachers' attitudes toward children's behavior revisited. Journal of educational psychology, 58:175—180. Also in *Ripple, R. E.*, ed., Readings in learning and human abilities. New York: Harper & Row, 2nd ed.
Torrance, E. P. (1965): Rewarding creative behavior: Experiments in classroom creativity. Englewood Cliffs, N.J.: Prentice-Hall.
Torrance, E. P. (1966): Torrance tests of creative thinking. Princeton, N.J.: Personnel Press.
Torrance, E. P. (1967): The Minnesota studies of creative behavior: National and international extensions. Journal of creative behavior, 1:137—154.
Travers, R. M. W., McCormick, M. C., Van Mondfrans, A. P., & Williams, F. E. (1964): Research and theory related to audiovisual information transmission. U.S. Office of Education, cooperative research project no. 3-20-003. Salt Lake City: University of Utah Bureau of Educational Research.
Trowbridge, N. (1969): An approach to teaching a large undergraduate class. Washington, D.C.: American Documentation Institute, American Society for Informational Sciences.
Tuddenham, R. D., & Snyder, M. M. (1954): Physical growth of California boys and girls from birth to 18 years. Child development, 1:183—364.
Underwood, B. J. (1965): The representativeness of rote verbal learning. In *Melton, A. W., ed.*, Categories of human learning. New York: Academie Press. Pp. 47—78.
Underwood, B. J. (1969): Attributes of memory. Psychological review, 76:559—573.
Venezky, R., Calfee, R., & Chapman, R. (1968): Skills required for learning to read: A preliminary analysis, working paper no. 10. Madison, Wisc.: Wisconsin Research and Development Center for Cognitive Learning.
Vernon, P. E. (1950): The structure of human abilities. New York: Wiley.
Wallace, J. (1964): Concept dominance, type of feedback, and inten-

sity of feedback as related to concept attainment. Journal of educational psychology. 55:159—166.

Wallach, M. A. (1968): Review of the Torrance Tests of Creative Thinking. American educational research journal, 5:272—281.

Wallach, M. A., & Kogan, N. (1971): A new look at the creativity-intelligence distinction. In *Ripple, R. E., ed.,* Readings in learning and human abilities. New York: Harper & Row, 2nd ed.

Wallas, G. (1926): The art of thought. New York: Harcourt, Brace.

Waterland, J. C. (1956): The effect of mental practice combined with kinesthetic perception when the practice precedes each overt performance of a motor skill. Unplublished master's thesis. Madison, Wisc.: University of Wisconsin.

Wattenberg, W. W. (1966): Social deviancy among youth, National Society for the Study of Education, 65th yearbook. Part I. Chicago: University of Chicago Press.

Weber, R. (1968): The study of oral reading errors: A survey of literature. Reading research quarterly, 4:96—119.

Wegner, N., & Zeaman, D. (1956): Team and individual performances on a motor learning task. Journal of general psychology, 55:127—142.

Weiner, B. (1969): Motivation. In *Ebel, R. L., ed.,* Encyclopedia of educational research. New York: Macmillan. Pp. 378—888.

Wertheimer, M. (1945): Productive thinking. New York: Harper & Row.

West, L. J. (1967): Vision and kinesthesis in the acquisition of typewriting skill. Journal of applied psychology, 51:161—166.

Wickman, K. (1928): Children's behavior and teachers' attitudes. New York: The Commonwealth Fund.

Williamson, E. (1956): Preventive aspects of disciplinary counseling. Educational psychology monograph, 16:68—81.

Wilson, W. C. (1963): Development of ethnic attitudes in adolescence. Child development, 34:247—256.

Wittrock, M. C. (1963b): Verbal stimuli in concept formation: Learning by discovery. Journal of educational psychology, 54:183—190.

Wittrock, M. C. (January 1965): The learning by discovery hypothesis. Paper presented to the Conference on Learning by Discovery, New York City.

Wittrock, M. C., Twelker, P. A. (1964): Verbal cues and variety of classes of problems in transfer of training. Psychological report, 14:827—830.

Wiviott, S. (1970): Bases of classification of geometric concepts used by children of varying characteristics. Unpublished doctoral dissertation. Madison, Wisc.: University of Wisconsin.

Woodrow, H. (1938): The relation between abilities and improvement with practice. Journal of educational psychology, 29:215—230.

Woodruff, A. D. (1962): Basic concepts of teaching. San Francisco, Cal.: Chandler.

Woodworth, R. S., & Schlosberg, H. (1954): Experimental psychology. New York: Holt, Rinehart & Winston.

Wooton, W. (1964): The history and status of the school mathematics study group. In *Heath, R. W., ed.*, New curricula. New York: Harper & Row. Pp. 35—53.

Yamamoto, K. (1963): Relationships between creative thinking abilities of teachers and achievement and adjustment of pupils. Journal of experimental education, 32:3—25.

Youth fitness test manual. (1965) Washington, D.C.: American Association for Health, Physical Education, and Recreation.

Namenverzeichnis

Sachverzeichnis